本书编委会

主　编:蒋述卓　龚红月　程京武

编　委（按姓氏笔画顺序排列）:

王　瑛　史怀刚　刘　晟　李凤亮

杨庆杰　杨树喆　欧阳文风　周兴杰

哈迎飞

参　编（按姓氏笔画顺序排列）:

刁广利　王丽娟　史怀刚　李　洁

李乃龙　杨树喆　张中鹏　欧阳文风

哈迎飞　姜清波　徐燕琳　龚红月

彭丽华　蒋述卓　韩　晖　程京武

程洁如　潘雨薇

“暨南大学铸牢中华民族共同体意识研究基地”资助教材
暨南大学重点教材资助项目

新编中国传统文化概论

主编　蒋述卓　龚红月　程京武

广东高等教育出版社
Guangdong Higher Education Press
·广州·

图书在版编目（CIP）数据

新编中国传统文化概论/蒋述卓，龚红月，程京武主编. —广州：广东高等教育出版社，2021.5（2025.1 重印）
ISBN 978-7-5361-6987-6

Ⅰ. ①新… Ⅱ. ①蒋… ②龚… ③程… Ⅲ. ①中华文化-概论 Ⅳ. ①K203

中国版本图书馆 CIP 数据核字（2020）第 043542 号

新编中国传统文化概论
XINBIAN ZHONGGUO CHUANTONG WENHUA GAILUN

出版发行	广东高等教育出版社 社址：广州市天河区林和西横路 邮编：510500　营销电话：（020）87554152　87551163 http://www.gdgjs.com.cn
印　　刷	广州市友盛彩印有限公司
开　　本	787 毫米×1 092 毫米　1/16
印　　张	21.25
字　　数	450 千
版　　次	2021 年 5 月第 1 版
印　　次	2025 年 1 月第 4 次印刷
定　　价	58.00 元

序

当代中国社会发展需要什么样的精神指引？这是每一个中国人都应该思考的问题。我们应该从传统中找到精神动力，还是到西方文化中寻求方向？习近平总书记指出，“中华优秀传统文化是中华民族的精神命脉，是涵养社会主义核心价值观的重要源泉，也是我们在世界文化激荡中站稳脚跟的坚实根基”。

中华文化博大精深，内涵深厚，蕴含着数千年中华儿女的杰出创造精神，成就了中华民族的世界形象。中国已经成为当今世界不可或缺的重要角色，经济实力在全球发展中起到举足轻重的作用。但是，中国的精神文化仍然缺乏与西方国家并驾齐驱的影响力量，制约着百年中国梦的最终实现。中国在改革开放的进程中焕发出蓬勃的内生活力，中国人民在与世界人民的交往中丰富了精神世界。但是，部分中国人在多元文化交流中迷失了自己的精神方向，迷失于西方文化的幻影之中，不能自拔。无论是国家、社会，还是公民，都需要有文化主体意识，树立坚定的文化自信，中国才能在国际竞争之中拥有自己的文化尊严。什么是文化主体意识？用费孝通先生的话来说，最主要的就是“文化自觉”，即指“生活在一定文化历史圈子的人对其文化有自知之明，并对其发展历程和未来有充分的认识。换言之，是文化的自我觉醒，自我反省，自我创建”。

文化自觉的前提是对文化传统的批判性继承。中华传统文化发源于中华民族生产生活之中，与社会发展的时代条件紧密相连，在不同的时代下传统文化需要推陈出新，以保持其持久的凝聚力和生命力。在中华传统文化中，既有优秀的能够传承文明、积聚力量的文化基因，也有随着时代变迁需要摒弃的文化糟粕。如何发掘出文化基因，并结合时代需要进行文化传承，始终是文化自觉的重要命题。也就是说，我们不仅要传承文化内容，还需要对文化精神、文化思维、文化行为等进行合理的阐释和分析，以透视内在文化机理，进而获得现代性启示。《新编中国传统文化概论》在这些方面做出了可贵的探索，对于中国传统文化的主题，本书提出“中—和”结构。《尚书·大禹谟》有云：“惟精惟一，允执厥中”；《中庸》则将“中”与“和”看成是一个范畴，“致中和，天地位焉，万物育焉”；魏刘劭《人物志》语：“凡人之质量，中和最贵矣”。“中和”来自中国传统思维方式，意指坚持个性——“中”，并建立与他人他事他物的联系体系——“和”。作为个体，在不失自己的独立个性之时，又能以“宽”的个性容纳对方，在“进退存亡”的变化中，坚守“正”的原则，即“知进退存亡而不失其正”（《易传·文言传》），这是多元异质共存的关键因素，也是古代中国整体观和辩证思维的产物。本书围绕并暗扣“中—和”主题，主线清晰，意图明确。此外，本书通过文化发展的背景、价值及实践等方面，来处理和归类中国传统文化的庞杂信息，构思精巧。

中国传统文化在当代中国究竟应该占据什么样的地位呢？我们既要看到中华优秀传统文化的优势，又不能无限拔高其应有功能。自近代以来，指导中国人民走出全新发展道路的理论是马克思主义，任何其他思想理论都没有解决中国革命和建设的方向性问题，这是历史的选择，也是人民的选择。中国特色社会主义理论是马克思主义中国化的发展，是马克思主义理论不可分割的组成部分，要“深刻认识中华优秀传统文化是中国特色社会主义植根的沃土，辩证看待中华优秀传统文化的当代价值，正确把握中华优秀传统文化与中国化马克思主义、社会主义核心价值观的关系”。也就是说，马克思主义理论与中华优秀传统文化对于中国社会发展都是不可或缺的。中国近现代的社会历史实践启示我们：“只有把马克思主义基本原理同中国具体实际相结合、同中华优秀传统文化相结合，坚持运用辩证唯物主义和历史唯物主义，才能正确回答时代和实践提出的重大问题，才能始终保持马克思主义的蓬勃生机和旺盛活力。”中国共产党二十大报告的这段阐述为中华优秀传统文化的现代发展提供了新的方法论和理论指导。在2023年6月的文化传承发展座谈会上，习近平总书记又对“第二个结合”进行了深入论述，他强调“‘第二个结合’是又一次的思想解放，让我们能够在更广阔的文化空间中，充分运用中华优秀传统文化的宝贵资源，探索面向未来的理论和制度创新”，“是我们党对马克思主义中国化时代化历史经验的深刻总结，是对中华文明发展规律的深刻把握，表明我们党对中国道路、理论、制度的认识达到了新高度，表明我们党的历史自信、文化自信达到了新高度，表明我们党在传承中华优秀传统文化中推进文化创新的自觉性达到了新高度”。

中华民族在伟大的社会历史实践中创造了不朽的中华文明，习近平总书记将之特征概述为五个突出特性，即它具有突出的连续性、突出的创新性、突出的统一性、突出的包容性、突出的和平性。中华文明具有突出的连续性是指中华文明绵延至今，薪火相承，中华文明探源工程等新一批的历史研究成果，不断印证了我国百万年的人类史、一万年的文化史、五千多年的文明史，它是世界上唯一自古延续至今、从未中断的文明。中华文明具有突出的创新性是指中华文明不断迭代更新，从未停止前进的步伐。无论是政治制度的创新，还是制造技艺的突破，中华民族表现出了令世人惊叹的创新品质。“天地之大德曰生”，中华先民充分认识到中华民族只有保持生生不息的创新精神才能与时偕行，真正立足于世界民族之林。中华文明具有突出的统一性是指中华文明从原始聚落逐渐发展出了保有民族特性的早期国家形态，形成了“大一统”“天下为公”“多元一体”的文化理念，各民族“像石榴籽一样紧紧抱在一起”，共同缔造、发展、巩固统一的伟大祖国的历史。“国土不可分、国家不可乱、民族不可散、文明不可断”成为中华民族的共同信念。中华文明具有突出的包容性是指中华文明从来不是自我封闭的文明，它在不忘本来、保有个性的同时包容、借鉴、吸收各种文明的优秀成果，真正为我所用，“文明因多样而交流，因交流而互鉴，因互鉴而发展”，中华文明“和而不同”的文化理念决定了中华文化对世界文明必然持有兼收并蓄的开放心态。中华文明具有突出的和平性是指中华文明以和谐作为根本的生存理念，中华先民强调“保合太和”“天人合一”“和为贵”，希望在人与自然、人与人、人与社会、社会与社会关系中建立系统和谐，互利共存。这种特性从根本上决定了中国始终是世界和平的建设者、全球发展的贡献者、国际秩序的维护者，是“人类命运共同体”的坚定维护者。

在全球化时代来临之际，当代社会思潮呈现出多元、多样、多变的时代特征，尤其是互联网技术的迅猛发展，为不同思想观念的传播提供了广阔平台，价值观交锋频繁。大学生思想开放、个性鲜明，需要对其加强文化传承和价值引导。中国传统文化教育课程在大学生课程体系中起到的作用不容忽视，帮助学生从文化传统之中汲取智慧，涵养德性，引导大学生增强文化自信和国家认同，形成共同的价值追求。

暨南大学“中国传统文化概论”课程教学团队自1985年成立，迄今已有30余年历史沿革，应该说是国内开设此类课程较早的院校。课程教学理念先进，旨在帮助学生理解和认识中国优秀传统文化，选择正确的文化行为，培养大学生的民族认同和国家归属感。课程教学成果突出，多次获得奖励和表彰，该课程2006年被评为广东省精品课程，同年亦入选国家级精品课程，2013年通过国家级精品资源共享课审核并上线教育部爱课程网，2014年入选全国“大学素质教育通选课程”。2017年4月，这门课进一步完成课程升级，紧跟教育技术改革的浪潮，上线中国大学MOOC、学堂在线两个教育平台，并成为两大平台的学分认证课程。2018年9月该课程上线智慧树在线教育平台，成为东西部高校课程共享联盟大家庭的一员。2018年11月加盟粤港澳大湾区高校在线开放课程联盟。2018年12月被教育部认证为国家精品在线开放课程。至今线上课程选修人数已近20万人。2018年课程团队的“以文化人理念下思想政治理论课‘五微一体’模式创新与实践”教育成果获得国家教学成果二等奖。课程教学团队受教育部高等教育司邀请，为全国高校承担该课程相同或相近教学任务的在职教师进行培训，评价良好。课程曾出版教材《中国传统文化概论》，在长期教学中取得较好的教学效果，此次择机重新编写《新编中国传统文化概论》，应该说既继承了长期以来形成的优良教学传统，又适应社会发展及教学要求加以提升，希望能够为中国传统文化教育贡献一分力量。当然，由于编者水平所限，教材之中如有不足之处，恳请方家批评指正。

蒋述卓　程京武

2023年9月

目　录

导　言　/　1
一、文化定义　/　2
二、文化特征、结构与功能　/　3
三、古代文化与传统文化　/　7
四、本书的特点与学习方法　/　9
思考与讨论　/　12

第一编　中国传统文化的发展背景

第一章　生态自然　/　15
一、地舆以载：早期文化发展的环境优势　/　16
二、天时人事：社会文化与自然生态的关系　/　22
三、物我合一：自然生态与传统文化观　/　27
思考与讨论　/　32
第二章　社会结构　/　33
一、五代则迁：独特的家族制　/　34
二、国之石民：结构化的经济社会　/　41
三、爱有差等：社会结构与传统文化态度　/　49
思考与讨论　/　60

第三章　大国治理　/　61
一、以法治国：早熟的官僚行政体制　/　64
二、君操其柄：古代官僚政治的性质　/　71
三、稽古右文：官僚体制与传统典籍文化　/　77
思考与讨论　/　86

第二编　中国传统文化的思维方式

第四章　经验思维（悟性方法）　/　88
一、意会体悟：经验思维的功能　/　89
二、虚室生白：经验思维在中国文化中的表现　/　94
三、远处观山：经验思维方式的跨文化比较　/　104
思考与讨论　/　110
第五章　整体思维（建构方法）　/　111
一、否极泰来：生命发展形式的过程性思维方式　/　112
二、整体辩证：经络关系特征的结构性思维方式　/　118
三、时空合一：藏象系统方法的宇宙观思维方式　/　120
思考与讨论　/　124
第六章　序变思维（思辩方法）　/　125
一、经权相依："序"和"变"的思维基础　/　126
二、体用不二："序"和"变"的行为意义　/　127
三、结语　/　129
思考与讨论　/　130

第三编　中国传统文化的精神实质

第七章　人文精神　/　132
一、继善成性：儒家的人性善恶论　/　136
二、全身葆真：道家的人性真伪论　/　144
三、见性成佛：佛学的佛性普存论　/　146
思考与讨论　/　149

第八章 自然情怀 / 150
一、道法自然：老子的自然观 / 150
二、自得相对：庄子的逍遥论与齐物论 / 156
三、天行有常：宋明理学的天道观 / 163
思考与讨论 / 172
第九章 生命境界 / 173
一、生死之间：儒道释生死观比较 / 174
二、和平宽容：中国传统文化的宗教观 / 185
三、王者通三：《周易》的生命智慧 / 189
思考与讨论 / 194
第十章 中国传统文化的交流与嬗变 / 195
一、宅兹中国：多元文化融合的进程 / 195
二、天下宾服：中外文化交流的途径与特征 / 205
三、新旧之间：传统局限与现代转型 / 209
思考与讨论 / 213

第四编 中国传统文化的实践智慧

第十一章 历法数术 / 217
一、天人相通：古代历法推步中的天文意义 / 217
二、物滋有数：大衍、纳甲、梅花易中的数与德 / 220
三、谶纬之惑：方术谶纬中的迷信与理性 / 227
思考与讨论 / 230
第十二章 文学艺术 / 231
一、慷慨任气：古典诗词的生命精神与哲学智慧 / 232
二、师法造化：中国传统书画艺术中的审美情趣 / 238
三、劝善惩恶：小说戏曲的社会关怀与文化特征 / 246
思考与讨论 / 252
第十三章 养生文化 / 253
一、内外兼修：武术健体的特点及理念 / 253
二、藏气法时：中医养生 / 260

三、品茗有道：饮茶调心 / 278
思考与讨论 / 282
第十四章 景观文化 / 283
一、风生水起：堪舆学的过去与现在 / 283
二、宛自天开：古典园林中的文化意境 / 290
三、天人合一：传统建筑中的哲思与审美 / 297
思考与讨论 / 305
第十五章 民俗节日 / 306
一、农事祭祀：源远流长的传统节日 / 307
二、岁时华彩：绚丽多姿的节日节俗 / 309
三、礼乐风流：传统节俗与中国文化 / 321
思考与讨论 / 325

后 记 / 326

导　言

贤者向历史学习

> 学习目标
>
> **定义**：文化、传统的含义。
>
> **描述**：文化定义；文化特征、结构与功能；古代文化与传统文化；本书的特点与学习方法。
>
> **理解**：文化及其特征等概念；文化传统的影响。
>
> **辨别**：传统文化不是过去形态，对现代社会产生重要影响。
>
> **分析**：文化及传统文化对于群体、民族和国家的发展意义。

一提到传统，特别是民族文化传统，一般人都会感到沉闷。因为，人们的心里多半认为，传统代表了过去，代表了保守、封闭和落后，与现代社会格格不入，甚至会被视为现代化的发展障碍。这实际上是对传统的不了解而产生的一种偏见。事实上，传统是一种连续的形态和历史积淀，它从过去走到今天，已经成为反映民族心理的思想观念和行为模式，正如法国历史学家、艺术哲学家丹纳（Hippolyte Adolphe Taine）所说，“在最初的祖先身上显露出来的心情和精神本质，在最后的子孙身上照样出现”。无论是有意还是无意，无论是自觉还是不自觉，我们每个人都在传承传统的血脉，身受它的影响和支使。中国是有着数千年文明史和延绵不断的文化传统的国家，今天，当我们继承和发展这份珍贵的历史遗产的同时，也就被打上了深深的传统印记。当我们面对世界文化，迎接随之而来的世界多元文化融合时，了解一下传统文化的基本内容、主体精神和思维观念，它的认识方式和行为手段，可以增强我们的扬弃能力和批判能力，并有助于我们去鉴赏、去甄别。因为，我们生活在这个文化圈中。

一、文化定义

在中国的典籍中，“文化”的渊源，大约是在商周时期。《贲卦·彖传》“观乎天文，以察时变，观乎人文，以化成天下”，这句话虽未将文化二字联用，但已有观“文”而“化”，即了解自然、研究社会，创造思想以指导自身及他人行为的意思。

西汉时期，“文化”的概念已基本确定下来，当时的经学家刘向就在他的著作《说苑·指武》里提到“凡武之兴，为不服也。文化不改，然后加诛!”在这里，文化就是“文治”“教化”。“以文教化”，以深入人心、感化人心的办法来教育、陶冶人民以及管理群体。这是一种国家管理教育的基本手段和内容，我们可以将这种文化思想看成是中国古代人文主义的一种表现，是对盛行于商朝“敬鬼神而不敬人”的神本主义的一种批判。

中国历史上的周朝，在建立之初，就对殷商的鬼神观念进行反思，并在鬼神观念中分离出“人德”思想，这标志着中国古代人文主义的萌芽。在先秦儒家等学说的熏陶下，中国的人文主义具备了注重群体和谐的国家主义色彩。但在群雄争霸、秦统一中国的过程中，人文主义一度只表现在开发人的能动性和群体性上。1974 年以来，在陕西西安临潼秦兵马俑坑一号坑里，发掘出 4 万枚几乎一模一样的青铜箭镞和 158 件连细小部件都几乎一致的铜弩机，让我们看到两千年前武器的大规模标准化生产，也让我们看到秦以武功征服、以武功建国的辉煌。然而，秦朝国祚不长，武功虽可以帮助统治者快速攻城略地，建立国家，却不能久得人心，维护国家的长治久安。汉代的统治者和学者正是吸取了秦灭亡的教训，提出“文治教化”“以文教化”的治国思想，这是一种强调文化功能的人文主义，以至整个古代中国几乎都延续了对文化的这种解释。例如：西晋束广微的“文化内辑，武功外悠”（《补亡诗·由仪》）；南朝诗人王融的“设神理以景俗，敷文化以柔远”（《三月三日曲水诗序》）；前蜀杜光庭的“修文化而服遐荒，耀武威而平九有”（《贺鹤鸣化枯树再生表》）；元朝耶律楚材的“垂衣端拱愧佳兵，文化优游致太平”（《太阳十六题》诗之七）；清朝魏子安（魏秀仁）的“尔诈尔虞，如鬼如蜮，梗两朝之文化，劳九伐之天威”（小说《花月痕》第四十七回）。

如果说，中国古代对文化的解释是强调文化的作用，那么，现代意义的文化概念，则更多的是谈文化的实质。有学者专门对“文化”进行研究，认为现代“文化”一词源于拉丁文 cultura，有三种解释：①耕种；②耕种的作物；③转义为精神的表现，即文化。在欧洲中世纪晚期，文化开始指道德完美与心智、艺术成就。1871 年，英国人类学家 E. B. 泰勒发表著作《原始文化》，将文化定义为“作为社会成员所获得的知识、信仰、艺术、道德、法律、风俗以及其能力与习惯的复合整体”。这个观点为学术界广泛接受，至今仍被视为对文化的最恰当的定义。

文化的概念有广义和狭义之分。

广义的文化概念，是指人类社会活动过程中所创造的物质和精神上的成果。之所以称之为成果，是因为这些人类创造一定是有益于人类本身和人类社会的发展。换言之，从新石器时代晚期开始，人类所有有益的积极的物质创造内容和不断发展着的思想意识，都表现为人类文化（一般认为，人类文化产生于新石器时代晚期）。考古学常将所发现的早期人类遗址称作为“某某文化”，一方面明确指明人类祖先创造并遗存下来的具体器物，同时又通过这些遗物，来追踪了解当时人们的思想观念和精神意识。

狭义的文化概念，是指社会的意识形态以及与之相适应的生产生活方式和组织结构。这主要偏重于了解积淀在具体物质之中的，体现在人的行为模式上的人类思想观念、价值取向及与其兼容的社会制度和组织结构。

综上所述，我们可以就文化的定义得出结论：

文化是人类实践活动的结晶，是人类物质文明和精神文明的总和。物质文明包括物质生产、科学技术等，精神文明包括人类精神上的创造内容，例如，思想、哲学、宗教、文学、艺术等。

二、文化特征、结构与功能

人们习惯说：“文化是个筐，什么东西都往里装。”意思很明显：只要不能归属于政治学、经济学、军事学、艺术学等的内容，都可称之为“文化”！于是，文化被分成两大类：一类是好文化、积极文化，与之相对应的是坏文化、消极文化和颓废文化等。

从文化的特征来看，这样的分类是不准确的。

对于文化的定义，至今没有统一的说法，分歧较大，但中外学者一般都认为，就人类的创造来说，文化必须包含以下四个特征。

1. 文化的第一个特征：文化具有特定的模式和作用

人类的文化是一个大系统，由精神文化、物态文化和方式文化三个子系统组成，通常，我们会将这三个子系统称为文化三现象（见图0-1）。每一种文化现象都有自己的独特功用。

精神文化是人类各种意识形态的总和，是人类在从事物质生产和文化创造基础上产生的人类特有的意识形态文化。精神文化作为人类“思想的结果”，主要发挥积极的动力作用，专门指导调动人类活动，激励人们的工作、学习、生活和社会行为动机。当人们缺乏某一行为动力时，精神文化会迅速发挥作用，借助相关的关系，如群体价值观和思想理论、社会制度、社会契约、国家法规、集团或组织等群体规范或规则，对个体和群体的行为、态度进行“干预性”影响和强化。精神文化包含人的思想、观念、精神世界（统称“意识形态”）等文化内容，其表现形式就是哲学、宗教、文学、艺术、科学等。

物态文化是人类在认识自然和改造自然的过程中，为谋求人类生活水平的提高和物质发展而创造出来的文化，用于指导人类进行改造自然环境的物质创造。物态文化代表了一个时期人类物质生产的发展水平，反映人类对物质的需求，与此同时，物质生产的发展也会对人类行为产生深刻影响。物态文化属于物质形态文化，是人类“生产的结果”，不仅包含人类生产技术，也包含具体可视可感的文化创造物，如建筑物、器皿、服饰等物质产品。

方式文化指的是以人类群体行为方式（习俗）、思维方式、管理方式、组织方式、制度方式、生活方式等为表现形式的文化，专门研究不同民族的各种习惯和方式，寻找群体协调的规律，以便调整某一群体与其他群体之间的关系。作为群体在代代相传中渐渐积累、固化形成的文化情境，方式文化对社会群体发挥的作用更多的是潜在的、无形的、不强加于人的，但却有很强的涵化性（即深刻影响，使之变化）和行为矫正性，这一点与精神文化有所不同。[①] 方式文化的内容，除了上述提到的习俗、制度、思维等方式外，还包含史学。每个民族每个国家都会利用各种方法，通过记载本民族、本国的历史，保存群体的习俗、经验、教训、制度等以及发展历程的文化形式，因此，各民族各国的史学都可归入方式文化。

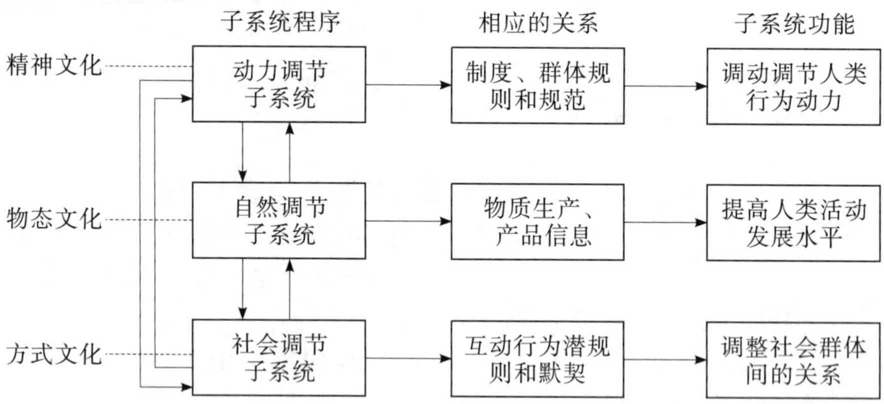

图0－1　文化系统结构及其功能

从文化系统结构的三个特征中，我们可以看到，文化三现象对人类来说，都具有相对积极的作用，带有正面的、引导性的意义，再加上文化是一种累积而成的群体通象（universals），因此，消极的、颓废的、对人类发展没有积极影响的个别行为，我们可以称为“消极行为”“颓废现象”“不良习俗”，却不可以概言为“文化”。

文化是一种历史现象，它是人类在历史过程中创造，并随着社会物质生产和知识水平、精神生活的发展而发展。文化是人类历史的产物，一方面，通过物化的形式表现出创造者的思想意识和价值取向；另一方面，又反映于正在活动着的人的发展意识，诸如精神、思想、道德、风俗等内容中。因此，文化既表现为已经积淀和正在积淀下来的思想意识和价值观念，又表现为正在发展着的思想意识和价值观念。这些观念不断地附着于物态文化和方式文化之上，并更进一步深化为精神文化的核心内容。

正因为文化具有历史特征，而人类对社会规律和自然规律的认识有一个发展过程，

① 程洁如，龚月红．中国文化行为学结构与应用机制初探［J］．甘肃理论学刊，2014（5）：101－105.

因此，我们可以将文化区分为“先进文化”和“落后文化”。先进文化，指的是以适应人类社会发展的世界观、人生观、价值观为核心，适应生产力发展的客观要求，反映科学规律的研究前沿和时代精神、引领社会发展方向的文化。落后文化，指的是已经失势、过时，不能顺应人类社会和人类认识发展，不能代表先进生产力的文化。

特写：从中医看优势文化与失势文化

由于社会上对文化本质的认识尚处于不统一的阶段，有的人甚至认为失势文化必然是落后文化，从而忽略了失势文化的历史地位及其对客观规律的把握，这种认识不利于人类文化的多元发展。

优势文化，指的是在一段时期里占据着领先、主导和支配地位的文化。

失势文化，又称为劣势文化，指的是在一段时期里，被主流文化漠视，甚至排斥而转变成亚形态的文化。某一种曾经辉煌的文化之所以失势，有可能是在文化能量转换过程中，失去了发展的方向，亟须重新调整自己，补充新的能量；也有可能是在发展过程中，受到人为因素，如人的认识的局限性、文化管理体制的限制等的干扰和影响。

譬如，已经发展了数千年、长期居于优势文化地位的中医，近几十年来却几乎沦为次文化，面临成为失势文化的尴尬。但这并不是说中医理论已经落后，事实上，能够发展数千年的文化，必有其发展的理由，也必有其存在的优势。中医的整体型理论，比较产生于西方工业时代并成为西医发展基础的机械型理论，当然有其特长和先进性。由此可见，中医文化不是落后文化，中医的失势，更多的是受社会认识的局限和人为因素干扰。（详见本书第二编和第十三章）

2．文化的第二个特征：文化具有超个人性

文化是群体创造的，个人不能创造文化。人是文化创造的主体，人在文化创造过程中必然地结合成一定的群体，建构成一定的社会组织模式。因此，文化所要体现的是人的群体本质、群体现象以及类的本质和类的现象。文化不是对个别人个别事物的描述，仅表现个别人特征的现象不属于文化现象。当然，具体的文化作品可能由个人完成，但其中也体现了个人所处的社会环境和群体意识的潜在诱导和熏陶。群体意识是在长久的历史过程中逐渐形成和得到认可的，它通过个人的行为表现出来，不仅在一定程度上规范着人类的文化创造，还影响着人类群体和社会组织结构本身的变化。一定的人类群体和社会组织以相应的集体意识为纽结，同时也制约着个人的文化创造和文化观念的流变。

3．文化的第三个特征：文化具有地域性和超地域性

文化的地域性，指的是每个地方的文化都有自己不同于其他地方的特征。

早期人类生活在互相隔绝的环境里，由于交通和信息传播的手段极为落后，人们常常是老死不相往来，每个群体只会按照上一辈遗传下来的行为方式生存，并由此创造出自己的文化。正是地域的隔绝和代代传承的习惯易被固化，人类的文化不可避免地带有特定的地域印记，所谓“千里不同风，百年不同俗”。有意思的是，某个地方的文化如果要“移植”到其他地方，原有的特征也会随之发生改变，这就是人们常说的“淮南为橘，淮北为枳”。

尽管不同的地理环境对文化个性的形成和成熟有着不同的影响，然而，作为文化创造主体的人，并非只会接受自然的恩赐，成为自然条件的附庸，而是会积极地改造自然，使之更有效地为文化创造服务。一般来说，早期的人类活动对自然环境的依赖性较强，文化的地域性特征也较明显。但随着交通和信息越来越发达，文化交流越来越频繁，人类的文化创造也就会表现出更多的能动色彩，对地理环境的影响和改造更加深刻。同时，地理因素对文化地域性特征的影响越来越小，人类本身的社会因素和人文因素则成为影响文化特征的主要因素。

文化的超地域性，指的是文化超出原有地界，带有一种普遍性质。这句话包含两层意义：第一层意义是各地域文化虽然具有独特的个性，但文化在互相接触、吸收、同

特写：文化趋同与文化差异

20世纪60年代，加拿大传播学家麦克卢汉（Herbert Marshall McLuhan，1911—1980）在他的著作《理解媒介：论人的延伸》里，首次提出“地球村”概念。意思是说，随着人类的交通和信息的日趋发达，人类的距离似乎一下子拉近了，人们就像住在一所朝见口晚见面的大村子里，彼此息息相关，互通有无，同一时间共享所有信息。

麦克卢汉的理论从一个侧面说明文化超地域性形成的重要原因，同时，也成为文化全球化理论的依据之一。随后，又出现了文化趋同论，认为全球文化发展的趋势，是逐渐趋向同一，文化的地域性被取消，文化的超地域性则更多地被表现出来。

文化趋同论最初是20世纪50年代，由一些文化人类学家提出来的，意指两种或两种以上文化发展出现相似的文化特质的现象。这一发展可能是通过两种文化之间的接触，或者也可能是独立完成的。这本来是揭示人类文化的一种现象，后来却被新的文化趋同论者看成是文化发展的必然趋势，甚至断言，人类文化趋同的最终结果是全球西化。

然而，我们都知道，世界文化进化的条件之一，是文化差异，是不同文化之间的互相补充和能量交换。没有文化差异，就没有文化抉择，就没有文化交流，也就没有文化进步。这也说明，即使是超地域文化，也必然会有地域的差别。譬如，产生于公元前6世纪的佛教，从公元前3世纪开始向外传播，现在已成为超地域文化——世界性宗教。但即使是在中国传播的北传佛教——汉地佛教和藏传佛教，两者的修行方式、组织方式和政治趋向都各有特点，截然不同，表现出浓厚的地域性色彩。（详见本书第七章）

化的过程中，也逐渐形成了一些共性，或者说，各地文化虽然不同，但总有一些东西为全人类所共有；第二层意义是有些文化开始时只在某一特定地方发生和成熟，以后传播到其他地方，成为世界性的文化。

4. 文化的第四个特征：人及人类群体的心理差异决定了文化内容的多样性

人类的文化创造最终必须落实在一定的文化物或作为文化载体的人的行为模式上。人类在历史过程中都走过了大致相同的几个发展阶段，制造使用过大致相同的生产工具。这反映了客观条件对人类活动的作用，以及人类在适应这种挑战时所表现出来的共同的心理特征。然而，大致相同的地理条件下的人类群体，在创造文化时，依然会表现出种种差异：喜欢这样而非那样的表现形式；成就这种造型排斥那种造型；偏重这种色彩、图案，否定另一种色彩和纹饰。情趣迥异的建筑风格，好恶相异的价值观念，纷繁复杂的大千世界，则反映了人类群体和个人之间的心理差异。这种心理差异在人类文化的发展过程中，随着历史的积淀、民族文化系统的建构及其稳态作用（如文化系统自体的保护机制）而得到保持甚至加大，使得文化个性愈加鲜明，内容也更加多样化。这是人类文化整体综合进化的必备条件。

三、古代文化与传统文化

“中国传统文化”与“中国古代文化”，常常会被误解成“过去的文化”，代表了“落后”“保守”的观念及其文化形态，甚至是文化精神。

然而，“传统文化”和“古代文化”，虽在某些方面有交叉之处，如都落笔在“过去”，但它们是两个完全不同的概念。打个比方，如果用符号来说明，我们可以把“古代”比喻为一个“点”：几百年前或几千年前，发生了某一件事，我们会去看这一事件发生的时间、地点、参加者、事件的原因、过程和结果，等等，力图去还原这一事件的真相，但甚少去关注这一事件对后世的影响。但“传统”不同，它就像一条线：几百年前或几千年前发生的事件，从“传统”的角度，我们只会大略地了解事件的过程，但会更关注事件对后来的影响。这个影响甚至会持续几百年几千年，影响我们的现在和未来。由“传统”的意义延伸过来的“传统文化”，通俗地说，就是一个民族、一个国家、一个群体，经过代代流传和积淀，逐渐形成的文化个性和文化特征。群体中的每一个人，也许不一定了解本群体的历史，但却自觉或不自觉地深受传统的影响和支使。可见，研究“古代文化”主要是历史学的任务，研究“传统文化”却更多的是我们“文化学”的任务。

传统文化是在民族或群体的历史发展过程中逐渐形成、完善，并通过群体共同的思维方式和行为习惯表现出来。它既是历史的、现实的，又是将来的。之所以说它是历史的，是因为它是在历史过程中逐渐形成和发展的；说它是现实的，是因为它通过社会生活的潜移默化而被人们所接受并身受支使；说它是将来的，是因为它是未来的基因，控制着未来文化的定向进化。换句话说，传统文化是一个动态系统，在历史过程中或随机涨落，或保持稳定，在不断的变异中转化、扬弃、突变，使传统文化得以从过去走至今天，又从今天走向未来。

传统，是由历史沿传而来的有关社会经验及其概念的共识，一般特指风俗和习惯。

传统是群体、民族和国家文化之树成长的“根系”。传统的主根有利于文化之树成长，但也有少数受环境因素侵害的病根、劣根，可能会妨碍文化之树的生长。我们将传统中对现代社会和文化发展具有积极促进作用的“主根”，称为优质传统；将传统中对现代社会和文化发展只有消极或阻碍作用的“病根”和“劣根”，称为劣质传统。认识传统，是为了更好地扬弃；要实现扬弃，需要有良好的管理和教育机制，而不仅仅是了解传统的优劣。

假设，传统的主根乃至全部根系都成为病根和劣根，群体文化的这棵“大树”便不复存在。

传统还有另一个解释，即仅仅是指一种代代传承的状态。

传统文化，是指由历史沿传而来的文化特征或文化个性。

一般来说，能够成为传统的文化，必有其内在的凝聚性和保持性，这种力量使传统处于平衡状态中，通过内在的自省与非加合性组合（各组成要素不是简单累加在一起，而是共筑具有有机联系的结构），塑造民族文化独立的个性。传统文化是一个整体，是一个要素群（物态文化、方式文化、精神文化等）的有机整合。既然不是只有一个孤立的要素，传统文化内部必然会出现控制局面，以此保持各要素之间的均衡。一旦某一要素在随机涨落的过程中得到放大或缩小，超越控制或失去控制，传统文化便处于非平衡状态，暂时失去原有的稳定，成为一个开放系统。这时候，传统文化充满活力，在不失个性的前提下，广纳信息，与外部世界进行充分的交流与融合。在这个过程中，与外部世界的碰撞有时是相当激烈甚至是残酷的。但是，只要传统能够保留，仍然保持其民族文化的个性，那么传统文化最终会出现扬弃，又从无序跃迁（突变）至更高层次的组织状态。传统文化正是在这种平衡与非平衡状态交替进行的过程中，实现自身的不断进化。

为此，我们得出两点结论：

（1）能够称之为传统并延传至今的文化体系，没有性格上绝对的封闭与开放之分。封闭与开放或者同时共处在某个传统文化中，或者只是交错发生在某个文化传统进化的历史过程中：没有相对“封闭”（此即稳态阶段），传统文化不可能多元内聚成独立的性格；没有相对“开放”，传统文化不可能出现新质代替失势的旧质的过程，不可能进化至今。换言之，纯封闭的文化，没有进化的可能，不能称为传统文化；纯开放的文化，没有独立的个性，同样不能称为传统文化。

（2）中国传统文化延绵数千年，仅其生命价值便足以证明其是进化着的文化，是具有独立个性的文化。

四、本书的特点与学习方法

（一）本书的特点

与同类书籍比较，本书具有以下几个特点。

1. 以中国传统文化精神作为全书的核心

本书作为教材，重点是配合方法教学，以方法论作为全书的主要脉络，并在这样一个基础上搭建全书的整体结构。因此，我们将中国文化发展的历史观融入本书，而不是像其他同类书籍那样，仅从断代的角度去讲解各时代的文化成果；我们会大量插入或枚举历史事实及文化现象，务求让读者在这本书里系统地认识中国传统文化的主要精神和实践意义。也就是说，本书既区别于历史书籍，不是以断代作为线索，也区别于艺术史、文学史等专门史书籍，仅侧重于研究某一专业行为和理念。本书注重从通识、通史和通论的角度，引导读者认识中国传统文化的精髓和精神。

中国传统文化精神重人生、重人文、重内在的修行体验，是一种思考人生、考量人文和体认功夫的哲学。西方哲学强调思的过程，中国哲学则重在行的功夫。然而，我们也看到，近代以来，西方科学主义和科学万能论的传入，对中国社会影响极大，表现出强烈的社会和自然认知失衡现象：重科学轻人文，重个性轻群体，重功利轻理想。不少人迷失于这样的认识之中，大学生也不例外。近年来，大学生中屡屡发生漠视生命的现象，折射出当代大学生缺乏人文素养，对生命的意义、人生的价值、社会的责任缺少严肃的思考。对于大学生的这种迷思，中国传统文化精神可以作为感悟的方法之一。

为了能将中国传统文化精神讲精讲透，本书第三编从“人学”“自然”和“生命”三个向度，来诠释和延伸中国传统文化精神。我们这样做的目的，并不是试图让读者和学生知道中国历史上发生了什么，而是让他们学会自己去分析历史、社会和人生的方法。

2. 以中国传统思维方式引导对文化内容和特征的认识

本书的第二编是“中国传统文化的思维方式”。在我们早期的设计里，思维方式是归入第一编“中国传统文化的发展背景”里的。我们本来有这样的打算，在论述中国传统文化的各个要素之前，先谈谈这些要素产生和发展的背景，以此说明自然环境、社会环境和人的思维方式本身，都对中国传统文化产生莫大的影响，都是中国传统文化特征形成的重要前提。但是，在多年的教学实践和研究中，我们渐渐地体会到，在文化背景的三个要素中，思维方式最独特。自然地理环境和社会环境对文化特征的影响，都有一定的时效性，而思维方式的影响却是历时性的，它不仅成为传统文化产生的背景条件，同时，又成为传统文化的载体。在传统文化数千年的传承中，我们随时可以看到思维方式的影子。现在我们已进入计算机时代、网络时代，不要说古人，就是百年前的人也没有料到当今的科学技术会发生如此速变。然而，我们却可以看到，形成于农耕时代并代代流传的思维方式，今天依旧在这里或那里发挥着作用，依旧对我们的文化和行为造成深刻的影响。为此，本书编委及教学团队商议，干脆将思维方式从文化背景中独立出来，进行专门介绍。

对于中国传统思维方式，我们会花较多的篇幅去阐述，原因有两个：一是对于读者来说，思维方式是一个陌生的话题，需要用大量篇幅讲清楚；二是本书与其他同类书籍比较，最大的特点就在于我们已不满足于将问题停留在告诉读者“中国文化是这个样子”这样一个水平上，而是要帮助读者去分析“中国文化为什么是这个样子”。因此，本书的内容重点是放在分析中国传统思维方式上，让读者在掌握中国人思考问题和解决问题的特征和方法之后，再引导他们自己去分析中国文学、中国艺术、中国宗教、中国哲学、中国科学……为什么会是这个样子。这是从“授人以鱼”向“授人以渔”的过渡，即从知识解读向方法解读过渡的一次重要实践。

3. 以文化行为分析和文化比较作为中国传统文化研究的新突破点

“国学”一般特指以哲学经典著作和传统学术学派构成的文化形式，而“中国传统文化”包含的内容会更宽泛，除了经典著作外，它还包括精神层面、物质层面、制度层面以及文化行为等内容。

行为，这里特指人类的社会行为，是人类个体在相互交往和影响的过程中逐渐形成并固定下来的内部心理反应及相应的外部活动。社会行为的一个重要来源是文化环境。特定的文化环境通过各种途径，对某一群体产生持续影响，使群体中的个体行为逐渐趋向一致，并最终固定下来，成为群体习惯。从文化学的角度来看，这种群体习惯叫作“传统”，即“民族个性”，或“文化个性”，但从行为学的角度，也可称之为“群体人格”（group personality）。受某一特定文化环境影响的群体人格会出现异于其他群体的特征，并最终促使形成群体行为差异。这种受文化环境影响、具有各自特征及其表现的社会行为，就是“文化行为”，而专门对不同的文化背景中的群体行为差异进行剖析和研究的学科，我们暂且称为“文化行为学”。①

对文化行为的研究，国际学术界大致上是从20世纪六七十年代开始的。自从荷兰马斯特里赫特大学教授基特·霍夫斯泰德（Geert Hofstede）开创了对组织群体中工作场所的文化特征的科学研究以来，对文化行为的研究开始进入文化研究视野。但是，因为种种原因，文化行为的研究至今仍未形成真正的独立学派，国际上，尤其是中国学术界在这方面的研究还是很薄弱的。

20世纪90年代中期以后，暨南大学“中国传统文化概论”课程团队为了适应对港澳台地区侨学生的教学需求，不断引入文化行为分析的研究成果，并逐渐将对文化行为的研究发展为课程特色。本书对思维方式、文化特征、风俗习惯等方式文化的阐述，不少

① 程洁如，龚月红．中国文化行为学结构与应用机制初探［J］．甘肃理论学刊，2014（5）：101－105.

正是来自于课程团队主讲教师对文化行为的思考和研究。这也正是本书的一个重要特色。

既然文化行为研究是以群体行为差异作为对象，那么，文化比较方法就是可选择的方法之一。本书在介绍和诠释中国文化的过程中，大量使用文化比较的方法，通过横向地进行中国文化与其他国家文化比较，以及纵向地进行中国历史文化与现代文化比较，引导读者理解中国传统文化的实质和功能。例如，在论及“中国智慧已成为世界文化智慧宝库中的重要部分”这个命题时，我们会比较中国智慧与现代心理学的“智商”，说明它们是不同的概念，中国智慧是一种对规律的探索和领悟，无法量化，却能解决疑难；不甚清晰，却能传之久远。这种以相对、整体、关系、变化和发展为基本条件的智慧，成为人们认识社会乃至自然、解决群体关系甚至国际关系的基本方法之一。

（二）本书的结构

图 0－2 是本书涵盖的内容所组成的中国传统文化概论的研究框架。

分类	内容	关联点
本书的定位与导读	一、文化定义 二、文化特征、结构与功能 三、古代文化与传统文化 四、本书的特点与学习方法	
文化发展的缘由	中国传统文化的发展背景 第一章　生态自然 第二章　社会结构 第三章　大国治理	
文化发展的载体	中国传统文化的思维方式 第四章　经验思维（悟性方法） 第五章　整体思维（建构方法） 第六章　序变思维（思辨方法）	
文化发展的意义	中国传统文化的精神实质 第七章　人文精神 第八章　自然情怀 第九章　生命境界 第十章　中国传统文化的交流与嬗变	
文化发展的表现	中国传统文化的实践智慧 第十一章　历法数术 第十二章　文学艺术 第十三章　养生文化 第十四章　景观文化 第十五章　民俗节日	

图 0－2　本书框架

思考与讨论

1. 你认可本导言对文化的解释吗？为什么？

2. “文化是个筐，什么东西都往里装。”这句话的谬误在哪里？

3. 文化三现象各有哪些功能？请举例说明。

4. 有朝一日，人类的文化真的趋同了，这对人类文化的进化是否是件好事？

5. 古代传说“仓颉造字”，汉字真的是由仓颉造出来的吗？请从文化特征的角度进行论证或反证。

6. 古代文化与传统文化有何区别？

7. 对于传统文化，我们应该抱持什么样的态度？

·参考文献·

[1] 龚红月. 智圆行方的世界：中国传统文化概论 [M]. 广州：暨南大学出版社，2008.

[2] 程洁如，龚红月. 中国文化行为学结构与应用机制初探 [J]. 甘肃理论学刊，2014 (5)：101－105.

[3] 杨明华. 有关文化的 100 个素养 [M]. 台北：驿站文化事业有限公司，2009.

第一编

中国传统文化的发展背景

文化的发展背景，指的是在连续积累与循序渐进的文化过程中，提供文化类型、文化特征与文化精神形成和进化的各种适应条件的总和。

人类的文化并不是伴随着人类的产生而产生的。按照考古学的新发现，人类的历史已有两三百万年，然而，人类的文化却只诞生于数千年前的新石器时代晚期。因为，人类文化的产生，最少需要有三个条件：原始农业的出现和发展，使人类有了对技术文化的需求；人类定居并结成氏族联盟，这种跨地域的集中管理，需要有群体共同的文化观来支撑；原始记事符号和特定的沟通语言，使人类具有使用符号象征的本领，这不仅使群体沟通的范围扩大，更让人为的规矩、习惯和风俗替代了沿传已久的动物本能。

新石器时代晚期的人类社会发展，造就了氏族文化，而文化的产生又给人类社会带来两个明显的影响，一是促成工具的进化和技术进步，二是导致人类文化观的形成。在文化学上曾有一句流传很广的调侃："人类曾经用了两三百万年的时间，只发展了一块石头。"这句话揭示了这样的事实，当第一枚石制工具被有意识、有目的地制作并使用，人诞生了，人类工具进化的历史也拉开序幕。然而，工具的进化进程曾经异常缓慢，两三百万年的漫长岁月里，人类历经旧石器、中石器和新石器诸时代，石制工具和石制武器也不过是从粗糙打制跃升到精致磨制而已。文化一旦产生，短短数千年的时间，人类迅速进入使用金属工具的时代，历经铜石并用时代—青铜器时代—铁器时代。在距今百万年的工具进化史里，人类几乎是瞬间完成了金属工具的进化进程。沧海桑田，一朝实现，令人叹为观止！伴随着文化的产生和发展，人类的技术也有了飞速的发展。打个比方，人类制造的第一枚火箭，是在中国的元朝，仅仅相距七八百年，人类便拥有宇航助推火箭，其科技水平令古代火箭难望项背。以此比较漫漫两三百万年的旧石器工具进化，我们不能不叹服人类文化的伟大！

在人类文化发生和发展的过程中，人与自然生态的关系非常密切。一方面，自然界提供了有益于人类生存和发展的优势条件，这些条件也许微不足道，人类便想办法扩大这些优势条件，直到可以在自然界中生存和发展。另一方面，自然是一种不同于人的意识的客观力量，有自己特立独行的规律。因此，即使是相对独立于自然界之外的文化创造和文化景观，也依然受制于自然规律。换句话说，人类在进行文化创造时，必须服从、适应和遵循自然规律，否则将受到自然界的报复。

正因为人类与自然生态有着密切的关系，因此，自然生态，如地理因素、自然环境和生态空间，均成为群体文化和民族特征的重要背景因素。可以这样说，地理因素和自然因素对于人类，尤其是对于人类的生存具有重要意义。甚至在文化产生的初期，人类尚严重依赖自然界的“馈赠”，这时，地理环境间接作用于人类心理，其效果是显而易见的。然而，自然因素和地理环境毕竟外在于人类社会和人类的文化心理，当人类社会发展到一定阶段，人改造自然的能动性和生存的目的性越来越强，自然因素和地理环境便不是民族个性和文化特征形成的主要因素。换言之，一旦文化形成，文化的进化、变迁、增减和变体，便不完全受制于自然因素和地理环境；反而是人类社会本身，如社会结构、经济因素、行为需要和交流沟通方式等，在日益发挥重要影响作用，成为文化和民族性格塑形的主要动力和主要因素。

第一章　生态自然

天人之际，合而为一

——《春秋繁露·深察名号》

学习目标

定义：中国古代的自然生态系统；自然生态系统与社会人文关系。

描述：中国传统文化的自然背景——早期文化发展的环境优势、社会文化与自然生态的关系、生态自然与传统文化观。

理解：生态环境对传统文化形成和发展的影响。

辨别：中国传统文化观如何反映人类对生态自然的认识。

人是自然的产物，也是自然的一部分，人类生存与发展离不开大自然这个母体。人类与自然和谐相处，与自然万物共同形成生机勃勃的生态系统。

所谓生态系统，指在自然界一定的空间内，生物与环境构成的统一整体，在这个统一整体中，生物与环境之间相互影响、相互制约，并在一定时期内处于相对稳定的动态平衡状态。如果这种相对稳定的动态平衡状态遭到破坏，便会产生生态危机。希腊神话里有一位大力神叫安泰乌斯，是海神波塞冬和大地母神盖亚之子。安泰乌斯力大无穷的秘密，是他通过接触他的大地母神吸取无穷的力量。后来，大力神赫拉克勒斯发现这一秘密，便在格斗

图 1－1　波拉尤奥罗雕塑作品：《赫拉克勒斯与安泰乌斯》

中用力把安泰乌斯抓离大地，断其力量之源，轻而易举将之勒死在怀里。这则神话深刻地警示人类：无论自身如何强大，都无法脱离自然而存在。在科学力量武装下的现代人，曾试图超越自然规律，意图征服大自然，最终遭受自然界的报复：大气污染、臭氧层破坏、气候变暖……生态问题以灾难的形式严厉拷问今天的人类：人和自然该怎么相处？就在此时，中国传统文化给我们这个危机四伏的世界带来了希望：国学大师季羡林认为，西方的天人对立思想已经引发威胁人类生存与发展的严重生态危机，在今天，只有东方的"天人合一"思想方能拯救人类。[①]

一、地舆以载：早期文化发展的环境优势

文化是人的社会属性，具有超自然的特征，人及其活动以外的自然界所发生的一切，都不属于人的文化。但文化现象无论多么复杂，它总是人类在具体的自然环境中劳动创造的产物。自然环境孕育了人类的生命，也滋养出丰富的人类文化。在这里，我们看到了自然与人类之间密切的关系：自然在提供人生存条件的同时，也在磨炼人的意志，给予人重重压力。人类只有不断克服这些压力，才能繁衍生存和继续发展。因此，在人类产生之初，认识自然、改造环境便成为人类生存的第一要义，并将成为终身使命。人类在劳动过程中，创造了文化观，并以此指导自己去认识自然和改造自然。人类能够认识自然，必然对环境产生能动作用；相反，环境也通过自然法则的永恒作用，制约着人类。主客二体，相参相依，共居于循环、变化的生存时态之中。这就是人类与自然环境的动态关系。

在人类的原始阶段，生存动态的重心偏向自然环境一方，人只能被动地受制于环境，而无法自主地选择自然，人基本上是环境的奴隶。当人类开始学会种植、蓄养家禽和建造房舍时，对自然环境的完全依赖开始有了改变，这意味着人类开始拥有生存的主动权。从这一刻起，地球上相继出现人所创造的"文化景观"。

文化景观与自然景观。"文化景观"是相对于"自然景观"而言的。"自然景观"泛指地表的自然景色，可以按照地貌特征划分区域，如森林景观、草原景观等等；"文化景观"则是人类有意识地利用自然创造出来的景观。

文化景观的出现对人类来说是相当重要的，它可以使人迹罕至的地方充满生机，使人在原来无生存条件的地方落脚谋生，如在沙漠中开辟绿洲，在"旱魃为虐"之地修建灌溉网……人类的生存空间得以大大地拓展，因此也有了较大的生存自由。

① 季羡林．"天人合一"方能拯救人类［J］．东方杂志，1993：6－7

从古至今，无论人类对地理环境和自然的依赖程度是轻是重，自然规律和地理因素都会对人类产生一定的影响。因此，要研究人类早期历史和文化起源，不能不考虑地理环境因素。有鉴于此，我们在介绍地理环境的文化功能时，将把“人化自然—文化景观”作为相应的一种因素，同时以人类的早期历史为重点。

地球上气象万千的地理环境为人类活动提供最广阔的舞台，人类在舞台上根据各自的意愿与智慧创造出异彩纷呈的文化。

在人类文化的大花园里，中国文化是一朵奇葩。《全球通史》的作者斯塔夫里阿诺斯认为：“中国文明是世界上最古老、未曾中断的文明。”[①] 中国文化的独特性以及强大的生命力与东亚富饶神奇的自然环境密切相关，正是东亚优越的地理位置与生态环境孕育滋养出独特的中国文化，同时也像襁褓一样守护着它，让它在古今之间延绵不断。

（一）得天独厚的地理环境

中国位于欧亚大陆东部，东临汪洋大海，北接西伯利亚高原，西域横亘着茫茫大漠，西南盘踞着“世界屋脊”的青藏高原。在交通落后的古代，这些地理环境就像难以逾越的巨型屏障，拱卫中国大地，使中国文化在数千年历史中从容地发展壮大。斯塔夫里阿诺斯认为，中国文明之所以能绵延久远，一个极其重要的原因就在于中国在地理方面与人类其他伟大文明相隔的程度举世无双。[②] 巨大的自然障碍围护着一片辽阔而富饶的农耕大地：从最东的黑龙江与乌苏里江汇合处到最西的帕米尔高原约有 5200 千米，从最北的漠河以北的黑龙江江心到南海诸岛最南端约有 5500 千米，幅员之广，相当于整个欧洲的面积。如此广袤的大地上存在着景观各异的自然生态环境，这些自然生态环境分布在一个从西北往东南倾斜的陆地板块上。新生代第三纪由印度洋板块冲击亚欧板块引起的喜马拉雅新构造运动，创造出自西向东阶梯状逐级下降的地势：第一级阶梯是海拔 4000 米以上的“世界屋脊”——青藏高原；第二级阶梯是从青藏高原以东到大兴安岭、太行山、巫山、雪峰山之间海拔在 1000 米至 2000 米的山地、高原和盆地；第三级阶梯是海拔在 1000 米以下的东部宽广的平原和丘陵以及沿海地区。三级阶梯由于经纬位置不同以及海拔差异的影响，形成差异较大的气候环境。从西向东、由高至低的三级阶梯地形上，分别有青藏高原及邻近的高寒区、西部干旱区和东部季风盛行区。这种外部相对封闭而气候多样的自然生态环境，为中国多种民族的产生以及各民族之间的文化融合提供了优越的客观条件。

从全球各大陆地位置来看，中国处于最有利于人类生存发展的经纬位置。中国领土大部分处于北温带，这一区域被黑格尔看作是人类“历史的真正舞台”。优越的经纬位置正好有效地接纳从太平洋上吹送来的充满温润水气的海洋季风，真可谓占尽天时

①② 斯塔夫里阿诺斯．全球通史［M］．吴象婴，梁赤民，董书慧，等译．北京：北京大学出版社，2006：359.

地利。由于地势整体上由西北向东南阶梯式递降，这使太平洋季风容易往大陆西北方向纵深输送。在海拔地势及各种地形地貌因素的综合作用下，太平洋季风在中国陆地上形成不同类型的降雨与气候。中国的气候概括来说具有三大特征：一是季风气候明显，季风在陆地上各种地理环境下形成各不相同的季节性降雨；二是大陆性气候强，冬夏两季平均温度与同纬度其他地区或国家有较大差异；三是气候类型多种多样。以上气候特点在中国历史上保持着相对的稳定性，密切影响着人类活动的两个关键要素：温度与湿润度在漫长的历史时期没有发生急剧变化。著名的气象学家竺可桢曾对中国近五千年以来的气候变化情况进行深入研究，结果表明：中国气候在过去五千年内变化平缓，总趋势由温暖向清凉渐变。虽然各种地理环境下的气候会在不同时期存在多次波动，但幅度都比较平缓。湿润程度伴随着气温也产生相应的变迁，5000 年前的中国处于温暖的气候湿润期，随后气候持续缓慢变得干燥，2500 年以前一段时间里，气候开始变得湿润，但后来又再次变得干燥。气候对于人类的生存与发展意义重大，悬殊的气候变化甚至会灭绝一个地区的人口与文化。有学者指出，伟大的古巴比伦与古埃及文明消失的一个重要原因，就是两河流域与尼罗河流域的气候温度与湿润度都曾经发生过急剧的变化。天佑中华，让中国文化长期沐浴于温润宜人的气候环境中发育成长。海拔地形、经纬位置与气候变化等诸多因素的综合作用，使中国的生态景观气象万千：以秦岭、淮河一线以北的森林草原区；以秦岭、淮河一线以南的森林沼泽区；大兴安岭、小兴安岭至长白山一带的森林区；昆仑山、祁连山以北的草原区；青藏高原的高寒草原与丛林灌木区。以上仅是粗略的划分，其实每一类中又包含着彼此相异的生态景观。如在秦岭淮河以南的广大森林沼泽区中，长江中下游地区是平原、丘陵及低中山相交错的地区，而东南沿海则是分布着许多河谷盆地的山岭丘陵地区。“广谷大川异制，民生其间者异俗。”如此复杂多样的生态环境为中国多源文化的发生提供先天条件。

独特的地理环境在孕育与滋养中国文化多样性的同时，还作为拱卫的屏障有效保护着各种文化的发展与交融，使中国文化免受外部强大文明的入侵破坏。中国边境上的高原、高山、沙漠、雪域以及海洋，这些古代难于逾越的天然屏障使中国古代农耕文明长期稳定安全发展。在世界历史进程中，从希腊到巴格达所向披靡的马其顿军队，止步于中国西部的茫茫大漠；伟大的罗马帝国只能遥望同样伟大的汉王朝；地跨欧亚非三洲的阿拉伯帝国扩张野心被中国边境的沙石掩埋。虽然连通中国西域有同样强悍的游牧民族不断入侵中原文明，但由于自身文化的落后，总是摆脱不了征服者被征服的命运。在中国历史上，征服并统治中国全境的蒙古人与满族人，最后都被中原先进的文明所同化征服，印证了马克思的著名论断：野蛮的征服者总是被那些他们所征服的民族的较高文明所征服。

（二）多元一体的自然生态

人与自然的关系是一种动态发展的关系，自然影响着人类的生存与发展，而人类活动也在影响着自然存在状态。随着智力发展水平不断提高，人类对自然的影响力也不断加强，但在人类发展早期，由于生产能力低下，自然对人类生存的影响是决定性的。原始人类刚脱离动物的生存状态，对于自然的认识与理解还处于蒙昧阶段，他们的生存基本是靠自然的赐予。因此在史前时期，自然生态环境对人类及其文化起到决定性作用。

自然生态环境，指未受人类干扰或扶持，在一定空间和时间范围内依靠生物及其环境本身的自我调节来维持相对稳定的生态系统。

自然生态系统有着自在自为的发展规律，当人类加入其中并有意识地改变这种规律，利用与改造自然生态，使之成为有利于人类生存发展的环境时，自然生态便与人类的文化联系在一起了。

对于中国文化的起源问题，在过去很长一段时期内，人们都认为中华文明发祥于黄河中下游平原。然而，随着近几十年中国考古事业的发展，许多令人意外的考古发现不断冲击原有的观念。在20世纪后半期，一些考古学家或人类学家纷纷提出中华文明起源的新设想，其中影响最为广泛的是由考古学家苏秉琦所提出的六大区域理论。根据中国新石器时代文化遗址的分布特点，苏秉琦将中国早期文化划为六大区域：陕豫晋邻黄地区、山东以及邻省一部分地区、湖北和邻近地区（汉水中游区、鄂西区、鄂东区）、长江中下游地区（宁镇区、太湖区、宁绍区）、以鄱阳湖—珠江三角洲为中轴的南方地区（赣北区、北江区、珠江三角洲）、以长城地带为中心的北方地区（昭盟中心区、河套区和陇东中心区）。中国新石器时代文化的六个不同分布区域，充分表明中国自然地理环境多样化对中国文化的多源发生所产生的关键性影响。在苏秉琦的六大区域理论基础上，一部分考古学家与人类学家结合新考古发现，进一步勾勒中国早期文化发展演进的序列与谱系。

从中国新石器文化的考古分布情况来看，中国各大区域的文化最初都以点的形式出现，像满天星斗般分布在辽阔疆域上。每一种文化在自身发展壮大过程中，总会与周边文化发生接触、碰撞、交流与融合，然后，若干个文化点联结汇聚为一个大的文化序列。正是这种文化间的互动状态，最终促成了中华文化由点到面的融合进程。考古学的发现证明了这一融合的过程：在黄河流域存在着以渭水为中心的大地湾—老官台—仰韶文化系列，磁山·裴李岗—后岗—大司空仰韶文化系列和以泰沂为中心的北辛—大汶口文化系列三个考古文化系列群；在长江中下游地区也存在着长江中游的彭头山—皂市下层—大溪—屈家岭，和长江下游的河姆渡·罗家角—马家滨—裕泽两大考古文化系列群；其他大文化区域中都存在着若干个由文化点联结汇聚成的文化系列群。这些文化系列群又在另一个层次进行接触、碰撞与交融，最终形成多元一体的中华文化，也孕育出多元一体的中华民族。因此，中国的地大物博最终成就中国文化的博大精深。

中国文化从多元发展到最终融合为多元一体的博大文化，还有一个关键因素：丰富发达的水系结构。

中国文化与古印度、古埃及和古巴比伦一样，发源于大河流域，这正体现了早期人类对自然地理的严重依赖。依靠大河的灌溉和孕育，中国与其他文明古国先后进入农牧社会，并于新石器时代创造出氏族文化。

长期以来，人们习惯于将黄河流域看成是中国文化的摇篮。但依据近几十年的考古实践，证实不唯黄河流域，辽河流域、长江流域、淮河流域和珠江流域，都有长达四五千年以上的文明史，同样是中国文化的摇篮。①

上述五河流域支津港汊众多，河网密布，联系的区域十分广阔，总面积几乎达500万平方千米。纵望南北，东亚大陆上的四条温度带——亚热带、暖温带、中温带和寒温带（亚寒带）——都可见河流蜿蜒；横看东西，黄河、长江这两条世界上著名的大河，浩浩荡荡跨越了中国地势的高原、山地和丘陵。这种相对集中的水系结构，在其他文明古国中是极为罕见的。独特的地貌，对中国文化的形成、迁移和一部分社会价值观的初构，多少带来一些影响。

早期文化区域分布在大河流域的特征，在东方文明古国中是共存的，这使各古文明之间具有了一种共性，但中国农业起源的特征与其他文明古国毕竟不同。两河流域的巴比伦、尼罗河流域的埃及，一般都是利用大河泛滥后留下的沃土，再加以灌溉，用以栽培小麦而发展农业。但生命赖以繁衍的大河却睘睘茕独：尼罗河独流横贯，两河流域仅拥有一个气候，其他地方则多是沙漠和半沙漠地区，没有其他的大河交相补苴。因此，这些古文明地区对大河依赖甚重，如埃及，直到近代，人口聚集区域仍几乎集中在尼罗河两旁，因此，有人说“埃及是尼罗河的赠予”。

中国文化虽然发源于大河流域，但因其地形复杂而采用多品种种植方式，无须固执于大河馈赠的沃土。同时，由于从北至南有五大水系遥相呼应，支津密布，方便了民族迁徙和文化交流。尤其在古代陆路交通工具不发达之时，利用河运就显得更为重要。新石器时代，各文化区域相互渗透，就是靠中国河流分布的特征之便。《尚书·禹贡》记载了长江与黄河的沟通是“浮于江、沱、潜、汉，逾于洛，至于南河”。尽管江、河间距不近，但其中支流相通，可以从长江顺流入支津——汉水的支流，再转入汉水，然后登陆转洛河，从洛河进入黄河。

自从有了铁制工具后，人们开始能动地利用自然的优势。从先秦时期起，中国即有人工开河以补自然水道不足的记载，最早开河，是将“四渎”（东西向的长江、黄

① 为保持课程教学的一贯性，本书部分章节将保留原书龚红月等著《智圆行方的世界：中国传统文化概论》的部分文字内容。——本书主编注

河、淮河及黄河支津济水等四条巨川）以人工开凿的运河沟通起来，并在此基础上建立以自然河流与人工运河为干支的完整水系①。之后历代都重视水利建设，开凿了为数众多的运河。

大河与人工运河在东亚大陆交织成网，其功效并不仅在灌溉、交通运输等实利上，还在于为中国文化的统一提供了物质基础，使中国人的文化心理出现最大限度的超地域性和同化性，这是中国文化传统得以扩展、延伸而不至出现中断的保证。

高原、大漠、雪域与海洋这些难以逾越的自然屏障使中国文化长期在封闭保守的状态中发展。一般来说，封闭的环境是不利于一种文化健康发展的，然而从历史的情况来看，中国地理上的封闭并没有窒息中国文化的生命力，原因正是中国境内丰富发达的水系。无数交错贯通的水系网络促使中国全境的各种不同文化进行交流、碰撞与融合。境内多种文化的互动状态，激发出中国文化的内在活力。而外部的封闭却有效维护着文化内部的生命活力，环境上的不利因素反而成为有利因素。中国内部各支水系都孕育出特定的文化，通过水系的流动性，各个地域的文化与其他地域文化进行长期的交流融合。中国疆域完整，黄河、长江两流域毗连，没有明显的天然屏障可以阻隔，其势宜合而不宜分，因此在政治、经济、文化以及军事上都较海洋诸岛易于统一。在数千年的人类文明进程中，中国不曾中断的、具有连续性的文化，在很大程度上不能不归功于中国拥有一块完整而广阔的地理环境。世界古代文明中，古埃及和古巴比伦文明是被毁灭了，其原因很多，除了上述水系因素之外，还有一点应当是与其地理条件有关，即在两河流域和尼罗河流域的周围是大片的沙漠，人类能够生存的地方实在太稀少。而中国疆域辽阔、生存空间广大，所以在历史上，纵使游牧民族南侵，中国仍有足够的地域作为退路供回旋。

在中国文化的起源阶段，黄河中下游平原因为有利的自然地理条件，在中国境内率先形成优势文化，并通过发达的水系网络向周边地域扩展兼并，融合壮大。距今一万年以前，中原地区就已跨进新石器时代。中原河洛地区，长江、黄河、淮河等几大江河皆流经此地，而且彼此支流交错贯通，形成联通一体的水系网络。因此，在这一地区的史前文化很快就借着发达的水系网络进行碰撞、交流，最终完成文化从点到面的交融。据考古学家与人类学家的研究，中原地区分布着西阴文化、大汶口文化和屈家岭文化，这三大文化系列群彼此发展并不平衡，西阴文化率先发展，并在朝周边扩张时与大汶口文化和屈家岭文化发生碰撞与交流。至公元前3000年初期，西阴文化融合其他文化优点，率先进入文明的门槛，形成中国历史上的第一个国家——夏朝。西阴文化周边的文化如大汶口文化、红山文化、屈家岭文化和良渚文化也在文化的碰撞、交流过程中兴盛发展，与西阴文化争夺中原地区的主导地位，而这种争夺又进一步加剧了文化之间的交流与融合。所以中国远古时期各大区域的文化虽然渊源不同，谱系

① 王育民．中国历史地理概论：上册［M］．北京：人民教育出版社，1987：241－250.

有别，但它们都能通过发达的水系相互联系。通过漫长的文化碰撞、交流和融合，中国境界的文化系列群出现变化，有的文化系列群缩小甚至消失，有的文化系列群则在兼并融合中不断壮大。

出现国家之后，文化与文化之间的交流、碰撞与融合仍然在每一个朝代以不同的形式发生，从而不断丰富与充实中国文化。当然，在各种文化的碰撞、交流与融合过程中，黄河中下游起源的华夏文化自始至终起着主导作用。在古代历史发展中，只有在农业取得发展的地区，文化才得以繁荣。中原地区是在黄河滋养之下农业最早得到发展的地区，因此率先形成文化上的优越。黄河中下游地区属于典型的温带季风气候区，降水较为充足，广泛分布着浑厚肥沃的黄土，这是一种良好的成土母质，团粒细微、组织疏松，使用原始的生产工具挖掘比较省力，便于原始农业的发展，最早的粮食作物稷最适宜在这种土壤中生长。加之当时这里的河道纵横曲折，湖泽星罗棋布，在这里经营农业能持续地取得更大的成就。所以进入文明时代以后，黄河中下游地区的文明水平远远高于周边文化区域，由于长期处于文化上的“高势位”，所以容易形成开放的态势吸引和包容其他文化。这种开放的态势并未危及中原文化的优越地位，反而在广纳周边文化的过程中变得更博大与强势。虽然不同朝代的中国文化在内涵与分布格局上出现了一些变化，但多元性的一体特征却始终未变。

二、天时人事：社会文化与自然生态的关系[①]

中国广阔疆域的拓展具有独立的特性，正如清朝雍正皇帝所说：“皆天时人事之自然，岂人力所能强乎?”（《清世宗实录》卷八三）“天时”是地理环境和文化景观给中国人带来的“优惠”条件，“人事”是历史孕育而成的“内动”基因与“和”文化的共同作用。

（一）社会文化生态对疆域拓展的影响

在辽阔的地域内孕育生长的中国，一直居于变化的动态之中。这种动态，除了“合久必分，分久必合”的历史自衡状态外，还表现在活动区域的不断拓展上。

> 社会文化生态，指的是社会文化与自然生态环境之间的关系。一般而言，社会文化因素对环境会起到一定的作用，而环境变化对社会文化发展也会起到反作用。掌握其中的关系规律，将是社会文化生态研究的重要目标。

① 本节改引自龚红月，王培林，何君宜，等．智圆行方的世界：中国传统文化概论［M］．广州：暨南大学出版社，2008：15－19.

中国第一个朝代夏大致位于黄河中下游流域，最盛时期的地界，东止于郑州（济水上游），西近倚华山，南濒接伊洛（伊洛盆地在黄河中游），北远达长治，约跨今豫、晋、陕三省交界一带，活动范围相对狭小。从东方黄河下游发展起来的商殷，在灭夏后迅速扩张，活动区域西起甘陇，东达齐鲁滨海地区，南抵淮上，北至关塞（今河北、山西北部），遍及华北大部地区，远远超过了夏代。待至周王朝建立，中国疆域已远及江、汉流域。秦统一中国，疆域“东至海暨朝鲜，西至临洮、羌中，南至北向户，北据河为塞，并阴山至辽东”（《史记·秦始皇本纪》），略有今冀、鲁、晋、豫、陕、苏、浙、皖、闽、赣、鄂、湘、黔、粤、桂等省及自治区全境，以及甘、川、云、辽、内蒙古、宁的大部分或一部分，并有今越南东北部及朝鲜西北部一隅之地，成为当时世界上疆域最大的国家。[①] 汉朝时，由于汉武帝的两次大规模用兵——北击匈奴、南下平越，基本上巩固了秦时开拓的疆域。唐朝发展极盛之时，即7世纪后半叶，由于少数民族的归附及其他原因，中国的疆域之大，已超越前代。以后中国地域时有盈缩，终形成今天所见的广袤疆域。

中国之所以能拥有辽阔的国土，有诸方面原因，主要有：

（1）易于沟通的地理条件。正如前文所描述，东亚大陆内部地域紧连，甚少有人类难以逾越的天然屏障可以规划，由此形成便于周旋的广阔腹地。自然河流、人工运河脉散绮错，驰道通达四极，汇织成四通八达的水陆交通网。在四方辐辏之地，“市廛所会，万商之渊，列隧百重，罗肆巨千，贿货山积，纤丽星繁”（左思《蜀都赋》）的商业都市和“皇城之内，宫室光明，阙庭神丽”（班固《东都赋》）的政治都市相继涌现，其往往同时成为文化中心。这些条件有利于经济、文化的沟通，成为共同文化心理和空间意识产生的基础。

（2）文化中心转移。文化的发展有很明显的地缘流动性，随着时代的变迁，新的文化中心取代旧的文化中心成为历史的必然。这种文化中心的转移在古代中国几千年的岁月里，屡见不鲜，尤其在国家早期的文化圈同时也是经济圈、政治圈时，中心的转移对于扩大疆域便具有了非同寻常的意义。

汉唐及其以前，黄河流域是全国文化发展的中心，从西晋开始，南方江淮流域形成新的经济中心，但由于文化行为比较单一，基本上是围绕经济展开，因此，这时的江淮流域只是以黄河流域为核心的文化圈的半边缘地带。唐朝末年，黄河在自然因素和人为因素的作用下，发生地理变迁，从以往的安流状态变为迁徙频繁，加上宋代政治中心南移，全国性文化中心随之南移。除了整体中心的转移外，局部文化中心的转移更为活跃，如黄河中下游的东方海岱（“关东”，以函谷关为界）文化和黄河河曲的西方渭洛（“关西”“关中”）文化，长江流域的楚文化、蜀文化和吴文化，北方草原大漠的各族文化等都有此消彼长、交替成熟、易时转移的趋势。

---

① 王育民．中国历史地理概论：上册［M］．北京：人民教育出版社，1987.

无论是宏观文化，还是局部文化，在失去昔日的中心地位后，并未因之而湮没，相反以各自特有的优势（如经济、交通、采邑、邦国等）成为次中心，这在元明清政治中心与经济中心分离后表现得尤为明显。由于每一个文化圈都有核心地带、半边缘地带和边缘地带，联结的区域往往为数众多，中心的转移便有利于域内的巩固和继续向外拓展。

（3）移民和战争。如果说战争是利用兼并和扩张实现统一的手段，那么，移民则带有开发的客观效果。中国历史上的移民并不少见，仅从北向南的大规模移民潮就有三次：第一次是在秦始皇统一中国后，派遣50万人南戍五岭。第二次是西晋“永嘉之乱”后，北方汉族人民为逃避战乱、饥荒和民族压迫，大批渡江南迁，“中州士女避乱江左者十六七”（《晋书·王导传》）。分散流移到南方其他各处的北方人为数也不少，如“流人在荆州十余万户”（《晋书·刘弘传》）。据估计，自东晋初到刘宋末，北方流移南下的人口即在100万人以上。① 第三次是在北宋末期“靖康之乱”后，再次掀起北人南迁的高潮。由于北方人大量南迁至江、浙、湖、闽、粤等各地，故“西北流寓之遍满”（庄绰《鸡肋编》卷上）。

除了大规模移民外，局部移民和较小规模的移民不计其数。此外，中国历代几乎都有严重的“流民”问题。盖言之，移民的性质有三类：第一类是自然移民，主要发生于对自然依赖严重的氏族及夏商时代，根据水源、地力的资源情况决定迁徙的动向，以后也包括灾荒移民。第二类是经济移民，早在先秦时，利用移民开发土地的认识已经萌生，战国时的政治家商鞅就指出：“地胜其民者，事徕（招徕外人来开垦）。”（《商君书·算地》）秦统一中国后，施行迁徙富豪及徙民戍边的政策，除派遣50万人戍岭南外，还“徙天下豪富于咸阳十二万户”，约60万人。唐代一度采取徙狭就宽的“乐迁”政策，以种种奖励（如轻减赋税等）鼓励人们从人口密集、耕地狭小的区域移民至土旷人稀的地方。（《新唐书·食货志》）第三类是政治移民，如秦汉的“实关中”“戍边郡”政策，就带有政治移民的性质。这类移民也包括掳掠、逃避战乱和苛捐杂税的移民。上述移民，尤其是后两类移民，对民户来说，并非“乐迁”，许多恰恰是被迫而行的。但从客观发展的总趋势来看，移民者往往是从经济文化较为先进的地方向较落后区域迁徙，这对落后区域的开发起到促进作用，如江南经济能后来居上，离不开自北向南的移民大潮。

这里也说明了一个问题，与“安土重迁”（“重”即“难”）的习惯形成对照的移民现象，反映出中国人具有内动的性格（“内在应变”），正是这种性格塑造出民族文化的同化性。

（4）各民族间的相互迁徙与融合。中国疆域的开拓，应是汉族和其他民族共同努力的结果，其中包括汉族与西南瑶、僮、彝等边疆民族的双向渗透（谢肇淛《五杂

① 王育民. 中国历史地理概论：上册［M］. 北京：人民教育出版社，1987

组·地部二》)，也包括汉文化与北方大漠文化、西北西域文化的相互浸润，这一点将在后文专章论述。

（二）民族文化与地缘特色的关系

人类在不断地适应特定环境的过程中，逐渐形成各种具有鲜明地缘特色的民族文化。

> 民族，是指共同成长于某一文化生态环境的劳动群体，是人在人类历史上形成的具有某种共性的情感意识的劳动群体的概括。可以说，民族是人类适应自然环境的文化形态，它是人类发展到一定历史阶段自然呈现的。

一个民族的形成离不开特定的地理环境，就像生命受孕生长一样，生命在走向独立之前是无法选择母体的，它只能在母体基质上塑造自己。俗话说，一方水土养一方人，人类选择适合生存的自然生态环境，同时也受自然生态环境的选择与规范。因此在民族形成初期，其所处的自然生态环境塑造了该民族最初的性格及其文化特征。

对古代中国来说，地缘特色与民族文化机制之间存在双向效应，后者对前者发挥顺行效应，前者亦对后者产生逆行效应。

一则，幅员辽阔的疆域为保持文化传统提供了条件。当异质文化传入中国后，它们所面对的是面积庞大（近似于整个欧洲，远超过现在的西欧）的地理单元和民族众多、城乡结构独特（农村面积广阔，城市性质复杂）、人口素质不一、东西南北习俗各异的环境情势，即使有最大限度的传播覆盖率，也往往是水过鸭背，及表不及里。在这样的情况下，中国文化大体上是在本土独自酝酿成长，即使有外来文化成分由西域或海上传入，皆能雍容消纳，使中国文化的发展稳定而富于自信，传统之链从未中断过。反观古埃及、古印度和古巴比伦，则不乏传统中断的历史记载。

二则，广大的疆域容纳了各民族共同性和多样性的文化心理。几千年文化的传播和交流，以及传统在时代上的连续性和不可分割，造就了各民族文化的共同性。这种共同性，主要是建立在源远流长的文化多向交流和融通的基础上，而非仅依靠战争和征服，因而能巩固其地位，即使是在国家处于分裂的时期，也是如此。这是中国历史上一而再，再而三，多次形成新的统一国家的保证。比较世界上曾出现过的军事帝国，如居鲁士的波斯帝国、查理曼帝国、罗马帝国和奥斯曼帝国等，尽管它们存在的时间并不短，统治的地域也较为广大，但正因为是以军事力量作为维系帝国生存的纽带，外强中干，一旦武力衰退，即刻土崩瓦解，灭亡后再也不可能形成新的统一。以史为鉴，文化的共同性对毗邻民族和居于同一地理圈但互存差异的区域来说，弥足珍贵。

三则，辽阔的疆域与漫长的海岸线，加上陆路与水系方面的交错相通，为文化类型结构的塑造提供了自然基础。我们可以比较古希腊的文化类型，这是一种属于海洋文化的相对单一的文化类型，由古希腊特定自然生态环境所决定。古希腊位于地中海东部，地势崎岖不平、山地较多、平原很少、河流有限、土地贫瘠，这种自然生态环境无法发展农业生产，所以古希腊没有产生农业文化类型。但古希腊海岸线曲折且港口众多，再加上地中海周围存在着许多较为先进的文明，这些因素促使古希腊利用海洋的便利发展海洋文化类型。与古希腊贫瘠的农业环境相比，中国的自然环境可谓得天独厚，占尽天时地利。中国具有东亚最广阔的可耕种土地，有纵横交错的大河及其支流体系，也具有温润适宜的气候环境，这种优越的农耕环境，使中国很自然地走上农业文化的道路。同时，中国疆界线近三分之一是海岸线，拥有许多优良港口，这些条件意味着中国也有发展海洋文化的可能性。考古学家发现，中国东南沿海地区的原始文化遗址一般很少墓葬，这与内陆同一时期遗址完全相异，他们认为这是因为生活于这一区域的古人主要生活在船上，船成了他们的居住地。又如，从地理分布上说，百越属于南方低地平原民族，这种地理生态环境和人们活动的交互作用，表现为百越各族在生产和生活上与水具有特殊关系：善种水稻、多吃水产、习水便舟、居住干栏、文身断发、龙蛇崇拜、悬棺葬俗、崖画艺术等，无不与水有关。这些区域最终没有发展出海洋文化类型的重要原因，就在于这些区域的农耕条件优越于海洋条件。有学者甚至认为，这一区域早期的人可能处于“两栖”发展的状态。在历史进程中，当这种摇摆于两种文化间的“两栖”群体遇到来自内陆强大的农耕文化时，很容易融入农耕文化之中，并成为其中充满生命力的部分。所以中国境内虽然产生了许多民族，但它们由于具有相同或相似的农业经济基础，所以最终能够通过交流融合形成统一的中华民族，各种民族文化类型也可以归入农耕文化范畴之内。中国著名考古学家张光直认为，中国境内许多新石器时期的文化区域在“相互作用”之下成了“相互关联的文化”，而各文化区域间的互相作用的共同基础则是农业生产经济。因此可以说，中国文化是一种农耕区域范围内的内聚性的文化。优越的自然生态条件使黄河流域的汉民族率先发展强势文化，并不断融合中国境内其他汉民族区域的文化，如吴文化、楚文化、巴蜀文化、西域文化等，同时也吸引并融合其他民族的文化，如匈奴、鲜卑、羯、契丹、辽、金等少数民族文化。正是这种海纳百川式的吸纳融合，最终成就中华文化的博大精深。

由于深深根植于土地，文化如树一样在积累中生长，在这种文化中的人们对自己祖辈生息之地所形成的恋土情结，是很难被外在势力改变的。德国历史学家特奥多尔·蒙森曾在其《罗马史》中说道：“凡用战争赢得的，可以由战争再次夺走，可是用锄犁赢得的却不然。”[①] 正是中国文化与农耕经济的密切相关性，使中国文化能够保持自己的独特性并且数千年生生不息。

① 特奥多尔．罗马史：第一卷［M］．李稼年，译．北京：商务印书馆，2004：168．

知识拓展：中国古代的环境保护法

周文王时期，颁布世界最早的环境保护法令《伐崇令》："毋坏屋，毋填井，毋伐树木，毋动六畜，有不如令者，死无赦。"此外，周代还制定《野禁》和《四时之禁》保护自然资源。秦朝时期，颁布《田律》，涉及古代生物资源保护的所有方面。北宋是最重视资源与环境保护方面的立法、执法的王朝，官府屡次颁布这方面的禁令，保护的对象包括山场、林木、植被、河流、湖泊、鸟兽、鱼鳖等众多方面。明清两朝的法律在资源和环境保护方面的法令都有较丰富的内容，如清朝还设有专管水利的官员，并设堡专门保护水道、河堤，这种办法一直沿用至今。

三、物我合一：自然生态与传统文化观

人类在认识自然和改造自然的劳动过程中，创造了文化，形成相应的、相对固定的文化习惯和文化观念，这就是"文化观"；文化观一旦形成，又会指导人类更高效率地去认识自然和改造自然。尽管人类各地域的文化观各不相同，中国的传统文化观是"物我合一"，欧洲的传统文化观是"物我分离"，但这些文化观都反映了人类对自然的态度。中国传统的文化观，包含深刻的敬天顺时的意识和浓厚的物我合一的意境，在中国独具特色的文化创造和一脉相承的文化思想中发挥着重要的作用。

（一）敬天顺时的意识

中国古人认为人类敬畏自然是天经地义的事情，不仅要敬畏，甚至还须顺从。数千年的文化传统使敬畏与顺应自然的观念在中国古人心中如基因一般存在并代代相传。即使在科学技术主宰一切的今天，追寻自己传统的中国人对自然仍有敬畏之情。中央人民广播电台资深记者汪永晨在《新京报》（2005 年 1 月 11 日）发表文章《"敬畏自然"不是反科学》，提出发人深省的问题："人类本是自然界的一员，大自然存在多久了，而我们人类才生活在这个地球上多少年，为什么一有了我们人类，就要以我们人类为本?"此话含有的朴素道理，那就是人类是大自然的产物，人无法独立于大自然，更无法主宰大自然，人类在大自然面前能够做的而且应当做的，就是敬畏并且顺应自然。在人类已经出现极端严重的生存危机的今天，人类真的应该好好地反省自己对自然的认知与态度了。1992 年 11 月，来自 71 个国家的 1 700 多位科学家（其中有 104 位诺贝尔奖获得者）共同签署了题为《世界科学家对人类的警告》的宣言，宣言明确指出：人类和自然界正在相互冲突。人类活动对环境和重要资源造成了严重且通常是不可恢复性的损害。如果不阻止目前的许多对环境的破坏性活动，那么未来的人类社会、动植物世界将处于极大的危险中。

自然物与自然是不同的两个概念，人类能够通过科学手段操纵、控制或征服具体的自然物，却永远也无法征服自然本身。自然是无限的，认识有限发展的人类无法完全解开自然的神秘面纱，更遑论对它的征服与利用了。由于自然在时空上的无限性及其内蕴方面无穷的奥秘，因此，无论人类的智慧有多高，其所能认识的永远是所有自然奥秘中的一部分。从这个意义上说，自然永远是神秘不可征服的。当然，自然与自然物具有内在的联系，所有的自然物构成并呈现为自然，自然的神秘力量总是从自然物中表现出来。人类产生于自然，也是无数自然物中的一种，所以人类自身也同样潜藏着不曾认识到的自然力量，人类与自然万物之间也同样存在着千丝万缕的神秘联系。因此，人类不可能也不应该独立于自然成为自然的对立物。长期的生产生活实践使人类逐渐感受到与自身周围万事万物所存在的或显或隐的联系。马克思甚至将事物之间普遍联系作为其哲学体系中的重要原理之一。20 世纪 60 年代，英国科学家詹姆斯·拉伍洛克发现世界上所有事物之间的联系存在着某种具有“生命力”的系统：地球表面上的一切生命以及一切物质构成一个系统、一种类型庞大的有机体、一个“活着”的星球。作为一个由大气、海洋、表面的岩石紧密地联系在一起的有机整体，地球是一个有目的的存在，可以通过自我控制、自我调节来维持地球生命支持系统的存在。因此，人类即使真的是这个世界上的万物之灵，也得承认自己仅是这个“活着”的星球中的构成部分。只有当人类将自己看作自然的有机部分，并以此来对待自然时，人类才会对自然心存敬畏。也仅当有此体认时，人类才能抑制人类中心主义的狂妄。在世界上现存的几大文明中，只有中华文明蕴含着丰富的生态智慧，生活在中国大地上的人们几千年来都将自己看作自然的有机组成部分，一直保持着与大自然的亲近感情。

在古代中国人看来，人与自然可以感应交融，甚至可以在某种精神状态下合为一体。在中国伦理文化世界，圣人是人世间至诚尽性之人，其所达境界便是与自然一体，与天地相参。所谓：“唯天下至诚，为能尽其性；能尽其性，则能尽人之性；能尽人之性，则能尽物之性；能尽物之性，则可以赞天地之化育；可以赞天地之化育，则可以与天地参矣。”（《中庸》）这句话的意思是说只有天下极端真诚的人能充分发挥他的本性；能充分发挥他的本性，就能充分发挥众人的本性；能充分发挥众人的本性，就能充分发挥万物的本性；能充分发挥万物的本性，就可以帮助天地培育生命；能帮助天地培育生命，就可以与天地并列为三了。因此，人在敬畏与顺应自然的同时，又能融入自然，体验天地之间的无穷奥秘。古代中国人的这种观念基于他们对于自然的独特认识与理解。在中国先人的心中，天是神秘的，又是伟大的；天是人类的生命之源，又是人类的价值之本。“有天地，然后有万物；有万物，然后有男女。”（《易传·序卦》）在这里，天地即是人类难以认识把握的神秘的自然。在中国古代文化系统中，自然有时称作天，有时也称为天道或天意，古人认为，天是万物主宰，地则是万物之源。在《易经》中，天为乾，有天父之义；地则为坤，有地母之义。天与地相合成为神秘无穷、生生不息的自然。人是天地万物的一部分，是自然物有机整体中最有灵性的部分，人应该敬畏并顺应，将有限个体生命融入无限的自然生命之中。

敬畏自然是儒家的基本态度。孔子说：“天何言哉？四时行焉，百物生焉，天何言哉？”（《论语·阳货》）孔子认为，自然界的四时运行、万物生长就是“天”，它不以人的意志为转移。汉儒董仲舒指出：“天地者，万物之本，先祖之所出也，广大无极。其德昭明，历年众多，永永无疆。”（《春秋繁露·观德》）“天覆育万物，既化而生之，有养而成之，事功无已，终而复始。”（《春秋繁露·王道通三》）人的生命由天所赐予，所以人对天应该怀有敬意；同时天又是神秘莫测，令人心存恐惧。“天地之道：博也，厚也，高也，明也，悠也，久也。”（《中庸》）博厚、高明、悠久是天地之道，人间只有敬畏与顺应自然的大德之人如尧舜者，才能效法天并体悟自然的奥妙，才能“究天人之际”，“与天地合其德，与日月合其明，与四时合其序，与鬼神合其吉凶。先天而天弗违，后天而奉天时”。（《周易·文言传·乾文言》）当人之“大德”与天之“大德”相合，便可以“先天而天弗违，后天而奉天时”，这就是“天人合一”圣境。所以人要自觉修德以成“大人”，至诚尽性与自然合二为一。相类似的思想存在于中国先秦诸子百家之中，如老子认为，人应该抛弃自己私智私欲，顺应天地自然，“人法地，地法天，天法道，道法自然。”（《老子》）

我们的先人敬天顺天，与天地一体的思想的形成，与他们长期所处的自然生态环境有密切的关系。中国地域广阔，呈现出多样性气候及自然景观分布。中国初民在气候适宜、土壤肥沃、环境优美、物产丰饶的环境中繁衍生息，认为是得到上天眷顾，因而产生对自然的感恩情怀，对自然无比崇敬。中国大部分地区地处温带和亚热带，一年之中，春、夏、秋、冬四季分明。尤其中华文明发源的中心黄河中下游和长江中下游一带，植物季相的变化非常分明，动物迁徙活动也很明显。先民通过物候观测逐渐发现生物有春生、夏长、秋收、冬藏的特性。通过“类万物之情”，便自然产生顺应天时的观念。这种观念的产生具有极为重要的意义，因为只有顺时而动的生产措施才最有效。因此，古人认为只有顺天时，才能与自然相协调，而与自然协调好了才能使自己获得最大的收益。长期周而复始的农耕实践使我们的先民对自己所处的生存环境产生一种不易动摇的信任，反而对于天地的担忧在中国先人看来，是完全没有必要的，因此，“杞人忧天”一直被先人视为笑话。古代中国人在世代积累起来的生产生活经验上理解他们所处的自然，这不仅使他们信任与敬畏自然，也使他们切身体会到人与自然的有机联系，形成一种深邃的生态智慧。

（二）物我合一的境界

神秘的自然创生宇宙万物，“大哉乾元，万物资始，乃统天。云行雨施，品物流形。”（《周易·乾·彖传》）神秘莫测的天是创生万物的原动力，大地则顺应天的创生，滋生万物，滋养万物，使生命得以完成。“至哉坤元，万物资生，乃顺承天。坤厚载物，德合无疆。含弘光大，品物咸亨。”（《周易·坤·象传》）在中国文化博大精微的宇宙观中，宇宙万物皆由一种难以言说而又“惚兮恍兮”“恍兮惚兮”的神秘存在——道所衍生，道先分出阴阳，然后由阴阳生“四象”：春、夏、秋、冬；再由四象生“八卦”：天、地、水、火、风、雷、山、泽，最后由八卦衍化出宇宙万物万象。人作为万物之一，逆着道法衍生万物的顺序层层取法，便可以反归于道。老子云：人法地，地法天，天法道。而道作为最高之存在，也是宇宙万物发生的最初原点，所以它无须取法也无须凭借，它自足且自然而然地存在着，因此“道法自然”。此处之道乃“万物所出”，是万事万物的本原所在，万事万物“莫大乎天地”。道之特性在于“生”，“天道生生”，人和世界万物都因“道”的这一特性而存在。因为人与自然之道存在神秘而亲切的联系，所以中国古人对自然天道一方面深怀敬畏之心，另一方面也产生亲近顺应之情。正是因为亲近顺应之情的驱动，使中国古人信任自然并积极主动地走向自然、期望将个体生命融入自然，在与自然融合一体的境界中洞察自然奥秘，达到“参天地之化育”的精神追求。

自然与万物之间存在着神秘莫测的联系，作为自然的产物——人能够依靠自然所赋予的灵感与智慧，体验到这种神秘联系，并且能够与自然天道融合一体。所以中国古人相信天人本不相分，人与自然是息息相关的有机整体。《礼记》中说：“万物本乎天，人本乎祖，此所以配上帝也。”古人从祖生后代类推至天生万物，虽然天与人遥不相及，但在生生之道上两者却是一理。因此古人将尊奉祖先与祭祀上天看作是同样重要的事情。这种在别的文化世界中让人难以理解的联系与推理，在中国文化世界中却可以得到无懈可击的解释，充满智慧的中国先贤为人与天之间的亲缘关系建构出一个圆融自足的理论体系。在儒家思想体系中，宇宙万物同为“气”所化，宇宙混沌未分之前，天地万物皆未有形体，都处于“气”的状态，气流动而分化形成各种“品类”，人是其中的一个“品类”，与万物“品类”共存。“万物并育而不相害，道并行而不相悖；小德川流，大德敦化，此天地之所以为大也。”（《中庸》）因此在“气”的来源上，人与万物平等相通。孟子说：“人之所以异于禽兽者几希。”（《孟子·离娄下》）这就是说，区分人与动物的地方其实是微乎其微的，上天并未给予人类凌驾于万物之上的特权。人与动物都一样是有生命，有知觉，有情感的。张载认为，“天地生万物，所受虽不同，皆无须臾之不感。”（《正蒙·乾称》）这就是说，万物是无差别的，是相通相感的。程颢说：“人在天地之间，与万物同流，天几时分别出是人是物？……人能放这一个身公共放在天地万物中一般看，则有甚妨碍？……放这身来，都在万物中一例看。”（《二程遗书》卷第二上）在程颢看来，人应该“与万物同流”“与天地同流”。（《二程遗书》卷第六）人与万物的同源相通，人可以通过彻悟自我，尽人之本性来彻悟万物之性，最后达到参悟自然之道。故《中庸》中说：“唯天下至诚，为能尽其性；能尽其性，则能尽人之性；能尽人之性，则能尽物之性；能尽物之性，则可以赞天地之化育；可以赞天地之化育，则可以与天地参矣。”人在自然万物面前需要修养“至诚”之心，最大限度地发挥人所独有的仁爱精神，并将之推及天地万物，与自然万物融合一体，达到“赞天地之化育”的道德圣境。历代儒家都崇尚内圣修炼，完成个体生命的道德超越。宋代大儒程颢便在这种圣境中达到与万物的相谐交融，张横渠描述并评论这种境界道：“明道窗前有茂草覆砌，或劝之芟。曰‘不可’。欲常见造物生意。又置盆池，畜小鱼数尾，时时观之。或问其故，曰：‘观万物自得意’。草之与鱼，人所共见。惟明道见草则知生意，见鱼则知自得意，此岂流俗之见，可同日而语?”当代中国哲学家冯友兰认为，唯对宇宙人生有极高觉解者，才能见自然物之“生意”，才能感受鱼鸟虫兽之“自得意”。“于事物中见此等意义者，有一种乐。有此种乐，谓之乐天。”

在道家的思想体系中，人与自然的联系独特而有诗意。道家认为宇宙万物皆由一种不可言说的道所产生，老子将天、地、人与道并称宇宙间的“四大”：“故道大、天大、地大、王亦大，域中有四大，王居其一焉。”（《道德经》）在四大中，只有道是万物本原，其他三大皆源于道，所以“人法地，地法天，天法道”，而道则为终极产生之源，它的存在是“独立而不改，周行而不殆”（《道德经》）。它自己无所取法也无须取法，自然而然地存在的。人与天、地三者皆不能长久地存在，“故飘风不终朝，骤雨不终日，孰为此者？天地。天地尚不能久，而况人乎?”唯有道独立而永恒，人要想从有限走向无限，由短暂进入永恒，只有追求与体验永恒不变的道。人本属现实世界的暂时存在，但由人因道而生，与永恒的道之间存在神秘联系，而且人拥有万物所具有的智慧，因此人可以凭借着自己的智慧，通过特别的内在修炼而体验到道的存在。在道家看来，当人体验到道的存在时，也就意味着自己离形去知与自然浑然融合，达到物我两忘的天地境界。在道家的主要代表人物庄子那里，人与自然交融一体的境界得到更加生动透彻的阐释。在庄子看来，宇宙本因道而生，依道成型，因此“物无贵贱”，人是万物中的一分子，在自然界仅“处一焉”（《庄子·秋水》），并不具有优越于万物的地方，不可能令自然“随其成心而师之”（《庄子·齐物论》）。庄子认为：“物固有所然，物固有所可。”（《庄子·齐物论》）而且“物无非彼，物无非是。自彼则不见，自是则知之。故曰彼出于是，是亦因彼”（《庄子·齐物论》）。人与自然也是“是亦彼也，彼亦是也”（《庄子·齐物论》）的关系，这种关系是彼此既有分别又没有分别的。所以，人类面对自然必须用明静的心境去观照万物。那么人何以形成明静的心境呢?庄子认为应该泯灭物我的界限，与万物为一，“天地与我并生，而万物与我为一”（《庄子·齐物论》）。万物“大小虽殊，而放于自然之场，则物任其性，事称其能，各当其分，逍遥一也，岂容胜负于其间哉”（《庄子·逍遥游注》）。“天地万物各当其发，同于自得而无是无非。”（《庄子·齐物论注》）上面两句的意思是说万物之间并无大小区别，也无胜无负，无是无非。因此人对待万物，应该不受大小、胜负、是非观念的影响，只能“各适其性”“各安其性”，最终达致“本末内外畅然俱得，泯然无迹”（《庄子·大宗师注》）的境界。当人与天地万物之间的一切区别泯然无迹时，人达到与物融为一体的物我合一境界。庄子用诗一般的语言给人描绘出人与物交融合一的美妙境界，《庄子·齐物论》："昔者庄周梦为胡蝶，栩栩然胡蝶也，自喻适志与！不知周也。俄然觉，则蘧蘧然周也。不知周之梦为胡蝶与？胡蝶之梦为周与？周与胡蝶则必有分矣。此之谓物化。"庄周梦见自己变成了一只翩翩起舞的蝴蝶，自己非常快乐，悠然自得，最后就连自己是庄周还是蝴蝶也不想去区分了。在物我合一的状态中，庄子进入了与天地相参的天地境界。庄子这种"万我与我为一"的思想为后人所推崇，有些学者认为这是中外文化中的"罕论"。著名学者余英时先生评论道："在'戡天役物'的观念已濒临破产的今天，庄子的话却大足以发人深省。'人与天地万物一体'的态度诚然不是'现代的'，然而却可能具有超现代的新启示。"①

思考与讨论

1. 在四大文明古国中，为何独有中国文明能够延绵至今？
2. 为什么说大河对中国民族特性的影响更胜于土地？
3. 为什么中国文化能够从多元走向统一？
4. 中国传统文化观如何反映人类对生态自然的认识？

·参考文献·

[1] 钱穆. 国史大纲 [M]. 北京：商务印书馆，2010.

[2] 王育民. 中国历史地理概论：上、下册 [M]. 北京：人民教育出版社，1987.

[3] 苏秉琦. 中国文明起源新探 [M]. 北京：生活·读书·新知三联书店，2000.

[4] 余英时. 文史传统与文化重建 [M]. 北京：生活·读书·新知三联书店，2004.

① 余英时. 文史传统与文化重建 [M]. 北京：生活·读书·新知三联书店，2004：468.

第二章　社会结构

圣人以礼示之，故天下国家可得而正也

——《礼记·礼运》

学习目标

定义：中国古代独特的社会结构。对社会结构概念的理解。

描述：中国传统文化的社会背景——独特的家族制、结构化的经济社会、社会结构与传统文化态度。

理解：中国古代独特社会结构的各种表现。

辨别：社会结构是孕育文化特征的重要因素。

分析：社会结构的历史意义及对现代社会的启示。

人类文化遵循共同的发展规律，从原始形态向更高、更复杂的形态进化。其间，文化各要素不是孤立地单系发展，除了互相渗透、联系和干预外，还与社会共同构成统一的有机体。研究文化状态，不能从其社会的躯体上割离开来。

社会结构，指的是某一时间在某一社会群体的多个组成要素之间存在的、比较稳定的关系和构成方式。每个时代每个群体的社会结构都有不同的基本成分，从功能意义上看，由于存在特有的经济基础制约，中国古代社会结构中占主导地位的基本成分有三项：建立在家庭和宗族血缘关系上的传统信仰观念、形成结构化特点的经济社会、带有浓厚地缘关系的政治制度（因篇幅有限，政治制度另章）。一般而言，社会结构会经常处于相对稳定的状态之中，这为中国文化特征的定型提供了充分的时间和条件。

一、五代则迁：独特的家族制

自从有社会以来，人类便相互结成群体，彼此吸引，彼此选择，彼此影响和彼此联系，人类由此成为居于社会性顶层的高级动物，群体意识和社会化过程几乎伴随每个人的一生。人类的社会性和群体意识深入个人的心灵深处，渐渐成为人类的一种心理现象和行为习惯——个人对群体的追求和眷恋。每个人都离不开群体，否则，会令自己陷入内在的焦虑和孤独之中。人们终身追求群体，家庭便成为每个人降生后遇到的第一个群体——初始人类集团。

当个人慢慢成长，开始感觉家庭这个群体太小，已经不能容纳或制约自己狂野浮躁的内心，便有了对更大的群体——二次人类集团的选择和追求。在不同社会、不同地域或不同时代，家庭分别反映不同的生活价值观，有的逐渐转型为不同于血缘关系的处世观，为家庭以外的二次人类集团，如被宗教、种姓、社团等团体所取代；有的依然以家庭为一切文化的基础，在此基础上，家庭被扩大为各种血缘集团、亲缘集团，即二次人类集团本身是初始集团的延伸。古代中国即属后者——家族（宗族），是生活现实中最重要的二次人类集团。在一个大家族里，叔伯兄弟姐妹众多，一体共事，互保互助，甚至成为村落或群落中一支不可小觑的劳动主力和群体行为的优势力量。

与古代世界中的其他家族不一样，中国古代的家族从组成结构至内容形式都极为罕见，主要表现在三个方面：第一，中国古代家族制历经以西周最为典型、结构最为严密的宗法家族和汉代以后最为普遍、形式最为独特的亲情家族两个阶段，而大多数古代国家的家族，基本上都是宗法家族一种形式；第二，中国古代独特的家族制以家庭伦理观为核心，这既区别于古印度地域超自然观下的家族，也区别于近代欧洲自我中心观的家庭；[①] 第三，中国古代家族制是在国家管理体制和经济特征影响之下的产物，同时，中国的政治、经济、思想文化等又无不带有深刻的家庭意识的痕迹，文化的价值导向几乎均以家庭为起点。

（一）家国同构下严密的宗法家族

在古代世界里，由氏族社会脱胎而成的早期国家均有因袭氏族血缘的传统，在此基础上建立起或集中或松散的领主政制，因此，宗法制普遍存在于领主制奴隶国家和封建制国家里，西方的古代国家希腊是这样，中世纪的欧洲社会是这样，东方的古代国家中国和印度亦如是。只是在宗法组织的宽严、松紧和对后世的影响上，各自有别而已。

---

① 许烺光．宗族·种姓·俱乐部［M］．薛刚，译．北京：华夏出版社，1990：前言．

宗法制，是古代社会以家族为中心，根据血缘远近区分嫡庶亲疏的一种等级制度，其主要精神是嫡长继承制。在中世纪的英国和法国，嫡长子是正妻的第一个儿子，但也可能是女儿，其他子嗣则按照顺位继承制具有继承王位或爵位的可能性。但在中国西周，嫡长子特指嫡妻（正妻）生的第一个儿子，嫡妻生的其他儿子或妾生的儿子都只能叫“庶子”。一般只有嫡长子才有资格继承王位、爵位并支配家族的财产和土地。

尚在父系氏族时代，居于中国黄河中上游的华夏文化圈，就开启了利用血缘关系管理氏族部落联盟的先河。自夏启以子承父业建立中国第一个国家——夏时起，宗法制便开始萌芽。至商代，作为不看重血缘关系的东夷文化圈的后裔，殷人虽继承了国家大统，但由于对血缘治理并不在意，以至虽历经数百年，宗法制也未得到有效发展，兄终弟及的继承制常常以合法的形式存在，取代了宗法家族的核心“嫡长继承制”。[①] 西周立朝，其统治者的族裔属于华夏文化圈，因此继承了利用血缘关系组织群体管理的传统。宗法制度最终在西周时代确立下来，支撑起拥有庞大、复杂又井然有序的血缘关系网络——宗法家族。西周家族治理的严密性和整合性，堪称举世无双。

西周宗法家族的严密性与整合性之所以独特，表现为三个方面：嫡长继承制（世袭制）、嫡庶等级制和宗族内部厘分为大宗、小宗。

嫡长继承制，又称“宗法继承制”。嫡，即正宗，正妻为嫡，正妻所生的第一个儿子谓嫡生、嫡（长）子；庶，即旁支，正妻生的其他儿子和妾生的儿子，称为“庶子”。嫡长继承制，指的是嫡（长）子继承王位、爵位并支配家族的财产和土地。嫡长继承制是宗法家族的核心，没有这一继承制的家族，不能称为“宗法家族”。

嫡庶等级制，又称“宗法等级制”，为了保证宗族传世的纯正血统而采取的一种宗族等级制度。这种制度，一般只会出现在一夫多妻制下的私有制时代。早期的宗法家族给予宗族中有直接血缘关系的子弟很高的地位，离父系始祖血缘越近的嫡亲子弟在宗族和家族中的地位越高，他们通过继承宗族的土地和财产，参与宗族事务管理，掌握宗族的控制予夺大权。其他血缘关系较远的宗族子弟只能俯首听命，成为宗族中地位渐次降低的基本成员。在宗族中，享有显赫地位（“贵”）的人及其家庭，即被视为

① 王国维的《殷周制度论》认为商代实行兄终弟及，故不存在宗法。但依近年对殷墟甲骨文的深入研究，有学者认为殷人也行嫡长继承制，“兄终弟及”只是一种辅助的方法，目的是避免幼主登王位。

宗族中的“贵族”，在宗族辈分中高居“大宗”地位，称为“嫡”“昭”，民间称为“大房”“长房”等；反之，在宗族中，地位和辈分均较为低层的人及其家庭则屈居“小宗”地位，称为“庶”“穆”，民间称为“二房”“三房”……《礼记·祭统》在解释设立宗法等级的必要性时，还特别提醒：“昭穆者，所以别父子、远近、长幼、亲疏之序而无乱也。”以后，因为参与国家管理，并被赋予在国家中的模范形象，以作为平民百姓的带领者，即所谓“设官分职，以为民极”（《周礼·天官冢宰》），原本仅是宗族中的“贵族”者，最终蜕变为上层阶级——贵族统治阶级。周代以后，尤其是土地的社会私有化后，社会等级制逐渐取代宗法等级制，“嫡庶等级”和贵族阶级便都有了另外的含义。

宗族内部结构——大宗、小宗之分。西周的宗族有严格的宗法规定，一国之君的王位必须由嫡长子继承，次子以下的儿子统称“别子”，不能继承君位，只能世袭国君以下的爵位，如公爵、侯爵等。别子不能与君位继承人同祖，必须分出去另立一个宗族，其嫡长子继承别子的主要财产和爵位以及爵土，如此代代相传，“百世不迁”（传一百代也不改变宗系）；别子的嫡长子嫡长孙组成的传宗系列，在别子的宗族里称为“大宗”。此外，别子还有次子及其他儿子，称为“庶子”，庶子的后代（即庶子的嫡子嫡孙）组成另一系列，称为“小宗”，庶子的其他儿子同样另立门户，自组小宗系列（见图2－1）。小宗传代有限，一般只传五代（天祖—高祖—曾祖—祖父—父亲—本人），庙祧（tiāo，祖庙）宗祠也只供奉高祖以下的祖先牌位，故曰“五世则迁”。大宗的继承人习惯叫作“宗子”，始终继承别子，所谓“继别为大宗”；小宗继承人则叫作“公子”，各代继承其父（又叫“祢”），即“继祢者为小宗”（《礼记·丧服小记》）。一个庞大宗族往往由一支大宗和多支小宗组成，宗子成为宗族内的族长继承人，别子则成为宗族内共同的先祖宗（始祖）。

宗法家族一般限于别子以下的大夫、士阶层，但从广义上讲，天子、诸侯（卿）、大夫、庶人都受宗法法则支配，使西周社会成为“家国同构”——家即是国、国即是家的典型。①

宗法家族在西周社会的影响很大，甚至西周制定国家礼法也以宗法家族作为原型，将周王室的昭穆之辨（区分大宗小宗）看成是国家的一件大事。因为，周代国家没有行政职能官员，参与国家管理的几乎是周王的亲属和近臣，即大大小小的“贵族”，而“辨庙祧之昭穆”，“掌三族之别，以辨亲疏”（《周礼·春官宗伯》），方可以匡定王室的嫡庶血统，确定参与国家管理的各级人员及其职能和地位。在这样的情况下，国家

① 在宗法制时代，宗族，一般特指宗法家族。但到后来，习惯上有了这样的区分：宗族，包含多个家族，最常见的是由一个大宗家族和多个小宗家族组成；家族，特指一个大宗或一个小宗家族，每个家族可包含多个家庭；家庭，是宗族中的最小单位，由夫妻子女组成。

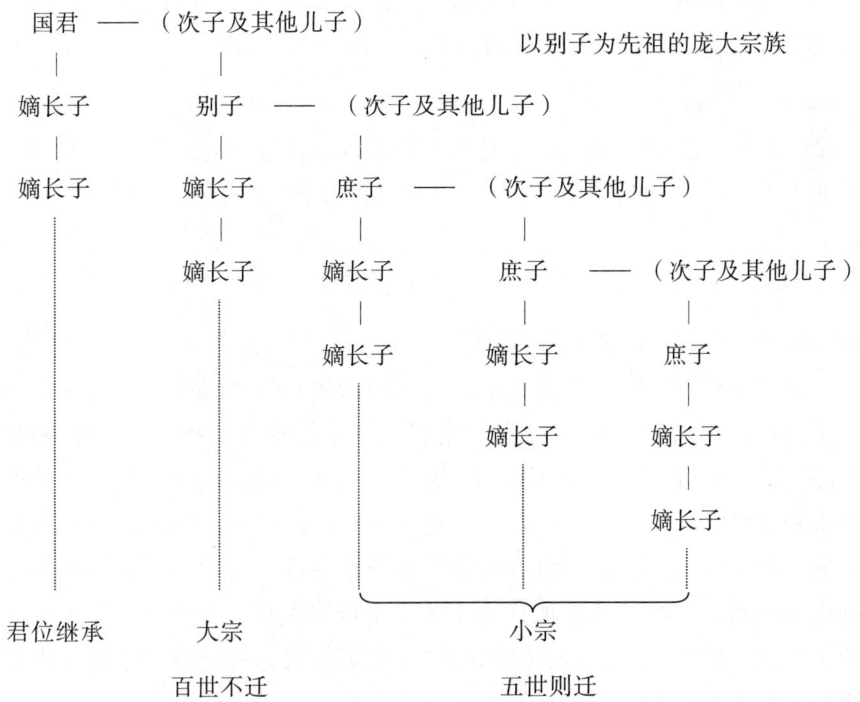

（本图已作简化，事实上，无论是大宗还是小宗，每个继承人都有兄弟，这些兄弟都可组成小宗系列，形成复杂的宗族关系。）

图 2－1 西周宗族世系表

大事也即家族大事，在王室的重大祭祀活动中，一定是执事小宗伯“掌建国之神位”居中，两边并列着国家的象征——“右社稷”和王室宗族的象征——“左宗庙”（《周礼·春官宗伯》）。王室宗族在国家的地位之重，可以一言以蔽之：大国是保护王室的屏障，大宗是辅助王室的左膀右臂，即“大邦维屏，大宗维翰（辅翼）”（《诗经·大雅·板》）。

盛传数百年的宗法家族最后成为一种精神习惯，即使是在被亲情家族取代之后，宗法家族的一些礼俗和形式也被保留下来，如名义上的“昭穆之辨”仍常常出现在后世的家祭仪式上，宗族族长仍由族人中辈分最高的嫡子担当，甚至由嫡子世勋继爵，等等。

（二）群聚需要下内向的亲情家族

宗族，在中国古代社会乃至近代社会长期存在，因此有人将中国文化称为“宗法文化”。从严格的意义上来讲，这种提法似欠妥当。事实上，宗法家族在中国只是盛行于西周时代，秦汉以后的2000多年里，占主导地位的宗族基本上是一种“亲情家族”。宗法家族以经济制约和宗法联系为特征，组成组织严密、形式复杂的“他导型”家族；

亲情家族则以亲族间群聚需要为特征，以伦理道德为纽带，构成组织形式相对松散、与外部社会没有太多沟通、仅附会小宗之法的“内导型”宗族。

> 亲情家族，是以亲族间群聚需要为特征，以伦理道德为纽带，构成组织形式相对松散、与外部社会没有太多沟通、仅附会小宗之法的“内导型”宗族。

宗族的转型，有其内在和外在的原因。

其一，地主制经济取代领主制经济，宗法统治失去经济基础。宗法家族的核心是嫡长子继承制，而西周数百年的封建领主制经济正好成为支撑宗法家族的基础经济（详见本章第二、第三部分）。先秦年间，尤其是春秋后期至战国时代，土地商品化伴随商品经济和货币经济发展，土地买卖大量出现。从此以后，土地成为私有财产，拥有土地者成为地主或小自耕农，而不再是依附于君主这一土地赐予者的领主，农民与地主之间也以租佃（契约）关系取代原来的人身依附关系。土地可以自由买卖、互相兼并，便不可能长期世袭，嫡长子继承的宗法原则便成为一个空壳，君主以至等而下之的各层宗法依附关系随之受到破坏。

其二，官僚政治体制取代宗法等级制，宗法统治失去政治基础。秦统一天下后，实行郡县制，将全国划分成三十六个郡，形式上从中央至郡县的各级官员间不存在血缘统属关系，即以“任人唯贤”取代西周宗法制的“任人唯亲”。尽管秦尚有分封制残存，汉代及以后甚至还出现多次大规模回潮，但其仅是一种从属性的政治，流于形式，而无多大实际内容，与西周时的“封土建国”（“封建”）相去甚远。如汉武帝以后的封建是封爵而无食邑，或有食邑而不专治，属于“封而不建”，封土不建国（《文献通考·封建考》）；清代则干脆采取“有封无建”的爵赏制度，即有封爵而无封土。[①] 可见，秦汉以后的分封制再也不是建立宗法等级制的主要支柱。

其三，“多子分继财产制”削弱了宗法继承制（嫡长子继承制）。汉代初期，曾分封了大批同姓和异姓诸侯。汉诸侯与西周诸侯不同：后者领地“不过百里”，势单力薄，较易为天子所控制；前者一开始就拥有大片领地，加上累年兼并，其藩国往往“连城数十，地方千里”，势力日强，从而危及君主的统治，西汉景帝时的“吴楚七国之乱”就是明证。汉武帝采纳谋士主父偃的建议，实行“推恩令”，诏令诸侯王“分封子弟”，将本属于嫡长子一人继承的财产（主要为封土）均分所有子弟，嫡长子仅继承爵位名分（《史记·平津侯主父列传》），此后，“多子分继财产”不仅在诸侯，而且在民间占据重要地位。

① 周伯棣．中国财政史［M］．上海：上海人民出版社，1981：418．

至此，宗法制的三个特征：嫡长子继承制（宗法继承制）、嫡庶等级制（宗法等级制）和大宗、小宗之分或土崩瓦解，或名存实亡，后世只能在皇位继承和贵族传宗以及丧葬、婚礼和祭祖等仪式中略窥其一二。宗族成为意义相对简单，仅是将同姓、同祖男性子孙聚合在一起，以血缘关系为纽带结合而成的社会组织。

西汉时，民间出现了许多拥有大量地产的豪强地主，他们采用宗亲关系，把自己的远亲近属纠合在一起，用来加强保卫自己土地的力量，由此形成宗族。以后，宗族组织大起大落，魏晋时有过一次高潮，豪门强宗屡见不鲜，一些世家豪族甚至拥有自己私募的武装力量"部曲"，例如，史载"艾言景王（司马师）曰：'孙权已没，大臣未附，吴各宗大族，皆有部曲，阻兵仗势，足以建命。'"（《三国志·魏·邓艾传》）唐朝末年，宗族略显低潮。宋代以后，有人提出"敬宗收族"。"敬宗"，即在宗族的聚集地建祠堂，用以供奉宗祖牌位，并以此作为对族人进行纲常监督的"裁判所"；"收族"，即立祠田，在本族人户中"集资"，购买属于族产的土地，其收入用于族内公益，如修谱、立祠堂小学、修建祠堂等。此后，社会出现两种现象，一是同姓村大量出现，这往往就是宗族的聚居地，士族豪强成为宗族的主干，祠堂成为宗族活动的中心；二是编订家谱、族谱的现象开始普及，这些谱牒可以追溯久远的家史、族史，跟踪远徙他乡的亲属子弟，仿如一张无形的网，将整个宗族的人"网"在一起。"敬宗收族"最直接的作用是力图抵消由于"多子分继财产"而造成的宗族内向心力的失偏。

宗族在中国之所以能够历经古代、近代社会而不衰，很重要的一个原因就是社会的需要。在西周的宗法家族时代，宗族是国家政治管理的一部分，家国同构的组织理念促成了宗族的发展。秦汉以后，亲情家族渐渐取代宗法家族，宗族的发展动力也从群体外在的国家目标转向个体内在的合群需要。以土地为核心的"多子分继财产"制使亲情家族的存在更加合情合理：只要是家族的男性子孙，人人都可能或有希望分得土地，这样就把他们固定在祖传的土地上，哪怕只有很小的一块土地，其效用也不过是维持生存，但这也为滞留乡土、"安土重迁"（安于故土，不轻易迁徙）提供了依据，成为宗族聚居的前提。与同时期的中国相反，在欧洲，自从罗马帝国末年由奴隶制生产方式转变为封建制生产方式后，直到14、15世纪的1000年间（即史书所说的中世纪），社会经济结构始终是以领主制经济为主。在这种结构里，宗族并未成为普遍的社会现象，甚或说宗族已经破裂，而其破裂的成因之一，就是"嫡长子继承制"。[①]

在土地私有社会化程度比较高的时代，却保留了以宗法继承制为核心的、相对落后的生产方式——领主制经济，这反而使欧洲的大土地得以比较完整地保留下来，一旦资本主义生产方式的条件成熟，大地产和流向城市、商业领域的人（其中不乏受过

① 比欧洲中世纪领主制经济早1000多年的中国西周时代，"嫡长继承制"之所以能够维系宗族的存在，一方面是当时的土地私有化并未社会化，人身依附在社会关系中占第一位；另一方面是西周宗法宗族具有复杂的组织形式。但这种宗族依然是很脆弱的，经不起社会和生产方式的变革。

一定程度教育但无法继承爵土的贵族子弟），便成为大工业生产可以利用的优势条件，即便是保存下来的“宗法继承制”也能够为后来的商品经济建功立业。反观古代中国，尽管在明末清初也出现了资本主义经济的萌芽[①]，但这种新的生产方式始终难以超越早熟的地主制经济与宗族、小农经济紧密结合的胶着状态，因为，依附于土地的宗族和小农经济形式，根本无法为资本主义大工厂提供市场、原料、人力和资本等发展的条件。只有在更新的生产方式的干预下，持续2000年的固有的经济结构才能被突破。

知识拓展：从《红楼梦》看明清时期的家族制

《红楼梦》贾家简要谱系（有删节，仅存与本章有关内容）：

- 贾公
  - 贾演（宁国府）（长子）
    - 贾代化（长子）
      - 贾敷（早逝）
      - 贾敬（代长子）
        - 贾珍（妻，续弦尤氏）
          - 贾蓉（妻秦可卿）
        - 贾惜春
  - 贾源（荣国府）（次子）
    - 贾代善（长子；妻史氏太君，即贾母）
      - 贾赦（妻，续弦邢夫人）
        - 贾琏（妻王熙凤）
        - 贾迎春（庶出）
      - 贾政（妻王夫人，妾赵姨娘）
        - 贾珠（逝；妻李纨）
          - 贾兰
        - 贾元春
        - 贾宝玉
        - 贾探春
        - 贾环（赵姨娘庶出）
      - 贾敏（夫林如海，女林黛玉）

《红楼梦》（高鹗续版）第二回和第五回，借冷子兴和警幻仙子之口，讲述贾家家世，提到贾家百年前，国朝初定鼎，高祖贾公及两个儿子贾演和贾源因为功名奕世，均被皇帝敕封为公爵，即宁国公和荣国公。后来，二公在金陵买地建宅，为宁国府和荣国府。二宅相连，占了大半条街，其他宗族子弟纷纷投靠栖身，成为宗族聚居的典型。贾府是明清时期宗族的缩影，从中可窥见其亲情宗族的一面。

首先，宗族内没有严格的宗法继承制。曾祖贾源在贾家宗族（贾府）中本是次子，却与长兄贾演一起，被皇帝同封为公爵，即为荣国公。荣国公去世后，长子贾代善继承爵位，又袭了官。当贾代善去世，其长子贾赦袭官继爵。依宗法旧制，贾代善次子贾政不能袭官，“原欲以科甲出身”，但皇帝“因恤先臣”，额外赐了主事之衔，后又升为工部员外郎。非长子袭官继爵，若在宗法时代是会遇到很大阻力的。

① 李龙潜．明清经济史［M］．广州：广东高等教育出版社，1988：227－235．

其次，大宗小宗名存实亡。宁国府是贾府的长房大宗，其家族继承人便成为名义上的族长，如贾敬。但贾敬笃信道教，终日只思炼丹、做神仙，除了祭祖省亲、昭穆排班仪式上做做主持，聊行族长之职外，便无所作为。反而是属于小宗一支的荣国府史氏太君——贾母成为事实上的“族长”，得到贾府阖族的敬重和侍奉。

最后，社会等级制已取代宗法等级制。贾府中有地位者，并不是在宗族中的大宗和辈分高的人，而是那些来自有权有势家族的人。金陵四大家族——显贵贾家、达官王家、勋爵史家、皇商薛家曾经炙手可热，联络有亲，互相扶持，遮饰照应。史、王和薛家的女子嫁到贾府后，其或荣或损完全取决于娘家的社会地位。在贾府地位最低的人，均是没有社会地位的人。赵姨娘本是一介丫鬟，娘家的地位居于社会底层，当她被主人贾政看上，为其繁衍子嗣，方可擢升为妾，但只配称为“姨娘”，在贾府家族中的地位依然低下。甚至，姨娘的孩子的地位也很低，连丫鬟小厮也可戏弄。贾环本是贾宝玉同父异母的弟弟，两人在家族中的地位却天渊之别。贾环的胞姐贾探春聪明敏锐，深谙这一点，于是刻意不认赵姨娘，曲意迎合王夫人，深得王夫人的欢心，视为己出，探春在贾府的地位也随之提高。

二、国之石民：结构化的经济社会

经济与文化的关系密切相关。经济使文化趋向于开明和开放，文化则将经济导向更高层次并有序发展；经济的流动性拓宽文化的视域，文化的积淀性又开启经济的理性思维。作为文化发展的背景，人类的经济活动是一个重要的环节，是我们研究中国经济社会及其影响中国文化个性的重要依据。

经济社会，指的是由人的经济生活和经济行为组成的人群社会。

研究经济社会与研究经济不同，前者研究不同类型群体的多层次需求的满足，后者则主要研究如何获得最大利润。本章重点讲的是经济社会中的人群，以区别经济史和经济学，也为了能够深入思考经济行为对社会文化发展所产生的必要条件和途径。

先秦以后，中国古代经济，包括农工商渔猎等，尤以农工商业最为发达，从当时的角度来看，这样的经济结构基本是合理的，符合古代社会的发展要求。适应经济发展，中国古代经济社会的基本成分也是由农民、手工业者和商人等群体组成，公元前3世纪的名著《吕氏春秋》概述的一句话“士农工商，国之石民”，已给我们勾勒出中国古代经济社会的重要群体组成。古代农工商群体既独立又结成密切关系，结构化是其最主要的特征，主要有两种联结状态：经济形式上的联结，如“兵屯”“官商”“散商”“前店后厂”“自然经济与地主经济的胶着状态”，等等；文化内容上的联结，如

“土地投资”“商战”“审时度势”，等等。这样的经济社会结构，在古代世界是不多见的。

（一）千年田八百主

中国是世界上农业起源最早的国家之一，在8000～7000年前，就已有较发达的原始农业。现代考古学的发掘提供了中国原始农业很早出现的证据：从江西仙人洞的吊桶环遗址（距今12000年）中，已发现世界上最早的自主种植的水稻，这个时期，与世界大冰河期的消融几乎同步；在河南省舞阳县贾湖文化遗迹中，发现了距今9000～8000年的水稻规模化种植；在距今8000年的裴李岗文化遗址中也发现了水栽培稻向旱栽麦粟转型的迹象。当仰韶文化（距今7000～5000年前）诞生之后，便以关中、豫西、晋南一带为中心，东扩中原以北，南达汉江中下游，北到河套地区，又西向一路逐水土沿黄河上溯而去，直抵新疆东部。仰韶文化扩张的沿途，都有规模化种植的遗址留存于世，这说明，中国很早就出现较发达的原始农业，其存在的历史甚至比西边美索不达米亚的农业文明历史要早上一千年。先秦（即春秋战国）时期，中国进入传统农业时代，[①] 与原始农业使用石制农具刀耕火种不同，这一时期的农具及农业技术出现飞跃发展，甚至出现农具制作的分工和材料的分类：“美金（青铜）以铸剑戟，试诸狗马；恶金（铁）以铸锄、夷、斤，试诸壤土。”（《国语·齐语》）

农业的早成及在国家经济中的显著地位，使农民成为中国古代经济社会中人数最多，也是最主要的力量。原始农业时期的农民社会对古代文化影响很大，尤其是先秦文化。但先秦以后的传统农业经济形式及其产生的小农经济则对随后的两千年古代文化产生影响。这个影响一直持续到近代：正是小农经济与家族制的特殊构成，促使近代中国走上与近代西方不同之路，因此，在分析中国古代农民社会时，我们会多着墨于先秦及其以后的两千年。

从社会的角度来看，古代中国农民表现出强烈的个性和特征，是中国传统思维方式的主要集成者和体现者。

（1）艰苦的农业活动造就农民广容守成的性格。农业，在古代世界有着很高的地位，是古代文明的根基。人类的社会分工，开启于农业，开启于农民。正是在古代农业和农民社会中，逐步分工出了手工业（制陶业、纺织业等）文明、贸易流通的经济文明、组织生产分配的政治文明，乃至大工业制造文明、科技文化文明、国家文明等，也就是说，所有后来的成熟文明，全是基于农业文明发展起来的。以至于现代英国的人类学家们，提出要改变原来“彩陶器的出现，是新旧石器的分水岭”的传统定论，而应以农业文明的产生来划分新旧石器时代。

农业是人类文明的奠基行业，但又是最艰苦的行业。宋代史学家司马光说：“四民

---

① 陈锋，张建民．中国经济史纲要［M］．北京：高等教育出版社，2007：57.

（即士农工商）之中，惟农最苦。寒耕热耘，沾体涂足，戴日而作，戴星而息。蚕妇治茧，绩麻、纺纬，缕缕而积之，寸寸而成之，其勤极矣。而又水旱、霜雹、蝗蜮间为之灾。幸而收成，公私之债，交争不完，谷未离场，帛未下机，已非所有。所食者糠籺而不足，所衣者绨褐而不完……”（《宋史·食货志》）所谓“草木不经霜雪，则生意不固”（清代沈近思语），再加上农民是面向土地而营生，这就使他们具备了扎实、坚韧、积累至富的特点。我们姑且引用《易经·坤卦》，对古代农民的特征进行概括：“初六：履霜，坚冰至。六二：直、方、大，不习，无不利。……六四：括囊；无咎，无誉。六五：黄裳，元吉。”这段话可以诠释引申为：开荒垦田，最为艰难困苦；农民们面对辽阔的原野，表露出“直、方、大”的精神；不善于也不必追究艰深的道理，他们以顺其自然的心态和简单纯朴的态度从事生产劳动；收获的季节到了，看到艰辛换来的丰收，他们的内心充满喜悦和知足，认为这本是勤劳换来的成果，不需向别人炫耀和索酬，也就是“无誉”；由于农民的劳作与收获，直接关系到社会的所有活动，社会终将对他们的劳作给予充分的肯定和荣誉，所以是“元吉”（开始即拥有的吉祥）。《易传·象》对坤卦作注时，用了“广容守成”这句话，我们依然可以将其用在评价农民阶层的个性上。

（2）地主制经济的早熟，培养了农民自力更生的个性，也提供了自主不羁的习惯滋生的土壤。农民离不开土地，但在先秦以前，土地是不能买卖的，土地为君主“私有”，君主以下大大小小的贵族只有土地使用权，却不占有土地，他们的经济身份是“领主”。春秋至三国时期，土地的社会私有化最终催生地主制经济，占有土地资料及其所有权的人成为地主。（详见本书第一章）从生产力的角度来看，地主制经济比领主制经济要先进：一是即便拥有小块土地的自耕农和承租地主土地的佃农，从理论上说，也具有一定的人身自由，不似奴隶制时代的农夫、隶农依附于各级领主，完全没有人身自由；二是土地是自己的，要获得高效益，只能发展农业技术，因此，地主提高农业技术和积累农业经验的动机比领主强。

无论是拥有良田万顷的地主、自给自足的自耕农还是佃农，因为分散性的劳动，他们都有自力更生、自主不羁的习惯。在他们看来，土地上的经营和劳作只要遵循天道即可，因此，他们的智慧更多的是表现为察时观天，包容万物，与天地应对。毕竟接触其他社会群体的机会不多，得到的社会信息少之又少，因此，人道的作用，对于农民来说并不重要。他们会依附和遵循家族习惯和村俗乡约，这是他们看得见摸得着、利益相关的东西；但是，对他们来说，国家和民族只是一个很笼统的概念，除非国家或民族的利益与他们视为命根子的土地联系起来，他们可能会选择为之而战、为之而做。除此而外，他们的国家意识和民族意识还是比较淡漠的，即所谓“皆患其家之不富也，而不患其国之不大也”（《吕氏春秋·有始览·务本》）。

（3）小农经济长期存在，狭义上促成农民的分散性、封闭性和自足性的特点，广义上则对中国社会和文化产生巨大影响。随着土地的社会私有化和地主制经济的出现，中国古代农业经济，开始进入持续两千年的以小农经济为主要特征的阶段。小农经济长期存在，让我们看到社会对经济的影响。这个影响既来自对土地利益的认识，也来自国家政治的干预。

中国古代对钱和财富的认识与近现代有很大的不同，除了极限消费，即穷奢极欲、挥霍钱财以外，钱也被作为资本，投资方向主要有两个：高利贷和土地。高利贷表现为利转为本，本利翻转，利滚利，一本万利，这自然成了渴望生财之人趋之若鹜的行业。同样，人们对经营土地也给予了很高的期望，《吕氏春秋》对这种期望的合理性做了这样的归纳：发生战争，家人被杀，财物被掠夺，但土地依然在那里。这就是说，在所有行业中，经营土地是最保险的。此外，地租的利润在古代常常也很高，甚至可达20%。从以下这两条材料可见地主收取地租之重：（唐代）“今京畿之内，每田一亩，官税五升，而私家（地主）收租，殆有亩至一石者，是二十倍于官税也。降及中等，租犹半之，是十倍于官税也。”“官取其一，私取其十，穑人（种田人）安得足食？”（陆贽《陆宣公奏议全集·均节赋税以恤百姓六条》）有如此之高的利润和利益，土地自然成为金钱的投资对象。人们有钱就买地，不独农民，即使是大商人、大贵族、大官僚、大军阀等也加入投资土地的行列。土地不断在私人手中积累，一方面造成大量农民失去土地，另一方面造成土地高度集中于少数人之手，这就是“土地兼并”。

国家政治对农民社会客观上的干预，最典型的是“多子分继财产制”。

“多子分继财产制”本身是为了削弱诸侯藩国的势力和土地兼并，以巩固中央集权的统治。但汉代以后，这种财产继承制逐渐在社会上推广开来，在民间宗族中甚至成为一种社会习惯，农民社会尤甚。汉代以后的宗族以此为原则，尽管可以使子弟附着在土地上而不至于外流，但家族所有男丁一起参与分配家财和土地，纵使祖先有“连栋数百，膏田满野”，“馆舍布于州郡，田亩连于方国”（《后汉书·仲长统传》）的财富，也经不起众多子孙的重复分割。中国有句话：“富不传三代”，直接后果是“千年田八百主”：一块土地在千年之内，可以更换800位主人。这句话虽说的有些夸张，但反映了一个客观事实：土地在不断集中的同时又不断地分散，即一方面是不断地土地兼并，造就拥有万顷良田的大地主①；另一方面是“多子分继财产”，兼并而来的土地又被子孙在代际继承中不断地分割。毕竟土地分割的速度快于土地兼并的速度，加上其他的社会因素，造成大量农民破产或失去土地，使古代中国少有累世传代的大地产，这在客观上为小农经济的长期存在提供了条件。

正因为大地产只是掌握在少数人的手里，汉代以后的古代农民社会便以自耕农（小农）和佃农为主。久而久之，小农经济下的农民的特征就显得尤为突出：分散

---

① 农也. 清代鸦片战争前的地租、商业资本、高利贷与农民生活［J］. 经济研究，1956（1）：117－139.

性——于社会来说，农民基本上是以家庭为单位的独立个体；封闭性——农业与家庭手工业结合，尽可能不与市场和其他社会发生联系；自足性——生产的主要目的是满足自家生活需要和纳税，除此外，别无更多所求。农民社会的这些特点，对教育、市场和流通等诸方面的发展都会带来不利影响。

知识拓展："以藩屏周""削藩""推恩令"和"多子分继财产制"

中国每个朝代都会在建朝之初总结前朝灭亡的原因，以使自己免遭覆辙。秦时总结周朝是亡于诸侯之手：周的分封制，形成诸侯（大贵族）阶层。当社会联结体系出现危机，即"礼崩乐坏"之时，诸侯便纷纷脱离君主为宗的管制体系，各自拥兵自立，架空天子，甚至取而代之，将诸侯国建成独立国家。春秋战国的局面就是这样造成的。秦建国后，实行新法，不再大量分封诸侯，而是开启了中国第一个利用官僚取代贵族进行管理的国家体系。但秦朝仅15年就灭亡，这引起汉代统治者的警惕，认为秦正是亡于没有分封诸侯：西周"封建亲戚，以藩屏周"（《左传·僖公二十四年》），天子封爵于自己的直系子孙兄弟，即为诸侯，并分封相应的土地给他们，让他们建立"封国"，即"封土建国"（简称"封建"）。天子留为自用的土地称为"王畿"，处于各个封国的层层包裹之中。看上去，天子的王畿就像设在旷野中的大房子，诸侯的封国就像围绕四周的篱笆墙（"藩"），阻挡强人、"野兽"直接侵犯大房子（"周天子"），因而西周能长治久安。秦皇帝则相反，因为没有分封诸侯，等于没有设立藩墙，无法保护（"屏"）皇帝，一旦"强人"揭竿而起，便可直捣皇帝宫殿，危急之中，皇帝甚至连"勤王"的军队也调动不了。

吸取秦覆亡的教训，汉甫建朝，便分封了众多的诸侯，先是异姓诸侯，后来则主要分封同姓诸侯，并以"藩王"称之，意思很明显：让诸侯的封国如"篱笆墙"，保卫汉皇帝。但是，汉诸侯太强势，汉初又采取任由诸侯发展的"黄老之治"，以至汉初不过60多年，无论是在政治还是经济上，地方势力都已强盛到足以抗衡朝廷，诸侯离心割据的野心日显。终于，当汉景帝为达抑制藩王权力的目的，实行晁错的"削藩策"时，吴王刘濞和楚王刘戊便联合了其他五位刘姓藩王，发动了"吴楚七国之乱"。这次诸侯叛乱终被平息，但汉景帝从此不再轻言削藩。汉武帝继位后，面对如此局面，并没有采用强硬的办法进行削藩，而是直接抽走封建制的根基，使"封土建国"演变成"封土不建国"。这个演变始于历史上著名的"推恩令"。

"推恩令"颁布于汉武帝元朔二年（前127）春正月。据《史记·平津侯主父列传》载："主父偃说上曰：'古者诸侯不过百里，强弱之形易制。今诸侯或连城数十，地方千里，缓则骄奢易为淫乱，急则阻其强而合从以逆京师。今以法割削之，则逆节萌起，前日晁错是也。今诸侯子弟或十数，而适嗣代立，余虽骨肉，无尺寸之地封，则仁孝之道不宣。愿陛下令诸侯推恩分子弟，以地侯之。彼人人喜得所愿，上以德施，实分其国，不削而稍弱矣。'于是上从其计"。《史记·建元已来王子侯者年表序》：武帝"制诏御史：'诸侯王或欲推私恩分子弟邑者，令各条上，朕且临定其名号。'"《汉书·武帝纪》：元朔二年，"春正月，诏曰：'梁王、城阳王亲慈同生，愿以邑分弟，其许之。诸侯王请与子弟邑者，朕将亲览，使有列位焉。'于是藩国始分，而子弟毕侯（不再是诸侯）矣。"

"推恩令"事实上开启了中国古代"多子分继财产"的遗产分配制度。

（二）朝廷抑商而商兴焉

在中国古代社会经济生活中，"耕织"（农业和家庭纺织业）被视为"本业"，是主要的经济成分；"工商"被看作是"末作"，是次要的经济成分。本末之分，是古代社会系统管理思想中，主导与被主导关系的具体体现，而事实上并不存在对工商的真正排斥，即使是力主"抑商"的古代思想家也从未企图取消工商业，更少有在经济上真正实施严厉禁商的朝代。

在古人眼中，农的作用在于立国，商的作用在于富国，二者不可或缺，"农、商、官三者，国之常官（职）也。农辟地，商致物，官法民"（《商君书·弱民》）。在秦汉以后以小农经济为命脉的古代社会里，农民是社会的绝对多数，是国家税收的主要承担者，因此，国家经济社会的主体结构理所当然地偏向于农民；再者，农是建立经济秩序的主导者，商只是繁荣经济的调节手段。在这样的认知下，工商业在古代中国便呈现出一种运动着的状态，它有一条发展很快的轨迹，但归宿不是成为独立的经济实体，而是与土地融为一体。

商业的发展离不开"四方辐辏"、交通便利的城市。西周末年，各封国的都邑相继从行政中心转变为文化中心之后，商业开始逐渐摆脱对官府的隶属关系，在"工商食官"（《国语·晋语四》）的自然经济结构里出现了自由商人，民间工商业逐渐发达，各诸侯国出于政治、军事上的考虑而建立的水陆交通网络，又为工商业的迅速发展提供了客观条件。如春秋末年（前486年始），吴王阖闾及其继承者先后开凿连接长江、淮河、泗水、济水的著名南北向运河——"邗沟"和"菏水"（《左传·哀公九年》）。位于济水之滨的陶（今山东定陶）原本非交通要冲，自运河开通后，立即成为江、淮、河（部分）流域三大经济区之间商货聚散的中心。又如位于齐国开凿的淄、济运河岸上的临淄（今山东临淄）依仗桑、麻、鱼、盐之利，成为齐国的政治、经济和文化中心，其繁荣甚至达到"车毂击，人肩摩，连衽成帷，举袂成幕，挥汗如雨"（《战国策·齐策》）的程度。类似的例子，在此后历朝历代中屡见不鲜，如元顺帝至止十一年至十三年（1351—1353）间，工部尚书贾鲁开凿运河（后称贾鲁河），恢复河淮之间的运道。由于该河经朱仙镇南下，使这个无名之地的商业迅速繁荣，朱仙镇一跃成为明清时期著名的四大镇之一。

可见，商业的发展有其独特的规律，只要是基础条件成熟，商业必兴焉，其客观效果几乎是立竿见影的。由于工商可以起沟通财物的作用，故早在先秦时，便得以与“士”“农”一起定为支撑整个国家的柱石：“士、农、工、商四民者，国之石民也”（《管子·小匡》）。大量的史料说明，古代中国的商业具有事实上的地位，发展并不慢。尽管历代国策以立农为经济之本，历代皇帝也常抓住机会，标榜自己“上（重）农除末”（秦始皇）、“敦崇本业”（康熙）、“以农桑为本”（《琅邪刻石辞》，《康熙御制耕织图诗》序，《汉书·昭帝纪》），但事实上，经济行为与理论之间往往存在一段距离。换言之，中国古代也曾出现“重农抑商”的是非之争，但“抑商”与其说是强化农的地位，不如说是用来限制商业发展过热的调节手段；与其说是一种经济策略，不如说其不过是一种主观心理的折射，这与从根本上进行的“抑商”行为相去甚远。以下的分析正是为了说明，“抑商”在理念上的功用大于实际中的作用。

（1）“抑商”思想最早出现于战国时期。在自给自足的自然经济状态下，存在以有余换不足，却不存在为交换而生产生活必需品的商品经济，因此，市场上流通的基本上是古人眼中的奢侈品——“雕文刻镂，锦绣纂组”之工（刘向《说苑·反质》），商人因之也被一些士人视为可有可无的国家蛀虫（《韩非子·五蠹》）。在这种认识基础上，“抑商”带有“抑奢”的意义。

同时，士农工商各有所处，这在礼制社会中被看成是社会有序的保证。但当商人凭借经济实力影响诸侯甚至是朝廷政治，或高收入的工商业吸引大量农民弃农经商时，原来的社会均衡就会被打破。农民的流失除了削弱政府赋役（农民是赋役、兵役、工役的主要来源）外，还被看作是削弱了社会稳定的基础：以贩运为主的商人相当精明能干，他们“观凶饥，审国变，察其四时，而监其乡之货，以知其市之贾。负任担荷，服牛辂马，以周四方；料多少，计贵贱，以其所有，易其所无，买贱鬻贵……”商人精明，即“好智”，“好智则多诈，多诈则巧法令，以是为非，以非为是”。此外，商人的财产少，以货币为主，他们因而被看作是“轻迁徙”，“皆有远志，无有居心”，“不愿与国家共患难”的一群人（《管子·小匡》）。而农民“少私义”，“力专一”，财产是土地，土地不能搬迁，他们不随便迁徙，与国家无二心（见《吕氏春秋·士容论》）。由此可见，商人被当作是社会不安定的因素，农民则是国家稳定的保证。“抑商”因此成为维护封建秩序的一种理念。

（2）“抑商”可为传统的“禁榷制度”“土贡制度”和“官工业制度”立言，成为三种制度推行的理论依据。自然经济状态下的生活必需品，基本上是自我满足，无须过多地依靠市场，只有盐、铁、茶、鱼等是消费量最大，家庭生产无法自行解决，必须通过交换获得，因而具有较高利润的商品。从春秋时期至古代社会末，国家相对垄断了这些紧俏物品的产销，禁止私人买卖，名之“禁榷”，朝廷由此成为最大的获利者。“土贡制度”即朝廷超越市场，直接向地方索取消费品、奢侈品的制度。“官工业制度”则是由政府自设作坊和工场，生产数量庞大的公用物品、军需品和昂贵的精品。

抑商理论从社会秩序、义利等方面为朝廷单独攫取大量工商利润提供依据，因此，“重农抑商”之举不过是证明封建政府分夺民利合理性的幌子，并不是取消工商的具体措施。在土地尚且可以买卖的自然经济与商品经济结合的社会里，商业的存在已成为基本的定势，这不是主观意识可以否定得了的。

（3）工商聚财比土地快，如“卖茶之利，岁百万计”（《旧五代史·马殷传》），“邯郸郭纵以铁冶成业，与王者埒富，……”（《史记·货殖列传》）。《文献通考》曾言及：“《货殖传》中所载，大抵皆豪商巨贾，未闻有力田致富者”（《文献通考·征榷考·征商》）。因此，工商能够分夺农村劳动力，有其必然性，如唐朝元和年间，因赋税过重，“百姓日蹙”，“散为商以游十三四矣”（李翱《李文公集·进士策问》），即成为游商的，十人中就有三四人。清朝嘉道年间，湖南巴陵县（今岳阳县）“十分其民，而工商居其四”（《皇朝经世文编·户政·赋役》）。在正常形态的社会里，商业是社会有序的保证，但当商业发展过速，就会严重损害被看作是封建社会之本的农业，甚至还会侵犯对其起控制作用的朝廷和政府的利益。这时候，“抑商”便成为一种调节手段——抑制过分发展的商业，使其恢复有序的状态。可以说，“抑商”思想在中国存在了2000多年，然而商业发展的步伐并没有停止。至于中国古代的商业不能与近代经济衔接，主要原因不在于“抑商”思想，而在于商业本身，在中国古代商业特有的性质及其发展目的上。

古代中国和西方商业都属于“贩运性”商业，但由于地理和物质条件的不同，两者具有了不同的性质和目的。西方早期商业的主要成分是生活必需品，如古希腊从埃及贩运粮食，这决定了西方商业对外部市场的依赖性和掠夺性，也给商业的独立发展提供了机遇。中国古代商业与自然经济紧密结合，是地主官僚制政治经济一体化中的一个要素，商业便只能在一体化的圈子里循序渐进式地发展，难以有实质上的突破。除此而外，古代商业的发展促进商业资本的积累，但在“商业支配着产业”的社会里，以货币形态存在的大量商业资本不可能通过转化为产业资本来发挥机能资本的作用。同时，由于商业资本自始至终是以货币形态存在的，而货币财产最易有丧失之虞，如战争就是最大的危险。这时候，土地的社会价值作用便发挥出来，吸引大量的商业资本转向农村，去参与土地兼并和经营高利贷，即“以末致财，以本守之”。可见，尽管中国古代商业有很长且很繁荣的发展历史，但商业资本自身的走向不是建立“生产先于商业”的新格局，而是以极限消费和土地为目的，土地的价值始终高于一切的价值，这是中国社会直到近代仍然不能摆脱以地主制经济为基础的生产方式的原因之一。

三、爱有差等：社会结构与传统文化态度

文化态度，指的是人类群体对文化活动中的人物、事物和事件的总的看法和行为倾向。文化态度包含三个成分：①认识成分，即对事物的认识和信念，固定不易改变的信念常成为某种信仰；②情感成分，即对人事物的情感选择，包括尊重—轻视、支持—反对、同情—排斥等一系列积极和消极的情感；③意向成分，即对人事物的反应倾向，不一定构成文化行为，仅是实际行动的准备状态。中国独特的社会结构造就了中国人的文化态度，其中，最典型的是中国人的家族信仰文化和对社会规则的自发认识。与大多数国家的民间信仰不同，中国传统的文化信仰已经发展成一种群落信仰，并由此反映出一种强烈的社会观念和对社会构成的基本认识态度。

（一）家族信仰文化

在人类文化产生之初，原始宗教成为人类唯一的精神生活，这时候，信仰可解释成“对某种宗教或主义的极度信服和尊重，并以之为行动的准则”①。当人类的精神文化愈加丰富之后，对信仰的定义有了各种延伸，本部分从文化行为的角度来看，认为：信仰是人类的一种强烈的目的追求以及由此而形成的个人或群体的行为准则。

> 信仰，是人类的一种强烈的目的追求以及由此而形成的个人或群体的行为准则。

从信仰的阶梯程度来看，可大致分为 4 个层次：个体个人信仰、个体群落信仰、个体国家信仰和个体社会信仰。个体个人信仰，指的是一个人或一个同类群体的目标追求，包含获得金钱财富、社会地位、个人发展、个人避险、个人归宿等个人期望达至的人生目标。个体群落信仰，指的是一个人或一个同类群体期望在自己周边的人群中获得互相认可、理解、支持、帮助和协调，通过建立“熟人”社会，达至群体关怀的人生目标。个体国家信仰，指的是一个人或一个同类群体期望建立的具备公序良俗和良好社会沟通关系，具有满足大多数人需求价值的国家管理模式，个体的人生目标与这种国家模式融为一体，并从中实现个体的目标追求。个体社会信仰，又叫作“个体人类信仰”，指的是一个人或一个同类群体对全人类普遍价值和长远利益的追求及其由此形成的思想和核心价值观体系。如果我们将四种信仰合为一体，即为一个金字塔模型（见图 2－2）。

① 辞海：缩印本［M］．上海：上海辞书出版社，1999：299.

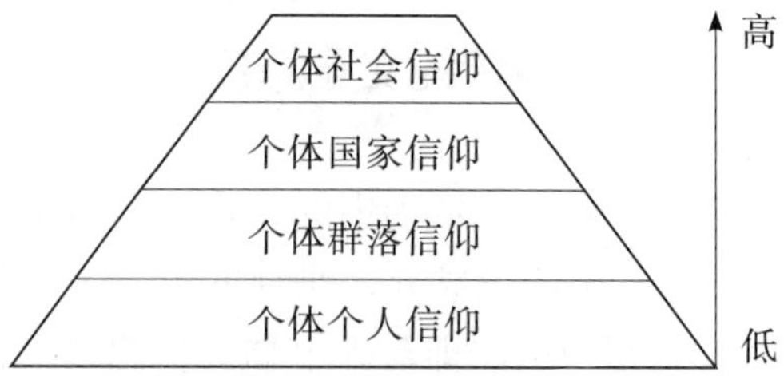

图2-2　个体信仰层次图

上述模型，从低至高比较而言，高层信仰是低层信仰的发展和总括。其中，低层信仰，包含的需求索取和个人满足的成分更多，目标层次更低，更易被接受，信众更多；或者说，大多数人的宗教信仰和人生信仰均属于低层次信仰。高层次信仰（第三、第四层次），越往上理想色彩越浓，包含的奉献精神和道德自觉的成分会更多；由于高层次信仰的目标远大崇高，个人能够期望实现的目标（指向终极目标的具体目标）层次太多，我们只能将其视为人类共同追求的终极目标。如果没有强烈的理性精神和信仰批判[①]，是很难将这种人类的共同目标视为个体不惧艰辛、矢志不渝、执着追求的终身目标。因此，高层次信仰的信众很少，但却是真正有信仰的人。

中国传统人文环境给个人和群体提供的是个体群落信仰的营养成分，因此，中国传统的信仰观念来自于群落依赖，是一种可以通过家庭和宗族给予个人心理依恋和互助，帮助个人实现人生价值目标的信仰，这是一种家族信仰，并由此形成家族信仰文化。

> 家族信仰文化，是通过家族关爱、家族情感体系、家族历史维系等影响个人的人生观、社会观和价值观的文化。家庭信仰属于个体的群落信仰，是打开个体与社会交往的第一扇窗口，也是提升个体社会知觉的第一层阶梯。但是，由于家族信仰追求的目标层次太低，家族信仰文化具有一定的狭隘性，只有向更高层次的信仰文化提升，才能真正满足个体的高层次社会需求。

中国人的家族信仰主要表现在建立以宗族群落关爱为结构的社会组织、树立以爱与孝为内涵的文化观以及家族关系延续导向的人生目标等三个方面。

家族信仰文化的第一个表现：通过宗族群落关爱组织影响社会和个人生活。

宗族通过群落关爱和建立群落结构，成为古代社会中的强势组织，并利用这种强势将家族思想渗入个人的生活，成为个体和群体的信仰追求。

① 信仰批判，意指在社会活动过程中，对各种内涵的信仰进行比较、筛选和评估，以求得最佳或最符合人生规律的目标追求。

在古代中国，宗教没有成为满足人们合群需要的信仰目标，这时，宗族便成为家庭之外、个体心理归宿的二次人类集团。尤其是在土地兼并日盛，“暴君慢吏”横行，“赋重役勤”时期，大量小自耕农破产，宗族成为个人依附的场所，“人不堪命，多依豪室”（《文献通考·户口》），以至强宗豪族纷纷脱颖而出，“一宗近将万室，烟火连接，比屋而居”（《通典·食货·乡党》）。这时，宗族内部具有很强的号召力，进退如令，必要时还可举族迁徙。如三国时山阳巨野（今山东巨野）人李典，有“宗族部曲三千余家，居乘氏（巨野西南）”，后依附曹操，遂“徙部曲、宗族万三千余口居邺（今河北临漳县北）”（《三国志·魏志·李典传》）。类以李氏宗族这样动辄数千上万人的群落，事实上已不是一个宗族，而是以宗族为中心部，以部曲、租佃农民、“荫户”（个体依附者）和一些异姓小族为边缘部的社会群体（《北史·李灵传》）。这样的群体在古代中国并不罕见，造成国家不时出现“国之户口”少于私家（《资治通鉴·晋纪》）的局面。

豪强宗族在地方往往等于一个小的独立王国，迫使朝廷不得不承认这个既成的事实，如北魏初期，任命一些豪强地主为宗主督护，以行使基层政权的职能。宗族逐渐成为古代社会组织的基础细胞，尽管朝廷后来采取“三长制”[①]、保甲制等，但由于宗族势力的渗透，终与乡里组织混成一体，联结成“保甲为经，宗族为纬”（《校邠庐抗议·复宗法议》）的网。

正因为宗族在社会组织中的重要地位，人们的结群需要离不开宗族组织，宗族的规范便常常成为社会的原则，宗族的社会价值观也成为个人依附于宗族群体的正当理由，宗族的群体理想更成为个人信仰的核心价值观。

家族信仰文化的第二个表现：通过家庭情感体系影响国家和个人的文化观。

西周为维护严密的宗法家族而制定的礼制及其随之形成的礼法思想，无疑对先秦乃至整个中国传统的情感体系产生深刻影响，以至于中国古代很长一段时间的情感体系，既有别于古希腊，也有别于古印度，显得非常独特。有人专门从“爱”的角度，做了这样一个通俗的比较：

古希腊的“爱”即为“博爱”，意指除奴隶以外的自由民，无论男女老幼，互相之间的“爱”都是平等的；爱的指导意义是广泛的，没有内容上的区别。

古印度的“爱”叫作“慈爱”，是一种单向的爱，既有宗教的“恩典”形式[②]，又有种姓制度的现实体现——先知先觉者或高种姓者施“恩”，受施者只能感恩、服从与依赖。

中国传统“爱”的情感，可以称为“仁爱”，简称“仁”。依照《论语》《中庸》

① 北魏孝文帝改革时，废除宗主督护制，创立三长制，即五家立一邻长，五邻立一里长，五里立一亭长。

② 蒂里希．政治期望［M］．徐钧尧，译．成都：四川人民出版社，1989：45－52.

和《孟子》等的解释："仁者人也，亲亲为大。"（《礼记·中庸》）用现在的话说：仁，指的是人与人之间的关系，这种关系最高尚的正如至亲之间的关系那样密切。人与人之间的关系，可以一言以蔽之，那就是"爱"，故而"仁者爱人"（《孟子·离娄章句下》）。与"平等的爱""单向的爱"不同，"仁爱"首先是来自对家庭关系的期望，来自父母子女之间关系差异的认识，因此，"爱有差等"（《孟子·滕文公上》朱熹注）。值得指出的是，"爱有差等"并非现代人理解的形式上的等级之别，而是指爱的内容是有区别的，正如《墨子·非儒下》所说："儒者曰，亲亲有术，尊贤有等。言亲疏尊卑之异也。"我们理解，"仁"包含两种相互依存相互制约的爱：一曰"爱"，原意是家庭里父母对子女之爱，延伸为"长辈对晚辈之爱""上者对下者之爱"；二曰"孝"，原意是子女对父母之爱，延伸为"晚辈对长辈之爱""下者对上者之爱"。从"一山不能藏二虎"的社会秩序来看，"爱"与"孝"不可能具有相同的内涵，否则，"同将不和""同则不继"，并且由于没有具体的指导，无论是长辈还是晚辈都会陷入爱的迷茫之中。作为爱的指导原则，中国传统文化观通过各种书籍、文章、家书等告诉我们：父母对于子女之爱，概括为两个方面，一是天生的自然属性之爱——"情爱"，一是后天培养的社会属性之爱——"恩爱"。恩爱的具体内容很广泛，包含教养、关怀、同情、支持、指导、扶助、理解，等等。同样，子女对父母之孝，也包含自然属性之爱"情爱"和社会属性之爱。孔子的学生子游问孔子什么是孝，孔子说："今之孝者，是谓能养。至于犬马，皆能有养。不敬，何以别乎？"（《论语·为政》）也就是说，孔子将"孝"的社会属性，归为"敬爱"。敬爱与恩爱有不同的含义，包括侍奉、尊敬、报答、服从、感恩、参与、领会，等等。（见图2-3）可见，"爱有差等"旨在区分爱的具体内涵，为爱的各方设计可行的行为指导标准，并非后人理解的将等级观引入"爱"的情感之中。这种为"爱"制定指导原则的做法，在中国传统文化里比比皆是，如父义、母慈、兄友、弟恭、子孝、夫义、妻贤等。（参见《左传·文公十八年》）

- 仁
  - 父母——"爱"（上对下之爱）
    - 情爱：动物天生的自然属性
    - 恩爱：人类后天习得的社会属性（包括教养、关怀、同情、支持、指导、扶助、理解，等等）
  - 子女——"孝"（下对上之爱）
    - 情爱：动物天生的自然属性
    - 敬爱：人类后天习得的社会属性（包括侍奉、尊敬、报答、服从、感恩、参与、领会，等等）

图2-3　儒家"仁"的内涵

宗法制瓦解后，由“家构同构”导致的家族礼俗作为一种群体文化理念并没有因此而丧失，反而因为群体认识的进化和依赖群落的迫切心理需求而强化，再加上儒家国家主义的致思趋向和理想人格的引导，被认为是“慎（诚）”而“徽（美）”（《尚书·尧典》）的家庭情感观念，逐渐成为个体群落信仰的重要组成因素。“仁”这种情感也因此而从家指向国，使君主与臣民的关系被赋予家族的色彩：君主爱民即为“德”，如“故善为国者，御民如父母之爱子，如兄之慈弟也”（《六韬》），因为，他们“待民以德”，而“德”的标准是“养民也惠”，“使民也义”（《论语·公冶长》），富而后教，等等；臣民对君主之爱称为“忠”，“以孝作忠”。一种普通的家庭观念便从亚文化状态而至国家文化价值观的核心主题，“在家为孝，在国为忠”成为古代伦理道德的典范。

当家族情感被引鉴为治国之本，成为古代治国的“内圣”之道，作为一种群落信仰，家族的情感体系便成为传统文化观的重要支柱，也成为个体群落归属、情感支持和社交满足的重要理据。在这样的情况下，家族信仰的要求逐渐默化成个人的行为准则便不是一件不可思议的事了。

家族信仰文化的第三个表现：通过家族历史感和群聚感影响个人与社会的人生目标。

目标追求是个体信仰行为的主要决定因素。家族信仰之所以能够成为中国古代持续千百年的文化支撑，一个重要原因就是建立家族与个人之间、家族与社会之间的目标认同[①]体系。在这个体系里，对于个人来说，家族的信仰目标是光宗耀祖，垂鉴子孙；但对于社会来说，建立合适的人群关系则是人们希望达至的人生目标。

中国古代的家族延续及不断被强化，逐渐形成一种家族历史感：祖先与子孙的关系不能断裂，家族传承已不仅仅是一种生命的延续，而是一种责任和道义。

在宗族内部，“多子继承财产”虽然可以将同姓子弟集中在一起，但并不能因此而形成一个具体持久且凝聚连续的亲属圈，还必须有“法”的约束。这个“法”，一部分是外在的“秩序”的约束和疏导，如家规族法；另一部分属于自然法，来自世代衔接的普遍行为，即从小就耳濡目染，子就父学逐渐形成的内在规范，包括维护血缘等级的倾向，“传宗接代”“光宗耀祖”和“惠及子孙”的共识，非理性的宽容精神（限在宗族内部）等等，其核心就是“仁”和由此而形成的伦理道德准则。

传宗接代的重任和深厚的家族历史感，将家族的人和家族的历史凝聚在一起，即

① 目标认同，是指个人或群体在情感和认知上接受某个目标，并为实现这个目标所付出的努力。吉布森，伊凡塞维奇，唐纳利. 组织学：行为、结构和过程［M］. 王常生，译. 北京：电子工业出版社，2002：112.

使由于生活所迫、向外扩张、环境更易、朝廷强令“析籍”[1] 等外在因素的影响或由于遵循“五世则迁”的原则，宗族发生分裂，都不曾使宗族消亡，它仍会以“离土不离宗”的形式继续存在。

信仰目标的作用，不仅使家族的历史得以延续，更重要的是人心有所寄托。“曾子曰：‘慎终追远，民德归厚矣。’”（《论语·学而》）在中国的传统习俗中，一直有“积德”的承负说，即父母积德，与自然界和人类社会建立一种合适的，甚至是良好的关系，不仅是为自己享福，更重要的是可以将这种福德传给子孙；倘若祖德轻薄且浅陋，甚而无德，则不能荫蔽子孙，更难保全他们的幸福安康。作为子孙，每逢追思祭奠先人，不仅仅是要报本先德，更要让自己谨记厚德向善，以便继续将仁德传给后人。这种来自家族认知的厚德文化观，虽然朴实，却成为支撑中国民间向善守仁的重要激励力量。

当然，我们也应看到，宗族毕竟是自然经济的产物，正是自然经济的自给自足和封闭状态，给予宗族自成体系成为小社会的可能。而农耕型的自然经济又以土地为核心，因此，宗族的存在和发展，实际上也支持了土地的价值观。宗族依附于土地，慢慢形成浓厚的、狭隘的乡土地缘观念。作为相对独立、内部凝聚很强的群体，宗族在对外接触中，很容易造成排他性，于整个社会便是潜在的离心因素。这也使家族信仰产生一种负面影响：由于信仰目标太低，群体凝聚力往往局限于宗族、村落，至多是乡里，跨越“家乡”这个界线，群体便有可能成为“一盘散沙”[2]。历史上不乏这样的例子：常有豪强大族“纠合乡里保据坞壁”，私募部曲，甚至使某地“太半之人皆为部曲”（《文苑英华·史论一》，何之元《梁典·高祖事论》）；门阀士族横行乡里，渔役弱族，或挑起地方纠纷；至于诸侯藩镇，更是拥兵自立，割据一方，“缓则骄奢易为淫乱，急则阻其强而合纵以逆京师”（《史记·平津侯主父列传》）；即使是在现代，依仗宗亲或乡里关系与国家法律和公序对抗，这样的例子也屡见不鲜。

由此可见，家族信仰文化凝聚起来的群体，以“熟人”群体依赖为特征，除了先贤仁者、哲人志士和民族楷模等能够超越狭隘，以终极价值为目标为信仰，因而具有本于义务心的道德自律（修身）之外，一般人的世界观是以家族意识为起点为终结。这很容易造成社会的碎片性，从整个民族和国家来看，个人与公共社会疏离，人们犹如“由一些同名数相加形成的”，就“好像一袋马铃薯是由袋中的一个个马铃薯所集成的那样”[3]。这是一种“松散群体”：众多个体聚在一起，看上去是一个群体，但互相

---

① 士族豪强常以一户之名隐匿众多人户，时有朝廷采取强硬措施，如隋文帝时下令“大索貌阅”，进行户口大检查，并规定“大功（堂兄弟）以下，兼令析籍（有叫析户，即分家），各为户头，以防客隐”（《隋书·食货志》）。

② 孙文. 建国方略·民权初步［M］. 上海：上海民智书局，1922：序.

③ 中共中央马克思恩格斯列宁斯大林著作编译局. 路易·波拿巴的雾月十八日［M］//马克思恩格斯选集：第1卷. 北京：人民出版社，1995：677.

之间只有围观依傍和谋私索取，却没有角色责任和利他奉献，一旦除去象征公序良俗、法律制度的“袋子”和“盘子”的约束，个体就会像袋里的“马铃薯”和盘里的“沙子”一样，散于一地，再不成群体。

任何一个民族都有自己的共同信仰，家族信仰也是一种信仰，只是这种信仰的目标价值太低，难以承担凝聚整个民族和国家的使命。只有在家族信仰的基础上，提升民族信仰的层次，将群体凝聚从家庭、宗族、村落和乡里往前延伸至民族、国家和“天下”（世界），方可以将整个民族、整个国家凝聚成真正的集体（不需外在约束，凭着角色、责任、合作、互助、奉献、利他等凝聚成的群体，比喻为“一堆马铃薯”）。关于提升信仰层次的研究，不少流传下来的古代诸子文论都有记载：个人依赖家族追逐家族，是因为家族利益与个人利益密切相关。由此得到启示，只有将个人利益与国家利益融合在一起，个人才会“为国守，为国战”。例如，农民看重土地，一旦“舍本而事末（离开土地，外出经商）”，“则其产约，其产约则轻迁徙，轻迁徙则国家有患，皆有远志”（详见《吕氏春秋·士容论·上农》）。以上可见，进行信仰反思，不懈求索提升家族信仰的途径，成为古代、近代和现代仁人志士的共识，并逐渐形成中国智慧的其中一个特征——认识群体和谐。这说明，中国独有的“和谐”文化正是在提升家族信仰文化、以天下为己任的群体致思中形成并传承下来的；中国求同存异的文化精神也是建立在家族信仰文化批判的基础之上的。

中国传统的信仰基础已超越个体个人信仰，进入群落信仰阶段，这是建立高层次信仰文化的基础。一个无法明确信仰基础的民族将真的会失去共同信仰，而没有共同信仰的民族很容易被历史淘汰。

（二）社会管理规则

一向以来，对中国古代自发的管理规则的研究，比较多的是从思想的层面去谈，比方，谈到儒家国家主义中的管理理想和追求、法家法治主义中的管理制度和施为、道家自然主义中的对管理规律的认识，等等，但对中国人浓厚的、自发的规则依赖行为的研究，却少之又少。事实上，正是中国很早就已具备结构范式的经济社会，培养出人们对规则的依赖习惯。换句话说，发轫于原始农业时代的对社会管理规则的认识，正是我们的先民将文化融入经济活动，又用经济利益的选择来证明文化和社会发展之理由的结果。中国传统文化中对社会管理规则的基本认识，正是自发地启迪于经济活动和经济社会的运作。

1. 规模集约化生产为密集型社会管理方式提供经验

规模集约化生产，本来是指现代企业的管理模式，是集合一定规模的人力、物力、财力、管理等生产要素，进行统一配置，具备工艺标准化、管理有序化的生产。古代没有发达的科学思维，不可能有现代发展完备的规模集约化生产，但在统一的大国时期和经济繁荣时期，利川规模集约化进行生产的例子依然见诸史册和田野考古。

农业大规模生产的典型，有水利事业和屯田（兵屯、民屯）等等。

农业的第一个条件是人工灌溉。以农耕经济为起点的古代文明都视水利事业为最重要的经济活动之一，东方各大河流域的文明古国几乎都有治理大河的历史。中国河流密布，地势复杂，治河工作并非单一地防止水患和引流灌溉，还包括因势兴废、因地制宜等多项任务，这决定了古代中国的水利工程更艰巨、更持久，也更伟大。中国历来有禹治洪水的传说，说明早在几千年前，中华民族的先人就已经面对“汤汤洪水方割，荡荡怀山襄陵，浩浩滔天，下民其咨”（《尚书·尧典》）的特大洪水，殚精竭虑，先后以“壅防百川，堕高堙庳”“疏川导滞”等治水方案，力图制服汹涌的洪水。古代浩大的治水工程和十分落后的生产条件，要取得治水的成功，唯一可行的办法，就是利用密集型劳动的方式，组织大量的人力去搏水斗天。唐代及其以前，治水和水利工程基本采用超经济手段组织劳动力，以征发徭役、大规模徙民和利用军队来充当劳动力，役使人数以万计。如东汉时汴渠决坏，明帝永平十二年（69）夏，“遂发卒数十万，遣（王）景与王吴修渠，筑堤自荥阳东至于乘海口千余里”（《后汉书·王景传》）。隋代大业元年（605）“三月辛亥，发河南诸郡男女百余万，开通济渠……”（《隋书·炀帝纪上》）。大业四年，隋炀帝“诏发河北诸郡男女百余万，开永济渠……”（《隋书·炀帝纪上》）。

工业的集约规模化生产的典型，主要有武器和礼器的制式化生产。

依照相关学者的研究，商代末年，中国古代的兵器已有规模集约化的制作。牧野之战时，商都朝歌的数十万商军，全部手持统一制式的青铜戈出城迎敌：“殷商之旅，其会如林。”（《诗经·大明》）战国末年，秦相吕不韦以与现代生产流水线及其类似的思维方式，去管理秦国兵器规模化制造，以至秦国兵器生产不仅具有先进复杂的工艺，而且实现了标准化生产，例如秦弩机复杂且标配统一，属于那个时代最先进的武器，六国皆莫能当。集约规模化的生产管理，提高了汉代冶炼技术和工业生产管理技术，至西汉武帝时代甚至发挥到了淋漓尽致的程度。汉武帝为了应对与匈奴的全面战争，收回了给吴王刘濞和大夫邓通自行冶炼和铸币的权限，用“铁官制”对全国冶铁业进行高效专营规模化管理。汉代的集约规模化生产的管理经验不仅在数量上，更是在技术上提高了武器水平，远胜当时的匈奴军队。匈奴孩童8岁起即骑在羊背上学习骑射，其将士个个骁勇善战。汉军胜敌需要大批精良军事装备，使对方兵器一触即折。汉政府运用先进的“百炼钢”技术和规模化生产，迅速提高生产效率和武器的先进性。当百炼钢制作的兵器装备于汉军，如卫青、霍去病征伐匈奴的部队，在战场上发挥了极大的威力：卫青率领不过五千精兵，在大草原上与匈奴最为精锐的单于卫队1万人相遇，卫青尚敢分兵两处，全面合围匈奴的虎狼之师，并在大风沙中激战一日，彻底将匈奴军击溃，匈奴单于仅率数百人突围而去。

规模化、集约化生产的管理，不仅需要提高生产效率，更重要的是需要对数以千万计的人群进行管理和协调。唐代整治并浚通西北山川和太湖之间的各条水道，“每处闸坝桩草，灰石物料，人夫工食，各动以万计”（李充嗣《兴修水利以预处财用奏》；《吴江水考》卷四）。组织如此众多的人力，如何进行管理？这需要每个层次的管理人员在管理过程中愿意付出努力和尽职尽责。如何把握管理程序，如计划、组织、指挥、协调和控制，则需要最高层的管理官员拥有“治众如治寡”的胸怀和韬略。古代对大规模集约化生产的管理必然为国家和社会管理提供丰富的经验，唐太宗李世民在贞观元年（627）时，仅以643名官员管理整个国家（见司马光《资治通鉴·唐纪八》），组织机制效率奇高，这与李世民善于运用前人在各方面的管理原则不无关系。此外，制度化地管理大量劳动人员如何进行？尽管史籍中没有系统记载，但如果没有强大的行政权力的集中管理，浩大的水利工程便难以为继。例如，早在大禹治河时，就采用了管理的“权柄”之一——刑罚：“苗顽弗即工”（《尚书·益稷》），苗民负隅顽抗，不肯服役，大禹主张不给他们的首领以官职，以儆效尤。这就是利用权威进行集中管理的一种手段。正是这种集中管理，为日后出现的中央集权式的政治文化埋下伏笔和提供了条件。

2. **工商业与社会管理的关系**

中国的社会管理文明起源很早，有学者甚至认为，母系氏族部落里的女首领们就已懂得将部落里生产或采集的浮资浮财进行分配，并照顾不具备或丧失劳动能力的孤弱老贫的氏族成员。从此以后，无论哪个时代，经济的有序发展成为良性社会管理习惯和制度的基础。

从经济流通中领悟政治治理的关系因素，是古代政治文明的特征之一。中国地形、地势复杂，由此而生的人文状态互有各异。因此，地域经济的生产与销售，与其他地方就存在一种需求互动互通的流动关系，这就是我们今天所说的“价值链”关系：“夫山西饶材、竹、谷、纑、旄、玉石；山东多鱼、盐、漆、丝、声色；江南出枏（‘楠’的异体字）、梓、姜、桂、金、锡、连、丹沙、犀、玳瑁、珠玑、齿革；龙门、碣石北多马、牛、羊、旃裘、筋角；铜、铁则千里往往山出棊（‘棋’的异体字）置：此其大较也。皆中国人民所喜好，谣俗被服饮食奉生送死之具也。故待农而食之，虞而出之，工而成之，商而通之。此宁有政教发征期会哉？人各任其能，竭其力，以得所欲。故物贱之征贵，贵之征贱，各劝其业，乐其事，若水之趋下，日夜无休时，不召而自来，不求而民出之。岂非道之所符，而自然之验邪？”（《史记·货殖列传》）古代政治经验不少是来自经济流通的启示，试举几个例子说明。

黄帝的王道。黄帝轩辕氏在“阪泉之战”中，战胜了炎帝，却没有采取当时惯用的方法：土地财产全归战胜者，战败部落成员全体沦为奴隶，而是与炎帝缔结同盟。黄帝轩辕氏这种结盟政策，符合华夏经济之道。今天看来，这种结盟不是权宜之计，而是一种顾及人脉与经济互通、互补、互进的正规群落管理举措。中国先秦典籍把黄帝轩辕氏的政治举措，称为“王道”“王制”，皆因其既符合人性规律、社会规律，也符合经济规律、国家规律。

前朝后市。自从商末的姬姜家族革命建立了西周政权之后，经济成了国家的要素性行业。周公旦建立的西周城邑鲁国，就是按“前朝后市，左祖右社”（《周礼·考工记》）建成的，这不仅成了西周规制性的城邦标准，还成了后世皇朝宫廷的主要制式。这里所谓的“市”，就是孔子在《易经》中所记述的：“日中为市，致天下之民，聚天下之货，交易而退，各得其所。”（《易传·系辞下》）周朝开国元勋姜太公被封齐国后，“地潟卤，人民寡”，“于是太公劝其女功，极技巧，通鱼盐，则人物归之，繦至而辐凑。故齐冠带衣履天下，海岱之间敛袂而往朝焉”。（《史记·货殖列传》）

管仲的通货积财。齐国主要以国相管仲的宏观经济治理最为启迪后世。他提出的“仓廪实则知礼节，衣食足则知荣辱”（《管子·牧民》），直接表达了经济与政治的关系。管仲任政相齐，以区区海滨之域，通货积财，富国强兵，与俗同好恶，使齐国国力重新跻入其时三大强国之列，并使齐桓公成为春秋五霸之一。

计然的救亡经济。越国则是以“救亡经济”见称于后世。春秋时，越国被吴国所灭，谋士计然、范蠡等前来辅助越王勾践复辟。计然献七策，结果只用了五策，越国就全面复国，成为春秋五霸之一。计然之策论述了经济之于国家政治的作用，并对经济的价值学说、经济周期及其对应之策、经济体制的铺设等，都进行了简短却深入的阐述：“知斗则修备，时用则知物，二者形则万货之情可得而观已。故岁在金，穰；水，毁；木，饥；火，旱。旱则资舟，水则资车，物之理也。六岁穰，六岁旱，十二岁一大饥。夫粜，二十病农，九十病末。末病则财不出，农病则草不辟矣。上不过八十，下不减三十，则农末俱利，平粜齐物，关市不乏，治国之道也。积著之理，务完物，无息币。以物相贸，易腐败而食之货勿留，无敢居贵。论其有余不足，则知贵贱。贵上极则反贱，贱下极则反贵。贵出如粪土，贱取如珠玉。财币欲其行如流水。”（《史记·货殖列传》）这段话很深入地解释了经济学的原理、方法及其流程，以至于在古代，有人甚至把经济学称为“计然学”。

3. **农商智慧**

中国古代农商，一本一末，一静一动，互相制约和补充，成为中国民间智慧的奠基石。农商智慧表现最突出的，当是察时观象、顺应时变的认识和实践，作为一种群体现象，在古代世界仍然是非常独特的。

在古代，“辟土殖谷曰农”（《汉书·食货志上》）。农民们开垦土地种植五谷，在长期的农业实践中，他们发现农时反映自然规律，无论是耕地、播种，还是培育、收获，都应按照既定的自然时节去进行，否则将影响一年的收成：“今之耕也营而无获者，其蚤（早）者先时，晚者不及时”（《吕氏春秋·士容论·辩土》）。因此，只有“不违农时”，方可做到“谷不可胜食也”（《孟子·梁惠王上》）。而且，农民们很早就发现季节气候常会出现异常，这同样会伤农损土：“孟春行夏令，则（风）雨（水）不时，草木蚤（早）落，国时有恐；行秋令，则其民大疫，猋（通“飙”）风暴雨总至，藜莠蓬蒿并兴；行冬令，则水潦为败，雪霜大挚，首种不入。”（《礼记·月令》）

这段话的意思是：如果农历正月（公历则是二三月份）出现类似夏天的反常气候，则风雨不会依时而至，草木提前脱落，国家也会发生可怕的事情；如出现类似秋天的反常气候，民间会出现瘟疫，常常狂风暴雨，田野里杂草丛生；如出现类似冬天的反常气候，则冻雨过多，又雪霜加害，时令作物无法生长。正是在这样的土地经营和劳作中，人们认识到与自然对话、寻找自然规律以指导农事的重要性，中国古代历法便应运而生。

据史载，早在远古的“巫文化”时代，我们的先民就开始对北斗七星等星座进行长期的追踪观察，并记录到当这些星座的流传位置不同，地上的气候就会有不同的变化，因此发明了“十天干”来记录这些天文星相的变化；再根据月亮盈亏对潮动的不同影响，发明了“十二地支”来记录地面上风潮的影响。在中国最早的文字——商代甲骨文中，就发现有与今天毫无二致的天干地支的完整记载。至西周时，开始设“历官”，专门进行天文与气候的记录与统计。正式成文的历法开始于夏代的夏历，以后历经商历、周历，再至汉代的古四分历，不断改革而基本成熟。汉武帝时，由司马迁等担纲，专门组织了编历小组编成汉历并沿用至今。中国古代的历法一般都称为“阴阳历”，其中包含了大量的天文学研究的成就，在世界天文学史上占有重要的地位；同时，先民们利用历法中的二十四节气体系指导和辅助农耕生产，提高了农时的预测水平和农耕的生产水平，因此，民间也将历法称为“农历”。至今，中国历法的创作和运用，依然被视为世界的一份宝贵的文化遗产。

顺应时事，尊重自然规律，不仅仅表现在农民运用农历的智慧里，也表现在其他方面，如商人“审时度势”的认识以及“商战智慧”。有关“商战智慧”将在本书第六章详述，这里仅谈一个方面，这就是商人时然性的本质：乐观时变。被古代民间誉为商祖的白圭（战国时周国人），可以说是古代最早提出贸易致富的人之一。他的经商理论归纳为“人弃我取，人取我与”，比方，“岁熟取谷，予之丝漆；茧出取帛絮，予之食”（《史记·货殖列传》）。这种办法，即粮食丰收时，趁价贱而买入，这时丝、漆价格相对较贵，则卖出；待蚕茧出产，买入时价便宜的丝、帛，卖出粮食，所谓“时贱而买，时贵而卖”。由于白圭善于经营，以至家累千金。白圭认为自己的经商理论正是来自兵家和法家的随机应变、当机立断、善于取舍和进退守则。春秋末年的谋略家范蠡在助勾践复国后，离开越国，更名陶朱公，以经商致富。他同样将自己参与治国时的谋略思想用于经商理论，提出“逐时货”。在他看来，天时气节随着阴阳二气不断变化，国家的盛衰亦然。因此，在应对策略上也应有变化，强盛时戒骄，衰弱时则争取有利时机，创造条件，转弱为强。在经商上需掌握供求关系的不足和有余，粮食价贱时，由官府收购，待价贵时再平价卖出。（详见《史记·货殖列传》《国语·越语下》）

中国商人把握规律原则，又善于应时应事而变的特点，与中国农民静观时变、顺天而行的特点刚好形成互补，共同构成中国传统思维方式的实践背景，中国传统文化讲“中和”及讲竞争原则的特征，正是在这种坚持原则和追求变化的矛盾过程和实践中，最终确定并完善的。

中国农商智慧有利的一面，自然也就有弊的一面：如果国家注重经济制度的设置，主导并引导经济发展方向，则国家繁荣强盛、活力盎然，商人们便多出“仁商”“德商”“义商”“信商”，他们会更关注于社会的基础设施建设和慈善事业。如果国家放任经济自流，而不着力经济体制建设的话，则垄断气氛高涨直至产生割据，商人也会利用时变，谋夺政治公权，使时代沦为“权钱交易”的时代。

中国农工商社会对文化发展起了重要作用。中国古代的主要社会构成是“四民”，即“士农工商”，他们是中国传统文化的主要创造者，其中，士及文人是“雅文化”的创造主流，而农工商则是“俗文化”的创造主流。

思考与讨论

1. 中国的家族信仰有什么表现？你如何看待家族信仰文化？

2. 从本章的角度谈谈小农经济为什么会在中国长期存在，原因是什么。

3. 中国的农商智慧主要表现在哪里？请归纳农商社会的特点及对中国传统文化的影响。

4. 论述中国古代社会结构的两大特征对近现代社会的启示。

·参考文献·

[1] 许烺光. 宗族·种姓·俱乐部［M］. 薛刚，译. 北京：华夏出版社，1990.

[2] 陈锋，张建民. 中国经济史纲要［M］. 北京：高等教育出版社，2007.

[3] 冯尔康. 中国社会史研究［M］. 天津：天津人民出版社，2010.

第三章　大国治理

二千年之政，秦政也

——谭嗣同

学习目标

定义：中国古代独特的国家治理结构。对政治体制基本概念的理解。

描述：中国传统文化的政治背景——早熟的官僚行政体制、古代官僚政治的性质、官僚体制与传统典籍文化。

理解：中国古代早熟的大国治理的表现及影响。

辨别：古代、现代官僚体制的性质区别及结局或发展趋势。

分析：以史为鉴，探讨大国治理的有效途径和方法。

如何管治好一个国家？这是古今政治学的重点研究范畴。中国在古代处于大国的位置，必然面临管理大国的种种难题：如何维护管治来自不同族群、阶级和行业的社会群体的系统运转，如何动员社会力量和资源达到某个目标，如何建立国家内在系统及其与其他国家外在系统之间的沟通关系，等等。在我们的先人们留下的大量历史学、政治学、社会学等书籍及其进行的实践活动中，我们注意到对国家治理问题的研究硕果累累，并不亚于古希腊、古罗马的政治研究成果，尤其是先秦的国家管理理念和秦汉及其以后对国家管理方式的实践，甚至一度走在古代世界的前列。中国古代政治管理的成就及其独特性，引导中国传统文化建立起在时间上前后相继的历史，也就是说，中国传统文化成为具有历时性特点的文化，离不开古代政治研究和实践带来的历史凝聚作用。因此，我们将中国古代国家管理经验和实践视为文化发展的重要背景。

自从私有制将人类社会分化为不同的阶级之后，国家随之产生。区别于近现代进行实质分类的“资本主义国家”“社会主义国家”，也区别于进行性质分类的“奴隶制国家”“封建制国家”“君主立宪制国家”“共和制国家”，等等，仅从国家管理的形式、内容、结构和方法进行归类，国家管理体制（又可称“政体”），被近现代学者们经常提到的大致有三类：民主体制、贵族体制和官僚体制。比较而言，三种体制各有特点。

民主体制的特点是“民治”，即“全民自治”①。从群体管理的意义上来看，每个人都明确并努力去满足自己在社会中的角色地位和责任，因而拥有自我管理的权力（“人人都是权威”），共享社会提供的资源、生产成果和社会福利。在这样的社会中，人们自觉遵循竞争规则乃至一切社会和自然规则，知识资本（通俗地说，即“能干+肯干”）得到广泛的认知和认可，因而没有也不需要公共权威——来自政治、经济、军事、社会、宗教等的权威，甚至连法律都不需要，因为法律也是一种权威。国家作为一种管理机器，本身就代表权威，因此，在国家消亡以前，不可能有真正意义上的民主体制。这就是说，到目前为止，民主体制仍然是人类社会的共同理想和追求。近代以来，对民主体制的理想诠释和信仰追求，我们称其为“民主思想”。毕竟，理想与现实存在差距，在现阶段，人们只能期望实现民主体制的初级目标：在公平正义得到全社会的共同认知下，尽可能让更多的人拥有知政、参政和议政的权利，以便行使社会监督义务，更公平更公正地利用国家资源、生产资料，享用生产成果和社会利益。在这里，有一点需引起注意：民主体制建立的基础是“全民共识自觉”，否则，在依然存在私有观念和私有制的国家形态里，“民治”很容易被理解成“无政府主义”（又称“民粹主义”）。

从“只要有国家便不可能有真正的民主体制”这个概念进行推论，民主体制在古代国家几乎不可能存在。不少书籍多次提到希腊城邦时期的雅典，认为自公元前6世纪平民与贵族的斗争取得胜利后，雅典便在奴隶主经济基础上建立起“民主政体”。但事实上，雅典并不是一个国家，只是一个城邦。正是在“小国寡民”、贵族力量相对薄弱而平民阶层拥有相当实力、社会分化不太剧烈、工商业区域不占主要地位等条件并立的情况下，方可出现雅典所谓的“民主政治”。因此，雅典的民主政体与其说是“国家民主”，不如说是原始社会“氏族民主”的遗风。被人们津津乐道的“民主体制”典范的梭伦政制或梭伦立法，按照希腊的政治概念，其实质是“金权政治”（Timocracy），而不是“民主政治”（Democracy）。② 而且，雅典的“民主政治”存在的时间并不长，当“商业和工业的发展，发生了财富积累和集中于少数人手中以及大批自由公民贫困化的现象”时，“排斥自由公民劳动的奴隶制”终于将雅典的“民主”

① 中共中央马克思恩格斯列宁斯大林著作编译局．路易·波拿巴的雾月十八日［M］//马克思恩格斯选集：第1卷．北京：人民出版社，1995：674.

② 顾准．希腊城邦制度［M］．北京：中国社会科学出版社，1982：123.

政治引向灭亡。[①] 伯罗奔尼撒战争（公元前5世纪下半叶）之后，雅典成为贵族制城邦，实行贵族寡头政治。

贵族体制的特点是“人治”，即“一人之治”[②]，所谓“其人存，则其政举，其人亡，则其政息”（《礼记·中庸》）。也就是说，在贵族体制下，某个人执掌权力，他就是权威，即“个人就是权威”。当这个人在位时，凭借“一人之治”的权力和权威，推行一套政策制度；但当这个人下台或死亡时，曾经推行的政策制度便随之中止。因此，在贵族政体的“人治”之下，由于缺乏统治阶层施政的连续性，被统治者根本无法把握自己的命运；拥有权力和权威意味着拥有一切，权力因而成为人们追逐争夺的对象，随之必然滋生掌权者滥用权力、公器私用、唯我独尊的种种欲望，其结果又必然是诸侯崛起、族群分裂、国家不统一。贵族体制是在社会尚未完全脱离宗法氏族关系时产生的体制，较为典型的有两种：一种是贵族寡头专政，一种是贵族君主专政。前者如希腊城邦斯巴达，其虽与雅典同期，却是希腊最大的农业城邦，贵族经济势力雄厚，名义上除了被役使的希洛人（斯巴达原有居民）是奴隶外，全体斯巴达人都是统治者，称为“全权公民”，但事实上操纵实权的是少数寡头集团内的人（大贵族）。贵族君主专制以宗法等级制为特征，中国历史上的夏、商、周，中世纪的东、西欧封建制国家都曾建立了贵族君主专制政权。

官僚体制（Bureaucracy）的特点是“法治”，即“以法治国”，是利用统一的、恒定的制度（“法”）管理国家。相对于贵族政体，这种体制有从中央到地方的完整的行政管理机构，一方面表明有组织的国家的发展，可以“将国家的总体法规应用于具体情况，从而增加政府行动的可预见性”；另一方面表明，官僚机构“以独有的方式掌握着权力的操纵杆，这使官僚机构成为一种巨大的势力，一种常常无法抵御的势力”[③]。“在行政权面前，国民完全失去了自己的意志，而服从于他人意志的指挥，服从于权威。”“行政权所表现的是国民的他治而不是国民的自治。”[④] 因此，官僚政体代表“国家就是权威”。完善的法治（一般称“法制”），意味着国家行政管理的制度化和相对恒常化，国家管理和国家发展战略建构在一个连贯的、统一的总体设计理念之中，不再因人而异。换言之，法治政体要求国家管理制度先于个人，这优越于贵族的人治政体。因为，“人治”是个人先于国家管理制度，以至国家常因个人的“存举亡息”而动荡不堪；国家是否安宁和发展，只能寄托在是否遇见一任“好官”之上。官僚政体

① 中共中央马克思恩格斯列宁斯大林著作编译局. 家庭、私有制和国家的起源［M］//马克思恩格斯选集：第4卷. 北京：人民出版社，1972：115.

② 亚里士多德. 政治学［M］. 吴寿彭，译. 北京：商务印书馆，1965：144.

③ 威尔逊. 美国官僚政治：政府机构的行为及其动因［M］. 张海涛，魏红伟，陈家林，等译. 北京：中国社会科学出版社，1995：序言.

④ 中共中央马克思恩格斯列宁斯大林著作编译局. 路易·波拿巴的雾月十八日［M］//马克思恩格斯选集：第1卷. 北京：人民出版社，1995：674.

在现代国家中普遍存在（包括西欧和美国），并且，其“人类组织规模、大小、复杂程度和技术都在爆炸性的发展”[①]。加拿大社会学家、管理学家克里斯托弗·霍金森认为，适应现代社会的政治走向，现代官僚政体相应有“分赃制”（Spoils system）、“专家制”、“文官制”[②] 等技术方面的组织建制。由于技术性的掩饰和偏重经济意识形态的规范，现代官僚政体中“中央集权”的行为是“被忽视”或“无从觉察”的。[③] 官僚政体的基本特点是“法治”，要将官僚政体下的国家建设成人民社会，还需持续加强和完善法治，将国家建设成拥有完善法律制度和法律秩序体系的法制社会（法治国家的最高形式），只有这样，对法的认识才可以深入人心，使“制定得良好的法律”能够“获得普遍的服从”[④]；进一步就是让法律这样一个社会契约成为一种社会动力源，激励人们去建设一个人人平等、在公序良俗下相互共处、联系、合作与建构的社会。这时候，遵守法律将从一种习惯转变成一种全民的共识和自觉。尽管这一过程会异常漫长，但全民共同和自觉的法治意识是达到建立民主体制的必由之路。没有法制过程和高度法治意识铺垫的“民主政治”，最终只会沦落为实质上的“人治政治”。

从管理方式的角度来看国家管理体制，中国古代的国家经历了贵族体制和官僚体制两种主要形式，尤其是后者，在古代世界极为罕见，我们可以将这种现象称为早熟的大国管理体制。中国从先秦至古代社会结束，管理体制有三个重要表现：早熟的大国行政体制、古代官僚政治的特征和政治文化的定势。

一、以法治国：早熟的官僚行政体制

古代国家治理，在西周及其以前，大体属于“人治”时期。在“家国同构”的实体中，阶级之间存在严重的人身依附关系，宗法即国家之法。那时，没有国家行政管理机构，没有官僚的层级体制，历代君主基本上是依靠“亲戚”来管理国家，治国犹如治家。因此，政治的关键，完全在于“方策”，以某人的战略思想为主，这就是我们前面说的“其人存，则其政举；其人亡，则其政息”，这是一种典型的君主专制贵族体制。史书上虽有记载，在周代及其以前，也有“设官而治”，但这些“官”仅是君主宗族中的权威人物，由此决定了国家政治的支配者主要还是贵族（领主），即使是春秋时期，诸侯仍然是“为天子之同姓者十之六，天子之勋戚者十之三，前代之遗留者十之一。（诸侯）国中之

---

① 霍金森．领导哲学［M］．刘林平，万向东，张尤跃，译．昆明：云南人民出版社，1987：2-3．

② “分赃制”是官吏进退随政党为转移的官制；“专家制”是以官吏的专门管理经验为重的官制；“文官制”是政务与事务分开的官制，事务官通过考核产生，政务官通过选拔或选举产生，有任期限制。

③ 霍金森．领导哲学［M］．刘林平，万向东，张尤跃，译．昆明：云南人民出版社，1987：100-111．

④ 亚里士多德．政治学［M］．吴寿彭，译．北京：商务印书馆，1965：199．

卿大夫皆公族（诸侯的子孙）也，皆世官（世世袭管治之职）也”①。

正当整个古代世界仍然沉溺于贵族体制的国家管理秩序之时，中国从秦代开始，便从旧式的国家管理体制中脱颖而出，非常独特地采用“法治”形式进行国家管理，成为世界上首个官僚体制国家，比之西方近代官僚体制管理早了整整两千年。

中国的官僚体制准备于春秋，萌芽于战国，初成于秦朝，定型于唐朝。尽管秦建国仅15年，但“古人之遗法，无不革除；后世之治术，悉已创导。甚至专制政体之流弊，秦亦于此匆匆十五年间，尽演出之”。其中，在政治上革故鼎新的举措便有十大项：“壹，并天下；贰，号皇帝；叁，自称曰朕；肆，命为制，令为诏；伍，尊父为太上皇；陆，天下皆为郡县，子弟无尺土之封；柒，夷三族之刑；捌，相国、丞相、太尉、御史大夫……郡守、郡尉、县令皆秦官；玖，朝仪；拾，律。”② 秦朝以官僚体制取代贵族政体，建立起系统的国家行政管理机构，以后两千年的中国古代国家政治，大体承袭秦代体制，所谓“二千年之政，秦政也”（谭嗣同语）③。

（一）建立国家行政管理机构以取代贵族统治

秦朝设立官僚体制，形成中央到地方的两制国家管理组织。其中，中央称为“三公九卿制”，地方称为“郡县制”。“三公”即丞相、太尉、御史大夫，分掌政事、军事、图籍章奏和监察百官，是中央最高级的官员；“九卿”（太常、光禄勋、卫尉、太仆、廷尉、大鸿胪、宗正、大司农、少府）是处理和管理具体政务的官员。地方行政机构分郡、县两级，郡设“守”“尉”“监”（监郡御史），次一级行政机构县有“令”，受郡守的监督。县下有乡，乡下还有亭、里，亭有“亭长”，里有“里正”，是基层的吏。

> 行政，泛指各种管理工作。国家管理工作又可称为国家行政工作，是国家权力的一个组成部分。国家行政管理，专指国家行政机构的组织管理活动。

汉唐期间，基本上沿袭秦制，只是对一些关键的官制做一些增减，使中国古代的官僚体制更趋完善，更富职能性。这种体制定型于隋唐，其基本模式是“三公九卿”的变形——“三省六部制”（见图3－1）。

唐朝不设宰相，宰相职责由三省（中书、尚书、门下）共同承担，中书省、门下省行使上传下达之职，包括议政、草拟和审核诏书等；尚书省直接管辖六个国家职能管理部门（吏部：管理官员；户部：管理国家人口及赋税；礼部：管理国家礼仪秩序；兵部：管理军队军工；刑部：相当于国家法院；工部：管理国家基础建设）。御史台是

① 夏曾佑．中国古代史［M］．北京：生活·读书·新知三联书店，1955：183.

② 夏曾佑．中国古代史［M］．北京：生活·读书·新知三联书店，1955：232.

③ 王亚南．中国官僚政治研究［M］．北京：中国社会科学出版社，1981：65.

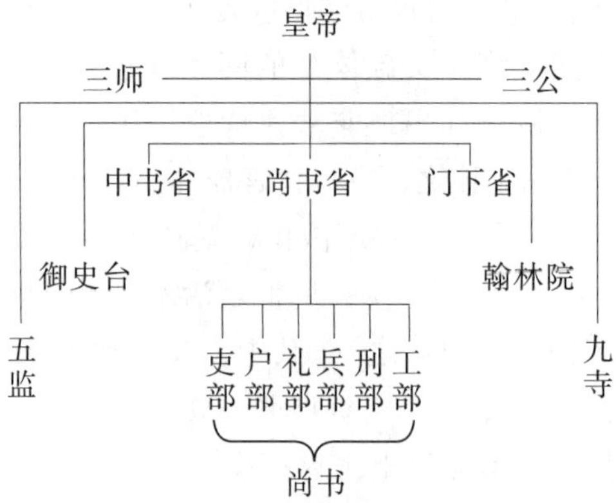

图3－1　三省六部制

监察机构，下设台院（监察中央级官僚）、殿院（监察国家礼仪，理论上包括皇帝）和察院（监察地方官）；与御史台平行的翰林院是皇帝的文学侍从和秘书机构。五监是宫廷内机构，由太监掌管；九寺相当于秦的九卿；三师（太师、太傅、太保）和三公均不是实职，只作为优礼大臣的崇高爵位。唐朝地方设州、县两级，州之上设道为监察区，全国有15道。边远地区设都护府，派节度使统领。

宋元两代只设中书省行使宰相之职，门下、尚书二省逐渐废置，另设枢密院掌管军事。于是，"三省"变成"二府"。明清两代没有中书省和丞相职，只提高六部的职权，让其直接对皇帝负责，另以翰林院和部院大臣为大学士和学士组成"内阁"，协助皇帝办理文秘公务。清代还设有军机处，由军机大臣在皇帝的寝宫养心殿外的值班房轮流值班，随时等待皇帝的召见。内阁学士和军机大臣无任何实权，只是回答皇帝的咨询和为皇帝做参谋的智囊机构。

可见，中国古代官僚体制中的国家行政管理机构，开始于秦朝，完善于唐朝。宋朝以后，古代君主专制官僚体制的特征充分显现出来，法治的内涵反而被削弱，国家管理政治出现倒退。

（二）确定官吏选拔制度以取代"任人唯亲"式的管理方式

官僚体制先进于贵族体制的突出表现之一，是废除"亲戚"治国，即贵族嫡子相传的世卿世禄，改为以才能选官，而且官职不能世袭——官员经由选拔程序任职，为任一方，领取国家俸禄，辞官即止。秦朝建立官僚体制，本身是有实践经验的。早在秦统一之前，"秦之列王，强半皆用客卿为相，任人唯能唯贤"，这对"任人唯亲"、世卿世禄的贵族政治是一种沉重的打击，并"开了官僚政治的先声"①。

秦朝直至隋朝，相沿有三种主要的举（选拔）官方法：一是荐举，由有影响的官

① 王亚南．中国官僚政治研究［M］．北京：中国社会科学出版社，1981：56.

吏向皇帝推荐；二是辟除，中央和地方高级官吏（中央的三公，地方的郡守）均可自行征聘僚属，朝廷予以认可（汉代续延为制度）；三是征召，士有盛名的，皇帝可征召拔用。[①] 汉代选官主要是“察举制”，即由郡国从所属吏民中荐举“孝廉”（符合封建伦理孝道的人），由丞相、列侯、刺史、守相等推举“贤良文学”（有德行、文采、才学和有能力）者，经考核后任官。魏晋南北朝通行“九品中正制”（又叫“九品官人法”），由中央政府选择“贤有识鉴”的官员（“中正”官），负责察访地方士人，依家世、才能、德行分成九个等级——九品，列成表上报中央，以备国家量才录用。中国古代以九品为主列的官职等级从此开始。

从秦至南北朝的举官制，基本上没有固定的考察方法，推荐往往带有很强的随意性和个人的感情色彩。尤其是在西晋，当“中正”的官人都是士族出身，选拔官吏也仅以家世来考虑，造成官场“上品无寒门，下品无士族”的局面，普通贫民则根本没有做官的机会。

与上述以保送制选官不同的是从隋朝开始的考试甄别选官制度。隋朝废除“九品中正制”，由朝廷设立进士科考试，用公开考试的办法甄别选用官吏，首开平等竞争、择优录取的选官制度。这种行之有效的办法为唐朝继承，更名为“科举制”。科举制含有“开科举士”的意思，即开设“常科”和“制科”两大类项目，其中常科内含并列的五十多门科目，考生按需选择一门科目参加考试，考中称“及第”，当时最时尚的是选拔准官员的进士科，投考者趋之若鹜。至明清，科举制完善为三级考试：乡试（秋闱），考中者称“举人”“孝廉”；会试（春闱），考中者称“贡生”“明经”；殿试，由皇帝亲自主持，录取分三甲，一甲取三名，赐“进士及第”，分别称“状元”（第一名），“榜眼”（第二名）和“探花”（第三名），二甲赐“进士出身”，三甲赐“同进士出身”，等等。

科举制度，即中国隋朝以后各朝代设科考试选拔官吏的制度，由其“开科取士”而得名。

唐代进士及第者便有了做官的资格，一旦入仕，升迁非常快，“大者登台阁，小者任州县”。中唐以后，宰相（“三省”的首脑）基本上是进士出身。明清两代一甲三名均可进翰林院，这意味着具备了储相的名分；明朝英宗之后，更是非翰林不入内阁。除此外，一些监生（以贡生资格进国子监学习深造者）、举人均可以按不同情况被授予一定的官职，即使是出自地方庠序（学校），未登科取中的秀才也可以被聘为各级长官的幕僚。

① 王亚南．中国官僚政治研究［M］．北京：中国社会科学出版社，1981：66.

科举制的产生标志着中国古代官僚体制已经制度化，整个国家政治被纳入了较为规范化的行政轨道。而且由于科举制采取的是公开考试甄别、择优录取的办法，原则上每一个人都有入仕的机会，这是古代社会政治的一大进步。1905 年，由于学校制度的发展以及其他社会原因，科举制退出历史舞台。

（三）制定律法，以法治国

春秋后期的《黄帝四经》，开篇明义对“法”进行定义：“道生法。法者，引得失以绳，而明曲直者（也）。故执道者，生法而弗敢犯（也）。法立而弗敢废（也）。故能自引以绳，然后见知天下，而不惑矣。”（《黄帝四经·经法·道法》）在《黄帝四经·经法·名理》中又说：“是非有分，以法断之。虚静谨听，以法为符。”这也说明，《黄帝四经》的写作时代，人们对“法”的认识是比较全面的，已经接触到“法”的深层层面——对“法”性质的认识：“有法必依”，指的是法的权威性质；“法立不废”，指的是法的有恒性质；“以法断之”，指的是法的执行性质；“以法为符”，指的是法的标准（统一）性质。

“以法治国”思想的体系化和理论化，最早来自于先秦时期的法家学派。以商鞅、吴起、韩非等重“法”一派的法家学者（习惯称为“三晋法家”），将建立“法治”看成是治国安邦的根本策略，特别强调“法”是通过文字来记载和保存规约和制度，作为全社会的行为准绳和赏罚依据，即我们现在所说的“成文法”：“法者，编著之图籍，设之于官府，而布之于百姓者也。”（《韩非子·难三》）“以法治国，则举措而已”（《管子·明法》），具体地说，是制定（“举”）法律来规范（“措”）民众；一旦“法”被制定出来，就应该“不别亲疏，不殊贵贱，一断于法”（司马谈《论六家要旨》），“信赏必罚，以辅礼制”（《汉书·艺文志·诸子略》）；“法”能被执行，需要有官制来支持，即“以法为教”，“以吏为师”（以法治思想来教育人民，由懂法执法的官吏来判断是与非）（《韩非子·五蠹》）。但是，“三晋法家”强调依靠严刑峻法来治民，很难长久得人心。被称为“齐地法家”的管子则不同，他主张在推行法治的同时，也应该重视礼义教化，礼法并用以争取民心。从先秦有关“以法治国”的全方位思考和精彩辩论中，我们看到，中国古代出现早熟的“法治”体制，是有其生长土壤的。

最早将法治思想付诸立法实践的是战国时期的李悝，他“权次诸国法”，对各国的法治理念进行比较和权衡，编成《法经》。这部法典被现代法学界公认为中国第一部比较系统的治国法典，其内容分为《盗法》《贼法》《囚法》《捕法》《杂法》《具法》等六篇，可惜原文已亡佚。《法经》的颁布，标志着法家作为学派开始活跃于政治舞台，并对日后的国家管理产生重大影响。

秦建朝后，秉承“以法为教”“以吏为师”的治国思想，崇尚法治，特意修订、补充曾在秦国施行的李悝《法经》，颁布全国，作为通行的法律，后人称之为“秦律”。秦律既严密又完备，以至各个方面“皆有法式”，如政治、军事、农业手工业生产、市场管理、货币流通、交通运输、案件审理、诉讼程序等。汉代时，虽说“汉承秦制”，但也有一个从革秦严酷繁杂之弊而崇尚宽简的《九章律》至其他汉律的增补过程。至汉武帝时，汉律律法日繁，“律令凡三百五十九章，大辟四百九条，千八百八十二事，死罪决事比万三千四百七十二事”（《汉书·刑法志》）。除了内容的充实，汉律也在形式上建立起相互补充相互制约的体系——“律、令、科、比”。律，为法律律条；令，为皇帝颁发的诏令；科，为法律适用；比，为案例类推。近代严复曾说：“三代以还，汉律最具，吾国之有汉律，犹欧洲之有罗马律也。”（《法意·卷六案语》）以后，各个朝代基本上都制定了当朝通用的律法，甚至一些律法还突破朝代的界限，延传几百年甚至上千年。其中，从国家管理的角度来看，最值得一提的是唐朝的法律。唐律除了编订法律条文，还对这些条文进行详尽的法律解释，称为《律疏》（元代以后，多称为《唐律疏议》）。《律疏》全是官修，以使其更具权威性。唐玄宗时，还编定了《唐六典》，其重要性就在于这是一部有关官制的法典，被后人誉为中国最早的“行政法典”。至此，唐律成为中国古代“以法治国”成熟的标志，在中国政治史上具有重要地位，对近现代各国法治的发生发展也产生很大的影响。

“以法治国”，除了通过法律的“举措”建立国家管理机器和国家权威外，更重要的是通过“律法”“法典”的形式，确定官僚体制的合法性和有恒性。秦汉及其以后，各朝代的“法典”和“律法”多多少少会包含行政管理、官吏任免等项目，从中可见以制度确定国家行政管理的程序，有以下三个主要表现。

（1）确定行政机构设置制度，对国家和社会进行统一管理。无论国有多大，划分为多少地方，都要纳入国家管理的轨道，这是“法治”管理的统一性特征。法治，首先需要国家统治者和支持者在意识形态上突破狭隘的地域观：“以家为乡，乡不可为也；以乡为国，国不可为也；以国为天下，天下不可为也。以家为家，以乡为乡，以国为国，以天下为天下。毋曰不同姓，远者不听；毋曰不同乡，远者不行；毋曰不同国，远者不从。如地如天，何私何亲？如月如日，唯君之节。”（《管子·牧民》）古代行政官员的流动性很大，任官不限乡里和地域，以管理需要为先。行政机构设置制度的出现，将国家放入管理体系里，任官首先考虑的是官吏的才能、政绩和管理需要等等，从某种意义上说，这是对夏商西周贵族政体造就的狭隘宗法管理观念的一种突破。另一方面，秦汉开始将国家行政管理机构分为中央级和地方级，以后的历代皇朝均沿袭之，使正规的行政组织设置逐渐制度化、科层化，最大限度地提高了古代国家管理的效率，保证国家机器的正常运转。

中国在秦朝以后建立的官僚体制，不啻发生在古代世界政治管理中的一场“革命”。正是这场前无古人的革命，不仅给汉唐带来发展的最辉煌时期，还将国家机器引向有序运转。秦以后的两千年里，中国正式或非正式的皇帝，少说也有200人左右，但除了开国皇帝和中兴皇帝外，大多数是平庸无能之辈，甚至有皇帝长期耽于奢靡玩乐而不理朝政。然而，汉代及其以后，中国却出现不少“长寿帝国”：两汉

426年、唐代289年、两宋319年、明代276年、清代295年。即使是一些薄祚朝代，依然也有经济文化的发展繁荣时期。究其原因，正是官僚行政组织日常化、制度化的管理功能发挥作用，按部就班地行使和执行国家和社会的管理程序，保证国家机器的正常运转。

（2）确定官吏管理制度。官僚体制的设置，必然带来官吏队伍过于庞大、官吏尸位素餐、官员贪污枉法等现实问题："今人君左右，出则为势重而收利于民，入则比周而蔽恶于君。内间主之情以告外，外内为重，诸臣百吏以为富。吏不诛则乱法，诛之则君不安。据而有之，此亦国之社鼠也。"（《韩非子·外储说右上》）正是在管理官吏的过程中，官吏管理制度日渐完备，几乎每个朝代都有选官、任用、提拔、考核、奖惩、弹劾、薪俸、抚恤等一套制度，甚至官员的休假、退休（"致仕"）、档案保管都有相应的规章制度，成为古代人事行政制度的典范。①

（3）确定官吏职责制度。从官僚体系内权责的划分来看，中国古代行政机构的设置是相当合理的，组织层次分明，分职定位，各司其职，权责有别，高层牵一发全国即可动其身。最突出的是唐朝设有"内阁"（即"三省"的领导人，均行使丞相的职权），作为皇帝的副手，可以代表皇帝处理一切日常政务："举凡国家政事决策，官员任免，丞相皆有完整权力，甚至在皇帝的诏令不对时，有权封驳诏书，不去执行，带有一种对绝对君权的制衡作用。"② 此外，监察机关（御史、御史台）作为对各层官僚的监督也是必不可少的。

除了官员职责的内容之外，中国古代对官员职责的范围也有很详尽的制度规定。韩非子曾经说："明主治吏不治民。"（《韩非子·外储说右下》）英明的统治者只需管理好国家高层官员，高层官员管理中层官员，中层官员管理基层官员，基层官员直接管理民众。现代管理学认为韩非子的这句话是符合管理的放大原理的。韩非子又说，高层管理者的职责范围就是"摇木之本""引网之纲"："救火者，吏操壶走火，则一人之用也；操鞭使人，则役万夫。"（《韩非子·外储说右下》）高层管理者不应将自己视为普通的救火者，而应该指挥千军万马一起去灭火。西汉宣帝时，丞相丙吉曾驾车出巡，途中见有人聚众斗殴，死伤者横卧道路。丙吉未予理会，驱车继续前行。又见一人赶牛行走，那牛吐舌喘气，貌似辛苦。丙吉立即下车，询问赶牛人，牛为何如此这般？随行官员不以为然，认为丙吉只问牛喘而不问横道死人。丙吉说，当地人斗殴、横道死人，自有地方官去管；现牛走不远就喘得厉害，表明时令不和，这是影响全年收成和人民生计的国家大事，我作为丞相当然要管："宰相不亲小事，非所当于道路问也。……三公典（负责）调和阴阳，职（所）当忧，是以问之。"（《汉书·魏相丙吉

① 有关中国古代人事行政制度的具体规定，详见赵沛．中国古代行政制度［M］．天津：南开大学出版社，2008：111-163．

② 李中华．中国文化概论［M］．北京：中国文化书院，1987：49．

传》）这就是著名典故《丙吉问牛》的出处。可见，在古代国家组织结构中，中国的官僚体制已相当完备，这在整个古代世界是十分罕见的。

知识拓展：刘邵从人的个性特征谈官吏任用

三国时期魏国哲学家、思想家刘邵撰写著作《人物志》，将人的个性分为12种，并提出这些个性各有优缺点，在官吏任用时，不仅要掌握个性的特征，更应懂得用人之长短，方才可以察才得当，避免因用人不当而带来的损失。《人物志》曾被美国心理学研究者翻译，得到国外心理学界的高度评价。有中国学者将刘邵的个性特征及其应用编成下表：

个性类型	个性的优缺点	如何扬长避短
强毅之人	历直刚毅，材在矫正，失在激讦	可与立法，难与入微
柔顺之人	柔顺安恕，每在宽容，失在少决	可与循常，难与权疑
雄悍之人	雄悍杰健，任在胆烈，失在多忌	可与涉难，难与居约
惧慎之人	精良畏惧，善在恭谨，失在多疑	可与保全，难与立节
凌楷之人	强楷坚劲，用在桢干，失在专固	可与持正，难与附众
辩博之人	论辩理绎，能在释结，失在流宕	可与泛序，难与立约
弘普之人	普博周给，弘在覆裕，失在溷浊	可与抚众，难与厉俗
狷介之人	清介廉洁，节在俭固，失在拘扃	可与守节，难与变通
休动之人	休动磊落，业在攀跻，失在疏越	可以进趋，难与持后
沉静之人	沉静机密，精在玄微，失在迟缓	可以深虑，难与捷速
朴露之人	朴露劲尽，质在中诚，失在不微	可与立信，难与消息
韬谲之人	多智韬情，权在谲略，失在依违	可与谠善，难与矫违

（采摘自徐光太，张和敬：《一部弥足珍贵的人才心理学专著》，载《安徽师大学报（哲学社会科学版）》1988年第3期，第76页。）

二、君操其柄：古代官僚政治的性质

战国主张君主权术的法家人物申不害曾谈到君主与官吏的关系：“明君如身，臣如手；君若号，臣如响。君设其本，臣操其末；君治其要，臣行其详；君操其柄，臣事其常。”（《群书治要》第三十六卷引《申子·大体篇》）这段话用在现代官僚科层制上，可以概括成：国家最高行政领导人的职责在于高屋建瓴，制定管理政策和战略，各层官员的职责则是具体执行和落实相关的政策和法令；但是，其用在古代官僚体制上，便演变成只突出“君操其柄”的皇权思想。问题的症结就在于官僚体制的性质不同：古代的官僚体制首先是维护君主统治的，即“君主至上”；现代的官僚体制，从理论上说，是维护人民的根本利益，保障人权的，故而“法治至上”。中国古代法治之路可谓印证了“靡不有初，鲜克有终”（引用《诗经·大雅·荡》句）这条古老的定律，正是古代官僚体制的性质特征造成世界最早熟的法治政治的衰退。

中国古代法治政治开始于秦，至唐已臻于完备，但至宋明两代开始，虽说形态和技术上还保持法治形式，实质上已重新回到“人治”政治的老路。

（一）君主的双重身份导致皇帝专权

在中国古代行政管理机构里，君主的身份很特殊：作为皇帝，他是国家最高权威的象征，同时，作为国家元首，又执掌着国家行政机构中的最高权力。国家权威和国家权力集于一身的双重身份，再加上君主执政的终身制和世袭制，以至君主可以利用至高无上的权力，而且有时间有机会，在任期内不动声色地更改国家法律，令国家为其所用。本来，中国古代至唐朝时已建立完备的官僚体制，但完整的官僚组织却只服务于以皇帝为首的等级秩序，以实现“皇权至上”为最终目的。最典型的表现，是体制中皇帝的控制和调节职能、最高政务机构的依附性、监察机构职责重心偏移和地方执行机构的组织弱化。

（1）皇帝的控制和调节职能。皇帝本是超越国家职能机构的一种精神体现。但在中国政治体系中，皇帝实际上是官僚组织中的一个特殊角色。君权的这种特殊地位，从理论上说，使皇帝的权力被置于传统政治的范围之内，不可能无限扩张①，整个官僚体制的举废也不依皇帝个人的意志为转移。但事实上，皇帝可以利用自己的特殊身份操纵官僚体制这部国家机器，以至高无上的权威调节政府各部门的关系。当体制的发展不符合“君尊臣卑”的传统要求时，皇帝便会对这部机器做一次内部调整。其结果是强化了整个官僚体制的内部制约，强化了皇帝的控制职能，却削弱了政府各部门的独立性。唐中期以后，官制趋于完善，但各职能机构叠床架屋，官僚队伍越来越庞大，冗官冗员越来越多，这与体制内过分注重牵制不无关系。

（2）最高政务机构的依附性。依一般常识，宰相及其整个最高政务机构参与议政和决策，在实施决策时有相应的自主权。秦汉的“三公”尚还有一点这样的权力，唐时却通过三省共为宰相，甚至以其他众多三品官兼职（加“同中书门下三品”或“同中书门下平章事”衔）宰相来分散相权（《新唐书·百官志》）。宋朝的宰相（中书省）连议政拟诏之权也没有，只能根据皇帝之意具体拟旨，此后君权日长，相权日衰，终至宰相制度消亡。明清时皇帝自为宰相，大权独揽，出现皇帝独裁制度，作为最高政

① 唐玄宗时人李华在《中书政事堂记》中记：“政事堂者，君不可以枉道于天，反道于地，覆道于社稷，无道于黎元（即人民）。”——《全唐文》卷三一六

务机构的内阁和军机处成为依附性的机构。其结果是国家决策的内容和对调节信息的取舍，甚至整个国家的命运只能取决于皇帝一人是开明抑或昏愦。又由于皇权的排他性，造成皇帝只相信身边的嬖幸佞兑，以至两千年的官僚体制仍不能阻止外戚、宦官的专权。

（3）监察机构职责的重心偏移。监察机构包括御史台、都察院等，其本身的职责是“监察百官”。唐朝时监察机构明确其职责为“掌以刑法典章纠正百官之罪恶”（《新唐书·百官志》），至明朝已转变为“纠劾百司，辨明冤枉，提督各道，为天子耳目风纪之司”（《明史·职官志》）。这就是说，监察的重心已从以法为准绳转移为以皇帝的利益为先。

（4）地方执行机构组织的弱化。无论是秦汉、唐宋抑或明清，县以下的机构基本上是单链式辖理，每一个管理层的所有权力几乎集中于一人，如明代各县，有知县一人、县丞一人、主簿一人，其属有典史等，组织力量异常薄弱，知县自然拥有较大的权力。这种现象必然造成职权泛化和管理行为窄化的矛盾，甚至在权力不逮的地方，只能依靠地方豪强和宗族势力。因此，古代尽管有完整和庞大的官僚组织，却不能利用组织制约割据、豪势和土地兼并的趋势。同时，这样的形式是贪官污吏滋生的温床，以至黎民百姓唯一的指望便是出现某个“清官”。从秦朝开始，中央机构一直在不断完善，地方机构却一直做着同式政治形态的重复，这从侧面说明古代官僚政治的重心在于强化君权，而非民利民本。

正是利用皇帝的双重身份和“皇权至上”的合法性，中国古代的皇帝一步步地将古代法治重新引向人治：在汉朝，通过“多子分继财产制”，不显山不露水地削了“藩权”（地方权力）；在唐朝，通过“三省六部制”，丞相之间的互相制约削了“相权”；在宋初，赵匡胤的一番君臣间的推心置腹之余，“杯酒”释了兵权；到了明清时期，皇帝大权独揽，一人几乎身兼国家政务的全部最高官职，实现皇帝专权。可见，古代官僚体制的目标、权力、监察和执行机构都以维护“皇权至上”、君主至上的等级秩序为准则，因此，中国古代官僚体制的本质是贵族君主专制，又或者说是君主专权的官僚体制，其法治可称为“君主法治”或“封建法治”（仅依现代人用“封建”泛指古代社会的习惯而言）。这是中国古代法治政治，从宋明时代开始衰退的首要因素。

（二）与官僚体制并存的门阀政治

中国古代官僚体制相当完备，从结构、权力的分配到官吏任免都有一定的程序。但由于地主制经济对政治强烈的渗透作用，以及根深蒂固的宗族思想的制约，官僚体制并没有彻底改变社会政治的封建“人治”属性，反而通过与旧体制的结合、容纳贵族门阀势力强化了这种属性。

> 门阀，全称“门第阀阅”，指的是世代相传的贵显之家。古代世官人家常在家门外立两根柱，专门用于张贴功状。其左柱称“阀”，右柱称“阅”，唐宋后习惯将两柱叫作“乌头阀阅”，将世宦门第称为“阀阅”。

1. **官制、分封共存**

官僚体制和分封制看似势不两立，前者是非血缘结构，任官有一定期限，官职不能世袭；后者是血缘结构，领地领民可以世袭，意味着领地上的辖权可以世袭。前者是一种政治控制，下层官吏绝对服从上层官吏，只对上层负责，如此一层层向上，最高权力归于皇帝，每一个级别的官吏都有权利对下属实行控制；后者是一种血缘加经济的控制，血缘是原生控制的纽带，爵土爵禄的分配和再分配可以使君主和大领主获得对受封者的经济控制权，因此，分封制中，君主的政治权力只落实到诸侯一级，领内治理任由诸侯自行定夺。

在古代中国特殊的社会环境中，官僚制和分封制可以共存于同一个形态中。从秦汉至明清，“分封”一直伴随官制滋长，尽管唐宋以后，只能“封土”不能“建国”，但“封土”这种形式依然存在。作为在官僚政治以外，惠及统治阶级的一种补充，一些朝代除了职官品级外，另有象征贵族身份的爵位爵号系列，如清朝宗室封爵有十二个等级，功臣、外戚封爵另有九个品级：公、侯、伯（以上为超品，以下从正一品至正七品）、子、男、轻车都尉、骑都尉、云骑尉、恩骑尉等。官职不能世袭，但爵位爵号却可以世袭，这就是说，利用官僚制的中央集权对统治集团进行政治控制，利用“分封”对其进行经济制约，二者互相补充又互相牵制，这是君主专权官僚体制的一大特征。

2. **官僚门阀化**

建立在地主制经济之上的官僚体制无论是对门阀，还是对贵族都有较强的亲和力，并由此将官僚制导向贵族官僚化或官僚门阀化的状态。其途径有三：

（1）官僚与贵族结合。“分封”的继续存在，造就了一批尸位素餐的上层官僚，而“贤者在位，能者在职”的政治理想又鼓励了这种奇特行为，因此，上品“清”官无所事事，养尊处优的社会现象历朝不乏。他们尽可以利用显赫的社会经济地位扶植亲信，扩大宗族，提高门第，有的甚至可以在皇帝支持下，世袭爵位和特权，成为一批官僚贵族。如汉末吴地“公族子弟及吴四姓多出仕郡”（《三国志·朱治传》），说明上行下效，即使是地方的大贵族，也往往来自官僚。此外，魏晋由于“中正”官本身出身贵族，选官以家世为先，而一些初践国祚的皇帝也往往需要豪强贵族的支撑，于是“为政不得罪于巨室”（《晋书·王导传》），致使大批贵族以参政议政的身份，进入国家行政机构，成为贵族官僚化的典型。

（2）官僚与地主结合。官僚占有土地成为地主的现象历史上屡见不鲜。其土地来源渠道很多，如官田、庄田①、职分田、公廨田……以及利用权力巧取豪夺民田和参与土地兼并。如唐朝实行“均田制”，计口分田，每户男子可获得相应的永业田、口分田（属私田），明文规定永业田、口分田不可买卖，“诸在官侵夺私田者，一亩以下杖六十，三亩加一等，……”（《唐律疏议》第十三卷）。但违法收买田分地与永业田者不胜枚举②，明初由官家所占的官庄，其亩数几达全部民田 1/7。官僚占地成为地主，相反地主也会通过各种办法跻身官场：一方面，官僚制以地主制经济为基础；另一方面，中国的地主除经济外，还要以政治为发展的基础。互相有所求，使官僚和地主得以结合起来。官僚成为地主，就意味着有了贵族化的可能。

（3）官僚与商人结合。官僚政治较之贵族政治的分离环境，在交通、货币、税制等统一上的诸般努力，客观上都有助于商业的发展。土地自由买卖与土地租税、商业资本与商业租税等，使商人与官僚发生了利害与共的密切关系，尽管朝廷有如“令贾（商）人不得衣丝乘车，重租税以困辱之”，“市井之子孙，仍不许其仕宦为吏”之禁，但商人“因其富厚，交通王侯，力过吏执”（《汉书·食货志》）。于是，如汉武帝干脆让商人做官，起用孔仪、东郭咸阳等人经营盐铁事业。这些以盐铁生意起家的新官人，又尽量引荐同类，使“吏道益杂不选，而多贾人”（司马迁语）③。可见，商人可以做官，官可以在从商中取利，官商结合，商业资本增值，而后受土地价值的吸引，又转向土地，商人因此又成为地主。

官僚政治时代的贵族门阀与封建政治时代的贵族毕竟不同，后者世袭的特权来自分封，前者却得益于商品经济的变相发展（例如，无导致商品生产的扩大，反而促成土地兼并）。因此，秦汉以后的贵族门阀实际上与地主、商人，甚至包括高利贷者是通家，官僚门阀化意味着权和利相通，所谓“既有利权，又执民柄”（《左传·襄公二十三年》），官的影响和势力更为泛化，这是古代官本位政治文化缘起之一，也是“法律贱商人，商人已富贵矣”，历朝“抑商”却难成事实的原因。

历史之鉴提醒我们，现代法治反映和保障广大人民的权益，因此，无论有多少理由，“精英”④ 政治、“贵族”政治、“个人权威主义”均与法治社会的发展格格不入。现代法治社会的应然主体是广大人民及代表广大人民利益的群体，因此，现代法治与古代封建法治（或称“君主法治”）不同，可称为“民主法治”⑤。

---

① 李龙潜. 明清经济史［M］. 广州：广东高等教育出版社，1988：29－34.

② 傅筑夫. 中国封建社会经济史［M］. 北京：人民出版社，1981：211.

③ 王亚南. 中国官僚政治研究［M］. 北京：中国社会科学出版社，1981：114.

④ 精英：elite，在英文中有“精华、中坚分子”等含义，在英国特指上层社会的优秀杰出人物、“新贵族”，在一些国家更被视为利益集团的代表人物或掌门人。

⑤ 这里的“民主”是一个狭义的概念，在现代西方国家普遍指“多数人原则”，在当代中国则指“人民利益和权益”，与“民主政治”“民主政体”是不同的概念。

（三）人治因素对法治制度的干扰

隋唐开始的科举制，作为选拔官员的制度，在“举官”的平等意义上，是有其进步作用的。虽然，唐代科举的“温卷”[1] 风气，多少削弱了科举的平等性，但至明清科举，采用弥封糊名、誊录考卷等防弊措施，又强化了考试组织的严密性，使竞争机会均等有了相当保证。曾有人统计过 915 本从清康熙至宣统期间的殊墨考卷，在这些贡生、举人和进士中，五代之内均无功名者有 123 人，占总数 13.33%[2]。这就是说，仅从形式上看，科举制将入仕之途向社会敞开，带有平等的外形。但是在古代社会生产关系中，平等的形式往往被赋予不平等的属性：明清科考规定，只有地方庠序（相当于“学校”）培养的“秀才”才有资格参与第一级考试，但大多数秀才并非出身贫民庶人，这实际上是对科考

知识拓展：中国西周贵族政体中的国家治理结构

中国夏商周三代的国家管理属贵族政体，以西周最为典型。西周没有国家行政管理机构，君主（“天子”）管理国家依靠同一管理形态的两种形式：一是“族长治理”形式，将全国视为以天子宗族为首的庞大宗族集团，天子当然是族长，对全国实施“宗族统治”式的管理；二是“君主治理”形式，天子利用执掌宗族“公田”的习俗，掌握全国土地即国家经济命脉，以“普天之下，莫非王土”来控制贵族，以便行使“君主统治”的权力。下面的简图说明：西周天子将全国土地分成等份，分封给天子宗族的大贵族（地位显赫的直系亲属），令他们建立封国，是为“诸侯”；然后，天子又依血缘远近，分封其他亲戚为中小贵族，他们不能在自己的领地上建国，且领地逐层减少，附庸在诸侯的封国里。在经济身份上，贵族不是地主，他们只是“从天子那里领得土地”，只有土地使用权，没有所有权，称为“领主”。

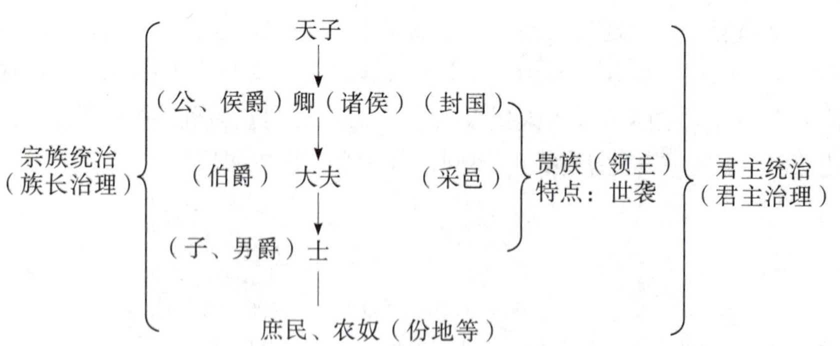

① “唐之举人，先借当世显人以姓名达之主司，然后以所业（作品）投献，逾数日又投，谓之‘温卷’。”——赵彦卫：《云麓漫钞》卷八

② 潘光旦，费孝通．科举与社会流动［J］．社会科学，1947，4（1）．

考生做了一次“过滤”，不少贫民庶人被阻挡在科考大门外，因而失去做官的资格和机会。此外，历代入仕并非只有科举一条路，尚有名目众多的恩荫、捐纳，以及公开的卖官鬻爵[①]，由此冲淡了科举制的均等竞争，加速了古代社会的官僚门阀化的发展进程。

自秦以降，两千年以来，中国古代社会的政体基本上是官僚体制，其间没有实质的变化，表明官僚制在古代社会中是一种稳态结构。由于古代社会的本质所在，贵族封建的残余一直未被肃清，反而以门阀的形式变相起着重要的作用。但门阀毕竟需以贵族制作为存在的基础，而地主制经济终难以维持贵族的长期存在，加上专制皇权的排他性和小农经济状态中的宗族的固有作用，官僚贵族或贵族官僚并不可能代代“世袭”下去。因此，“门阀”在政治社会中只是一种亚稳态结构，起到辅佐官僚体制的作用。

三、稽古右文：官僚体制与传统典籍文化

早熟的官僚体制对中国传统文化的影响是巨大的，仅从传统典籍文化的繁荣，就可以看到古代官僚体制对中国传统文化的形式带来革命性的影响。

中国传统文化有三种形式：雅文化、俗文化和典籍文化。

中国传统雅文化属于文人文化，是通过诗、文、书、画、造型艺术等形式，表达和反映文人的思想和情感的文化形式。文人“修身齐家治国平天下”的意识和对自然的认识与反思辅助雅文化成长，成为中国传统文化的主流文化之一。值得指出，中国雅文化不是“精英文化”，两者代表的对象不同：精英文化一般带有上层社会的含义，而雅文化的创造者却不一定是上层社会的人。

中国传统俗文化，又称为“通俗文化”（Popular Culture），是以社会心理、日常心态的形式存在的民间文化、下层文化。中国传统俗文化包含了农民意识和小生产者的文化心理，其形式主要有流传民间的口头传说、野史小说、民间技艺及工艺等。俗文化也不等同于“大众文化”（Mass Culture）：俗文化产生于民众的生活和心理需要，兴趣是这种文化形式创作和发展的根本来源；大众文化兴起于当代都市，是与当代大工业密切相关、以全球化的现代传媒（特别是电子传媒）为介质、大批量生产的当代文化形态。通俗地说，大众文化的创作和创新动力，主要来源于获取更多的利润。

世界各国的古代文化基本上都是两种形式——雅文化和俗文化，唯独中国的古代文化多了一种形式——传统典籍文化，而这种文化形式能够自成体系并走向繁荣，客观上正是得益于古代官僚体制的扶助。

中国传统典籍文化，是由历代流传的经典书籍组成的文化形式，是古代朝廷和官

① 周伯棣．中国财政史［M］．上海：上海人民出版社，1982：122，222.

方扶持的、服务于国家统治和管理的政治文化。

中国古代文化典籍以其卷帙之浩繁，涉及内容之丰富，体裁形式之多样而著称于世。自周秦以来，中国传世的书籍非常多，尽管由于历代天灾人祸，造成大量书籍的亡佚和毁损，但珍藏和流传下来的书籍仍是汗牛充栋。据估计，中国现存的古籍有8万多种，仅在清代乾隆年间编撰的《四库全书总目提要》（简称《四库提要》，纪昀总纂）中，就著录图书3470种、79018卷、存目6819部、94034卷[①]，清代乾隆以前，尤其是元代以前的重要古籍基本上囊括在内。卷帙如此浩博的古代典籍文献，“为亘古所无”，在世界史上也是绝无仅有的。发达的传统典籍文化是中华民族为世界文明所做出的巨大贡献。

《四库全书》将中国传统文化典籍分成甲、乙、丙、丁四部分类，排行首位的是“经部”典籍，这是中国古代图书四部分类中的第一大类，也称为“甲部”书籍。这类书籍基本上都是传世的中国社会哲学经典著作，清代《四库全书》将其分为十类：易、书、诗、礼、乐、春秋、孝经、五经总义、四书、小学。“史部”典籍是古代图书四部分类中的第二大类——“乙部”，收录的多是历史典籍。由于收录的书籍太多，这部分的书籍又细分为十三类（隋朝）或十五类（清朝），等等。在图书四部分类中，“子部”书籍排行第三——“丙部”，专门收录诸子百家和释道宗教的著作。最后是“集部”书籍，排行第四——“丁部”，主要是收集历代作家的各类文学文艺作品，《四库全书》将这些作品分为五大类：楚辞、别集、总集、诗文评和词曲。

传统典籍所涉及的内容十分广泛，既有讲述政治、军事、经济的，也有专叙典章制度、学术思想、文学艺术的，还有记载天文地理、风俗民情、交通物产，甚至连谱牒家史、轶事传说等内容也异常丰富，林林总总，无所不包。但无论是哪一类书籍，几乎都承载着治理大国的政治使命，使这种文化形式最终发展成为服务于政治文化的独立形式。

（一）稽古右文：典籍文化的核心理念

在中国古代的国家管理历程中，有两个阶段较为引人注目，一是先秦国家理念和管治理念的讨论与成熟阶段，古代国家行政制度化的政治实践，正是启蒙于这一阶段的思考结果；二是秦汉后国家行政管理进入实践阶段。早熟的行政化管理使古代国家的管理制度得以代代相传，在这些制度的维护下，大国政治结构的各种要素，最典型的如制度良俗的持续、核心理念的确立和国家治理体系的建构，都在两千年的时间里尽数演绎，对古代乃至近代普遍的政治态度、政治信仰、政治认同、政治心理、价值观念等政治文化的核心内容的定型和发展，均产生极大的影响。

作为政治文化的表现形式之一，中国传统典籍文化在记载、传播和评述时，都会

① 王树民．史部要籍解题［M］．北京：中华书局，1981：299－301．

围绕特定的政治理念，提出治国治民的核心价值观。乾隆皇帝在诏谕编修《四库全书》时写了这么一段话："朕稽古右文，聿资治理，几馀典学，日有孜孜。因思策府缥缃，载籍极博，其钜者羽翼经训，垂范方来，固足称千秋法鉴……"（《清高宗实录·卷八三六》）其中"稽古右文"一句，被众多学者解释为"考察（稽）"古人经验，"提倡（右）"利用修撰书籍的办法，兴儒尊贤。这实际上是告诉我们，修书治册的目的，就是弘扬国家管理的核心价值观。

从传统典籍来考察国家管理的效果，"德"文化的建构是中国古代比较成功的政治核心理念设置，中国君主专制官僚体制在中国古代能够长期稳定发展，正是"德"文化及其实践的结果。

分析传统典籍，我们注意到，古代政治文化中的"德"结构有两个支撑点，一个是"民惟邦本"的重民意识，一个是"德主刑辅"的管理意识。

"民惟邦本。"（《尚书·五子之歌》）"民"是国家之本，无民作为基础，君主无所立。因此，中国传统中的重民思想相当突出，形成独特的"民本"思想。"民本"包含两种认识：一种是从周代开始，民本便与"神本"分离，人的地位不断上升，终居本位之所；相反，对"神"的认识不断模糊，因此，中国传统中不具备彻底的宗教信仰。另一种是滥觞于先秦的君与民的分离：君与民不再是宗法治理中的"族长"与"族人"的关系，而是国家治理中的管理者与被管理者的关系。国家安危在于民心向背，君主要重视这一点，将本身利害放在此前提下来考虑，由此发展出"民为贵，社稷次之，君为轻"（《孟子·尽心下》），即"民贵君轻"的国家管理价值理念。这种民本认识是古代"重民"思想的主要来源。与此同时，在地主制经济为主导的时代，民是赋税的人格化和徭役的负担者，这又强化了"重民"的认识。正因为有"民惟邦本"的重民意识，才铺垫出"德主刑辅"的管理意识。

德，最初体现为一种人本。《礼记·表记》中说："殷人尚鬼。"又说："殷人尊神，率民以事神，先鬼而后礼。"殷人尚鬼事神，极其迷信，无论是贵族还是一般的庶民、奴隶，事无巨细，都要征求鬼神的意见，占卜决定吉凶之风盛行。今位于河南安阳的殷墟，曾出土了大量的龟甲兽骨，经归类，发现99%是用于占卜活动的。由于迷信鬼神，殷文化"敬鬼神而不敬人"，人处于极其低下的地位，长久必然起来造反。殷鉴不远，周代建立之后，虽不敢否定鬼神的存在，但毕竟"事鬼敬神而远之"，并从鬼神观念中分离出一种"人德"——对人的认识、对人存在意义的认识。

在先秦的政治讨论中，德作为君主"仁爱"的象征，成为政治道德的治人和治于人之道。它要求君主应具备道德条件，然后才能从事王者的事业，扩大到整个统治阶层，则要求通过主体的德性修养，在为人、待人和治人上尽力维护"礼治"社会的"和谐"秩序。在先秦经典书籍里，对德及其建构的描述，带有很明显的理想化倾向，能否实现无关紧要，重要的是利用德治来感化民心："道之以德，齐之以礼，（民）有耻且格。”（《论语·为政》）即利用道德的内约和伦理规范的外约，使民顺“善”从“良”，恪守纲常。尽管古代政治文化的“德治”受制于其政治性质，重点在于“治民”，而不在“治官”和“治政”，但由于德治及其相关概念的推广，再经过哲人从本体、人性等方面进行诠释和演绎，客观上促进了道德文化和传统的发展。

秦汉以后，中国进入政治管理中的君主法治时代，对法律制度的认识逐渐进入国家管理的视野，近代严复曾说：“三代以还，汉律最具，吾国之有汉律，犹欧洲之有罗马律也。”（《法意·卷六案语》）正因为秦朝的早亡，汉以后对“法治”的认识有了很大的不同。如果说，先秦的典籍对“法”的理解是建立在治国的具体技术上，是一种作为“霸者—智者”的施为；到秦朝灭亡后，人们才真正意识到，霸者利用权势、权术和刑律这些外在于人心的手段，犹如利用雕虫小技治理大国，尽管可以凭借武功迅速拓疆，却不可长久得到民心。只有通过“仁政于民”“保民而王”才能使民心长久归之，使“莫之能御”（《孟子·梁惠王上》），这是“王者—慧者”的品质，是被视为高于霸者的管理素质。

然而，正如孟子所说：“离娄之明，公输子之巧，不以规矩，不能成方圆；师旷之聪，不以六律，不能正五音；尧舜之道，不以仁政，不能平治天下。今有仁心仁闻而民不被其泽，不可法于后世者，不行先王之道也。故曰：徒善不足以为政，徒法不能以自行。”（《孟子·离娄上》）懂得霸者之术、智者之巧或法治规则，却不懂得道德内约的意义和治民治国的规律，再具体的巧术和法术都会因失范而失效，故而不能行之长久；相反，在自我价值与社会价值依然存在失序、冲突的社会状态里，仅仅依靠个人的自觉和道德内约而达到国家的和谐治理，也是不可能实现的。只有以法律制度作为具体参照，才可以保障国家政务的执行和落实。为此，汉代的董仲舒提出“德主刑辅”体系，实际上是将霸（智）者之道与王（慧）者之道合二为一，构成“圣人（智慧者）之道”。（见图3－2）

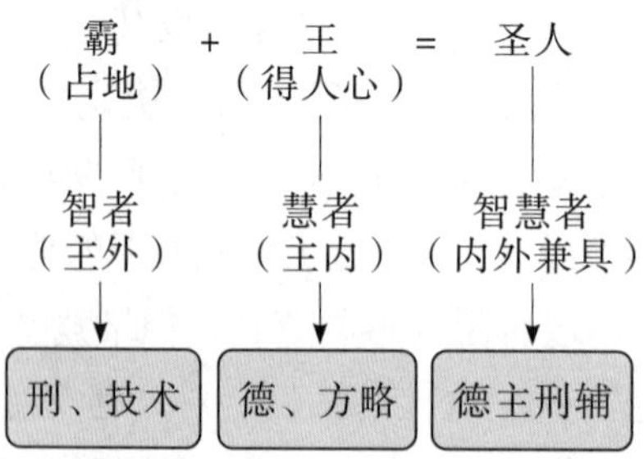

图3－2　霸道、王道与圣人之道

“德主刑辅”是一种治国理念，用现在的话说，是建构治国规律（德）与政务制度（法）为体系的治国理念，与后人所说的儒家“德治”和法家“法治”之争相去甚远。中国传统系统观中的主辅关系，并不是用来区别彼与此、是与非，也不是用来说

明孰轻孰重、孰对孰错的，而是特指系统关系中的主导特征与功能。（详见本书第五章和第十章）

利用“德主刑辅”理念建构国家管理体系，即使从现代国家的角度来看，也是合理可行的。然而，正如前文所提到的，古代“重民”意识并不包含对作为个人的民和作为类的民的权利的尊重，在古代传统中，甚至没有关于民的权利的观念与规定，因此，在重民意识的核心中，民是被动的，重民的主体是君主和圣贤，最终目的还是保持国家整体的平衡，保证君主制度的长存。因此，“德治”在古代国家进入法治管理的实践时代时，逐渐演变成帝王之德，即国家统治秩序中，居于最高地位者之德，这成为汉律强调皇权至上、法自君出的理论基础。之后，“德治”观念更是逐渐被“礼治”（建立国家等级秩序）观念所取代，国家法律演变成维护等级秩序的法律——“礼法”，即所谓“以礼入法”“礼刑一体”。“德”与“刑”原本是一对系统范畴，德对刑有制约意义，可以回答“刑律为谁服务”“刑法宽严程度”等问题。“礼”和“法”并不是一对系统范畴，它们之间只是一种自然演绎（即从一方向另一方推导）关系，在国家管理中，这种关系设置是不合理的，它使法治没有了约束或扶持，实际上就是任其盲目发展，最终导致礼和法各不从属，形成国家管理的“两张皮”现象。到宋明时代，在各类理学著作的推波助澜下，权威观在“礼治”制度的保护下，取代“德”概念，自此往后，人们看到的只是等级秩序下的权威，“德主刑辅”名存实亡：权威尊贵，法律和制度已不重要。直接危害是无论是国家管理者，还是民间社会，法治观念日渐淡漠。

中国传统典籍文化的最大特点，是依据国家体制和管理的需求，在不同时期设置不同的国家核心理念，也可称为“政治文化主题”。这给我们一个启示：政治和文化关系密切，政治为文化发展提供指导原则，文化则通过主题形式，控制人们的政治行为或激励人们的政治活动。同时，核心理念的设置是否合理也很重要：汉唐国家繁荣，来自核心理念的合理设置；明清皇帝专权，人治重归，正是在宋儒以来典籍文化的核心理念出现不当设置的背景下发生的。

（二）垂范方来：典籍治国的方法选择

中国传统典籍文化实际上有两大政治使命，一是修史，从历史中学习治国经验；二是训典，从典籍记载中寻找政治规律。修史的使命，促成史学和史学方法研究的发达；训典的使命，则成就了国学和国学方法研究的进步。

1. 修史和史学

中华民族是一个有着深刻历史意识的民族。早在周灭商后，西周统治者一再考究商灭亡的原因，要以夏、商两代作为镜子。《尚书・召诰》中有“我不可不监（鉴）于有夏，亦不可不监（鉴）于有殷”的感叹，《诗经》中也有“殷鉴不远，在夏后之世”的警句。汉代司马迁以“究天人之际，通古今之变”为己任，试图为汉代统治者找出治世的良策。对历史的重视和记载，逐渐形成“修史”的传统。

修史，最早并非特指编撰历史书籍。《尚书·多士》说：“殷先人有册有典。”这被看成是中国有重要言事记载的最早记录。中国近代学者王国维在《观堂集林·释史》中解释说：“史字从又持中，义为持书之人。”又说：“史为掌书之官，自古为要职。殷商以前，其官之尊卑虽不可知，然大小官名及职事之名多由史出，则史之位尊地要可知矣。”可见史字的本义为掌书之人，后来所掌之书也称为史，更后以所记之事也称为史。[①] 以后，管理典籍书册的人，也称史官，如“世有史官，以司典籍”（袁宏《后汉纪·班彪传》），这说明，早期提到的修史，更多的是指书籍训典的编撰和记载，而非仅为历史记载。

中国历史上第一位留名的史官是夏代的终古。《吕氏春秋·先识览》云：“夏太史令终古出其图法（用图来解说法典），执而泣之。夏桀迷惑，暴乱愈甚。太史令终古乃出奔如商。”商汤高兴地对诸侯们说：“夏王无道，暴虐百姓，穷其父兄，耻其功臣，轻其贤良，弃义听谗，众庶咸怨，守法之臣，自归于商。”以后，商朝的向挚、周朝的史佚、史伯均为后世典籍中提及的“良史”，春秋时的齐国太史、晋国董狐、汉代的司马迁等，更是名垂千古的直史（即秉史直书的史官）。周朝时的史官已有左、右之分，“动则左史书之，言则右史书之”（《礼记·玉藻》），又有“左史记言，右史记事”（《汉书·艺文志》）之说。

汉代司马迁编撰《史记》，已有了以历史为现实之鉴的浓郁味道。在魏晋南北朝300多年的时间里，中国不断出现政治动乱和战争，各朝统治者为求富国强兵之道，十分注重修史，目的是总结历史上治乱得失的经验和教训，这时候，修史中的历史记载成分凸显出来，承载的政治使命也更加鲜明。以史为治国之鉴，甚至在后世修史的过程中，成为一个重要的传统。唐朝初年设馆修史，唐太宗与魏征就在官修《隋书》中鲜明地贯彻了以史为鉴的宗旨。宋代司马光主编的通史，原名为《通志》，后神宗皇帝觉得此书所载历代君臣事迹和治国之道十分详细，又能“断之以邪正，要之于治忽”，大有鉴戒价值，乃赐名曰《资治通鉴》，从此，以鉴为名的史书接踵出现，如《通鉴纲目》《纲鉴易知录》《通鉴辑览》等。

将修史作为朝政大事来抓，不仅汉族统治者如此，就连入主中原的少数民族所建立的政权也如是。除了官修史书之外，民间还有大量的私人撰述。修史的热潮和历史记载的普及，一方面造成历史著作和历史文献频频问世，甚至形成主导中国传统典籍文化的壮观局面；另一方面使中国史学很早就独立出来，成为古代最发达的学术独立学科。西晋荀勖在整理图书时，首次将图书分为甲、乙、丙、丁四部。后来东晋李充又对其进一步修改完善，并将史书由丙部调升到乙部，使四部排列秩序为：甲部为五

① 王树民. 史部要籍解题［M］. 北京：中华书局，1981：1－2.

经之书，乙部为史记，丙部为诸子，丁部为诗赋。（直到今天，中国图书馆古籍的目录仍采用这四分法）从此，经、史分家，史学正式成为一门独立的新学科，并取得了仅次于经学的重要地位。作为独立学科，中国史学有大量的传世书籍，仅《四库全书总目提要·史部》就著录了19世纪以前中国的史书共2132部、38239卷。有丰富多样的史书体裁，更有“良史以实录直书为贵”“据史考证”“经世致用”等的治史态度和方法。

2. 训典和国学

治国的核心思想和理论能够广为流传、深入人心，作为天下言行依据的准绳，需要有两个主要载体，一是“训”，一是“典”。《国语·周语上》曾记载：周的先王不窋窜身于戎狄之间，仍“修其训典”。韦昭注云：“训，教也；典，法也。”教育、感悟和确立行为规则的方法，在中国古代很早就是通过修史、训诫、家传、师承和学校等来保存和传播的。

国学，最初指的是天子和诸侯开设的学校。早在西周时代，在天子王城和诸侯国都均设有学校，分为大学和小学，专门教授礼、乐、射、御、书、数，合称“六艺”。《礼记·王制》说：“大学在郊，天子曰辟雍，诸侯曰泮（又作‘頖’）宫。”后来，京师的官学，如国子监、太学等，一概都称为“国学”。依据国学的教育内容以及20世纪上半期学者们的讨论[①]，我们定义“国学”（也称为“国故”）为“本国的传统典籍文化及其学术学派”。清代《四库全书》收录的经典书册，本可以全部归为国学，但由于史学类别的书籍最多，且已独立为一门学科，因此，《四库全书》中的经、子、集类书籍成为国学研究的重要对象，其中包含的内容很广，有哲学、社会学、文学、法律学、军事学等传世的经典著作。

中国国学的主题是立人立言立世，在政治文化中的作用，主要是反映古代社会普遍的政治态度、政治信仰、政治认同、政治心理、价值观念，寻找古代国家的管理规律。典籍作者和批判者们鞭策当世、警醒后人的历史责任感和传载训典的政治使命感，都为中国古代政治思想和政治理论的发展做出不朽贡献（国学的内容评论和研究方法详见本书第三编）。

（三）聿资治理：典籍体系的服务倾向

中国传统典籍的体裁丰富、形式多样，并自成完整体系的特点，在古代世界是绝无仅有的。仅看清代《四库全书总目提要·史部总序》收录的史部书籍，就可分为：正史（纪传体）、编年、纪事本末、别史、杂史、诏令奏议、传说、史钞、载记、时令、地理、职官、政书、目录、史评等15类。若按现今史学的分法，中国史书也几乎囊括所有门类，如属通史的有《史记》《通志》《资治通鉴》等；属断代史

① 刘梦溪. 论国学［M］. 上海：上海人民出版社，2008：11－47.

的有《汉书》至《明史》的“正史”；属国别史的有《春秋》《国语》《三国志》；属专门史的有专叙典章制度的《通典》《文献通考》，专叙学术思想的《明儒学案》《宋元学案》，专叙家族史的《大唐氏族志》；属史学理论的有《史通》《文史通义》；等等。当今史学常用的编年体（以时间为中心的体裁）、纪传体（以人物为中心的体裁）和纪事体（以事件为中心的体裁）三大体裁在中国史书中早就出现，而且还产生三大体裁的其他形式：典制体、史论体、会要体、纲目体、学案体、图表、史注、史考，等等。

如此多样的体裁为史学家们撰写历史提供了丰富的表现形式，勾勒出中国古代史学的完整风貌。同时，由于史学提供治国之鉴的政治作用，其完备的体裁体系，实际上是从多个角度为国家政治管理的经验提供便捷的检索方法。例如，前文提到史部书籍中的通鉴类书籍尽量完整地概述古代政治的各个方面，而对古代政治的案例分析，或记载一代政典事例，“随事载录，用备劝戒”（吴兢《上〈贞观政要〉表》），则要归类为政要类、会要（会典）类书籍，其经典代表作便是唐玄宗时代的史臣吴兢编撰的《贞观政要》。

《贞观政要》对唐太宗李世民在贞观年间的政事进行了详尽记载，其对政治管理的细节论述和评价，甚至超过了新旧《唐书》《资治通鉴》和《唐会要》，许多论述，如对管理人才的重视、合理设置管理机构以提高行政效率的某些措施，以及希望国家大治和民族繁荣兴旺的崇高理想，即使用今天的眼光来看，也是宝贵的国家管理的精神财富。

除了史学书籍的分类体系外，属于国学书籍的经、子和集类，同样大量地记载和收集各类政治理论、政治评议和政治管理等的文献典章，将“聿资治理”，即“用笔”来帮助治理国家和社会的习惯保留下来。

与史学书籍一样，国学其他书籍的分类也是以国家治理为中心，结成经纬交错、关系致密的图书体系。例如，《四库全书总目提要·子部总序》就谈到各类书籍的关系：“自六经以外，立说者皆子书也。其初亦相淆，自《七略》区而列之，名品乃定；其初亦相轧，自董仲舒别而白之，醇驳乃分。……儒家尚矣。有文事者有武备，故次之以兵家，兵刑类也。唐虞无皋陶，则寇贼奸宄无所禁，必不能风动时雍，故次以法家。民，国之本也；谷，民之天也，故次以农家。本草经方，技术之事也，而生死系焉；神农黄帝，以圣人为天子，尚亲治之，故次以医家。重民事者先授时，授时本测候，测候本积数，故次以天文算法。以上六家，皆治世者所有事也。……”

总而言之，中国智慧不是凭空产生的，正是来自大量的经验感悟、经验利用、经验分析及其整合而成的规律认识，更重要的是来自对这种悟系体系的保存和传播，使其成为治理大国中表现出来的中国智慧的发展背景。从这个角度来看，传统典籍文化功不可没。中国传统典籍文化之所以称为“国学”，是因为其有文化土题，有独立的研究方法，还有将数量庞大、内容丰富的书册结成的体例体系，这在古代世界是极其罕见的，这也是一些国家的文化难以称为“国学”的原因之一。

知识拓展：中国古代“二十五史”

传统典籍的常用体裁之一是纪传体，这是以人物传记为中心，并辅以本纪等其他多种形式来记叙史事的一种史书体裁。这种体裁的典籍能比较详尽地反映各类人物的历史活动情况，又因记叙范围比较广泛，方便人们通观一个时期的历史发展状况。由于纪传体记人物以帝王将相为中心，比较符合古代统治者的需要，因此，后人将以纪传体编写而又能得到官方承认的史书称为“正史”。自汉至清，共积累了二十四部正史，史称“二十四史”。后来人们又将民国初年赵尔巽等人编撰的《清史稿》与“二十四史”放在一起，合称“二十五史”。清末民国初年，柯劭忞撰写《新元史》，有人将该书列入二十五史系列，成为二十六史。但也有现代学者认为近人编撰的正史不能列入古代正史系列，因而坚持“二十四史”之说。

二十五史一览表

书名	卷数	修撰人	书名	卷数	修撰人
《史记》	130	（汉）司马迁	《南史》	80	（唐）李延寿等
《汉书》	120	（汉）班固、班超等	《北史》	100	（唐）李延寿等
《后汉书》	130	（南朝宋）范晔	《旧唐书》	200	（后晋）刘昫
《三国志》	65	（晋）陈寿	《新唐书》	225	（宋）欧阳修等
《晋书》	130	（唐）房玄龄等	《旧五代史》	150	（宋）薛居正等
《宋书》	100	（梁）沈约	《新五代史》	74	（宋）欧阳修等
《南齐书》	59	（梁）萧子显	《宋史》	496	（元）脱脱等
《梁书》	56	（唐）姚思廉	《辽史》	116	（元）脱脱等
《陈书》	36	（唐）姚思廉	《金史》	135	（元）脱脱等
《魏书》	130	（北齐）魏收	《元史》	210	（明）宋濂等
《北齐书》	50	（唐）李百药	《明史》	332	（清）张廷玉等
《周书》	50	（唐）令狐德棻等	《清史稿》	536	（中华民国）赵尔巽等
《隋书》	85	（唐）魏征等			

思考与讨论

1. 民治、人治和法治各有什么特点?
2. 为什么说中国秦汉及其以后的古代国家政体属于“官僚政体”?
3. 试比较古代法治与现代法治的本质区别。
4. 明清以后,中国古代法治衰退的原因是什么?
5. 中国传统文化典籍包含哪些内容,有什么特色?

·参考文献·

[1] 纪宝成. 中国古代治国通论[M]. 北京:中国人民大学出版社,2006.
[2] 赵沛. 中国古代行政制度[M]. 天津:南开大学出版社,2008.
[3] 吴兢. 贞观政要全译[M]. 叶光大,李万寿,黄涤明,等译注. 贵阳:贵州人民出版社,1991.

第二编

中国传统文化的思维方式

本编以中国传统思维方式为中心探讨中国传统文化的特质。思维的本质是人脑对信息的加工处理方式，不同的族群、民族、国家的思维习惯有其偏向或倾向性，我们可以称之为民族（区域）思维方式。这些思维偏向的产生源于血源、地源、族源、学源等多种因素，与相关区域的哲学宗教、文化心理、民俗习惯交互影响。本编从经验思维、整体思维、序变思维三个维度探讨中国传统思维方式的特征。

我们认为中国传统经验思维的特点是以经验为基础，但又追求超越经验，旨在悟道，重视悟性。本编以意会体悟、虚室生白、远处观山三个例证，指出中国传统经验思维不同于西方文化中的经验世界，而是冀望通过悟道的方式将此世与彼岸、当下与永恒合而为一。

中国传统思维方式还倾向于从整体“关系”的角度探求分析问题，形成了一种希望了解构成整体中各个个体之间“关系”的习惯性思维，我们称之为“整体思维”或“辨证思维”。本编从时空关系的角度探求中国传统思维方式中整体与辨证的对立与统一，通过分析宇观思维方式、宙观思维方式，表明中国先民重视在人与人、人与自然、自然与自然之间寻找关系的规则，从而把握宇宙人生，通天人之际。

中国传统思维方式重视经权关系，所谓“经”指相对稳定的秩序，也可称之为“序”，是在相异的事物或元素中建立次第结构，使每一个体在这个结构中都有自己相应的位置。“权”指权变，所谓“五行无常胜”，序与变、经与权相对相待，是中国先民思考自然、社会、人生的核心概念。

第四章 经验思维

（悟性方法）

直觉和悟性——人类认识世界的基础

学习目标

定义：经验思维的功能；经验思维在中国文化中的表现；非知性思维方式的特点。

描述：直觉和悟性为何称为经验思维，为什么说是人类认识世界的基础。

理解：中国传统思维方式以经验思维为特点的表现。

辨别：经验思维方式的利弊。

分析：经验思维是不是低阶思维？经验思维是否可以帮助科学思维发展？

经验思维，指的是借助和运用人脑的经验、知识和方法储备，达到解决实际问题目的的思维模式。

在20世纪上半期之前，经验思维常被与科学思维对立起来并被视为人类低端的思维方式，这是对经验思维的一种误解。事实上，“科学”这一概念产生于西方民族的理解，在工业时代，因为受分析型思维方式及笛卡尔现代主义哲学的影响，科学思维常被局限于分析清晰而具体的问题及一阶演绎的逻辑推理上，从而忽略了科学的真正使命——“反映现实世界各种现象的本质和规律”。因此，西方近代工业时代产生的科学思维，应该属于“狭义”的科学思维，而宏观的科学思维，应当包括所有的反映现实世界各种现象的本质和规律的思维方式，其中也包括目前人类尚未深刻了解或有待破解的思维方式。20世纪50年代以后，科学的宏观定义已被世界学者广泛确认。科学作为一种知识体系，不仅有自然科学，也包含了社会科学和思维科学。以此推论，宏观的科学思维体系应当穷尽研究的空间，将在人类解决问题中居于举足轻重的地位，目前仍未被完全认识的经验思维也囊括其中。

与专门探索自然现象及其本质的科学思维不同，经验思维更多的是用在对人群、对人事物的复杂关系的认识及管理上。唯此，经验思维成为整个古代世界认识世界的基础，无论东方民族还是西方民族。即使在今天，经验思维依然在世界各处大行其道。例如，在现代西方管理学界，经验思维被研究得较为充分并得到普遍使用，甚至有学者主张突破传统西方的管理理论和行为科学理论，通过分析和研究个别情况下成功与失败的管理案例、管理人员解决特定问题的办法和跨国企业文化差异表现出来的思维方式来研究和总结经验，以便指导更为广泛的管理工作。现代西方有关经验思维的研究是建立在企业发展的实际需要之上，相关的研究学者和实践者被称为“案例学派”或“管理经验学派”。

一、意会体悟：经验思维的功能

经验思维主要包含两种层次的思维：直觉思维和悟性思维。

对于什么是直觉这个问题，目前为止，仍然没有一个统一的认识，有人将其称为“第六感觉”，有人将其看成是一种本能……直觉被抹上了一层神秘的色彩。但无论我们如何理解直觉，如何将其神秘化，直觉依然在不断地造访我们每一个人。许多人都会这样说：“凭着直觉，我知道他做这事儿一定不会成功。”“我有直觉，他一定会等在那里”……英国和美国的学者研究发现，约有九成的管理人员在人事任用或做重大商业决策时，会运用直觉，其中三分之二的人认为直觉有助于自己做出较为准确或合理的决定。麦当劳连锁店创始人雷·克拉克表示，在 1960 年，他是在直觉的指引下，不顾律师的反对，毅然贷款 270 万美元买断麦当劳连锁店的所有权。然而，尽管每个人都有成功运用直觉的体验，但若问起究竟什么是直觉，谁都说不清楚——这就是直觉！正如晋代诗人陶渊明所说：“此中有真意，欲辨已忘言。”（《饮酒·其五》）

现代心理学已确认，直觉不是感觉，更不是本能。直觉是人的大脑皮层下的神经系统复杂工作的结果，也就是说，直觉是人的心理活动过程，而感觉更多的属于人的生理反应。心理学将人的认识过程分为四个阶段：感知—表象—思维—想象。如果说，感知和表象只是获取认知材料，储存、提取和再认信息，并对事物做出的一种直接、粗浅和表面的认识，那么，直觉已属于人类认识的较高层次——思维。

什么是直觉？直觉是如何产生的？

在思考问题和解决问题的过程中，我们的头脑里常会出现针对这一问题的某种直接的、大致的想法。有的想法的出现甚至连自己都感到吃惊：我怎么会有这种念头？只是这些想法太笼统，不精确，连自己都不知从何说起。这种想法就是直觉。

> 直觉（intuition），是指不受某种固定的线性的逻辑规则约束而直接领悟事物本质的一种思维形式。直觉来自于个人以往的经验、知识甚至方法的积累和重组，以及个人自己所受过的思维训练。由于直觉具有迅捷性和直接性的特点，具有快速解决问题的功效，因此，直觉常又被称为“灵感”“灵感思维”。
>
> 悟性，是一种高层次的直觉，是人类一种深刻理解事物内在联系的较高的思维领悟能力。有的学者将“悟性”称为“顿悟”“顿悟思维”。

直觉的出现，不是来自于“神赐”或“神助”，而是来自于个人大脑不断地通过有意识记（记忆）和无意识记积累经历、经验和知识，并进行结构性储备及有效利用。一个事业有成，在自己的专业领域里灵感频发却从来没有接触过诗歌的物理学家，不可能产生写朦胧诗的灵感；一个专业素质高却从没有走出过校门，没有在复杂的社会环境里磨砺过的年轻人，也不可能瞬间对突发性群体冲突事件做出有效的判断及应急处理；一个自认直觉很准的中年人，面对从未学习和实操过的股市发展趋势，同样不可能做出较为准确的直觉判断。正是这个原因，从思考问题和解决问题的角度进行分类，我们将直觉思维称为经验思维。

现代心理学研究的成果告诉我们，1 岁的婴儿已经开始有直觉。由于缺乏经验和知识的积累，先学前期（1～3 岁）的婴儿的直觉思维水平是非常低下的，称为“直觉行动思维”。这种思维方式有两个特点：一是在行动中思维，行动停止，思维随之停止；二是思维没有特定的目的，无法预见，没有计划，犹如“跟着感觉走”，这也意味着经常面临失败。

随着经验和知识的不断积累，人的直觉思维水平不断上升。某一专业领域的科学家不仅对于自己的专业经验和知识已有丰厚的积累，而且还综合积累了大量解决问题的方法，这时，这位科学家的直觉思维水平已达到很高的层次，这种高层次的直觉，我们称为“悟性”或“悟性思维”。用通俗的语言来概括：悟性，是人类的一种深刻理解事物内在联系的较高的思维领悟能力。

直觉思维与悟性思维同属于经验思维，具有共同的特点，它们在层次上的区别更多地表现在：直觉思维主要解决认识上的“是什么”“该不该做”这类问题；悟性思维则主要进行“为什么”“如何做”的深入思考，以便指导个人的实践活动。

经验思维的优点：可以利用过去和前人积累的经验，对事物的大致方向、发展趋势和整体效果做出预见和选择，还可以通过触类旁通去认识未能接触到的事物，尤其是在科学尚未能完全反映真理的时候，经验思维作为一种科学的补充，还是很有作用的。

经验思维的缺点：太重视经验并养成习惯，以至没有经验就无法解决问题，容易被经验所局限，影响思维的创造性；此外，这种思维偏重不确定性和模糊性，常过多地使用暗示，以至难以准确地表达思想和清晰地反映事物的本质。

正是因为具备了直觉和悟性在处理问题时的迅捷性、直接性、大致而笼统的特征，经验思维就有了以下几种功能和优势。

（1）经验思维具有快速解决问题的功能。这种功能来自于直觉的迅捷性，但这种迅捷性并不是天生的、本能的，而是后天思维训练的结果。

美国卡内基梅隆大学的 H. A. 西蒙（Herbert A. Simon，1916—2001）教授与他的研究团队早在 20 世纪 70 年代，就对顶级的国际象棋手的高水平技能做了研究，发现他们中的出类拔萃者的大脑记忆，约存有 5 万份不同形式的棋谱。[①] 这么多记忆材料同时堆积在大脑里，大脑将“乱成一锅粥”！西蒙教授等的研究发现，这些顶级棋手除了有高水平的记忆外，他们的大脑还有很强的信息材料的识别灵敏度，可以在很短的时间里，对记忆材料进行快速的检索，找到合适的“经验”，并迅速形成解决问题的方案。正是超量的经验、知识和方法的积累以及大脑对经验方法的迅捷选择，加速了个人的思维过程和提高了个人的决策水平。现代心理学的研究告诉我们，经验思维水平的高低取决于个人的学习和积累，其过程有时会长达几年、十几年，甚至数十年，所谓“迷来经累劫，悟则刹那间”（惠能《坛经》）。除了积累以外，个人平时还需要培养和训练对各种信息材料的逻辑建构思维能力，诸如“信息筛选能力”——去粗糙无用取精准有效，“共性分类能力”——缩短大脑对信息的检索过程，“系统协调能力”——有效集合并调动各种思维的能力，等等。各种不同的思维能力瞬间共同作用，构成直觉和悟性的高效迅捷性。遵循“能力是做出来”的原则，有意识、有目的、有方法地进行思维培训，并且多思考多体悟多实践，这就是我们常说的“思维训练”。

（2）经验思维具有利用经验群解决问题的特性。直觉和悟性在帮助我们解决问题

① 周菲．现代决策理论的认知心理学基础［J］．复印报刊资料·B4 心理学，1997（2）．

时，常给我们一种模糊的、欲说却说不清的感觉，以至我们常常陷入难以用现有语言去概述直觉演进的整个过程和细节的困境，也就是说，对于直觉的逻辑结构及其运行过程，我们经常会不知从何说起。正因为如此，不少人对直觉和悟性抱持排斥和否定的态度，认为这种思维方式不具清晰性和科学性，属于人类低端的思维方式。

比较近代科学思维的靶向性特征，即一种方法明确用于解决同一类的问题，直觉和悟性则是用系统性、周延性的方法来解决各种不同的问题。换句话说，在思维构成上，近代科学思维（逻辑思维）“是线性的，形象思维是二维的”，而直觉和悟性“好像是三维的”①，甚至是多维的。这也说明，直觉和悟性不是人类低端的思维方式，而是一种人类尚未完全认识，却通过人类的基因遗传在大脑保存下来并不断进化的高端的思维形式。在解决复杂问题和网络性关系问题方面，直觉和悟性思维有时会更甚于近代科学思维。这是因为直觉和悟性不是依靠靶向性，而是常常用系统协调经验的方法，也就是利用经验群去处理待解问题，现代科学术语称之为“周延性（或系统性）方案解决”。我们以美国新行为主义学者斯金纳的实验（详见本节《知识拓展：斯金纳的实验与结论》）作为间接的例子来说明这一点：当我们解决一个简单问题时，我们的大脑会习惯性地直接提取以往熟悉的、有效的某个特定经验来进行应对和处理，相当于斯金纳说的“某一特定的刺激”引发了条件反射性行为；当我们解决相对复杂的问题时，大脑则会随机性地选择多种不同的经验组成经验群，共同对付面临的问题，相当于斯金纳说的“综合多种刺激”引发的操作性条件反射行为。问题是，大脑这时综合运用的是哪些经验来解决当前复杂事件，对各种信息材料的加工过程是怎样的？人类目前的认识水平无法得知！这就是直觉和悟性具有模糊性、“只能意会难以言传”的重要原因。

（3）经验思维具有解决问题的直接性功能。直觉思维和悟性思维的目的性很强，都会利用积累的知识和经验，直接针对某一问题的解决。但是，由于思维的模糊性，两种思维方式都不会清楚地告知目标的准确位置，而只是对事物的大致方向、发展趋势和整体效果做出预见，以帮助思考者进行选择。

培养良好的悟性思维，可以帮助我们通过触类旁通去认识未能接触、无法接触或不熟悉的事物或知识领域。完全不懂诗歌的物理学家，只要有人稍微给一些入门介绍和指导，他会凭着自己的专业积累很快对诗歌有所认识和领悟；尽管其解释几乎是用专业素材和词汇构成，但起码他理解了什么是诗歌——这就是触类旁通。一位政治哲学家既要有社会科学的积累，又要有自然科学的积累，才能更深刻地领悟社会发展规律，才能在方法论上有更大的认识突破。这是因为自然科学给予的方法启示，让这位

① 卢明森. 钱学森思维科学思想［M］. 北京：科学出版社，2012：50.

哲学家能够有意识而自觉地体会领悟外部世界的生灭变化，以此去推论人类社会的本质。

由于悟性思维的特性，我们在思考的过程中，常常难以清晰地展示思维过程中的每一个细节，这使悟性思维失去了被“复制”的机会，在近代科学学者的眼中也就失去了其运用的普遍意义。然而，悟性思维虽然不能帮助我们直接取得西方近代科学意义上的“成果”，但却有可能成为成果的“创造之始”。

西方近现代科学成果的取得，常常是通过科学手段将体悟得到的经验和整体思考清晰化、具体化和科学化（见图4－1）。这是一个过程：抓住直觉和悟性带来的灵感或顿悟，借助科学手段，如实证实验、量性分析、采证取样、大数据调查、数学建模等等，将原来模糊笼统的灵感变得更清晰更具体；清晰化、具体化被近代科学家称为“科学化”，而科学化的目的就是让清晰化的灵感可以被高概率地“复制”，以便更准确地反映事物的本质。这时候，灵感和悟性已转变成可以推广运用的“科学成果”。因此，悟性常常是取得科学成果的第一步。

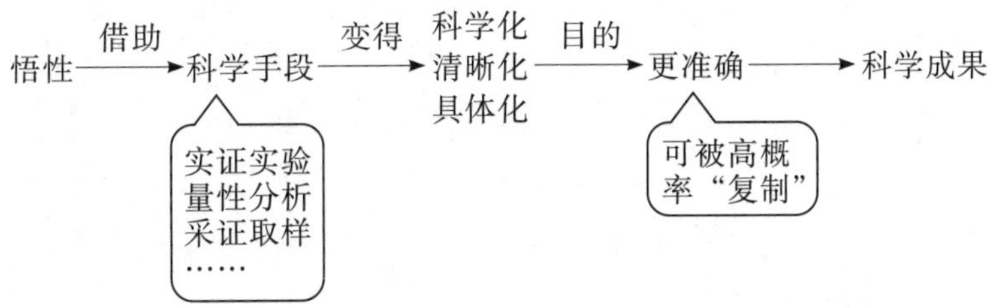

图4－1　近现代科学产生成果的途径

可见，在近现代科学尚未能完全反映真理的时候，悟性思维作为一种科学的补充，其认识作用还是很大的，有的学者甚至将悟性思维看作是科学的源泉之一。17世纪法国哲学家笛卡尔对组成直觉和悟性的经验情有独钟，他说：“我解决过的每一个问题都形成了一个模式，我以后用它来解决其他的问题。”意大利著名画家达·芬奇甚至认为：人们朝思暮想、梦寐以求的智慧乃经验之女。①

任何思维方式都有其优点，也会有缺点。经验思维的缺点在于过分重视经验并养成习惯，以至没有经验就无法解决问题，容易被经验所局限，影响思维的创造性；此外，这种思维偏重不确定性和模糊性，而且常过多地使用暗示，以至难以准确地表达思想和反映事物的本质。

① 德鲁齐宁，康托罗夫．思考·计算·决策［M］．秋同，效一，译．北京：解放军出版社，1983：226.

知识拓展：斯金纳的实验与结论

美国行为主义心理学家、新行为主义的代表人物斯金纳（Burrhus Frederic Skinner，1904—1990），曾利用操作性条件反射实验证明了动物行为强化的过程，是强化理论的奠基者之一。斯金纳曾制作了一个箱子（斯金纳箱），里面放入饥饿的白鼠。白鼠乱窜，不经意踩到箱内的特定压杆装置，似乎是对白鼠踩压杆行为的"奖励"，相应的管道流出食丸，供它取食。当这样的行为重复多次后，白鼠终于明白，只要它踩压杆，就会有吃的（奖励）。于是，为了追求这种"奖励"，白鼠便会不断地重复踩压杆的行为。在反复实验均取得相同的结果后，斯金纳得出结论：动物，包括人类，会通过后天学习和反复练习产生某些固定行为，这些行为称为"条件反射行为"。条件反射行为有两种，一是某一特定刺激引发的反射性行为，如在课堂上，学生无论在做什么，只要听到老师点自己的名字，会立即条件反射性地应答，因此，这种条件反射行为便被称为"应答行为"；二是综合多种刺激的环境引发的操作性条件反射行为，简称"操作行为"，如斯金纳箱中的白鼠，其行为是为了适应环境自动产生的。"应答行为"，有应就有答，一种特定刺激引发一种行为。然而，大多数人的行为是属于由环境引发的更为复杂的"操作行为"。操作行为由存在于环境中的多种刺激引发，由于这些刺激太多而且太复杂，我们很难确定究竟是其中的哪些刺激引发了行为。这是不同环境会使人和动物产生不同行为的原因，但也正是操作行为使人和动物具备了对环境的适应性。

——该实验详见斯金纳的著作《有机体的行为：一种实验分析》（The Behavior of Organisms：An Experimental Analysis），纽约阿普尔顿出版社 1938 年出版

二、虚室生白：经验思维在中国文化中的表现

近现代科学成果的获得，常借助于实验科学，在人为控制的条件下，利用实验室设备设置模拟情境和环境，将很长的时间和很大的空间加以浓缩，以便在很短的时间（十几年、几年、几个月，甚至几天）和很小的范围里，观察研究事物的活动并获得研究成果。古代世界的科学手段并不发达，没有实验室的模拟概念和技术，也没有更多的实验方法和实验对象可以资取，也就是说，没有更多的可以在研究中加以利用的手段，便只有观察、体验和小规模试验。所谓体验，在现代是利用人本身来做"现场实验"，实则是将现代实验室里通过模拟情境浓缩的时间和空间重新还原，以此取得实证结果。古代中国先民恰恰是依靠这种很原始的办法，动员很多人甚至几代、十几代的人来参悟一个道理，用很长的时间甚至是几百、上千年的时间来总结一个方法。比较

近现代科学成果的取得，中国古代的研究结论（成果）一般通过这样的途径来获得（见图4－2）：大量观察（包括现场调查）事物，必要时还要进行自身体验；将观察和体验得到的原始材料和经验性材料记载下来，代代积累；借助各人的悟性，对各种经验性材料和方法进行审视校验、重复修改和补充；最终获得具有普遍意义、接近事物发展规律的定律性经验。中华先民特别擅长观察和记载，这为规律的参悟和有效结论的成熟提供了便利条件：经验，许多是通过大量观察领悟出来的；记载可以使经验流传久远，也可以给其他人不断修改和补充的机会。古代中国的智慧，常被西方人视为“先知的智慧”，而这些智慧，正是来自于一代代人的领悟和积累，更重要的是承惠于人们把这些领悟记载下来。可见，在古代科学实证和科学分析手段落后的情况下，人们常常只能依靠悟性去认识未知的世界。

观察 → 记载 → 积累 → 重复修改和补充 → 结论经验（成果）
（材料性经验）　　　　　　　　（定律性经验）

图4－2　中国古代利用悟性思维寻找规律的途径

也正因为走的是这样一条很“原始”却不能说不准确的研究之路，中国古代很多的研究成果，往往是历尽时日、博采众说方才得以收获。一本古老的《易经》，从其萌芽至成书，至少历经八百年以上，也就是说，这本书不是一个人写的，是很多人“改”出来的，是很多人思考、修改、领悟出来的成果。因此，《易经》虽是宗教经书，但其中的语言简洁精湛、道理深刻隽永，成为古代至现代的许多文人必读之书。中国古老的系统论——五行观，从萌芽至终成历经上千年，而现代系统论仅用十几年时间便从实验室中论证成熟，两者的研究手段虽殊途，结论却同归——其中提到的系统关系有惊人的相似之处。即便是一人之作，也往往是集大成之作，著名的汉代医学家张仲景撰写《伤寒杂病论》十六卷，便是“勤求古训，博采众方，撰用《素问》《九卷》《八十一难》《阴阳大论》《胎胪药录》……”（张仲景《伤寒杂病论·序》），最终编撰而成。在进行社会和田野调查之余，还要在大量前人留下的材料、经验中寻找、领悟和验证规律性的真知灼见，是一项费时耗力、呕心沥血的工作，因此，中国古代的许多不朽巨著，常常是九朽一罢，以心血和时光磨砺出来的：司马迁用15年撰写《史记》；班固用20年撰写《汉书》；王充用30年撰写《论衡》；司马光用19年撰写《资治通鉴》；王祯用15年撰写《农书》；宋应星用20年撰写《天工开物》；李时珍用27年撰写《本草纲目》……再者，一些堪称学科中的扛鼎之作，如《黄帝内经》《孙子兵法》《伤寒杂病论》等，在数百年、过千年的流传中，不断被他人注疏、校评、增补，甚至假托（古代早期的著作为了能够传世，不少是假托名人之名写成），或许我们今天看到的，已不再是一人之作。以古代文人的好学善悟和厚德载物之心，这种事情的发生并不是没有可能的。

由于古代的成果很多是来自于“领悟”，来自于经验的积累和利用，于是逐渐形成中国人的思维方式。经常用直觉和悟性思考问题和解决问题，又影响了中国人的文化创造，因此，中国传统文化的方方面面都渗透着悟性思维的特点。

悟性思维在中国传统文化中的三个层次及其表现如下。

（一）各有灵苗各自探——知觉层面的一种美感（第一层次）

悟性思维这种根深蒂固的习惯代代相传，构成了中国先民认识事物的内在模式，使中国传统文化具有了一种知觉层面上的独特美感。这种美感不是一种情绪上的外在宣泄，更不是疯狂的、强迫型的、唯我独尊式的主观表达，而是一种内敛的、自省的、实然的、怡情悦性的心理状态。

中国文学与文字学的认知美感是“言简意赅”。我们看到在中国的传统文化和语言学中，无论是人情世故、人间百态、心理情志、雅俗风物、治国安邦，还是动物状态、物候演进、天地文理等，全都可以从寥寥数字的传世成语典故和方言俚语中找到合适的描述和概括，例如，“每下愈况”（庄子），“文过饰非”，“潜龙勿用”，“满招损，谦受益”，“涅而不缁”，“穷原竟委”，“大辩若纳”，“屎坑关刀”（粤方言），等等，真是数量多得“弥天亘地，不可胜言”（《三国演义》第九回）。用很少的字阐述一个深刻的道理，可能会讲得不清楚，却给人留下几分理解、领会甚至是想象和思考的余地，这也是“意会体悟”的典型表现。当然，古代世界的语言并不如近现代发达，在古人看来，语言是有限的，人类认识的事物是无限的，用有限的语言很难概括无限的事物，刻意去解释去“言传”，那么，解释出来的便不再是事物的真相。既如此，倒不如不做过多的解释，任由人们“各有灵苗各自探”（郑板桥语），凭借自己知识和经验的积累，各自保存认识和理解的空间，这就加深了中国文化的悟性。

中国传统艺术同样是充满了悟性思维的特点，尤其是在绘画书法艺术上。在传统绘画艺术中，最被文人崇尚的是可以寄情抒怀的写意画。写意画的独特之处是笔色简略，画面上常留出大片空白，令初见中国画的外国人以为是“没有画完的草稿”。而恰恰是这大片的空白，蕴藏了文人绘画的良苦用心和思维基因。概括而言，中国写意画留下大片的“空白”，重要的原因有三：“画材使然”“虚室生白”和“雾失楼台”。

1．“画材使然”

每个人都会有“意”——情绪、愿望、思想等，但这些精神层面的心理活动常常是稍纵即逝的。古老的工笔画重彩细腻，极尽写实，视感唯美，但精力和时间都花在描摹对象和背景之上，画面上很难再存有魂、神、意、魄、志的空间。只有写意画是属于意主形辅的绘画形式，它要求当情绪和思想伸张之时，画者要在很短的时间里完成画作，以便寄情意于山水人物花鸟之间。这样一来，写意画的画材就变得很简单，常常是信手拈来，随意就画，甚至出现以墨代色——利用水和墨的不同比例，化为五种不同的颜色：焦、浓、重、淡、轻。试想，水墨为主的颜色构成的绘画，如果在宣纸上被“挤”得满满的，那么，我们看到的便不是画作，而是一张黑纸。中国写意画正是利用空白来隔开对象和背景，利用空白来权衡线条和色块，利用空白来反映深远和浅近，利用空白来代表阳向和阴背。

中国画的主要材料是毛笔，写意画利用这种绘画工具，竟然将“虚白”与“实黑”相较的技法运用到极致，这个技法就是“飞白”。飞白本是书法的一种技法，创于东汉末期。“飞”是飞舞的笔触，“白”是笔画中露出的丝丝空白，以淡淡得宜之墨、轻快灵活的笔触写出气势飞舞的字，可以获得飞白的效果。[①] 崇尚空白的中国画将这种技法运用到墨竹、墨石及水墨山水、花鸟和人物画中，可于一笔之中创造明暗凹凸的盎然生气。更重要的，是“飞白”与皴、擦、刷等笔墨技法同功，都可在墨线、白线的断续、流转、延绵以及相搏、相竞、相渗之中，守白抱黑，计白当黑，黑白互映互衬而显见虚实层层映发，使整个画面透出厚实和深远感，甚或散发出一种“风清骨峻”的韵味。特别是当飞白寓于“泼墨”之时，不仅黑白互济更为完满，而且体现了线面交融中，以线条统摄面块的更大效果。南宋画家梁楷的《泼墨仙人图》便是这种以独特画法使人从清透、粗阔的黑白之中，悟出简略闲洒的神逸之作。

2. **“虚室生白”**

中国现代著名书画家刘海粟先生曾说：中国画最忌“满”和“挤”，贵在意境。只有在画中留出空疏，才能显出它的厚重和洗练。[②] 中国画若被各种实相塞得满满的，便会使人感到如人马壅塞于穷闾厄巷，非但无法周旋转身，还会使人因为失去独处的私密空间而倍感局促难耐。因此，写意画画面必得有空白，以疏导窒碍之气，展示文人对自由不羁和坦荡敞亮的精神追求。用庄子的“虚室生白”——空房子会显得光亮空旷，给人一种空间感和自由感，来概括中国写意画的这种匠心所在，应该说是非常合适的。

宋代画家马远的传世画作中，有一幅《寒江独钓图》：画面正中是一叶孤舟，一老翁正俯身垂钓，舷旁细勾几笔有起有伏的淡淡墨线以示江面，其余四周不着墨迹，空旷无边。[③] 其画构图，运用大片空白，把人带入满纸江湖之中。与天水一色的空旷相对应的，却是钓翁恬静凝神的神态，让人感到他的内心一定是自信宽绰，为能驾驭这一片辽阔的水域而自豪。

3. **“雾失楼台”**

“雾失楼台”引自北宋秦观的《踏莎行·雾失楼台》，借用这句话，是为了说明这样的意境：浓雾弥漫，远处的亭台楼阁消失于茫茫白烟之中，究竟哪里有水榭哪里有台阁，每个人都可以凭着自己的悟性和爱好做无尽遐想，所谓“因心造境，以手运心”，“于天地之外，别构一种灵奇”。（方士庶《天慵庵随笔》）

---

① 伍蠡甫．中国画论研究［M］．北京：北京大学出版社，1983：73．

② 查德元．中国画的“满”和“挤”［J］．书画艺术，2001（3）．

③ 郎绍君，蔡星仪，王玉池，等．中国书画鉴赏辞典［M］．北京：中国青年出版社，1988：351．

如果说“虚室生白”是利用艺术来寄托个人的内心追求，那么，“雾失楼台”无疑已经是一种哲学思考了。

当古希腊人把“自己”当作一种“自然”来观察，把人当作一个客观的对象来做科学性研究，甚而是要将人类的身体“改造得同他改造一般自然的东西一样”（黑格尔语）的时候，古代中国人则将“自然”与人合成一体，有时甚至将自然当成人来观察，给予自然以人的情感、意象和地位，用观察社会的经验模式来观察自然。进而去构想：“地”是实体，“所以载生成之形类”，犹如人的形体，是物的“形而下”部分，可以直接感知；“天之精气”（《黄帝内经·素问·五运行大论》），犹如人的“形而上”（精神、本质、规律、方式、趋势等）部分，非得经过理性思索而不能认识，而且要接触其最深层的根本，仅凭感觉器官的接触无法得其全豹。

于是正在认识的和不能认识的自然之道，无法言说和不便言说的精神内容，在中国艺术中便以“虚”（空白）来表现。这种“雾失楼台”的艺术手法本也符合中国人含蓄的性格，况且“形而上”比之“形而下”更无法捉摸，因此，也就更具吸引力，更易成为写意的契机。

比之西方一度流行的艺术也是科学这种思潮，中国传统艺术尽力做到认识自然，但不以人的意志强行规整化，以此体现一种对待自然“为而不恃，长而不宰”（《老子·第十章》），往由天成，返朴归真的态度。这是中国传统艺术，尤其是绘画艺术以悟为思维核心的美学根本。

（二）圣人不治已病治未病——认识层面的一种视域（第二层次）

中国传统文化中许多属于哲学门类的学科，如中医学、兵法学、美学等都有一个共同的特点——建立与西方世界不同的认识体系，从人类还不能充分了解的视域去看人体、看世界、看宇宙。这种独特的认识方式，正是受到至今未被人类完全研究透彻的悟性思维方式的经年浸润。

中医是一门悟性要求很高的学科。汉代著名医生张仲景说：“夫天布五行，以运万类，人禀五常，以有五藏，经络府俞，阴阳会通，玄冥幽微，变化难极，自非才高识妙，岂能探其理致哉!”（张仲景《伤寒杂病论·序》，下同）自然与社会中的关系及其发展规律非常复杂，纵横捭阖，因人而异，因时而异，因事而异，“变化难极”，凭着人类的认识水平，至今也难以将其清晰化和科学化，更不要说由此建立普遍适用的数理公式和形式论证逻辑了。中医医生需要精通医经（中医经典著作）理法，并懂得变化运通；需要多闻博思，不仅具备经验和方法积累以及实践的能力，更重要的是善于将这些经验融会贯通。因此，要成为一名优秀的中医医生，没有很高的悟性，是难以取得成就的。正因为中医对悟性的要求很高，那些“不念思求经旨，以演其所知，各承家技，终始顺旧，省疾问病，务在口给”（译为“不想思考研求医学经典理论的原旨，以便将掌握的医学知识转化推演为实操能力，只是师承家传医技，沿袭旧传无法创新；探求病因，询问病情时，喜欢用花言巧语来糊弄病人”）的人，便只能称为“下医”，甚而“庸医”。事实上，即使是现代医学和其他分析型科学，初学者凭着兴趣、记忆力和勤奋，入门容易，但要得其学科的精要之道，悟得其中的至理明义，没有多年的经验和方法的积累，没有成熟的思考和实践，同样难成大器，至多只能成为该学科的“匠人”。

中医学科的高悟性要求，正是来自两千多年来自然医学①的进化需求。

自然医学与实证医学相对，前者多是指具有千年以上历史的民族医学，是完全遵循自然界的法则发展起来的系统医学；而后者通常指伴随近代科学发展，利用近现代科学研究的实证知识和成果，在医术医药和医学上充分利用人为的知性因素进行再创造的医学体系。中医属于发展得较为完备的自然医学，而现代西医（旧称“西洋医学”）则属于实证医学。两者不同的发展历史、人文环境和需求动力，使他们成为各具特征又可以互补互制的医学体系。表4－1简要概括了中医和现代西医的区别。

表4－1　中医与现代西医的区别

学科	学科属性	诊疗标的	诊疗重点	诊疗方向	系统辨识	思维倾向	哲学分类
现代西医	实证医学	治病	已病	实质	白箱	清晰	分析型
中医	自然医学	治人	未病	功能	黑箱	模糊	辩证型

作为在近代科学时代才独立出来的实证医学，西医是很典型的分析型学科：分工分类明确清晰，病理研究细致；靶向医药——治疗方案及药物均直指病患已发生的器质（实质）上的疾病，通俗地说，就是一种药物针对一种疾病；诊疗的前提是对病症的位置、种类、性质等先要了解清楚，方才对症下药，这种认识方法就叫作“白箱”②治病。实证医学还有一个重要特点，就是其发展完全离不开近现代科学的人为创造和实证，会经常性地借助近现代物理学、化学、生物学、生理学、心理学、统计学等学科的研究方法和研究成果来发展自己的医学、医术和医药水平。由于过于依赖人为创造的手段，实证医学有时会怀疑甚至忽略自然规律：“我们必须怀疑即使以某种程度的准确性描述了世界的特定阶段的基本规律，也不是绝对正确的。”③ 当然，这不是现代医学的问题，而是知性思维的特点。（详见本章第三部分）

中医的本质是“崇尚自然”，这里有两层含义：

---

① 祝总骧，郝金凯．针灸经络生物物理学：中国第一大发明的科学验证［M］．北京：北京出版社，1989：序7.

② 控制论理论曾提出三个属于认识论问题的概念：把未知事物或科学要去探索的未知领域称为“黑箱”，又把部分已知的事物或部分已知的科学领域称为“灰箱”，把完全已知的事物或科学领域称为白箱。——参见中国社会科学院文献情报中心．社会科学新辞典［M］．重庆：重庆出版社，1988：512.

③ 费耶阿本德．告别理性［M］．陈健，柯哲，陆明，译．南京：江苏人民出版社，2002：138.

第一层含义，是以自然界的法则为学科发展的根本之道："法于阴阳，和于术数，食饮有节，起居有常。""提挈天地，把握阴阳，呼吸精气，独立守神，肌肉若一，故能寿敝天地，无有终时。此其道生。"（《黄帝内经·素问·上古天真论》）"夫自古通天者，生于本，本于阴阳。天地之间，六合之内，其气九州九窍、五脏十二节，皆通乎天气。其生五，其气三，数犯此者，则邪气伤人，此寿命之本也。"（《黄帝内经·素问·生气通天论》）既然以自然法则为诊疗之本，中医便是将病症放在人体整个环境乃至个人的生活、工作和社会环境中进行诊治的，治病并非单纯针对生理上的疾病，还涉及与疾病相关的个人体质因素、个人心理因素、个人生活习惯和个人环境因素等。因此，与其说中医是为个人"治病"，倒不如说是为其"治人"。此外，人是自然物，人的进化与自然界密切相关，由此演绎到人的身体和社会，更应顺应四时规律："从阴阳而生，逆之则死；从之则治，逆之则乱。反顺为逆，是谓内格。是故圣人不治已病治未病，不治已乱治未乱，此之谓也。夫病已成而后药之，乱已成而后治之，譬犹渴而穿井，斗而铸锥，不亦晚乎？"（《黄帝内经·素问·四气调神大论》）

中医崇尚自然的第二层含义，指中医的发展是一个"自然而然，顺其自然"的过程，即其发展是顺应自然规律，在自然规律要求的"度"里发展，既不过分也不消极的过程。

中医有悟性思维的习惯，其处方的组合、因人而异的治病手段都带有模糊性的特点，因此，也有人质疑中医的清晰性。事实上，中医临床也有清晰之处，这就是遐迩闻名的人体经络图。我们的先民在古代科学实验手段极其落后的情况下，如何发现、实证人体经络，并清晰、准确地画出经络图，今人已无法得知。但现代科学已实证人体经络的存在①，并假定经络是一种营养物质的运载通道，但这些通道像大海的洋流，并不是封闭的。假设大海干涸了，洋流便不复存在；同样，经络只存在于活体，不存在于尸体。此外，在《国语》《周易》《左传》等书籍里，我们看到先民们也曾做出努力，利用数理公式，希望建立医学的清晰模式，如古医学曾流传的"八体说""八索说"。但他们的努力显然不成功，这样的数理模式没有流传下来，甚至连"圣人则之"的"河图洛书"也一度失传。

清晰的数理公式的亡佚，有很多原因，其中最重要的，莫过于时人眼中的"无用"！中医信奉"因病施治"和"辨证施治"的原则，清晰化和公式化，犹如一种药包治百病、包治百人一样，只会弄巧成拙，根本无法达到"治人"和"治未病"的效果。毕竟各人的病因病程和结果会因各人的生活、心态和环境而不同，施治的手法和采用的药物也因此有了很大的区别。渐渐地，中医的治病范围"自然而然"地转向功能化，"顺其自然"地依照自然界的法则，将人体看成一个整体，五脏六腑等不再被分

---

① 祝总骧，郝金凯．针灸经络生物物理学：中国第一大发明的科学验证［M］．北京：北京出版社，1989.

割成一个个单体器官，而是作为整体联动的部分，诊病治病和用药更多的是在协调人体各部分的关系功效和作用上下功夫。由于诊治最终固定在“功能”化的方向上，中医的理论方法便只遵循原则性的理论指导，如阴阳五行的关系原则，而只有数理逻辑推演的“河图”“洛书”等图式则失去其主流的指导作用，只具参考价值。中医的功能化特点还表现在术科方面，那就是更偏重以经络对象为主的针灸砭石，而没有实证科学辅助的外科手术则难以流传和普及。诊疗方向的功能化，要求“模糊”的“黑箱”治病，这又发展出中医远程的全息诊疗法——“望闻问切”。

无论是“经络治病”，还是“辨证施治”，中医对人体关系、人体与环境关系的研究，使中医成为辩证型的医学学科，也使中医成为悟性要求极高的医学学科。

（三）智者其所能接远也——精神层面的一种智慧（第三层次）

悟性思维，在精神层面上的表现，中国传统文化称之为“智”。与现代心理学将“智”解释成“智力（普遍存在于每个人身上的基本的综合能力）”不同，中国文化的“智”特指“智慧”。

现代心理学经过历代研究，已经找到将智力清晰化的途径，即通过心理测量，了解每个人的能力发展水平，而测量出来的智力比率，称为“智商”（IQ，智力水平的一种相对量数）。智商因人而异，决定了人们的基本综合能力的水平：高智商者往往被视为“聪明”的人，低智商者则往往被视为“愚蠢”的人。但是，现代心理学也告诉我们，智商的高低不能伴随人的终身！每个人的生理和心理都有个自然发展和衰退的过程，其身上表现出来的各种能力，在速度上也与人的生理和心理的发展和衰退过程成正比。表 4 - 2 反映了现代心理学对个人不同能力的平均发展水平的研究成果。

表 4 - 2　不同能力的平均发展水平

年龄	10 ~ 17	18 ~ 29	30 ~ 49	50 ~ 69	70 ~ 89
知觉	100	95	93	76	46
记忆	95	100	92	83	55
比较和判断	72	100	100	87	69
动作和反应速度	88	100	97	92	71

注：表中 100 为该项目的最高水平，其他数字是与最高水平相比较的结果。

大体上说，人类的知觉能力虽发展较早，但也是在所有能力中衰退得最早的；记忆和思维能力（比较和判断）的发展高峰期是在 18 ~ 49 岁，之后慢慢衰退。总的来看，个体的平均智力水平在 11 ~ 12 岁以前增长较慢，随后迅速发展，到 20 岁左右达到高峰，接下来是保持高峰，35 岁以后缓慢下降，60 岁以后急剧下降，直至衰亡。换句话说，人的平均智商在 20 岁后会逐渐下降，基本上是每 10 年下降 3 ~ 4 个点。尽管人类不断进行科学研究，希望更多地开发人的智力因素，延缓智商下降的速度，但始终难以改变自然发展的规律。

由此可见，智商的高低不代表个人一生的聪明与否。现代心理学进一步研究发现，现代人类在20岁前后，大多进入学习深造的阶段或进入工作实践的状态，这个时候，个人在能够测量的平均综合智力之外的智慧开始表现出来，并逐渐增加。现代心理学定义的智慧有三项指标：计划与计划实施的能力、经验积累和经验利用的能力、任何学校都不讲授的一种实际能力。

我们将现代心理学对“聪明”发展的认识进行一个概括：一个人的一生能持续取得成就，关键在于20岁之前的“智力开发”和20岁之后的“智慧培育”两个阶段。智力是开发出来的——在我们身上有多种潜能，有目的地多做、反复去做，勤能补拙，某一种能力便会尽早开发出来，或得到提升；智慧是培育出来的——智慧即是“悟性”，依靠的是持之以恒的知识、经验和方法的积累，有的指向性明确的智慧能力，如高中生的“写作能力”、研究生的“数学能力”，还有管理人员卓越的“组织能力”“沟通能力”“社会管理能力”等，一般来自10年以上的积累。心理学上将很早就开发了某种能力且超乎常人的现象叫作“早慧”，将超越了智商发展高峰期方才事业有成的人，称为“晚成”。这就告诉我们，如果人生早期没有意识到个人身上具有天赋的潜能而错过了智力开发，那就不要让自己再错过智慧培育。

现代心理学精确性和科学性的特点，使其将研究的重点放在智力开发之上，对智慧的研究则相对薄弱，常常只是停留在提出一个框架上，并没有太多的深入研究。中国传统文化则不同，十分重视智慧教育，数千年的教育和研究都是围绕认识和培育智慧进行的。人们常说的“中国智慧”就是这样形成的。

在中国古代，鉴别一个人是否拥有智慧的标准是两个字——“预见”！

《吕氏春秋·先识览·观世》中说：“智者其所能接远也，愚者其所能接近也。”这句话的意思是说，聪明的人可以深谋远虑，在一件事尚未发生或发生在很远的地方，就能预见其发生，甚至知道其性质和走势，并做出相应对策；愚蠢的人只计较眼前，以至于灾祸就在身边，还茫然不自知。相似的话还有：“愚者暗（昏暗、模糊）于成事，知者见于未萌。”（《商君书·更法》）

中国古代无论是兵法谋略家、治国谋略家，还是有成就的文人、官吏、商贾、弈者等，都很珍视“预见”功夫的养成。罗贯中的《三国演义》第八十四回有这么一段故事：诸葛亮入川之时，驱兵经过鱼腹浦这个地方，令人取石排成阵势于沙滩之上，名八阵图。此阵“反复八门，按遁甲休、生、伤、杜、景、死、惊、开。每日每时，变化无端，可比十万精兵”。敌军如误入八阵图，此阵便会变得“忽然狂风大作，一霎时，飞沙走石，遮天盖地。但见怪石嵯峨，槎枒似剑；横沙立土，重叠如山；江声浪涌，有如剑鼓之声”。诸葛亮在建此石阵之初，就预见会有一员东吴大将将陷入此阵以至无功而返。果然，十年后，吴国大将陆逊率兵追击刘备的军队，正是在鱼腹浦为八阵图所阻挡。当然，《三国演义》毕竟是一部小说，充满艺术神来之笔，但从其他历史资料的记载中，我们可以看到诸葛亮正是能预见的智者。

那么，智者如何才能做到成功预见？条件有三：

（1）智者重视积累，有丰富的才学和经验，因此而有很高的悟性。我们前面说过，悟性是一种经验群，解决一个问题，却有可能是借助多个经验的复杂组合。诸葛亮曾说：“为将而不通天文，不识地利，不知奇门，不晓阴阳，不看阵图，不明兵势，是庸才也。”（《三国演义·第四十六回》）这里所说的“天文”“地利”属于多种知识积累，“奇门”“阴阳”属于多种方法积累，“阵图”“兵势”属于多种经验积累。可见，悟性很高的智者一方面会术业有专攻，但另一方面往往也会精通多门学科，掌握多种方法，并不囿于单科独术。更重要的是，智者擅长将各种积累融会贯一，以应变通。中国古代著名的军事战略家孙子说：“涂有所不由，军有所不击，城有所不破，君有所不受。”有所不，才能有所由，有所击，有所攻，有所争，有所受。[①] 那么，在什么样的情况下才去所由、所击、所攻、所争、所受？它们的标准和限度是什么？这只能依靠悟性，因时因地和因人来把握了。

（2）智者有综观全局、把握规律的习惯。智者之所以能预见，在于他们早已养成综观全局，把握规律的习惯。这里说的“全局”“规律”，中国哲人称之为“大道”。清代思想家和文学家龚自珍说：“欲知大道，必先为史。”（龚自珍《尊史》）也就是说，我们要了解“大道”，预见未来，首先要了解过去，研究历史。未来不可知，但未来是现在的延伸，现在又是过去的延伸。我们回过头去看历史，了解历史，正是为了从已发生的现象中总结规律，帮助我们预见未来。这也告诉我们，历史是不断进化的，然而，历史进化的规律是永恒的。

2003 年，国际上发生了伊拉克战争。战争之初，全世界都在问两个问题：第一个问题，从整体国际秩序上看，美国发动伊拉克战争，对美国自己而言，最终是祸是福？第二个问题，美国当时正在清剿被称为恐怖分子的首领拉登，为何突然转向进攻伊拉克，美国发动战争的真正目的是什么？战国著名兵法家吴起的《吴子·图国》中的两段话正好解答了前面世人的问题：“夫人有耻，在大足以战，在小足以守矣。然战胜易，守胜难。故天下战国，五胜者祸，四胜者弊，三胜者霸，二胜者王，一胜者帝。是以数胜得天下者稀，以亡者众。”“凡兵之所起者有五，一曰争名，二曰争利，三曰积恶，四曰内乱，五曰因饥。……禁暴救乱曰义，恃众以伐曰强，因怒兴师曰刚，弃礼贪利曰暴，国乱人疲举事动众曰逆。五者之数，各有其道：义必以礼服，强必以谦服，刚必以辞服，暴必以诈服，逆必以权服。”至今，伊拉克战争已过去了十多年，我们看到战争的最终结局果不出吴子所料！并不是古人真的能神奇预见几百或两千年后的事件，而是吴子善于寻找战争的规律。古今中外的战争各有因果、背景、过程和特征，但是，战争的规律永远是一样的。

---

① 唐满先．孙子兵法今译［M］．南昌：江西人民出版社，1985：54．

（3）智者重视悟性思维的训练。悟性思维与线性思考的知性思维不一样，它是一种空间思维，要求在空间中搭建复杂的集成通道体系，方便人类的思考可以在确定空间的各个区间和层次中灵活流转和跳跃，所谓“变动不居，周流六虚，上下无常，刚柔相易”，因此，这种思维方式“不可为典要，唯变所适”（《周易·系辞下》）。用今天的话来解释，悟性思维更关注空间中介质的性质、关系的轨迹、环境中的变数等，而这些因素都没有固定的形式，都会依照不同的情况发生变化，因此，不能用固定的公式和“典要”来决定，至多是提出一些基本原则，来指导和约定思考的大致方向和整体秩序，也就是钱学森先生所说的，这种思维方式是利用“以定性为基础，定性定量相结合的综合集成程序来求解”①。

中国古代的文人学者基本都要阅读和研究《周易》，尤其是其中的《易经》一书，以至于“自汉、晋以至南季，除了子夏的《周易传》两卷，（为易作注的）尚有93家”（李汝珍《镜花缘》）。文人学者们“居则观其象而玩其辞，动则观其变而玩其占”（《周易·系辞上》）。这并不是说文人学者们沉迷于占卜之术而不能自拔，而是他们希望能从《易经》这部传世之作中，为寻找人事物发展的规律得到更多的启示，毕竟《易经》中包含大量对未来进行预见的方法哲理：“八卦相错。数往者顺，知来者逆，是故《易》逆数也。”（《周易·说卦传》）这段话的意思是说，《易经》通过八种互相依存、交错变化的物质之间的关系来说明事物存在的本质。我们要了解历史，既要从以往顺推至当下，还要从当下再逆推至未来，而《易经》基本上就是一部对未来进行推演的书。除此外，古代文人学者还经常通过“玩其辞”“玩其占”，实际上是对《易经》中诸卦、爻之间的象数关系进行演算、操练和摸索，并用来比照天道、地道和人道，以此对自己进行空间思维的训练。《周易·系辞下》有这样类似的记载：“古者包牺氏之王天下也，仰则观象于天，俯则观法于地，观鸟兽之文与地之宜，近取诸身，远取诸物，于是始作八卦，以通神明之德，以类万物之情。”为什么中国传统文化擅长代数运算、类比推理、整体思维，擅长联想、应变和建构？这与我们的祖先经常进行空间思维的训练和系统方法的积累有很大的关系。

三、远处观山：经验思维方式的跨文化比较

相对于动物的非理性心理，人类的思维属于理性思维。这种思维方式是伴随着人类自我意识不断成熟而发展起来，并以人类的主观能动性作为核心的一种人类精神生活习惯。

从研究的认识水平来看，我们可将理性思维细分为经验思维和知性思维两种形式。

---

① 李国菁，商宏宽. 周易象数通论：从科学角度的开拓［M］. 北京：光明日报出版社，2004：169.

两种思维方式在人类研究的目的和效果等各个方面上，是可以相互交叉的，但各自的研究方法和途径又非常明确，各有各的选择。

经验思维与知性思维的跨文化比较包括以下三个层面。

（一）经验思维方式与知性思维方式的合理性与限度

经验思维的高层形式是悟性思维，从哲学方法进行分类，属于辩证型思维。这种思维方式犹如“远处观山”——对于山形山势的整体面貌了然于胸，却不知山中事物的分布和分类。也就是说，在思考问题时，这种思维方式注重多元性、整体性、概括性地看待自然和社会，也擅长对不同类型的群体进行比较，从中找到两者或数者之间的共同点和区别。但也正因为是“远处观山”，未能深入自然和社会的内部进行部分的认识，使得这种思维方式带上了笼统性和模糊性的特点，缺乏严密而精确的分析论证。

知性思维是一种强烈的理性思维，从哲学方法进行分类，属于分析型思维。这种思维方式很像是“身在此山中”——熟悉山中事物却从未出过此山，没有在远处眺望生于斯长于斯的山形。在思考问题时，这种思维方式会尽力去深入了解事物内部的不同状态，彻查具体事物的本质，这样一来，知性思维逐渐发展出对具体事物进行严密精确的论证习惯。但也正因为是“身在此山中”，不擅长对事物进行远观性的、整体性的思考，使知性思维在空间对比和建立空间结构上，成为有缺陷的思维方式。关于知性思维，也有的学者称之为“科学思维”，但在这点上，我们是有存疑的，认为这样的定义是窄化了对科学的界定，不符合当今世界科学发展的潮流。

两种思维方式各有长处也各有短处，在解决问题时当然会各自扬长避短，发挥自己的优势。

经验思维方式注重整体性研究，喜欢对事物本性的来龙去脉进行无限性的思考，却失于对事物实质的把握和分析，因此，经验思维更重视研究事物的“功能”和“功用”，即这个事物“有什么用”。对功能的研究使得经验思维专注于时间的整合、空间的整合、经验的整合和方法的整合，只要能够解决问题，达到思考的目的，这种思维方式是不会把自己局限在对具体事物的当下状态，或个别事件的片断性的理性思考上，因此，如果能够深入地进行发掘和研究，经验思维，尤其是其中的悟性思维在发展人类智慧上是有足够优势的。

知性思维注重具体性研究和分析，却失于对事物的整体把握，因此，知性思维习惯于更多地认识和判定事物的“实质”，即这个事物“是什么”，并追根溯源地寻找物质—分子—原子—粒子……的实质性状态。中国当代科学哲学家刘大椿在他的著作《科学哲学》中，将这种思维习惯看成是一种还原论，并对这种习惯做了精彩的描述：“还原论着眼于基本元素，强调用分析的方法把对象层层剥离，从而纳入某个构造性的理论模型。”[1] 为了保证研究的精确，知性思维会大量借助人类通过理性而取得的科学、知识和技术成果，对具体事物进行分割性、量化性的分析，甚至对个体的综合能力（智力）的发展水平，也做了细致的量化研究和分类测量。这样一来，这种思维方式虽然可以让我们更清楚地看到事物的个别属性和个别性质，却也忽略了事物的内在和外在联系及其功能。

很明显，中国传统思维方式包含更多的辩证型思维的特点，近代欧美的思维方式则是一种典型的分析型思维方式，当然，如果要做更为细致的分类，分析型思维方式主要是表现在大部分的西欧国家和美国，而德国、奥地利、俄罗斯等一部分中欧东欧等民族的思维方式，我们更倾向于采用辩证型和分析型两者兼具的说法，其中的依据正在收集之中。正是思维方式在文化品格中带来的深深印记和潜在的目的性，才使中国与西方国家具有不同的文化模式。

（二）经验思维方式与知性思维方式的历史选择

人类自从进入理性思维阶段，无论是东方民族，还是西方民族，经验思维和知性思维几乎都在发展之中，但比较而言，经验思维的影响和使用率均高于知性思维。以后伴随生产活动中观察实验材料的积累和经验性思维概括的完善，人类的可判定性的、有限性的知性思维也开始被不断地认识和启用。只是由于科学在产生之初，仍然是以经验和观察活动为主，因此，那时的经验思维是与知性思维合二为一的，这使得人类的思维方式带有古代思维的特点。

经验思维的模糊性特征促使人们用概括的语言笼统地、直接地说出格言式的定律或定则，然而，概括出的往往是既具体又抽象的一般性结论。如中国和欧洲都曾经以物质元素来解释自然界的最终基质问题，中国有“五行”元素说，古希腊有“水本原”论（泰勒斯，Thales）、“火本原”论（赫拉克利特，Heraclitus），但这些元素的本质是什么？中国传统思想指向不可言说的“道”，欧洲则语焉不详，其结果是经验并没有上升概括为理论。

无论是古希腊、古罗马，还是几乎同时代的中国先秦社会，思维的方式都有如此大致相同的发展水平[2]，只是到了后来，中西的思维方式才开始出现差异。

17 世纪，西方进入工业时代，在此后的 200 多年的时间里，西方的工业生产基本上是以动力型机器为主，而当时的科学，作为一种生产力，既有来自生产的需要，又要服务于生产，由此慢慢形成以动力型机器生产为中心的思维方式。这种思维方式主要是研究我们身边看得见摸得着的“宏观世界”，思维体系的核心是牛顿力学。力学在整个近代科学中占据了统治地位，时称“科学头上的王冠”。力学注重分解（“分析”

① 刘大椿. 科学哲学［M］. 北京：人民出版社，1998：360.

② 陈新夏，郑维川，张保生. 思维学引论［M］. 长沙：湖南人民出版社，1988：440－449.

“拆零”），即将一个整体分解成一个个独立的个体，以便于精确计算；同时，为了保证精确，常会有这样的现象——几代师生穷于研究整体中的某个部分，久而久之便忽略了这“某个”部分与其他部分的关系，这种情况，我们称之为“孤立”；也是为了保证精确，力学往往只看某个片断的“当下”状态，而既不究既往，也不看其几分钟后的发展状态，这种情况，我们称之为“静止”。力学的“精确、分析、孤立、静止”的研究习惯固定下来，便成为近代西方的动力型思维方式，即动力—分析型思维方式，或直接称为“分析型思维方式”。加之近代西方社会充满了理性的活力，以科学、客观、理性和创新作为时代的精神，这种精神与工业生产发展的“姻亲”关系，将“自我”意识和“物质”观念从肇始阶段迅速推向高潮。在这样的思维氛围下，整个社会，无论是哲学还是科学，都在推崇对形式、本质、规律、权力、我思等知性特点浓厚的认识，将发展具有机械决定性特征的绝对理性看作是人类的唯一使命，而对经验、观念、被感知的客体等的认识则抱持漠视的态度，这也是我们将动力—分析型思维方式归类为知性思维的原因之一。可见，一方面，近代西方的动力—分析型思维方式对西方的工业发展起到推动作用，为西方科学和哲学的发展立下汗马功劳；另一方面，这种思维方式也给西方社会带来了认识上的局限性和排他性，限制了其科学思维的发展。19 世纪末，当人类认识的眼界从熟悉的宏观世界扩大到人类不可骤然企及的宇观世界和微观世界的时候，人们突然发现，过去形成的动力—分析型思维习惯，或称知性思维方式已经不够用了。

再看看中国的情形。秦汉以后，随着国家组织化日益严密和“家国同构”在意识形态方面的致思趋势，中国传统思维方式的视线开始从先秦百家争鸣时的多种形态收缩，孤高地流连于社会领域。经验思维和知性思维合二为一的结构随之向前者倾斜，即使是在科学思维范围内，发展的重心也有了偏向，与经验思维相关的辩证性特别发达，却忽视了另外的分析性和具体性部分。

宋代是中国技术科学兴起的时期，火药、指南针、活字印刷相继被发明，医药、农技、航海、造船、建筑、兵器、工艺等达到了前所未有的高度，这势必对中国人的思维方式产生深刻的影响。从宋明理学比魏晋玄学更具鲜明浓厚的系统思维特性这一点来看，经验思维的辩证性已经得到长足进步，分析型逻辑领域里也一度出现新的突破。如北宋理学家邵雍用象数来解释《易》，以此作为他的宇宙发生论的起点，并建立起系统的逻辑结构。[①] 步邵雍之后，明清科学家纷纷将形式逻辑和分析方法纳入自己的视野：徐光启以西学为“金针”，倡导引进“由数达理”的新思维；李之藻提出“缘数寻理”的思维方法；戴震语出不凡：“事物之理，必就事物剖析至微而后理得。”（戴震《孟子字义疏证·权》，收入《戴氏遗书》）

---

① 皇朝经世·观物外篇上［M］//刘长林．中国系统思维：文化基因透视．北京：中国社会科学出版社，1990：161－169.

然而，宋明清科学思维上的这一点闪光，并未带来新的裂变。知性思维仍然未能独立出来并改变中国人的整个思维方式，这里面大概有两个原因：一方面宋明清时代部分哲人和科学家虽然采纳了知性思维的分析手段，但思考的却是哲学的本体问题，也就是说，研究是从自然入手，最后却受社会问题（如道德、等级秩序的合理性等）的引导而复归社会。另一方面，受传播、应用等时代局限，结构性、分析性思维方式只为少数研究者掌握，并没有得到广泛的承认与传播。加之哲人们含蓄的性格和难以用语言形式传达抽象概念，一部分分析方法逐渐失传。因此，一直以来，带有直觉性意会体悟的思维方式仍然是古代中国人认识外界和自我的主要形式。只是由于经过宋明科学思维的冲击，人们的整体观已然发生改变，从模糊的整体观过渡为有序的整体观。

（三）经验思维方式与知性思维方式的地位和前景

由于17世纪以来西方国家生产力的发展引导了科学和思维方式。恰逢其时，西方的哲学强调人的理性，而且将之经典化正统化，知性思维便从“革命”的前台走向统治地位。

19世纪中期开始，西方曾一度流行科学与哲学分离的论辩思潮。一些自然科学家提倡将科学定义为以经验为基础的实证科学，而将哲学界定义为形而上学的思辨主义。1886年，奥地利物理学家马赫拒绝承认“那些没有经验基础的、其术语中包含不可观察的客体或事件的命题”。在他看来，类似凭借思辨而产生出来的“绝对理性”“绝对空间”这样的概念，因为不代表物理世界（经验世界）中可观察的客体或事件，因此，这些概念本身是不科学的。[①] 尽管马赫等同时代的科学家在科学和哲学区分方面的见解尚有不周全之处，但也为后来科学思维在20世纪的发展打开了突破口。

尤其是19世纪末，人类超越身边的宏观世界，开始接触宇观世界和微观世界以后，一种新型的科学思维方式开始被不断挖掘出来，并逐渐在人类的思维体系中占据重要地位。这种思维方式就是智能型思维方式，又叫作智能—辩证型思维方式，简称“辩证型思维方式”。辩证型思维方式的最基本特点是将对象视为一个整体，从其内在矛盾的运动、变化及各个方面的相互联系中进行考察，以便从本质上系统地、完整地认识对象。简单地说，辩证思维是一种思考事物整体的空间关系、时间关系和时空关系及其运动变化的一种思维方式。与分析型思维方式相比较，辩证型思维方式的特点是：模糊——借助模糊思考为精确方法解决不了的问题提供解决的可能性；整体——将若干客体（或单个客体的若干成分）看成是一个有机统一体，对其内部和外部的结构形式进行思考和研究；关系——对人或事物之间相互作用、相互影响的状态的思考；变化——对事物的本质或形态上的运动转化过程或新状态的思考。

---

① 刘大椿．科学哲学［M］．北京：人民出版社，1998：5－6．

辩证型思维方式在西方社会和科学界有一个发展的过程。18～19 世纪，哲学家如康德、黑格尔、恩格斯等开始重点研究有关“关系”智慧的学问，形成“辩证法”。20 世纪以后，爱因斯坦提出相对论、海森堡和玻尔等开创了量子力学，以后，科学界先后出现系统论、控制论、突变论、耗散结构论、协同论和信息论等，一下子各种知识理论似被“生产”出来，形成理论“丛林”。这些理论都有一个特点，那就是研究整体关系。与 17～19 世纪对动力型机器生产的需求促成分析型思维方式独占科学鳌头一样，20 世纪 60 年代智能型机器在生产和社会上的作用越来越大，智能型机器的系统关系处理的原理也越来越使人着迷。科学认识上的进步和生产力的飞跃发展导致智能—辩证型思维方式的日趋成熟，最终达到与动力—分析型思维方式平起平坐的地位，甚至超越后者。作为人类理性的表现，辩证型思维方式与分析型思维方式在解决问题的合理性上，各执己见：一个坚持工具（方法）理性，另一个则坚持实践（实证）理性；一个强调功能的合理性，另一个则强调实质的合理性；一个尽力去开发“系统”的合理性，另一个则努力尝试建立规范性话语的统治地位。① 应该说，二者各有特长，各有适用的场合，这本来就是民族思维方式的特性。

辩证型思维方式是悟性思维方式的主要表现形式。中国传统文化的成果即来自于这种思维方式。数千年来，悟性思维方式历经坎坷，一直走下来，只会越来越成熟，并成功地指导人们的社会实践和文化思考和研究方向，说明这种思维方式已形成一定的结构，不存在没有体系之说。举个例子，前面我们提到中国智慧擅长“预见”。但由于是悟性思维，其预见的方式与知性思维方式是有很大的区别的。以牛顿力学为核心的知性思维认定“人们只要知道了一个状态的初始值及其规律就可以准确无误地预言未来的结果。当准确性发生误差的时候，人们总可以通过提高精确性来消除误差，进而预言未来”②。但是，属于智能—辩证型思维的科学思维却不这么认为。量子力学的创始人及其主要代表人物德国物理学家海森堡和丹麦物理学家玻尔都指出：“在微观世界，系统中不存在一个可以用位置和动量的现在数值来描述的状态，从任何可观察的初始条件预测事件未来精确位置和动量的定律是不存在的。”③ 这也就是说，人们对未来的预言基本上是概率预言。这就是著名的量子力学中的“测不准原理”的部分内容。现代物理学中量子力学对预言的认识，与中国传统的悟性思维不谋而合。只是受到古代科学发展的局限以及对人的社会的致思趋势的影响，中国传统的预见说更看重历史规律中可能出现的变数及其满足变数的条件，更看重整体系统遵循规律时的功能合理性及其适度问题，而不是成功预见的可能性。

---

① 舍格斯特尔. 超越科学大战：科学与社会关系中迷失了的话语［M］. 黄颖，赵玉桥，译. 北京：中国人民大学出版社，2006：127.

② 刘大椿. 科学哲学［M］. 北京：人民出版社，1998：205.

③ 刘大椿. 科学哲学［M］. 北京：人民出版社，1998：207.

只是，需要悟性思维去认识的整体辩证型结构的内部极其复杂，真要揭开其中的关系并用语言和理论概括出来，也就是建立一种普遍适用的“规范性话语”，殊为不易。20世纪20年代，自爱因斯坦发现相对论之后，科学界和哲学界也曾做出大量的努力，试图通过实证研究的手段证明并建立辩证法的理论体系和话语体系，但至今的工作仍不太完善，甚至还引发了一场科学话语是否可以居于统治话语的大论战。① 那么，对于缺乏现代实证技术的古代中国人来说，对亲身经历的方法进行归纳、求证和推演，更不是件容易做到的事情。加上中国古代学者文人有“述而不作”的习惯，这限制了他们将正在运用的方法体系在哲学理论方面的提升。

中华民族是善于包容的民族，具有海纳百川的胸怀，因此，近百年来中西文化的交流，随着现代学校教育教材的普及引用，近代西方科学的分析型思维方式早已深深影响现在中国的中青年人，这是不争的事实，也是时代的需求。同时，由于文化基因的遗传出现变异，中国传统思维方式中的悟性思维虽没有完全流失，却开始让一部分中国人感到陌生。这将使中国智慧流失，使世界文化的发展失去部分动能。随着智能科学的发展，现在我们需要的是参与开发辩证型思维方式的过程，让中国文化更能适应科学的发展。

思考与讨论

1. 浅析中国传统思维方式对现代科学的影响。

2. 请对“西方思维方式比中国传统思维方式更加优越”的观点进行批判。（批判：对已有的信息、材料进行比较、评估、筛选，以求得某一问题的最佳或最正确的答案。）

3. 试比较经验思维与近代科学思维的利弊及适用场合。

4. 中医是不是科学？为什么？请从本章的角度进行分析。

· 参考文献 ·

[1] 卢明森. 钱学森思维科学思想 [M]. 北京：科学出版社，2012.

[2] 刘奎林. 灵感：创新的非逻辑思维艺术 [M]. 哈尔滨：黑龙江人民出版社，2003.

[3] 刘长林. 中国系统思维：文化基因探视 [M]. 北京：社会科学文献出版社，2008.

① 舍格斯特尔. 超越科学大战：科学与社会关系中迷失了的话语 [M]. 黄颖，赵玉桥，译. 北京：中国人民大学出版社，2006：113－129，204－226.

第五章　整体思维
（建构方法）

整体和辩证——治国和管理文化的基本点

学习目标

定义： 生命发展形式的过程性思维方式；经络关系特征的结构性思维方式；藏象系统方法的宇宙观思维方式。

描述： 整体思维的方法和功能。

理解： 中国传统思维方式以整体思维为特点的表现。

辨别： 整体思维方式的利弊。

分析： 过程性思维方式对中国传统文化的影响；经络关系与辩证关系的联系与区别。

几千年来，中国人思考问题时，往往倾向于从整体“关系”的角度去进行。长期对整体关系的关注形成了一种希望了解构成整体中各个个体之间“关系”的习惯，这种习惯，我们称之为“整体思维”或“辩证思维”。“辩证”一词，来自现代哲学①的专有名词“辩证法”，特指哲学上一种作用于整体关系或系统关系的认识方法。在中国人的认识里，整体辩证关系包含三种：第一种是对整体空间结构关系的认识，称之为空间关系，古代称为“宇”观；第二种是对整体空间关系在时间上变化的认识，称之为时间关系，古代称之为“宙”观；第三种是对时间及空间关系的总和认识，称之为时空关系，古代称之为“宇宙”观。传统文化中所包含的整体辩证思维，代表中国人

---

① 依据西方后现代主义的说法，西方现代哲学从17世纪的法国哲学家笛卡尔开始。

在人与人、人与自然、自然与自然之间寻找关系规则，以便深入了解整体本质的建构方法。

一、否极泰来：生命发展形式的过程性思维方式

在古代，科学系统观尚未形成，古人无法直接接触微观世界和宇观世界，只能看到自己身边的存在。久之，他们发现能感知的事物，似乎都是由一个个不同阶段构成的生长链组成的，就如有机生命成长的过程。甚至一些没有实体的存在也是如此，如一年的时间演进由不同特质的季节组成，其春生夏长秋收冬藏的过程恰如生命成长的幼年、青年、中年和老年四个阶段。对事物发展变化的观察经验积累多了，终于使人产生了一种固有观念：似乎任何事物都是有“生命”的，都是循迹于“小—大—小”“强—弱—强”的规律发展变化的，即事物发展过程的每一个阶段都与上一个阶段相反，是对上一个阶段的否定。现代哲学将这个过程称之为“否定之否定”。古代中国没有“否定”这个词，《易》中的“否”（读“pǐ”）与“否定”是两个不同的概念，在表达否定之否定这类规律时，古代中国多是用“俩”来做解释，而其中蕴含着更深刻、更多层次的含义。

经历了几千年的积淀，对事物发展变化的认识早已成为中国文化一种深刻的思维痕迹，这是一种“过程性思维方式”。

> 过程性思维方式是一种关注事物发展和变化过程的思维习惯。

关于过程性思维方式，社会上存在这样的误解，认为西方人看重过程不看重结果，而中国人看重结果不看重过程。这是一种非此即彼的简单比较。

之所以说西方人看重过程不看重结果，是因为西方思维方式重点关注推理过程中的精准性。在对过程的推理上，西方逻辑学认为目标（结果）应当是确定的，只要目标不改变，人们要做的并不是纠缠于目标是否合理，而是如何从迈向目标的第一步开始，步步精准地走向目标；如果在其过程中推理的某一步偏离了方向，就会导致推理不成立的结果，这也意味着无论再怎么努力，要么事倍功半，要么南辕北辙，无法顺利达到既定目标。为了保证推理的顺利进行，中间不出现行差踏错，西方逻辑学专注于研究引导推理的工具和方法，这些推理工具和方法就叫作“形式”，因此，西方逻辑学又称为“形式逻辑学”。

中国传统思维方式同样看重过程：一是中国特有的悟性思维本身不会只是将目标视为一个精确的点，而是一个大致的方向。因此，无须花太多的时间在目标之上。二是形式逻辑作为一种线性思维方式，带有一种低阶性，在简单静态的环境里可以帮助

我们快速进行推理，甚至帮助我们建立强大的推理习惯；但形式逻辑毕竟是在一条路上迅跑，会遇到复杂多层次交错的空间推理，这种思维方式在解决问题时就显得远不够用了；而中国传统思维方式对过程的关注，并不在于推理的形式，而在于推理的合理性和实用性。在中国人看来，任何事物都面临着变数。因此，应该多开辟几条通往目标的路，还要在这些路之间建立关系“通道”，一旦某条路堵塞了，可以换一条路走，如此，无论环境再怎么复杂，人们依然可以七绕八绕到达目标。这种多途径、以关系变通为特征的推理方法，我们称为“辩证思维”“辩证逻辑”，中国的传统思维方式就属于“辩证逻辑学”。

中国人的过程性思维方式为中国文化带来最少以下三个结果。

（一）抵消了绝对的悲观主义，产生乐感文化

中国人特别关心一件事的发展过程，相信任何事物都不是一成不变的，正如太极分阴阳，世事人生既会有顺境，也会有逆境。因此，当一个人处于顺境之时，祖训就会告诫我们，应该继续追寻良知，不要丧失良心，因为，“俺曾见，金陵玉树莺声晓，秦淮水榭花开早，谁知道容易冰消。眼看他起朱楼，眼看他宴宾客，眼看他楼塌了……”（孔尚任《桃花扇》）；另外一层含义则是不要耽于沉溺，无所作为，而要“居安思危”，防患于未然，方可处变不惊。相反，当一个人处于逆境之时，我们的先人依然会通过各种形式告诉我们，不要丧失信心，不要否定自我，因为，“塞翁失马，焉知非福?”所谓“三十年河东，三十年河西”。这种特别能忍耐的心理根源，《周易·系辞》做了这样一个总结：“子曰‘危者，安其位者也；亡者，保其存者也；乱者，有其治者也。是故，君子安而不忘危，存而不忘亡，治而不忘乱；是以，身安而国家可保也。’”

从总的方面来说，这种关心过程，相信变化的思维方式，抵消了那种彻底的悲观主义，使中国文化带上了“乐感文化”的色彩。

中国的传世思想——儒家思想体系，就是一种幸福感文化。儒家对人的社会寄予莫大期望，认为现世中一样有幸福，只要人类愿意设置群体目标，愿意将治国安邦的社会责任感与自身修为结合起来，就可以建立一个理想的幸福群体，个人在这个群体中同样可以享受幸福。所以，从根本上说，儒家的幸福感文化就是要确认一点：每个人都可享受现世幸福，但幸福依靠众人一起来创造。儒家讲“厚葬”，也是希望通过对逝者的缅怀和追思的仪式，告诉活着的人：对社会做出贡献的人，可以得到社会的永远认可和承认。能够被社会永恒铭记，被儒家视为最大的现世幸福。

乐感文化也是中国传统戏剧艺术的重要特点之一。在以过程性思维方式为主的乐感文化熏陶下，中国古典文学和戏剧文学几乎都带有这样的特点：一是没有一悲到底的绝对悲剧形式；二是故事的演进过程悲喜反转，跌宕起伏，紧扣人心。

知识拓展：乐感文化

乐感文化一词，是20世纪80年代一群中国学者呼应美国学者露丝·本尼迪克特（Ruth Benedict）的文化模式比较而提出的。早在20世纪40年代中期，本尼迪克特凭借著作《菊与刀》扬名日本，乃至世界学术界。这本书之所以出名，是因为书中使用了一种独特手法——在深层次剖析日本文化的过程中比较日本文化与西方文化，尤其是美国文化，从而建立了比较文化研究的“文化模式学派”。20世纪七八十年代，活跃于比较文化研究前沿的“文化行为学派”就是在文化模式学派的基础上发展起来的。

本尼迪克特在《菊与刀》一书中提到日本民族及其文化有两个特性——“集团主义”和“耻感文化”。其中，日本人集体潜意识中的最大耻辱是不被自己所在的群体认可、理解和包容。为了进行比较，本尼迪克特同时提出另一个概念，即“罪感文化”，认为西方文化因为原罪论的原因，将每个人都看成是有罪的，而这个罪与生俱来，只能通过基督的拯救才能解脱。这就是说，现世中的人都是有罪的，只有在来世才能脱罪。在这种宗教思想引导下，近代西方文化的许多艺术品和部分伦理、道德观便多少与“赎罪”有关。由此可见，罪感文化是一种来世文化，即追求来世，否定现世。

在进行了比较之后，20世纪80年代的中国学者认为，中国文化恰与罪感文化相反，它并不否定现世，这些学者将这种文化称作“乐感文化”（又称“悦感文化”），而我们现在则可以用一个更为贴切的词来代替，这就是“幸福感文化”，是一种现世文化。

中国戏剧艺术产生于民间，与观众紧密结合，逐渐培养出一种贴近民间的社会情怀和社会功能。中国古代的剧作家们追求戏剧的时代印记和感天动地的效果，“极摹人情世态之歧，备写悲欢离合之致”（笑花主人《今古奇观序》），而不是舞台对观众的等级隔离。因此，传世的优秀剧作，一般都有令人心旷神怡的大团圆结局：要么胜利复仇，善恶终有报；要么一门旌表[①]，磨砺结正果。例如，全剧充满浓郁的悲剧气氛的《窦娥冤》《赵氏孤儿》和《琵琶记》，最终都是以胜利复仇或一门旌表作结，这与莎士比亚一悲到底的悲剧形式相去甚远。

同时，在中国戏剧剧情的表现过程中，多数喜剧和悲剧之间的界限模糊不清，更接近悲喜剧的形式。例如，现存较早的南戏剧本之一《张协状元》，描写一位叫贫女的善良少女搭救遇难书生，却终遭遗弃的苦难故事。这本是一部令人唏嘘怜悯的悲剧，但在剧中却通过净、末、丑的“插科使砌”和各种笑料，弱化了故事的悲剧色彩：“中

① 旌表，原指古代君主。

间唯有笑偏饶”（第二出），“苦会插科使砌，何吝搽灰抹土，歌笑满堂中”（第一出）[1]，苦中作乐。在传统戏剧中，这种表现形式不仅仅是为了冲淡悲剧的色彩，拉近与各种层次的观众的距离，达到调剂剧情以娱人的效果，更是希望能在观众心目中种下潇洒笑谈世事和不惧邪恶淫威的意志种子。

此外，中国传统戏剧在演绎过程中也常常尽力做到“悲欢沓见，离合环生”（袁于令《焚香记序》），作品中的词曲也要一直处在亦喜亦悲亦合亦分交替的不断变化之中。明末清初丁耀亢《啸台偶著调词例》曾提出“词有六反”：“清者以浊反；喜者以悲反；福者以祸反；君子以小人反；合者以离反；繁华者以凄凉反。”[2] 由此说明，传统戏剧不擅长大篇幅的思辨和思考，而是用隐喻或叙事的方式将达至善恶结局的因果纠葛展示出来。这既表现了自然界乃至人生命运的坎坷曲折，又给人一种深刻的启示：“不以物喜，不以己悲”（范仲淹《岳阳楼记》）；“乐而不淫，哀而不伤”（《论语·八佾》）正道沧桑，砥砺前行；心中有定，笑看人生。中国戏剧通过这种形式，在娱人的同时，又给人以潜移默化的影响，也使过程性思维方式得以在民间保存并扩散开来。

（二）培养出浓厚的历史感——预测的手段之一

有了对事物发展过程规律的认识，中国传统的思维方式慢慢养成习惯，将事物及其规律看成是动态的，承认其中的矛盾和转化。因此，它注重考虑现象的全面图景，审视发展过程中的一系列片断和状态，希望以此预测始终、掌握本末。《老子》中有这样一段话：“天下有始，以为天下母。既得其母，以知其子；既知其子，复守其母，没身不殆。”（《老子·第五十二章》）意思是说，探察事物的本质，可以推及其余；同样，归纳事物的现象，可以了解本质。《论语》中记载子张曾问孔子：“十世可知也?”子曰：“殷因于夏礼，所损益可知也；周因于殷礼，所损益可知也；其或继周者，虽百世可知也。”（《论语·为政》）即殷朝承袭夏朝的礼仪制度，所删减的和增加的可以知道；周朝承袭殷朝的礼仪制度，所删减和增加的可以知道；将来如果有承袭周朝礼仪制度的朝代，不仅十世，即使百世也是可以知道的。可见，孔子是在历史的传承中认识和理解事物的。

这种独特的认识论，也使得中国人培养出一种历史观。数千年来，中国历朝都设立史官，极其重视修史，保存史籍，以至中国史书之丰富，留存时间之久远，罕有其他国家可以比拟。如通史类的《史记》《资治通鉴》，断代史类的《汉书》《明史》，国别史类的《春秋》《三国志》，专门史类的《通典》《文献通考》，等等，可谓是“累世不断”。

关心历史，表明中国人把历史看成是一条发展之路，其过程是“新故相推，日生

---

①② 郭汉城．中国十大古典悲喜剧集［M］．上海：上海文艺出版社，1989：前言．

不滞”（王夫之《尚书引义·太甲》）。新是故之德，故是新之基。因此，透视历史，积累经验，可为后人的持续发展留下可资借鉴的启示和非物质性遗产，并可通古今之变，为思考未来提供一种依据。这种浓厚的历史感，培育了对社会时势、个人和群体的发展运势的预测兴趣。当然，与氏族时代遗留下来的“通灵”和“巫术”不同，中国传统思想对社会发展的预测，经常会借助两个途径：一是利用系统观；二是审时度势，即察大道，谋大运，顺大势；通过总结历史规律，利用历史结论及现实经验，推知未来，这就是“学史使人智”。人们常说，中国人喜欢怀旧，又喜欢定目标。这里的怀旧何尝不是为了制定目标，毕竟人类并不是只活在当下，这就是“据旧而鉴新”。

（三）导致形成“应变”习惯

过程性思维方式属于辩证思维，其本质是以对立互补的形式来反映对象，庄子先验性地用“环中”（《庄子·齐物论》），即“圆圈”来描述这个过程，并对整体内个体之间的相互联系和相互作用产生了一种自发的模糊兴趣。这种思维方式丝毫不拘泥于“A 是 A，不能是非 A”的两极对立，也不拘泥于那种认为要坚持一方的性质就必定要排斥另一方性质的二元观。战国时代的思想家荀况也认为：“始则终，终则始，若环之无端也。”（《荀子·王制》）这就好像组成太极图中的两条“小鱼”，首尾相衔，如同一个圆圈，开端即是终极，终极即为开端，两者互相协调，互相作用，组成一个共生场，即现代物理学所说的“场论”。

事物都是相对存在，而对事物发展过程的认识，孕育了中国人的变化观，即认识到事物发展的过程并不一定是一个恒定的过程，每个阶段都有可能存在变化的因素。因此，“水因地而制流，兵因地而制胜。故兵无常势，水无常形；能因敌变化而取胜者，谓之神。故五形无常胜，四时无常位。日有短长，月有死生”（《孙子兵法·虚实篇》）。这也说明中国文化观是一种变化的形势观，中国文化具有对事物发展变化的深刻认识和实践积累。

由于对关系的认识和需求不同，中国传统变化观与欧美变化观也有所区别，这与欧美国家历史和哲学发展史有关。欧美国家对关系的研究，大致以 17 世纪西方进入现代化为分水岭。在这之前，欧洲国家大多数是处于相互分裂的封建时代，小国寡民的贵族治理，不需要太多的有关国家决策和群体管理的深层思考。因此，欧洲长期处于统治地位的分析哲学思想，极易培养出一种二元对立的“城邦思维”。法国现代哲学家吉尔·德勒兹称这种思维方式为“树喻”思维，因为这种思维方式是纵向性的树状结构，将人类实在的知识体系从树根至树干再至树梢被层层限定在不同的等级里，并试图在一种普遍化和本质化的图式中消除时间性和多样性[①]。至 18 ~ 19 世纪，西方哲学重新回归对关系的思考，尤其是在马克思主义和西方马克思主义出现以后。但是，毕竟经历了几百年的殖民地开发和工业时代，“自我”和“物质”观念已在社会上深入人心，乃至成为人际关系和国际关系的核心，即使是在运用这些关系时，都带有了一种殖民话语，用一种“西方价值削平”来衡量人际关系和国际关系。

反映在变化观上，我们看到，欧美文化强调区别、追求变化，甚至以变化为发展目标。特别是美国文化，强调自我与他我的区别，认为每一个个体都有自己的特征和需求，各方都需要发展空间以实现自我，都需要扩张自己的实力。因此，冲突是必然的，不可避免。解决冲突的最好办法是实力的零和博弈，即使最终不得不用妥协方式解决，也仍会尽力通过实力来保证自己让出的利益最少。20 世纪 80 年代以后，在霸权文化鼓动下，西方国家，尤其是美国认为，为了保持实力地位，博弈中强的一方应该不断求变，以改变现状，甚至强迫弱的一方适应自己。因此，主动求变被视为竞争的决胜武器。

中国变化观来自传统文化的传承，是一种“应变”观，思维方法侧重于考察对象的相互联系及其运动变化的复杂情形，是把握对象动态联系的思维。概括地说，应变既有基于空间多样性或不确定性的变换，如“应事而变”“应地而变”“应人而变”，也有基于时间的更替性或不确定性的变化，如“应时而变”“应缘而变”“随机而变”。与单纯求胜、主动求变不同，应变往往是稳中求变，在统筹规划或可操控的范围内主动求变。

值得指出的是，中国古代思维中存在大量模糊现象，这种现象不在于无法界定事物的属性、状态，而仅仅是对事物属于某种性质、状态的程度未加以精确的数量分析。如庄子很早就提出任何物质都可以对半分割，如此一直分割下去，可获得物质的最微小状态，即“每下愈况”（《庄子·知北游》）。尽管辩证思维不擅长研究物质在分割过程以及最小状态时的组合成分、质量等是什么是多少。同时，古代中国人看重推理过程中的最大实效和功能。因此，在解决模糊性的问题时，只能依靠对立互补的方法，既承认“非此即彼”，又承认“亦此亦彼”。如《庄子·齐物论》中所言：“彼出于是，是亦因彼”“因是因非，固非因是”。这使古代中国人特别善待诸如“中庸”“中和”“中行”“中道”等观念和行为，也巩固了辩证性在传统思维方式中的地位。这种思维方式在对待各种关系时，会容纳差异，伸展自己的根系，用一种随意的、非地域性和非强迫性的方法，与其他思维方式接触，建立新的联系。正是凭着这种思维方式的灵活性，使中国传统思维方式在不知不觉中广为散布，也变得更为多样性，更擅长应变。前面我们提到的现代主义哲学家德勒兹和伽塔里把这种横向式广泛性联系的思维方式，

---

① 冯俊，西博格，高宣扬，等．后现代主义哲学讲演录［M］．陈喜贵，等译．北京：商务印书馆，2003：11.

看成是区别于“树状”思维的“根状茎”思维方式，又称之为“游牧思维”，以区别于“城邦思维”。

通俗地说，在中国人的眼中，任何事物都是有生命、有机的，而生命的形式在于变化，在于动态的演化过程中。既然是演化，一切事物便要经历由小至大，由浅入深的渐变过程，汉代的贾谊称之为“积渐”（《汉书·贾谊传》）。这是一种纯粹的自然发生的过程，自始全终都是对正在发生的时态的否定。

二、整体辩证：经络关系特征的结构性思维方式

经络学说是中医学的重要内容。中医的科学性曾长期受到质疑。按照西方对于科学的定义，科学应该是“由概念、定律、定理、公式和原理等要素组成的具有逻辑自洽性的知识体系”[①]。并且，这种知识体系可以通过科学的手段加以证明。中医过去常被认为没法通过科学手段加以实证，而是一种经验之谈（中医恰恰是得自于直觉和悟性）。“经络”也因为看不见，摸不着，而被认为根本不存在。甚至于我们看到的中医确实能治病这样的事实，也被一些人认为是心理安慰或暗示疗法。但“我们今天所知道的科学，是人类文明普遍进程中一个比较晚的成果”。[②] 在近代科学出现以前，过去行之有效却无法被实证的理论，过去不能被实证，不代表一直不能被实证。随着科学技术的发展，经络学说也在医学实践中被实证了。[③]

目前，中国古代的经络学说，其在医学实践中得到科学实证的常用经络有“十二正经”“奇经八脉”“十五大络”，等等。中医在讲这些经络时，不仅讲经络之间的关系，甚至还讲经络的关系：单独的经络并不是我们常人理解的“一条”，而是“一束”经络，每条经络分段落和内外，都以“井、萦、输、经、合”为最初的穴位，在外行走时称“阳经”，分别与“金、水、木、火、土”相配；在内行走时称“阴经”，分别与“木、火、土、金、水”相配……（参见《灵枢》《难经》等）这告诉我们，在中国人的思维中，不仅要开辟路与路之间的关系，还要在一条路径间开辟相互连接的小径，由此形成一个复杂的系统关系，这种关系可以用“网络”关系来形容。但中国史籍中没有“网络”一词，用“经络系统”或“网状系统”一词，可能更为贴切。在“经络系统”或“网络系统”中，每一要素都与其他要素相互联系，形成特定的结构。在几千年的历史长河中，这种分析问题、解决问题的思维习惯慢慢固定下来，形成中国人的结构性思维方式。

---

① 钱兆华. 对“李约瑟难题”的一种新解释［J］. 自然辩证法研究，1998（3）：56-60.

② 梅森. 自然科学史［M］. 上海外国自然科学哲学著作编译组，译. 上海：上海人民出版社，1997：1.

③ 祝总骧，郝金凯. 针灸经络生物物理学：中国第一大发明的科学验证［M］. 北京：北京出版社，1989.

结构性思维方式是一种关注相互联系的事物之间结构的思维习惯。

古人通过观察，发现事物发展变化的规律，总是日月相伴、日夜更替、天地相衬、雌雄相配，于是找到"阴阳"这一对范畴。并发现阴阳之间有着密切的关系，不仅表现为"你依赖我，我依赖你"，而且有很多种。各种关系之间的不断变化，使阴阳成为万事万物产生的"始祖"，所谓"两仪生四象，四象生八卦，八卦生万物"（《周易·系辞》）。正因为这样，古人也许感到阴阳关系太奇妙了，于是便想尽办法去发掘这些关系，通过几千年来的不断补充，中国有关关系的学问越来越丰富。这种对阴阳关系的论述最早、最集中地表现在《周易》之中。

《周易·系辞上》云："是故《易》有太极，是生两仪。两仪生四象，四象生八卦。"其中，"两仪"在《易经》中即阴阳，《易经》六十四卦由阴爻和阳爻两个基本要素构成。阴爻和阳爻两两相重，组合成"四象"，即太阳、太阴、少阳、少阴。"四象"各加一条阳爻或阴爻组成"八卦"，即乾坤震巽坎离艮兑。《周易·说卦》中记载了八卦的几种取象，如"乾为马，坤为牛，震为龙，巽为鸡，坎为豕，离为雉，艮为狗，兑为羊"。《周易·系辞》中又进一步云："八卦而小成。引而伸之，触类而长之，天下之能事毕矣。""小成"指八卦取象不能囊括万事万物，将其两两相重为六十四卦，就可以象征更多的事物，以至万事万物。正如《周易·系辞上》所云："一阴一阳之谓道。"阴阳的不同组合产生了万事万物，同时，阴与阳既不同，又统一，两者的对立统一，是形成万事万物的规律。

《周易》卦爻辞中也充满了"关系"的体现，如乾卦初九"潜龙勿用"，《文言》释曰："初九曰：'潜龙勿用'何谓也？子曰：'龙德而隐者也。不易乎世，不成乎名；见世无闷，不见是而无闷；乐则行之，忧则违之；确乎其不可拔，潜龙也。'"即龙伏于地，潜于河，飞不起来，是因为阳气太弱。此时，"龙"正在思考、内省或积聚力量，以待后动。乾卦上九"亢龙有悔"，《文言》云："上九曰：'亢龙有悔'何谓也？子曰：'贵而无位，高而无民，贤人在下而无辅，是以动而有悔也。'""龙"本代表了阳刚，但阳气过盛，或"飞"得过高，会恃才自傲，或远离基础，结果反而不胜负荷，终致后悔。而乾卦九二"见龙在田"，龙飞得不高不低，既自强又不自傲，方可普施普济万物。可见，阳气不足或阳气过盛都不是最佳，阴阳关系协调才是最好。

《周易》中阴、阳通过关系的组合、变化，象征万事万物，表现出中国传统思维方式的特点：基于一点，然后层层向外发散，就像一块石头扔进水里，产生涟漪，并且每层涟漪之间相互联系。我们称这种思维方式为"涟漪式发散"，其特点是研究相互关系。例如，由城市中心向外扩散，有很多条路，路与路之间有各种沟通渠道。当一条路被堵塞，可以通过其他条路通往目的地。即"条条大路通罗马"式的思维方式。

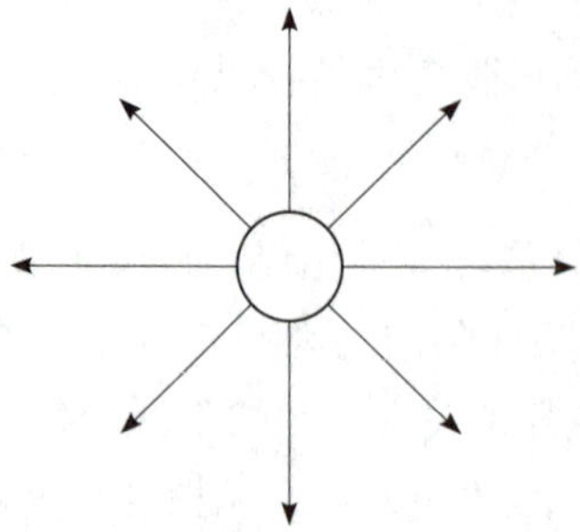

图 5-1　传统中国人的思维方式

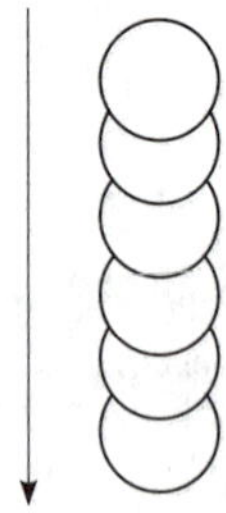

图 5-2　近代西方人的思维方式

比较近代西方的思维方式，它们更倾向于“链式垂直”，即一环扣一环，进行严密的推理，缺少一环，思维就很难进行下去。其特点是严密逻辑，环环紧扣。因此，西方人看重建立科学的逻辑体系，在数学方面擅长公理体系。例如美国实用主义哲学奠基人威廉·詹姆士在解释“实用主义”时讲过一个小故事：有人隔着一棵树，想看树后的松鼠，于是绕着树走，松鼠为了躲避人也在绕着树转。这里存在一个问题：人是不是在绕着松鼠走？詹姆士认为这种情况有两种结果：一是“人绕松鼠走”，这时，松鼠是从北面到东面，再到南面、西面，人走过了松鼠走过的路；二是“人没绕松鼠走”，这时，松鼠从树后到树右，再到树前、树左，松鼠的头或肚皮始终对着人。在这个故事中，之所以有两种结果，是因为推理过程不同。西方人认为在过程与结果之间存在着严密的逻辑关系。通过对过程的逻辑推理，可以达到一定的结果。有时，由于科学水平的限制，思维之“链”在达到结果之前出现中断。这时采取的方法是：先假设结果，待条件成熟时，再将思维之“链”连接上。

当然，经过长期的文化交流与融合，中国与西方思维方式特点之间的界限已不太明显，但这种分别仍然存在，致使中国人和西方人在思考和解决同一个问题时，可能会采取不同的方法或角度。

三、时空合一：藏象系统方法的宇宙观思维方式

世界上的事物各种各样，但大致上可分为“已知”事物和“未知”事物。如何利用“已知”来推知“未知”？古人认为可在“已知”事物与“未知”事物之间建立一种结构或某种关系。只要有了这种关系，便可通过“信息传递”了解不可知的事物。那么，如何在“已知”和“未知”事物之间建立关系，或建立什么样的关系？一般情况下，古人喜欢按照自然规律提供的线索，建立各种“关系模式”，将不了解的事物按模式分类，套进这些模式里，然后通过“已知”事物的性质和属性，推出“未知”事物的性质和属性，以“此”了解“彼”。其中，“月令”模式便是其中具有代表性的模式之一。

“月令”一词出自《礼记·月令》。《礼记》是中国古代儒家的重要典籍，是“四书五经”之“五经”中的一部，共49篇。其中，《月令》篇记载了每年12个月的月令及其相关的事物。即每个月是什么节气，气候具有什么特征，物候又随之发生什么变化，甚至联系到人相应产生什么行为。如图5-3所示。

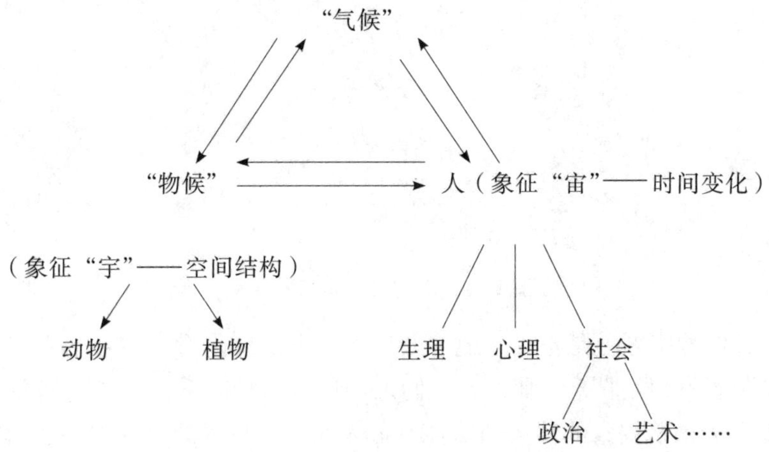

图5-3　《礼记·月令》体现的思维方式

具体如“孟冬之月”即冬天第一个月，“是月也，以立冬”，此时“天气上腾，地气下降，天地不通，闭塞而成冬”。相应地，此时的政治应“谨盖藏”“循行积聚，无有不敛”，以“闭塞”为特征。同时，“坏城郭、戒门闾、修键闭、慎管钥、固封疆”（《礼记·月令》），即多积聚粮草，修好城墙，把守好城门，巩固边疆，等等。再如“孟春之月”即春天第一个月，“是月也，以立春”，此时“天气下降，地气上腾，天地和同，草木萌动”，天子应当“命布农事，命田舍东郊，皆修封疆，审端经术。善相丘陵阪险原隰土地所宜，五谷所殖，以教道民”（《礼记·月令》），即发布关于农事的命令，让田畯住在东郊，修理封疆，考察修整田间的道路和沟洫。分析不同的土地适宜种植什么作物以及不同的作物适合在什么地方种植，并把这些交给农民，等等。

虽然从科学视角来看，气候与人的社会行为之间并没有必然的联系。但《月令》认为在一事物的特殊功能反应中，包藏着其他事物变化状况的信息。在现代信息论话语中，相当于一个“全息系统”：甲事物的属性，经过相互作用，在乙事物身上打上印迹，以另一种形式表现出来，就成为关于甲事物的信息。这时，人们可以借助研究乙事物来了解甲事物。换句话说，人们可以利用信息传递和储存的现象，通过信宿（信息传递的目的地）了解信源，以间接的方式观察和推测天文、气象、农作甚至人事的变化趋势①。

古人虽不懂什么是“全息系统”，但在长期的观察和实践中，多少领悟了关于系统

① 刘长林．中国系统思维：文化基因透视［M］．北京：中国社会科学出版社，1990：67．

的道理，并将其运用到实践中。这种关于气候、物候、人事之间相互联系的想法慢慢形成观念并固定下来，成为中国传统的思维方式。这种思维方式被学者们称为“月令图式”思维方式。其特征主要是在看似互不相干的事物之间建立时空结构，这种“月令图式”结构通常是三体结构，如图5－4所示。

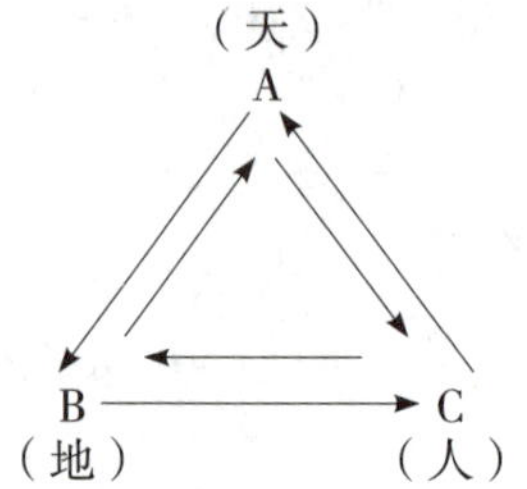

图5－4　月令图式的三体结构

这种三体结构实际上是把天—地—人当作一个系统来看，在这个系统中，每一个要素都与其他要素相互联系。那么，我们怎样通过这种联系，由“已知”要素的性质和属性推知“未知”要素的性质和属性？古人在认识世界的过程中，逐渐发现，我们可以先将对某一类事物的认识和理解固定成一定的模式，在此基础上，用这种模式推理未知的事物。正如刘长林先生在论述系统思维时所言“古代学者将已经发现的局部事物之间的联系连缀起来，逐渐认识到，原来各种事物都是由若干要素按一定结构组成的，而无数多个大大小小有一定结构联系的事物按一定的次序构成了整个宇宙”[①] 古人并不了解整个宇宙的结构，于是他们设想人体是一个小宇宙，先了解人身边的事情，观察身边的事物找到小宇宙的变化规律。在此基础上，设想大宇宙是小宇宙的放大。因为事物是普遍联系的，可以通过对小宇宙的“已知”来推测大宇宙的“未知”。因此“月令图式”思维方式也是一种宇宙观思维方式。

宇宙观思维方式是一种关注事物之间时空联系的思维习惯。

古代中国文化卓尔于世界，古代中国人的思维方式也非常先进，其先进之处在于古人不仅用宇宙观等思维方式来认识和理解自然与社会，还将其运用到实践当中。《四库全书总目》描述《周易》：“《易》之为书也，推天道以明人事。”[②] 古人认为正是因为“天道”与“人事”之间可以建立某种联系，我们才能通过对“天道”的观察和了解来推理“人事”。如《周易·乾·象》曰：“天行健，君子以自强不息。”天的运行如昼夜更替、日月升落刚健不息；君子应当效法之，自强不息，奋斗不止。《周易·

① 刘长林．中国系统思维：文化基因透视［M］．北京：中国社会科学出版社，1990：109.
② 永瑢，等．四库全书总目［M］．北京：中华书局，1965：1.

坤·象》曰："地势坤，君子以厚德载物。"地无物不载，其势顺；君子应当效法之，增厚德行，承载万物。

这一思维方式使中国人思考和解决问题带有宏观特点。在京剧《失空斩》"空城计"这一场中，诸葛亮守阳平西城，司马懿领15万大军杀到，西城却只有二千五百军士，且无将可派。诸葛亮只能亲自坐在城墙上，装着情闲气定、心无旁骛那样焚香弹琴。司马懿的儿子不断怂恿父亲"冲进去"，司马懿却疑虑重重，他了解诸葛亮是个很谨慎的人，不会冒险设局，恐有埋伏，但又怕他真的是"空城"而错失良机。不决之下，只能静听诸葛亮的琴声，竟被他听出其中的"杀"声，因此急退兵三十里。这就是传统音乐理论中的"心乐相感"，在事物的相互联系中思考和解决问题。

此外，宇宙观思维方式也为中医继承和发展。与现代科学擅长"白箱"操作不同，中医的理论方法常被喻为"黑箱"操作。即在没有可能或没有条件使某一领域被清晰地感知的情况下，对该领域发生的问题进行操作，以达到解决问题的目的。体现在中医当中，则常常是在不知道内部脏器具体结构的情况下，通过"全息"方法，利用内在"黑箱"病症的外在表征加以辨证和施治。而西医主要擅长在比较清晰的领域里研究对象，并在研究对象之前，将对象所在领域的每一个细节弄清楚，力图建立一个清晰透明的"白箱"，在"白箱"内操作。因此，西医离不开现代科学，常被喻为"白箱"操作。

"黑箱"操作如何可能？《黄帝内经·素问·阴阳应象大论》云："以我知彼，以表知里，以观过与不及之理，见微得过，用之不殆。"① 以自己的状态对比推理病人的病症，以病人外在表象推理内在的病征，以此观察疾病"过"或"不及"的原因，发现病人微弱的变化，就能够感知疾病的严重程度，这样治疗疾病就不会有危险。可见，中医看重共性，善于从"我—彼""表—里"，甚至"自然—人"的关系结构中找到内在的共性和关联性，再通过对共性和关联性的把握，由可知的外在表象推理未知的内在病征。这种思考和解决问题的方式常被称为"藏象思维"。

藏象思维在《黄帝内经》中有集中的体现，藏象学说是中医学的基础理论。藏，即人体内在的脏器，象，有象征之意，即与内在脏器相联系并表现于人的外在的表征②。古人认为藏于内的脏器与表现于外的生理、病理机能有一定的联系。《黄帝内经·素问·六节藏象论》记载黄帝曾问岐伯"藏象何如?"即内在脏器与外在表征之间是什么关系。岐伯详细解释了心、肺、肾、肝、脾五脏的象。如"心者，生之本，神之处也；其华在面，其充在血脉，为阳中之太阳，通于夏气"。认为心是生命的根本，智慧所居之处；荣华表现在面部，功能是充实血脉，在阴阳属性上属于阳中之太阳，

① 黄帝内经［M］．姚春鹏，译注．北京：中华书局，2010：60.

② 黄帝内经［M］．姚春鹏，译注．北京：中华书局，2010：78－79.

与夏气相通。[①] 可见，“藏”与“象”相互联系，在藏象组成的系统中，“象”是“藏”的外在表征。可以通过身体的外在表征来推测内在脏器的变化，以此作为治病的依据。可见，藏象思维有三个特点：由表及里、旁征博引和合理外推。

总而言之，在中国人的传统思维中，世界是一个大系统，在这个系统中，万事万物相互关联，并形成特定的结构。在认识世界和改造世界的过程中，可以通过研究事物之间的关联结构，由已知推理未知，由对此事物的认知推理彼事物的未知。

思考与讨论

1. 中国传统过程性思维方式的特征有哪些？它对中华文化精神有何影响？请举例说明。

2. 中国思维方式带有整体性特征，它表现在哪些方面？请选择一点，结合案例加以说明。

3. 中国思维方式表现出时空合一性，我们可以称之为“月令图”式的思维方式，或者“宇宙观式的思维方式”，你认可这种说法吗？为什么？

· 参考文献 ·

1. 刘长林. 中国系统思维：文化基因透视［M］. 北京：中国社会科学出版社，1990.

2. 高晨阳. 中国传统思维方式研究［M］. 北京：科学出版社，2012.

3. 史怀刚. 人文的世界：中华优秀传统文化精讲［M］. 广州：暨南大学出版社，2019.

① 黄帝内经［M］. 姚春鹏，译注. 北京：中华书局，2010：78－79.

第六章 序变思维
（思辩方法）

比类和运筹——商战的谋略精神

学习目标

定义：序变思维的功能和要义；序变思维在中国文化中的表现。

描述：推此近及彼远的求证思维；循规律而知为的建构思维；以用变为核心的谋略思维。

理解：中国传统思维方式以序变思维为特点的表现。

辨别：序变思维方式的利弊。

分析：序变思维是中国古代兵法的核心结构；序变思维的结构与运用。

自从文化产生后，人类就开始不断地利用各种办法认识世界。在这个过程中，反映自然界普遍现象的序变观念产生了。

“序”是在相异的事物或元素中建立次第结构，使每一个体在这个结构中都有自己相应的位置，以确定主次先后，避免混乱。“序”在自然界和人的社会中大量存在。但从某个角度来看，“序”所带来的固化难免阻碍社会和事物的进化，因此其本身不可能长期保持同一形态，所谓“五行无常胜”（《孙子兵法·虚实篇》），“变”便成为“序”的一种合理的否定形式。

中国文化长期得到悟性思维和辩证思维的熏陶，很早就体悟出“序”和“变”的精髓，并不断在自己的行为和思想要素中反映出来。

一、经权相依："序"和"变"的思维基础

世界上各个民族都会在长期的生活生产实践中逐渐产生序变观，但由于文化产生的背景不同，对"序"和"变"的认识也就有了理解层次上的区别。中国传统文化中的序变观受到古代中国人认识结构的影响，在其中尤为突出的是悟性思维和辩证思维。

悟性思维是古代人接触和了解未知世界的桥梁之一。它来自人们对自然和社会的大量观察和实践经验、知识的积累，以及由这些经验和知识组成的针对某些事物的直接的、大致的理解，即我们常说的"直觉"。换句话说，悟性是直觉的高层次形式。

悟性思维可以为人类认识世界铺垫两条道路。一条路是利用过去和前人积累的经验，通过触类旁通去认识未能接触到的事物，在科学尚未能完全反映真理的时候，其作为一种科学的补充，还是很有用的。另一条路是通过悟性思维达到创造的目的，从这个角度来说，悟性是"创造之始"。由于悟性是直觉的一种形式，因此它对事物的认识有时是整体而笼统的、大致而不清晰的，但我们可以通过实证、实验、量化和采证取样等手段，将笼统的想法清晰化、具体化和科学化，使其更接近真实和准确，从而成为一项科学成果。

但在科学研究的过程中，人们发现，有的东西如果清晰化后，反而变得不准确了。在中国传统思维方式中就有这样的认识：只能"意会"的事物，用于"言传"，可能会失真。因为语言是有限的，用有限的语言概括无限的事物，往往不能解释清楚，如此倒不如不去解释。比方在中国传统文化的序变观里，"序"是规则，"变"是智慧，两者的内容和关系是难以量化或用任何形式去规定的，硬性限定的结果可能是歪曲事实。诚如中国古代著名的军事战略家所说："浑浑沌沌，形圆而不可败也。"（《孙子兵法・兵势篇》）或曰："涂有所不由，军有所不击，城有所不攻，地有所不争，君命有所不受。"（《孙子兵法・九变篇》）有不为必有所为，但何时不为，何时有所为？它们的标准和限度是什么？则只能依靠直觉，因时因地和因人来把握了。

在古代科学技术水平相对不很发达的情况下，中国人有时只能依靠悟性去认识未知的世界。也许她不能很清晰、很准确地说出某些道理或建立结构，但毕竟开了接触某些知识领域的先河，并对事物的大致方向、发展趋势和整体效果做出预见和选择。在这样一种氛围里，中国文化中的序变观便带有更为浓厚的"悟"的色彩。

对中国传统文化中包含的序变观产生深刻影响的另一种思维方式是辩证思维。辩证思维是一种关注事物发展和变化过程的思维习惯。这种思维方式将事物及其规律看成是动态的，承认其中的矛盾（古人称之为"两"）和转化。因此它注重考虑现象的全面图景，审视发展过程中的一系列状态，以此预测始终，掌握本末，即所谓"天下有始，以为天下母。既得其母，以知其子；既知其子，复守其母，没身不殆。"（《老子・第五十二章》）

辩证思维常与悟性思维共同发挥作用，形成涟漪式发散的思维形式。就像一块石头扔进湖里，平静的水面产生层层扩大的涟漪一样，这种思维形式的特征是：基于一点，然后层层向外发散，人们就去发掘这每个层次之间的关系以及每条“路”之间的关系，并通过合理外推的方法去认识及探索不可知的宇观世界或微观世界。其结果是使中国传统文化更看重“序”和“变”的关系，也更看重“变”的功能。

透析传统哲学和宗教行为，即可管窥这种思维习惯带来的影响。如从《周易》发展出来的哲学思想认为：“《易》有太极，是生两仪。两仪生四象，四象生八卦。”（《周易·系辞上》）“总天地万物之理，便是太极。”（《朱子语类》卷九四）这里面包含的意义是：假设阴阳两爻（符号）的任何一种组合形式都代表某一事物，那么通过不断的组合、分配和变化，仅仅是两爻的倍数递增便可代表宇宙中的万事万物。

二、体用不二：“序”和“变”的行为意义

序变观在中国传统文化中有着举足轻重的地位，其对中国文化行为的指导或潜移默化的作用主要表现在如下几个方面。

1. “序”在文化行为结构中具有主导地位

由于文化传统的不同，世界上各个民族对“序”与“变”的关系也有着不同的理解。有的民族强调二者的差别，常从对立的角度去谈二者的冲突关系。但中国传统思维却从辩证的角度看待“序”和“变”，试图在两者之间建立一种完全自觉的、至为完善的均衡结构，并以突出其中的和谐关系来解释二者相互依存的现实意义。因此中国文化从不否定“序”的作用，甚至会为建立合理的“序”的结构而不遗余力。

从《易》产生的时代开始，古代中国人就按照自然规律提供的系统线索，建立各种“关系模式”，目前已知的结构就有“阴阳”二体模式—“八卦”环形模式—“月令”模式，即“天—地—人”三体模式—“五行”线环模式，等等。[①] 这样做的目的就是让人们得以将杂乱无章的事物分门别类，然后比照系统规律，在其中建立关系结构，以便进行有效管理或利用信息传递的作用，从已知推测未知。如在管理行为中，传统思维成功地引进五行系统等关系模式，将人群关系从混乱引入井然有序之中，然后利用结构关系对人群进行有效管理。具体地说，我们现在的大企业有几千、几万人，这在古代是很常见的事：东汉的汴渠决坏了，当局集中了数十万人来修理（《后汉书》卷七六）隋代开挖几条著名的河，每次都动用民工几十万乃至上百万人（《隋书》卷三）。至于古代作战，那更是动辄数万、数十万人。这么多人乱哄哄地聚在一起，如何管理？两千几百年前的中国人早就总结出办法，那就是“治众如治寡，斗众如斗寡”（《孙子兵法·兵势篇》）。曹操对此加以解释：“部曲为分，什伍为数。”“旌旗曰形

① 刘长林．中国系统思维：文化基因透视［M］．北京：中国社会科学出版社，1990：108－115．

（按旌和旗的指令布阵），金鼓曰名（按金鼓之声进退）。”（《孙子十家注》）意思是说，将人群按兵种或工种进行分类，再按从观察自然得出的系统规则进行管理或号令进退。

2．“序”是规则，“变”是智慧

要使文化行为具有指导性，首先要设立目标，然后按目标赋予的条件和规则，将行为导入一定的秩序之中，这是建立“序”的必经之路。但是由于社会发展过程本身具有的多变性和非均衡性，文化行为的均衡点有时会变得很不稳定，并可能会另辟蹊径，寻求其他目标，这时新的均衡点就会出现。人们在比较和批判新旧目标和均衡点的过程中，会不断进行扬弃，以便使建立起来的规则更加广泛，更加具有包容性，也更加灵活多变。因此以中国传统思维的悟性来理解，“序”所包含的规则不可能是绝对的，而只能取其近似值。这就是说，如果“序”中应该有一个“不变”的规则，这个规则就是“变”。

在中国传统文化思想和行为中，常将“序”看成是一种规则，“变”看成是智慧，即行为达至最佳效果的方法。孙子曾说：“凡战者，以正合，以奇胜。”（《孙子兵法·兵势篇》）“正”就是规则，“奇”就是智慧。建立“序”的目的是有效管理，释放智慧的目的是取得制胜之术，这就需要“践墨随敌”（《孙子兵法·九地篇》），有规则而不为规则所囿。如分析中国古代兵法的各种战术，可以发现“序”和“变”是其中主要两大类的核心。

“变”的操作技术有很多，均无外乎两类方法的推理和演变：一类方法是在程序正义的规则内，因时因地因人设置条件，这是“博弈”的内涵；另一类方法是当双方条件一致，或己方条件已经确定，却要突破对方的强势时采用，即统筹全局，按照行为的目的和要求，合理地安排和运用己方原有的条件，以变不利为有利，这是“运筹”的主要特点。

3．“序”和“变”的功能化运用

中国传统文化思想和行为虽然很注重“序”的地位，但其最终没有走上结构主义的道路，这里有民族传统辩证思维方式的痕迹。我们都知道思维方式如果从哲学的角度划分，可大致分为两大类：辩证型思维方式（注重整体的理性思维）和分析型思维方式（注重具体的知性思维）。辩证思维犹如“远处观山”，可看到山的整体全貌，并据此与其他山形进行比较，但却不知山里具体有些什么；分析思维就像“身在此山中”，山中哪儿有一片松毛林，哪儿有一座凉亭，清清楚楚，但就是看不到山的全貌，无法比较其他山形。两种思维方式在对事物进行处理和选择时，均会各自取长补短。因此辩证思维擅长研究事物的“功能”（该事物“有什么用”），并由此培养出一种以“悟”为中心的智慧。分析思维则关心并研究事物的“实质”（该事物“是什么”），甚至将智慧也解析为人所具有的多种能力中的一种，即智力。

中国文化建立在传统的思维方式上，而这种方式又是一种悟性思维，因此中国文化把自己的精力总是放在对事物功能的认识上。如同认识文学的功用在于宣泄情绪、寄托情感和教化大众；音乐可以知心，可以与情感共鸣，可以用来调整情绪，是最迅速见效的教化工具；宗教可以减少负罪感，可成为依赖的对象，因此满足个人的群体需要，可帮助自己摆脱心灵的困惑……传统的序变观力图去解释“序”和“变”的作用，解释两者不同形式的现实功能，却很少穷追“木头—木屑—分子—原子……”这样一种序列，以及对这种序列的结构上的规定、解构和还原。因此中国文化行为的“序”不是简单地用符号或代码表示某个时间片断的固定程式，“变”也不是以“突变”作为唯一目标的量和质的变更。中国文化行为中的“变”，是对整体发展过程中的一系列变化的推演，它尽力去思考变层之间的关系，如“阴在阳之内，不在阳之对”（《三十六计・瞒天过海》）。“无极而太极，太极动而生阳。动极而静，静极复动。一动一静，互为其根。”（周敦颐《太极图说》）这种研究与“把一个系统定义为某种系列的变量，而不管它们之间的联系程度如何”的思维方式大相径庭①，这也是《周易》从“知变”（必变、所变、不变）、“应变”和“适变”三个层次谈“变”的原因。

换句话说，中国传统文化不习惯谈“变”的量和质，却很喜欢谈“变”的作用和效果。如兵书上所说的“善兵者，必因敌而用变也，因人而异施也，因地而作势也，因情而措形也，因制而立法也”（《阵纪・因势》）。又如唐太宗李世民曾谈起兵法中“正兵”与“奇兵”的变化时说：我在用兵时，只让敌方看到我军的部署，却摸不着真实所在，这是孙子兵法中所说的“形人”（见《孙子兵法・虚实篇》）。我能以奇兵变为正，以正兵变为奇，奇正不断变化，叫人无法推测揣度，那就是孙子兵法说的“无形”。（《唐太宗李卫公问对・卷上》）奇正不断变化，是胜之常则，一成不变，只有死路一条。不独如此，在传统文学、艺术里，这个原则也依然存在，而且比比皆是。如中国山水画，满纸是树，其中必有直树也有曲树，画面才会生动。这就是所谓“善出奇者，无穷如天地，不竭如江河”（《孙子兵法・兵势篇》）。

三、结语

综上所述，中国传统对序和变的认识与其他民族文化有些不同，讨论的角度和层面也因此而不一样。中国文化思想和行为中包含的序变观来自几千年来人们对自然和社会的观察，以及生产和生活实践的经验积累，并由此产生的带有浓厚悟性和辩证特点的思维方式。这种序变观注重“序”的主导地位，注重“序”和“变”的辩证关系。更为重要的是，它尽力去探索和试图证明“变”的功能和效果。应该说，这种对“序”和“变”的认识是一种文化内蕴的机制，从中体现出中国文化的生命活力。同时它也是一种对世界文化的贡献，可以从另一个角度给予科学辩证法一种补充。因此我们没有必要因为中国文化很少谈到“突变”或不是一种以“变”为目的的文化而妄

① 伊斯顿. 政治生活的系统分析［M］. 王浦劬，等译. 2版. 北京：华夏出版社，1999：25.

自菲薄，甚至认为中国文化是缺少变化的文化。在认识了上述的问题之后，我们下一步要做的工作应当是研究这种序变观如何拓展，以更加适应现代自然科学和社会科学的发展。

思考与讨论

1. 中国传统文化强调序与变、经与权，请简要论述“序”（经）与“变”（权）的关系。

2. 中西文化中对于序变思维的理解有何差异性？请比较说明。

3. 你认为中国传统思维方式有何现代意义和价值？请分析说明。

·参考文献·

[1] 刘长林. 中国系统思维：文化基因透视［M］. 北京：中国社会科学出版社，1990.

[2] 苏才，武殿一. 中国人传统思维方式新探［M］. 沈阳：辽宁教育出版社，1993.

[3] 萧延中. 中国思维的根系：研究笔记［M］. 北京：中央编译出版社，2020.

第三编

中国传统文化的精神实质

本编以文化精神为核心，阐述中国传统文化的精神特质。从文化的内容看，我们将文化分为文化精神、行为方式、物态文化等多个层面，文化精神是文化的中心，文化精神的变革意味着这一文化从根本上发生了巨变。

人文精神、自然情怀、生命境界、中国传统文化的交流与嬗变是本编展开论述的四个向度。“人文精神”一章以“人学”为切入点，比较分析了儒家的人性善恶论、道家的人性真伪论、佛学的佛性普存论，将继善成性、全身葆真、见性成佛三家理念互释相诠，以求构建中国传统人文精神的全貌。

道家精神是中国传统文化精神不可或缺的一面，与儒家精神交相影响，合流渐变。本编分析了老子的自然观、庄子的逍遥游与齐物论、宋明理学的天道观，将道法自然、自得相对、天行有常作为讨论的重点。

中国传统文化还体现出知行合一的特点，中国先民以在生命中践行所知所学，进而以追求人生境界的提升为生命修养方式，其理想人格是超越有限的小我，进入贤人、圣人、神人、真人、佛等至尚境界。本编以儒道释三家的生死观、中国传统宗教观、《周易》的生命智慧为中心，阐述了中国传统文化精神重人生、重人伦、重功夫的文化特质。

就中国传统文化的生成流变而言，中华文化一直在与其他地域文化的交流中不断发展变化。本编以此为中心展开讨论，围绕多元文化融合的途径、中外文化交流的途径与特征、传统局限与现代转型，考察中国传统文化的生成与嬗变。

第七章　人文精神

中国传统文化的"人学"向度——以儒为主

学习目标

定义：儒道释三教中的人性论。

描述：人性善恶论、人性真伪论、佛性普存论是儒道释三家思想的核心话题。

理解：性朴论、性善论、性恶论、佛性论。

分析：传统人文精神的特征；儒道释人性论的当代价值。

人文主义是一种讲人的文化，突出人的命题的思想或流派。人文主义所强调的是对人的关注、关心、理解、爱护和尊重，将人当作人，而非物或神的附属，对生命本身予以终极关怀，使生命的超越成为生活的目的，使人自身能够充分地存在。与人文主义相对的主要有两种倾向：神文主义及将人工具化的倾向。神文主义是将人之为人归结为神的存在，将人视为神的附属。而工具理性的极端化是将人视为物，以物的方式对待人，将人之价值限于工具价值，可概括为人的物化或异化。

从人类早期文化的形态看，无论是中华文明还是其他的地域文明，其发展之初都经历过从原始神文到人文的转变，皆有一段人类理性力量崛起以人文反思神文的过程。在西方是古希腊罗马时期，在中国是春秋战国时期。古希腊之思想进程经历了从崇信宙斯等诸神存在的神话时代至以水火土气为本原的自然哲学时代，再变至以"认识你自己"为核心的人文时代。中国古代人文主义的发展也经历了从早期鬼神天命信仰到以德配天的理性反思，再至春秋战国时代的诸子百家争鸣的发展历程。可以说先秦诸子皆从不同角度反思夏商周三代的宗教观念、社会建制，以为当时之个人、家、国、天下寻求进路。其中以儒、道、墨、法四家影响最大，而对中国传统文化影响至深的则是儒道两家。自汉武帝罢黜百家独尊儒术后，儒学与政治联姻，成为中国传统文化的主干。道家思想则有强烈的本体论意味，可称之为中国哲学的基石。佛教是源于印度的外来思想，传入于两汉之际。至魏晋时期，其思想开始受到重视，至隋唐与儒道三足鼎立，完成了本土化进程，自成一派。如果我们将中国传统文化的发展视为中外文化交流的结果，那么其中的主流则是儒道互补以迎接外来文明，主要是佛教的挑战，最终演变为儒道释三教合流的过程。

就中国古代人文主义的进程而言，其特点主要体现在对群体价值的追求。先秦诸子无论其学术观点如何，他们思想的指向是趋同的，即要为春秋战国这样一个以强凌弱之战乱时局画上一个句号，建构一个和平、和谐的新时代，所以他们的思想皆带有政治哲学意味。儒家要建立大同世界、小康国度；道家则提倡小国寡民；墨家则认为社会应兼爱、尚贤，农家则提倡“并耕而食”。就其实现社会政治理想的进路而言，体现出将对社会群体利益的追求建立在个体道德修养之上的特点，儒家强调君子人格，成贤成圣；道家强调返璞归真，成就真人；墨家提倡尚贤，以鬼神激励士人成就圣人品格。如果我们将这些思想与佛教思想相比较就可以看到，早期传入的佛教思想凸显的是出世情怀，世俗世界是其所超脱的苦海，思想特质与诸子思想殊异。如东晋净土宗初祖慧远在《沙门不敬王者论》中认为在家修行的居士应遵循世俗伦理，敬君事亲，而出家修行的沙门则不应以世俗为法，而应高尚其事，不敬王侯，将僧侣世界与世俗社会分而为二。虽然其言“如来之与尧、孔，发致虽殊，潜相影响；出处诚异，终期则同”，但我们应看到这些思想已非佛陀本意，而是佛教思想传入后与中国文化不断融合的表现。

以人文主义考察中国传统文化，儒道释三教皆有诸多关于人的思考。将之合而观之，有以下三个特点。

1. **重人生**

儒道释三教皆认为人生是不断追求和完善自我的过程。自我之完善不是局限于个体的修养本身，而是要将它施于身外，影响他人。但他们所设立的理想人格不同，儒者希望成就圣贤；道家以得道为目标，而道教则以长生久视成就神仙金身为极致；佛教则设罗汉、菩萨、佛等果位以印证修行境界。具体来说，儒家以修身、齐家、治国、平天下为进阶之梯，设立由明明德，而亲民，而止于至善的人生三重境界。与此相应，《易传》中也有经由极深研几而崇德广业而开物成务的人生设计。道家所追求之人生，是体道之人生，自然无为，自由逍遥，虽然其思想对世俗伦理多有批判，但《庄子》中“独与天地精神往来而不敖倪于万物，不谴是非，以与世俗处”（《庄子·天下》）的论断却影响深远。佛学以成佛为目的，而“佛”之本意即是要自觉和觉他。成佛是要在人生中体会佛理而求得解脱。所以佛教虽然设立净土以否定此岸之人生，却又不得不在此岸之修行中了断业报达于净土。至禅宗则进一步主张在此岸的人生中就可以见性成佛，“愚人智人，佛性本亦无差别，只缘迷误。迷即为愚，悟即成智”（《六祖坛经》）。所以三教虽所言有异，但无不告诫信仰者在人生过程中应以果勇之精神追求各自之道。老子言“上士闻道，勤而行之”（《老子》第41章），只是三教所行之道不一而已。

2. **重人文**

中国传统文化中的人文倾向在源头主要是针对神文而来，而其特点又异于近代西方文艺复兴时期的人文主义。后者是对基督教神学的反动，而前者则是源于对中国原始宗教观念的反思。西周总结殷商灭亡的原因，提出以“德配天”的观念，以人之能动性将人挺立于天地之间。《周易·系辞下》言“天地设位，圣人成能；人谋鬼谋，百姓与能”，个体有能力通过自身主观能动性之发挥而参与天地变化，并与天地并列为三才。儒家从德性的层面展开对人之特性的思考。孔子为德字配置了一核心理念——仁。他认为仁是源于生命内在的一种动力，“克己复礼为仁。一日克己复礼，天下归仁焉。为仁由己，而由人乎哉?”（《论语·颜渊》）孟子以性善说为据，认为人皆有四端，皆为天生的良知良能，发此四端既可为仁义礼智四德。所以仁德非由外来，而是内据于己。他言人生之境界，“可欲之谓善，有诸己之谓信，充实之谓美，充实而有光辉之谓大，大而化之之谓圣，圣而不可知之之谓神”（《孟子·尽心下》）。由善而信而美而大而化而圣而神的过程，其本质即是尽心养性而知性知天的过程。荀子虽然从人的生物性角度思考，将个体之本能欲望与社会之发展对立，但他亦看到了人之为人的特殊性，希望通过礼法教育而提升个体素质。道家有消人合道的问题，荀子讥其“蔽于天而不知人”（《荀子·解蔽》），但其思想却有着对人世百态的静观默察，希望能将个体从无生命之秩序状态中超越出来，去追求本真的生活。“能体纯素，谓之真人”（《庄子·刻意》），人之本性是显现道的自由自然，为何要为了世俗之功名利禄而伤生残性呢?道家这种对世俗功利主义的反思放至现代社会依然有其意义。至魏晋，玄学家则引道入儒，打通入世与超然，“故圣人常游外以冥内，无心以顺有，故虽终日见形，而神气无变；俯仰万机，而淡然自若”（郭象《大宗师注》）。“夫圣人虽在庙堂之上，然其心无异于山林之中。”（郭象《齐物论注》）承担社会责任、履行个人义务和心性淡泊自由有了可以调和的可能。自此，中国的隐士不再以隐于野为最高境界，而是以隐于朝为心性修养的极致。佛教将人生理解为苦的集合，以苦集灭道为四圣谛，将此世人生现实状况解读为因果业报循环的结果，人生之目的即是解脱而超越至净土彼岸。可见佛学之本意并非教人迷信，而是教人效法佛陀觉悟人生进而完善自身。其成佛的根本力量是源于内在的佛性，而非外在佛陀的庇佑。概言之，三教皆认为个体可以通过自身之修行功夫达到相应之果位，这种修行之动力是内在的，而非外部赋予的。人生即是修行功夫的过程，外在的功名利禄等皆不过是人生之体验，不应过于看重。所以人生本身即是一种价值，个体在成圣、成仙、成佛的起点上并没有本质的区别，之所以结果各异是缘于个体能动性发挥强弱或个人修行力度的大小，在这里我们也可将其看作是一种朴素的平等观。

3. **重功夫**

三教思想虽皆有哲学般的思辨，但其本质却是一种修行体验，即功夫之学。所以从根本上言，中国传统之学术并不同于发源于古希腊的哲学。哲学强调的是思的过程，而中国传统文化则重在行的功夫。儒家的三纲领八条目，其核心的理念即是实行功夫。《中庸》言“博学之，审问之，慎思之，明辨之，笃行之”，最终之目的在笃行，“有弗行，行之弗笃，弗措也”（《中庸》）。孔子言：“行有余力，则以学文。”（《论语·学而》）所谓学，学的是如何做人，“文”是“做”的补充和辅助。“贤贤易色；事父母，能竭其力；事君，能致其身；与朋友交，言而有信。虽曰未学，吾必谓之学矣。”（《论语·学而》）孟子言“我善养吾浩然之气”（《孟子·公孙丑上》），他将自然之气转化为德行之气，提出养气说培育气质，“尽其心者，知其性也。知其性，则知天矣。存其心，养其性，所以事天也。夭寿不贰，脩身以俟之，所以立命也”（《孟子·尽心上》）。他提出了一套带有神秘主义色彩的养气功夫说。宋儒杂道佛入儒，改道家静坐与释氏禅定为诚敬功夫，主张半日静坐半日读书。老子强调致虚极守静笃，庄子进一步以心斋坐忘涤除玄览为功夫之道。道教则以炼丹服食、呼吸导引为务，及发展至仙学则以性命之学为用功方向。佛教虽宗派林立，传法谱系各异，但皆有悟道参佛之功夫。华严宗以止观为法门，通过对真空观、理事无碍观、周遍含容观三观体认明悟法界缘起，达于无碍自在、圆融俱足之境界。禅宗以禅定为功夫，但也主张在洒扫应对担水劈柴的日常生活中体悟禅理。概言之，三教皆以功夫求境界，知识不过为修行的补充或准备，有时甚至被解读为修行的负累，需要忘知才能提升修养。如果说道家的“为道日损”、禅宗的“不立文字”等对知识的态度稍过极端，那么王阳明所说的“知是行的主意，行是知的功夫；知是行之始，行是知之成”的知行合一观就显得是中和了（王阳明《传习录》上卷）。但三教义理之内在思维进路是一致的，即通过修养功夫追求人格之完善抑或超越境界。概言之，中国传统文化不应只是思辨的学问，更应是修行的功夫。综上所论，儒道释三种文化传统的核心精神皆体现了对人生的思考、对人文的考量、对功夫的体认。虽然三教思想皆有其历史的局限，但却可以被重新解读注释以符合当代社会之需求。

对人性的思考是中国传统人文精神探讨的核心话题。何谓人性？人性即是人的本质或本性，是人与他物相区别之根本。探讨人性有其意义，雨果在其《悲惨世界》中言道：“人心比任何地方都更炫目，也更黑暗；精神的眼睛所注视的任何东西，也没有人心这样可怕，这样复杂，这样神秘，这样无边无际。有一种比海洋更宏大的景象，那就是天空；还有一种比天空更宏大的景象，那就是人的内心世界。”禅宗言，一念天堂，一念地狱，人心之一念即可致成败。美国管理哲学家道格拉斯·麦格雷戈在《企业的人性面》中说：“在每一个管理决策或每一项管理措施的背后，都必有某些关于人性本质及人性行为的假定。”他认为，任何管理具体措施的制定，都必然以人性假设为基础或前提。事实上对于中国人文精神而言，不同的人性论学说即意味着不同的功夫论、政治观、社会观。

人性，即是人的本质或本性，是人与他物相区别之根本。

就人性论研究的方法而言，主要有两条进路。一条进路是从科学求真的角度研究人的本质，人之异于他物之地方。比如现代心理学的方式，研究人之意志、意识等。再如现代管理学，通过科学实验提出人的假设。现代管理学理论中的 X 理论、Y 理论、超 Y 理论即分别对应着经济人假设、社会人假设、复杂人假设。这些理论假设的提出皆有相关社会科学实验，是在科学求真的角度上，以统计分析的方式，以数学建模的形式探求人性的可能状态。研究人性论的另一条进路是哲学进路，从道德伦理即德性价值的角度探讨人性善恶真伪等问题，对人性之善恶进行哲学思考。中国传统人性论的思考主要是第二条进路。在此进路上，儒道释三教皆有关于人性的深刻反思，儒家采用的是人性善恶的向度，道家则从人性真伪的角度，佛教则思考佛性是否普遍存在的问题。

儒道释三教皆有关于人性的深刻反思：儒家的人性善恶论——人性善恶的向度；道家的人性真伪论——人性真伪的角度；佛教的佛性普存论——思考佛性是否普遍存在的问题。

一、继善成性：儒家的人性善恶论

1．“生”与“性”的文字学解读

“性”的本字应为“生”。《说文解字》中，“生，进也。象草木生出土上”。甲骨文生，如（粹 1131），为草木破土萌生之象，可见“生”的本义为生出、生长，如“若弗与，则请除之，无生民心”（《左传 · 隐公元年》）。性，（说文解字），从心从生，“性，人之阳气性善者也”。以性为善，当是晚出之意。“性，质也”（《广雅》）。性的本义是“生而然者”，即天生即有的品质。如告子“生之谓性”，“食、色，性也”《孟子 · 告子上》），荀子“生之所以然者谓之性”（《荀子 · 正名》），董仲舒“如其生之自然之质谓之性”。在春秋以前的典籍中，“生”与“性”经常互用通假。从新出土的文献看，在春秋战国之时“性”与“生”字并没有完全分开，如郭店楚简《性自命出》中，性字写作“眚”字，而周代金文中一些生字也写成“眚”。徐复观指出：“由现在可以看到的有关性字最早的典籍加以归纳，性之原义，应指人生而即有之欲望、能力等而言，有如今日所说之本能。”[①] 概言之，在商、周之时，人性的普遍含义是指人生而即有的生理欲望、身体本能，所以“性”与“欲”常被关联在一起。

与“生性”“欲性”相关联的是“德行”或“德性”。从古文字而言，甲骨文中德从彳（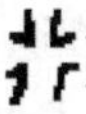）从直（），金文中又从心（），徐中舒认为値字应为德字的初文[②]，其本义应是张目四望，看清道路，有所得而定向前行。所以德与行相关，亦与得相联。如“王德于止（此）若”“王德出”，“王德某方”等[③]，这里的德皆作出行、巡行之意。又“贞，亡（无）德?”（乙 375），“贞，（有）德?”（乙 907），祭祀帝神或祖先，获得其降下的启示即为得。《礼记・乐记》言“德者，得也”，以德为循，其本义应是遵循帝神或祖先神之意旨而行。而《广雅・德韵》：“德，德行，悳，古德字。”《说文》又言：“悳，外得于人，内得于己，从直，从心”，皆以直心为德，释德为美德善行，当是晚出引申之义。盖有所得于神，是神助人；有所得于己，是成就自身；助人有所得，是成人利他，当为美善之行。可见“德”之本意并非意味“善”，德行是人之行为的统称，如《逸周书・常训》：“允德以慎，慎微以始而敬终，乃不困。”《尚书・虞书・尧典》言“克明俊德，以亲九族”“否德忝帝位”，允德、俊德指善行，而否德则指恶行。所以“德”在商、周之时只是人之行为的客观描述，往往要前置相应的修饰词以区分其品行。

如果人性指人之本能，那么这种天性如不加节制则可能表现为有损他人的行为，伊尹认为太甲的行为不当，又认为“习与性成”（《尚书・商书・太甲上》），即习惯可以造就性格，美德可以养成，所以将其禁于桐宫三年，以教化其德行，最终太甲“克终允德”才归还帝位。《尚书・商书・西伯戡黎》中，祖伊亦指责纣王，不是先王不庇佑商朝，而是纣王“不虞天性，不迪率典”，所“天弃我，不有康食”。郑玄注曰：“王逆乱阴阳，不度天性，傲狠明德，不修教法。”虞天性即是要节天性，《尚书・周书・召诰》曰：“节性，惟日其迈。王敬作所，不可不敬德。”节度本能欲望，并修明德，迪率典是当时思想者所寻求的修德理政之路。《国语・周语》则言“夫戎狄冒没轻儳，贪而不让，其血气不治，若禽兽焉”，治血气即是要节其自然天性。

“节性”的反面即是“失性”，失性是放纵其天性欲望。如《左传》中师旷所言天命君主司牧百姓，目的是“勿使失性”，又立臣属以辅助君主，以“勿使过度”（《左传・襄公十四年》）。以天的至上性表明君臣之权皆在于维系百姓之天性，不使其放纵以至暴乱，也不能不得维持以至丧其生命。天性中含有人生存的基本欲求，所以“失性”又与“厚生”“厚性”相关。《尚书・虞书・大禹谟》记载大禹认为“德惟善政，政在养民”，“正德、利用、厚生、惟和”。“厚生”也可以理解为厚其性，满足人之生

① 徐复观．中国人性论史：先秦篇［M］．台北：台湾商务印书馆，1987：6．

② 徐中舒．甲骨文字典［M］．成都：四川辞书出版社，1989．

③ 郭沫若．甲骨文合集［M］．北京：中华书局，1982．

理欲求。《国语·周语》上载祭公谋父谏周穆王曰："先王之于民也，懋正其德而厚其性，阜其财求而利用其器用。"《国语·晋语四》："懋穑劝分，省用足财，利器明德，以厚民性。"这里的民性与民生是可以合观理解的。

综上而言，①从文字上分析，商周之时"生"与"性"相通，人性的普遍含义是指人生而即有的生理欲望、身体本能，人性与人欲相关，所以要"节性""度性"；而人之生理欲求又是人之生存的必然表现，所以又需"厚生""厚性"。②"德"在商周之时只是人之行为的客观描述，是一中性之辞，"德性"的本质含义是指"德行"，还不必然是指善性。③"习与性成"的观念已然出现，后天教育可以修正人之行为，这一思想对中国的人性论影响深远，孔孟荀等原始儒家以至宋明新儒学都有这一思想的体现。

"生"，其本义为生出、生长。

"性"，其本义是"生而然者"，即天生即有的品质。

人性，普遍含义是指人生而即有的生理欲望、身体本能，所以"性"与"欲"常被关联在一起。

2. 儒家的人性论

如果人性即指人的自然本性，而自然本性又指向动物本能、生理欲求。那么人与动物的区别在哪里呢？儒学最终选择以性善作为人之为人的内在本质规定，以回应此问题。性善论的主旨是思考人之内心世界，并将之作为现实行为的哲学基础，将人之性与人之心相关联，以心论性，心性论就成为中国思想家探讨社会人生所必须思考的前提。孟子说："人之所以异于禽兽者几希，庶民去之，君之存之。舜明于庶物，察于人伦，由仁义行，非行仁义也。"（《孟子·离娄下》）人与动物的区别不在于生理构造之不同，而在于人有仁义等内在道德规定，即良心、良知、良能。他明确提出性善论的观点，将性善作为人的内在规定。相较而言，孔子虽然肯定人有道德属性，但并未明确得出人性善的结论。孔子强调对于人性中的自然生理所可能导致的弊病，应通过学习来改善，君子品格可以养成。

（1）孔子的人性论。在《论语》中孔子对人性的阐述主要是"性相近也，习相远也"（《阳货》）。朱熹在《论语集注》中引二程观点，认为此"性"是气质之性，亦即人天生的自然本能，"若言其本，则性即是理；理无不善，孟子之言性善是也"。朱熹亦自言："此所谓性，兼气质而言者也。气质之性，固有美恶之不同矣。然以其初而言，则皆不甚相远也。但习于善则善，习于恶则恶，于是始相远耳。"[①] 从孔子之前的

① 朱熹．四书集注［M］．北京：中国书店，1994.

人性论的普遍含义看，二程及朱子的解释是恰当的。在孔子看来，人的自然性状是相近的，而后天的习染不同却会导致君子与小人的区别。将性与习相对，孔子显然是受到“习与性成”观念的影响，贾谊《新书·卷五》也引孔子言：“少成若天性，习惯如自然。”董仲舒在解释孔子的人性论非性善论时曾说：“性者，天质之朴也；善者，王教之化也。无其质，则王教不能化；无王教，则质朴不能善。”（《春秋繁露·实性》）这一理解应是符合“性相近，习相远”之本意的。

就习而言，孔子人性论的重点是如何通过后天努力而达于理想人格。孔子认为君子学习的内容应是诗书礼乐，追求的人生境界应是君子仁人。具体来讲，君子“志于道，据于德，依于仁，游于艺”（《述而》），应“兴于诗，立于礼，成于乐”（《泰伯》）。而对于人的自然本性应当节治，如“君子有三戒：少之时，血气未定，戒之在色；及其壮也，血气方刚，戒之在斗；及其老也，血气既衰，戒之在得”（《季氏》）；“食不语，寝不言”（《乡党》）。曾子亦言“君子所贵乎道者三：动容貌，斯远暴慢矣；正颜色，斯近信矣；出辞气，斯远鄙倍矣”（《泰伯》）。概言之，即以礼来约行、以德节欲，“非礼勿视，非礼勿听，非礼勿言，非礼勿动”（《颜渊》）。此即《性自命出》所谓“习者，有以习其性也”。从人之自然性上言，孔子认为人天生的气质有所不同，“柴也愚，参也鲁，师也辟，由也喭”（《先进》）。高柴愚笨，曾参迟钝，颛孙师偏激，仲由莽撞，但这些气质是可以通过后天学习变化，下学而上达，文质彬彬，然后君子。而人之初，在生理上是相同居多，“人之生也直，罔之生也幸而免”（《雍也》）；“古者民有三疾，今也或是之亡也。古之狂也肆，今之狂也荡；古之矜也廉，今之矜也忿戾；古之愚也直，今之愚也诈而已矣”（《阳货》）。

概言之，孔子关注到人的自然性一面，但更加注重的是人的社会价值，他构建了以“仁”为核心、以“礼”为目标的学说体系。仁是孔子对人之社会性的最高概括。他将此社会性建构在家庭血缘伦理的基础之上，“孝悌也者，其为仁之本与”（《学而》），提倡在家庭血缘伦理的践履中培育人与人之间的关系伦理。为仁之方法，在于“忠恕”。忠者“己欲立而立人，己欲达而达人”是尽己之心（《雍也》）；恕者“己所不欲，勿施于人”，是如人所愿（《颜渊》）。虽然子贡说“夫子之言性与天道，不可得而闻也”（《公冶长》），但我们可以看出，孔子在“以生论性”的基础上提出了新的创见。①孔子重视后天的教育，希望学而成性，导人向善。②孔子明确认识到社会环境对人的影响，并认为人自然性虽有差别，但从生理本能上讲是相近的，而社会环境即社会习染是致人善恶的主要原因，所以注重社会风气的培育。③孔子虽没有明确提出人性善，但却从人的社会性角度提出仁学理论，以仁培养德行，以礼节治行为，并言“为仁由己”，“我欲仁，斯仁至矣”，强调道德价值的自我意识，开启了道德内化的心性论先河。

（2）孟子的性善论。“性本善”是孟子对人性论的基本概括，“孟子道性善，言必称尧舜”（《滕文公上》）。孟子性善论的社会政治指向是仁政学说。“人皆有不忍人之

心。先王有不忍人之心，斯有不忍人之政矣。以不忍人之心，行不忍人之政，治天下可运之掌上。”（《公孙丑上》）

针对当时社会的人性论如“性无善无不善”“性可以为善，可以为不善”“有性善，有性不善”等，孟子言“乃若其情，则可以为善矣，乃所谓善也。若夫为不善，非才之罪也”（《告子上》）。这里的“情”指实情之“情”，如“夫物之不齐，物之情也”（《滕文公上》），“上好信，则民莫敢不用情”（《子路》）。就人性的本然状态而言，都是可以为善的，现实生活中人的善恶不同缘于具体的社会原因，并非其天生的资质问题。孟子称这种天生具有行善的能力为“良能”，生而具有的道德意识为“良知”。“人之所不学而能者，其良能也；所不虑而知者，其良知也。”（《尽心上》）他认为亲亲之仁，敬长之义皆是天生的良知良能。

孟子以四端说解释人性善的内在性。他言“所以谓人皆有不忍人之心者，今人乍见孺子将入于井，皆有怵惕恻隐之心，非所以内交于孺子之父母也，非所以要誉于乡党朋友也，非恶其声而然也。由是观之，无恻隐之心，非人也；无羞恶之心，非人也；无辞让之心，非人也；无是非之心，非人也。恻隐之心，仁之端也；羞恶之心，义之端也；辞让之心，礼之端也；是非之心，智之端也。人之有是四端也，犹其有四体也”（《公孙丑上》）。恻隐之心（不忍人之心）、羞恶之心、辞让之心、是非之心，为人内在天生具有的善端，只要执之不失，即可以形成仁义礼智四德，所以“仁义礼智，非由外铄我也，我固有之也，弗思耳矣”（《告子上》）。君子与小人的区别，人与禽兽的区别即在于能否守住此心，“人之所以异于禽兽者几希，庶民去之，君之存之。舜明于庶物，察于人伦，由仁义行，非行仁义也”（《离娄下》）。四端之心的关键在恻隐之心，即不忍人之心，也即同情同理心，其本质是人的社会性。

孔子虽言“为仁由己”，强调道德实践的自觉性，但却未将仁义等德行内化在道德主体之中。孟子则将人之四德视为良能，其形而上基础为义理之天，“仁义忠信，乐善不倦，此天爵”（《告子上》），“夫仁，天之尊爵也，人之安宅也”（《公孙丑上》）。人之善是继天之理，所以天人在本源上是相通的，天与人在道德性是合一的，此即天人合德。因此孟子言“尽其心者，知其性也。知其性，则知天矣”（《尽心上》）。尽心、知性、知天的心性天进路之所以可以打通，是因为孟子不是在知识论的层面探讨问题，而是在寻求道德价值的形上基础。

人之为人的本质即在于人的道德性善，人继善（天爵）而成性。既然人有善的可能性，但“均是人也，或为大人，或为小人，何也?”（《告子上》）孟子的回答是现实世界中人的恶则源于习染，“耳目之官不思，而蔽于物。物交物，则引之而已矣”，所以“从其大体为大人，从其小体为小人”（《告子上》）。这也就是说，孟子认为从性善的角度言，人天生是平等齐同的，所以只要守住四端“人皆可以为尧舜”（《告子下》）。

由四端至四德的过程即是功夫涵养的过程。孟子所讲的功夫主要有尚志集义、求放心以养心、养气三种。所谓尚志集义，孟子认为本性善决定了人的行为应符合善的要求，并追求最高的人生境界，成贤成圣，“仁，人之安宅也；义，人之正路也”(《离娄上》)。他认为尚志即是“仁义而已矣。杀一无罪，非仁也。非其有而取之，非义也。居恶在？仁是也。路恶在？义是也。居仁由义，大人之事备矣”(《尽心上》)。

所谓养心之法，孟子认为在于内求于己，守心不失。守心之法在去欲，“养心莫善于寡欲。其为人也寡欲，虽有不存焉者，寡矣；其为人也多欲，虽有存焉者，寡矣”(《尽心下》)。如果恪守不成，那么就要自我反省，重新寻回良心，即“求放心”。“仁，人心也；义，人路也。舍其路而弗由，放其心而不知求，哀哉！人有鸡犬放，则知求之；有放心而不知求。学问之道无他，求其放心而已矣。”(《告子上》) 孟子要求君子应“存其心，养其性”以事天性即善性，最后达到“不动心”的状态。这与《系辞》中“成性存存，道义之门”、《序卦传》中“穷理尽性以至于命”、《中庸》的“天命之谓性，率性之谓道，修道之谓教”，是一脉相通的。

所谓养气之法，孟子将气与义、道等观念相配合，以儒家的伦理解释气本论，他说“我善养吾浩然之气”(《公孙丑上》)。所谓浩然正气，是指“至大至刚，以直养而无害，则塞于天地之间。其为气也，配义与道”(《公孙丑上》)。天地皆气，在孟子看来，气不是中立无价值的客观存在，而是与道义相匹配，内在于人，即是人的天爵，所以人的浩然之气是“集义所生”(《公孙丑上》)。通过积极践履儒家伦理，不失度又不造作，“必有事焉而勿正，心勿忘，勿助长也”(《公孙丑上》)，不断培养自身的道德理念，不能拔苗助长，从而构建起由善人至圣人乃至神人的人生境界修养进路，即“可欲之谓善，有诸己之谓信，充实之谓美，充实而有光辉之谓大，大而化之之谓圣，圣而不可知之之谓神”(《尽心下》)。

概言之，孟子的人性论有如下四个特点：①孟子关注人的社会性，并认为道德性是人社会性的最高表现，人与动物的本质区别即在此。②孟子认为天人合德，人之善是继天之德，所以人应继善成性，居仁由义，将此天爵充塞四体并影响他人。③孟子将人之本性与人之本心相联系，以心论性，将道德观念内化，开启了心性论的先河，主张将人之自然生命之身修养成道德天命之身，“形、色，天性也。惟圣人然后可以践形”(《尽心上》)。④孟子心性论的政治主旨是要论证仁政学说，首倡君主应以仁心行仁政。

(3) 荀子的性恶论。荀子主张人性恶，但并非与孟子的人性善相对立。荀子同样要回应人之为人的本质，并在其人性论的基础上寻求其政治道路及人生境界的进阶之方。

首先，人与动物有何区别？“水火有气而无生，草木有生而无知，禽兽有知而无义，人有气、有生、有知，亦且有义，故最为天下贵也。”(《王制》) 人作为自然存在，因为人有道义，所以为“天下贵”。那么人与禽兽等最根本的区别即在于义，从这一点看，孟荀是相似的，孟子亦强调居仁由义。自此“人为贵”成为儒家普遍的观念，成为儒学的传统。

其次，义从何而来？孟子的仁义礼智四德是缘于四端之心，是内在天爵的良知、良能、良心，无假外求。荀子则是从社会群体角度给出答案。人“力不若牛，走不若马，而牛马为用，何也？曰：人能群，彼不能群也。人何以能群？曰：分。分何以能行？曰：义。故义以分则和，和则一，一则多力，多力则强，强则胜物，故宫室可得而居也。故序四时，裁万物，兼利天下，无它故焉，得之分义也”（《王制》）。人在自然界中的生存是依靠群体的力量才得以实现。有群体则有分工协作，从而建立秩序，以保证群体整体利益的实现，这一最高利益使族群或社会能够可持续发展。协作的原则即是道义。人人对社会群体尽义务、担责任、讲道义，群体即可形成合力，社会就会发展。反之则“群而无分则争，争则乱，乱则离，离则弱，弱则不能胜物”（《王制》）。所以他说“君者，善群也”（《王制》），“王也者，尽制者也”（《解蔽》）。可见“人能群”，人有社会群体性是荀子人性论第二层面的设定。

再次，现实生活中的个体行为的恶从何而来？如何界定？荀子将善恶的判断标准立在社会群体的利益之上，带有强烈的政治哲学色彩。“凡古今天下之所谓善者，正理平治也。所谓恶者，偏险悖乱也。是善恶之分也已。”（《性恶》）可以说“善恶”在荀子的语言中不仅有道德意义，更主要体现在政治意义上。社会有序即为善，国家动乱即为恶。

荀子接受了“生之为性”的观念，认为“凡性者，天之就也，不可学，不可事”，“不可学、不可事而在人者谓之性”（《性恶》），人不学而会，不事而成的唯天生的本能，“今人之性，目可以见，耳可以听”（《性恶》），“饥而欲饱，寒而欲暖，劳而欲休，此人之情性也”（《性恶》）。这种天生的自然本性，如果放任自流，不加节制，必然会对群体的发展产生不良影响，“今人之性，生而有好利焉，顺是，故争夺生而辞让亡焉；生而有疾恶焉，顺是，故残贼生而忠信亡焉；生而有耳目之欲，有好声色焉，顺是，故淫乱生而礼义文理亡焉。然则从人之性，顺人之情，必出于争夺，合于犯分乱理而归于暴”（《性恶》）。所以必须用礼法制度加以节制，而礼义并非人天生即会，是通过后天习得，荀子称之为“伪”，“可学而能、可事而成之在人者谓之伪”。“凡礼义者，是生于圣人之伪，非故生于人之性也。”（《性恶》）概言之，荀子所讲的人性其实是人的自然需求、生理的本能，是生而就有的，不学而能的。但若顺着人天生即有的趋利避害的本性，必然会引发争夺、动乱。所以从这个角度上说，人性是恶的。

最后，人善的可能在哪里？荀子道性恶，这个恶不是说人性本来就会为恶。事实上荀子更加强调“人性朴”。“性者，本始材朴也；伪者，文理隆盛也。无性则伪之无所加，无伪则性不能自美。性伪合，然后圣人之名一，天下之功于是就也。故曰：天地合而万物生，阴阳接而变化起，性伪合而天下治。”（《礼论》）人的天性是朴实无华的，无所谓善与恶，可善亦可恶，习于义则可能善，顺人之情则可能恶。要对这种恶的可能做出应对。应对的方法就是化性起伪。伪就是社会的人为的礼义法度。由恶进于善，就是化性起伪的过程：“化性而起伪，伪起而生礼义，礼义生而制法度”，“以矫饰人之情性而正之，以扰化人之情性而导之也，始皆出于治，合于道者也”（《性恶》）。

荀子不认同孟子的性善论，并对性善论大加批评。对比二者观点，可以看到：①孟荀皆以生之谓性，但对生而即有的内容理解不同。孟子以四端为人之良知良能，生而即有，不学而能，承继了孔子的“为仁由己”，将人之社会属性内化为人的道德性。荀子则认为人有社会性的一面，即人能群，但人亦有自然性的一面，即人之天性，人的生理本能并不能与“人能群”的社会属性所要求的“道义”天然一致，所以需要后天礼法教化。如果承认人性善，“则有恶用圣王，恶用礼义哉？虽有圣王礼义，将曷加于正理平治也哉？”“故性善则去圣王，息礼义矣；性恶则与圣王，贵礼义矣”（《性恶》）。性恶论是推行礼法并行、王霸杂用的形上基础。②荀子的人性论是多层面的，他主张：人有社会性即“人能群”，进而“人有义”。人又有自然性，此天性朴实无华，无所谓善恶，因而“人性朴”。“人之朴”与“人能群”相合，就要求人应居仁守义，因而要化性起伪。否则自然本性放任失度，则会为乱社会，因而人性恶，强调天人相分。孟子论性的维度主要集中在以心论性，强调天人合德。③荀子的性恶论是将个体的生理需求与社会群体的可能矛盾做一种极端设想，以求防患未然，主张礼法教化并用。孟子则强调人的自觉性，主张人应自觉其善性，守心不失，以至不动心的境界，提倡仁政。

3. **结语**

以善恶论人性是儒家思考人之本质的主要进路。对于商周时期的“以生论性”“习与性成”等观念，先秦儒家从德行伦理的层面升华超越。一方面思考人的自然天性等生理本能，承继节性、度性的观念。另一方面则更加注重人的道德养成。孔子提出“性相近，习相远”，注重以礼约行、以德节欲，强调行仁的内在自觉，虽未明确提出人性善，实已开其先河。孟子将人之德行内化，以心论性，明确主张性善，以天人合德的方式，将人之道德行解读为人的本质，称其为良心良能。荀子则将人的自然性与社会性并观，以人之天性为“朴”，并以“人能群”解释道义的由来。商周的“生之谓性”“习与性成”，被荀子诠解为朴与伪的关系。以人性朴的可善可恶的双向度性涵摄人性善，并以人性恶的可能性为其礼法教化提供基础。就“习与性成”而论，为什么要教化学习（性善或性恶或无善无恶）、怎样学习（功夫）、学成如何（境界）的不同回答构成了孔孟荀人性论的基本分别。但无论其答案如何，又都是在人的道德伦理角度回应，并且最终落实在社会实践中，都要求人应以仁义为德行指向。

人的道德性与自然性的双向度人性考察，到唐代李翱演变成复性说，他以性善情恶，将性情二分，提出君子应忘情复性，以成就理想人格。这种性情二分，发展到宋明儒学，被解读成“义理之性”（天命之性、天地之性）与“气质之性”。将性善归因于天理，将恶行归结于人的本能欲求。朱熹言：“孔子所谓‘克己复礼’，《中庸》所谓‘致中和’，‘尊德性’，‘道问学’，《大学》所谓‘明明德’，《书》曰‘人心惟危，道心惟微，惟精惟一，允执厥中'，圣贤千言万语，只是教人存天理、灭人欲。"（《朱子语类》）天理与人欲被对立起来，人要为善则需存理灭欲。原始儒学的节性，变成了灭欲，这种禁欲主义的道德修养在封建社会后期影响深远。如果我们以人性的儒家二元视野分析当下社会问题，它能为我们以当代社会价值约束自身行为，以德行自觉追求人生意义提供有益补充。

知识拓展：伊尹放太甲

帝太甲既立三年，不明，暴虐，不遵汤法，乱德，于是伊尹放之于桐宫。三年，伊尹摄行政当国，以朝诸侯。帝太甲居桐宫三年，悔过自责，反善，于是伊尹乃迎帝太甲而授之政。帝太甲修德，诸侯咸归殷，百姓以宁。

——《史记·殷本纪》

二、全身葆真：道家的人性真伪论

相较于儒家以善恶论人性，道家则以"道"论"性"，从本体论、宇宙论的角度思考人性论问题。在道家看来，善恶是相对概念，儒学以善恶论人性并不可靠。"大道废，有仁义。智慧出，有大伪。六亲不和，有孝慈。国家昏乱，有忠臣。"（《道德经》第 18 章）所以，与其以相对的知识评说人性，不如见素抱朴、去伪求真。

《道德经》虽通篇不言"性"字，但对于人的本质却有深刻探讨。从宇宙生成论上言，老子认为道生万物，"道生一，一生二，二生三，三生万物，万物负阴而抱阳，冲气以为和"（《道德经》第 42 章）。"天下万物生于有，有生于无。"（《道德经》第 40 章）万物皆由道而来，本质构成为阴阳之气，天人同构。所以"道"即内在于人，是人性的根本。"天得一以清，地得一以宁，神得一以灵，谷得一以盈，万物得一以生，侯王得一以为天下正。"（《道德经》第 39 章）一即是道，天地神人皆得一即得道以为其本性，守住一（道），即守住本性，即可以正常存在与变化。

虽然道不可言，但道性可识。老子认为道性自然。"人法地，地法天，天法道，道法自然"，所谓法自然，王弼解释为"道不违自然，乃得其性，法自然也。法自然者，在方而法方，在圆而法圆，于自然无违也。自然者，无称之言，穷极之辞也"（《老子注》第 25 章）。道法自然，即以自然为性，道性自然。自然不是在道之外另一实体存在，而是道运行的状态自然而然，不强为，不造作。这种运作的方式，老子称之为无为。从生成论言，老子以人由道而来，道性自然落实在人之身上即人性自然，落实在行动中即守雌居下，少私寡欲。（《道德经》第 19 章）老子言："上德不德，是以有德；下德不失德，是以无德。"（《道德经》第 38 章）上德之德，即是有得于道。有得于道，故清静自然，无为若谷。此上德，老子认为应是人之常德，只有"常德不离"，才能“复归于婴儿”（《道德经》第28章），回到天真纯朴状态，“我愚人之心也哉，纯纯”（《道德经》第20章）。所谓婴儿、赤子、愚人，皆老子对常德不离、含德之厚的理解。

对于商周“生之谓性”的人性观，老子并没有从现实角度回应人的生理欲求，而是将人放之于道域之中，将道天地人并列，以天人合道的方式，在哲学的层面解答人之为人的本质。人生而即有的并不是动物本能，而是在大道内化于自身的品性，即道性。域中四大，人处其一，人的应然状态是法天效地以从道性。可以从中看来，老子强调人的主观能动性，认为人可以经由修养回到道性自然的状态，“载营魄抱一，能无离？专气致柔，能婴儿？涤除玄览，能无疵？爱人治国，能无为？天门开阖，能为雌？明白四达，能无知？”（《道德经》第10章）但人的能动的主观性又可能将人的行为引向与道性自然相反的一面，即从欲强为的一面，如持盈而骄，“损不足，奉有馀”（《道德经》第77章）。所求不同，所致结果各异，“故从事而道者，道德之；同于德者，德德之；同于失者，道失之。信不足，有不信”（《道德经》第23章）。为道之人所应追求的是“功成、名遂、身退，天之道”的进路（《道德经》第9章）。

老子并不主张灭欲、禁欲，对人的生理本能，老子认为应满足人的基本要求，但要防止欲望的无限膨胀。对于百姓应“虚其心，实其腹，弱其志，强其骨”（《道德经》第3章），应“甘其食，美其服，安其居，乐其俗”（《道德经》第80章），防止机巧鬼诈之心，回到无知无欲的境界。无欲不应理解为灭禁欲望，而是指基本欲望满足后的心灵平和的状态，“我无为，人自化；我好静，人自正；我无事，人自富；我无欲，人自朴”（《道德经》第57章）。作为治国者，应以无为、好静、无事、无欲的自我修养，以引导百姓自化、自正、自富、自朴，进而实现社会整体的“安平太”（《道德经》第35章）。

庄子继承老子学说，认为人天生的是道我合一，道性才是人之真性，庄子称之自由，真性不失即为真人，“其一与天为徒，其不一与人为徒。天与人不相胜也，是之谓真人”（《大宗师》）。真人“不以心捐道，不以人助天”（《大宗师》）。所以主张葆真生命。庄子认为人的应然状态在于体道返本，因此应去除人为之为，即“性者，生之质也。性之动，谓之为；为之伪，谓之失”（《康桑楚》）。

人之纵欲，庄子称之为物性，“自三代以下者，天下莫不以物易其性矣”（《骈拇》）。无论是求利、求名、求国家抑或天下之益，皆是以外在行为损害人自在自由之性，使人由天然的自在无待状态，异化成依赖他人他物的有待状态，不仅形体不自由，心灵更不自由。可见庄子的人性论虽然同样是对生之谓性有解读，但他从老子道论的角度展开，认为人性的本真状态是无知无欲的素朴状态，“同乎无知，其德不离；同乎无欲，是谓素朴；素朴而民性得矣”（《马蹄》）。

人性的应然状态与实然状态相统一，庄子认为这才是正命。正命在儒家的人性论中是将人之自然生命道德化，以继善成性、居仁由义、死得其所为正命。而庄子的正命在于体道返性，得于自然则正，“彼正正者，不失其性命之情”（《骈拇》）。他认为“今人之治其形，理其心，多以似封人之所谓，遁其天，离其性，灭其情，亡其神，以众为”（《则阳》）。因此真性丧失，纯朴不在。“故卤莽其性者，欲恶之孽。”（《则阳》）所以庄子主张人应“物物而不物于物”（《山木》）。

道家对人性的理解在《淮南子》中被进一步阐发。生之谓性依然是思考的理论起点，“性者，所受于天也；命者，所遭于时也”（《淮南子·缪称训》）。人的本性是无邪无欲的，“人之性无邪，久湛于俗则易，易而忘本，合于若性”（《淮南子·齐俗训》）。人行为之恶，缘于社会生活的习染，如日月欲明，而浮云盖之，河水欲清，沙石濊之。“惟圣人能遗物而反己。”（《淮南子·齐俗训》）概言之，“清净恬愉，人之性也”（《淮南子·人间训》）。因此，“游心于恬，舍形于佚，以俟天命”（《淮南子·诠言训》）。这才是人之为人的应然追求。

就功夫论，体道之本是返性节欲。“省事之本，在于节欲；节欲之本，在于反性；反性之本，在于去载。去载则虚，虚则平。平者，道之素也；虚者，道之舍也。”（《淮南子·诠言训》）“能修其身者，必不忘其心；能原其心者，必不亏其性；能全其性者，必不惑于道。”（《淮南子·诠言训》）全其性，即是保其清净恬愉的本性，“治欲者不以欲，以性；治性者不于性，以德；治德者不以德，以道”（《淮南子·齐俗训》）。所以真人，是“性合于道”（《淮南子·精神训》），是“性有不欲”“心有不乐”，能够“理情性，治心术，养以和，持以适，乐道而忘贱，安德而忘贫”（《淮南子·精神训》）。

综上所述，①道家的人性论是其道论的展开，在道生万物及道为天地之本的宇宙论及本体论的角度诠解“生之谓性”的观念。②道家人性论的核心是道性论问题。老子认为道性自然，所以人性应效法道性自然，无为无欲。庄子认为道法自然，在人性中表现为逍遥自在，无所拘泥，无欲素朴是人之常性。《淮南子》则直言“清净恬愉，人之性”。③道家将人性归于道性，以道性为人性的应然状态，现实中的物欲状态因此被解读为人性的异化，所以主张节欲，强调体道返性，去伪存真，以达到真人境界。

三、见性成佛：佛学的佛性普存论

如果说道家自其道论发展出人性论，佛教人性论的关注点则集中在成佛的可能性上，即是不是所有人皆可成佛。大乘佛教将这一关注泛化，有情众生与无情众生是否皆有佛性成为致思的方向。

佛教基本教义，以人生为苦，如有生苦、老苦、病苦、死苦、怨憎会苦、爱别离苦、求不得苦、五取蕴苦等，而解决的途径，在于修习佛法以达到绝对安定的清净解脱境界。佛教认为这些苦的原因，不是社会、经济、政治等客观环境造成，而是源于人的自身思想认识，转变这种思想，放弃心中的恶念就可能获得解脱，因人心中又存在导人向上的力量，这种可能性佛教称之为自性清净，也可称清净心。这种自性最初被认定为只有释迦牟尼才具有，是佛之本性，因此又称之为“如来性”。佛的本义为觉者，因而佛性又称之为“觉性”。大乘佛教主张众生平等，皆可成佛，经过修行，最终都可能达到佛陀这样的理想境界。因而清净心是普遍存在的，人与佛陀是同一族类，所以佛性也可以称为“佛姓”，姓指“种性”之意，佛姓也就指具有成佛的质地。

小乘佛教对于佛性问题并不关注，大乘佛教认为佛性普在，也即意味着人人皆可以凭此佛性，化凡为圣，脱离苦海，成就果位。如龙树言“若先非佛性，不应得成佛”（《中观论·观四谛品》）。认为如果人无成佛的可能性，怎么能成佛呢？既然能修成佛果，那么一定有成佛的可能性。就印度佛教言《大般涅槃经》中对佛性问题有充分的探讨，该经为如来藏学派的学说之一，东晋时法显首次译出六卷本《佛说大般泥洹经》。《佛说大般泥洹经》强调佛的永恒境界，主张佛的法身恒常，并认为其原因即是佛性常在。烦恼累患遮蔽佛性，因而佛性不显，若修习佛法，去除烦恼，则佛性显现，可闻见，可眼见，成就法身。以此推论，法身是由佛性发展而来的，佛性才是成佛的充要前提。《佛说大般泥洹经》分前后两部分，法显所译经文，只是《佛说大般泥洹经》的前部分。这两部分对佛性是否普遍存在的看法并不一致。法显所译经文言“佛身是常，佛性是我，一切众生（除去一阐提外）皆有佛性”。一阐提，指了断善根，不能成佛的人。那么毕竟有一种人不能成佛，这也就意味着，佛性并不具有普遍性。既然有人依法修行亦不能成佛，那么这一思想必然因不能涵容一切而不圆满。究其原因，在印度，对一阐提的歧视，反映出传统印度社会种姓等级制度的影响，也反映出佛教内部小乘佛教思想的残存。但随着大乘佛教的信众日益，一阐提也被赋予佛性，只要修习佛法，接继善根，也可能成佛。

法显译出经文后，一阐提是否具有佛性在我国曾有过激烈争论。时值东晋，门阀制度等级森严，世俗的社会等级是否亦意味着佛性的等级呢？东晋时期的这场佛性论的争议因此具有了社会现实指向。竺道生将般若学与佛性说接合，以“佛性我”阐述涅槃佛性说，认为“无我本无生死中我，非不有佛性我也”（《注维摩诘经》），主张佛性我，即是本法身，因此一切众生，皆可成佛，“一阐提者，不具信根，虽断善，犹有佛性事”（《名僧传抄说处》）。这一观点因不合于已译出的《佛说大般泥洹经》，被认为外道异端之说，竺道生遭群起攻讦之，等昙无谶译出全本《大般泥洹经》才见一阐提亦可成佛，竺道生一时名气大增。

知识拓展：生公说法，顽石点头

师被摈，南还，入虎丘山，聚石为徒。讲《涅盘经》，至阐提处，则说有佛性，且曰：“如我所说，契佛心否？”群石皆为点头，旬日学众云集。

——晋·无名氏《莲社高贤传·道生法师》

隋代三论宗的吉藏在《大乘玄论》中将当时的佛性说归为三类十二家：第一类两家，从人的角度讨论佛性。①众生为正因佛性。正因，指决定性因素，众生皆有成佛的决定性佛性。②六法为佛性。色、受、想、行、识五蕴及假名的人，合称六法，六法即众生，众生为佛性。

第二类五家，从众生心也即思想上讨论佛性。①心（识）为佛性。众生约而为心识，扩而为六法。六法为佛性，那么就可推导出心（识）为佛性。②冥传不朽之识神为佛性。轮回流转，主体不灭，是谓识神。③避苦求乐为佛性。识神中有导人向善，避苦求乐的作用因而为佛性。④真神为佛性。梁武帝萧衍主张识神的作用是生灭的，但其本体不灭，即灵魂不灭。⑤阿黎耶识自性清净心为佛性。

第三类五家，从理的层面讨论佛性。①从果位上论佛性。众生皆可以成佛，反推佛性普在。②从得理上讨论佛性。一切众生皆有成佛之理。③真如为佛性。真如为心神之体，其用有生灭，时间中有生死，但真如恒常不动，绝于生死，是绝对不变的本体，也即佛性。④以第一义空为正因佛性。⑤以中道为佛性。体认不见空与不空的中道智慧为佛性。

南北朝时，有僧徒以“始有”与“本有”为相对概念探讨佛性问题。持“本有”论者如真如佛性、真神佛性等，认为佛性不是后天习得，是人天然的本性。持“始有”论者，认为佛性是修习的果位，而非本有，因而又称之为“果有”。吉藏言：“地论师云：佛性有二种。一是理性，二是行性。理非物造，故言本有。行藉修成，故言始有。”（《大乘玄论》）他认为这些佛性理论皆执偏为全，应以“非有非无非本非始亦非当现”中道观理解佛性问题。

天台宗智𫖮（智者大师）将佛性分为五种，正因佛性（本有之理，如法性、真如）、了因佛性（观悟佛理的智慧）、缘因佛性（引生佛智的善行）、果佛性（修成佛果所得的智慧）、果果佛性（达到大涅槃所具有的智慧）。方立天认为，这是从理智行果整个修行过程概括佛性的意义。[①] 天台宗以善恶论佛性，认为佛与众生皆同，心中善恶并存。佛因有恶性，所以可现地狱身；一阐提因不断善根，亦可以修习成佛。天台宗止观为法门宣扬一念三千，三谛圆融。智𫖮大师言：“今观明白十法界皆是一识。识空，十法界空，识假，十法界假，识中，十法界亦中。专以内心破一切法，若外观十法界，即见内心，当知若色若识，皆是唯识，若色若识，皆是唯色。今虽说色心两名，其实只一念无明法性十法界，即是不可思议一心具一切因缘所生法。一句名为：一念无明法性心。”（《四念处》卷四）人心之念既可成无明，亦为法性心。

印度唯识学以五种姓说立教，认为不是众生皆可成佛，毕竟有一种人没有佛性，不能成佛。玄奘将此思想引入中国，并创立唯识宗。其弟子窥基，以因位果位说，发挥其思想，认为无“佛姓”的人，可分为三类：虽因位无佛姓，但若善根相继，果仍

---

① 方立天．方立天文集：第7卷　中国佛教文化［M］．北京：中国人民大学出版社，2012：8.

可成佛；因位可成佛，但果位不能成佛；因位果位皆不能成佛。其弟子慧沼认为，就理与行言，众生皆有成佛之理，即不生不灭的法性，但修行佛智慧的种子却有无不定。可以认为是对众生皆有佛性的融合与新解。

禅宗惠能认为佛性是恒常清净的，也普遍存在的，就此点言佛与众生本同。“故知不悟，即佛是众生；一念若悟，即众生是佛。”［《六祖坛经（敦煌写本）》］他认为自性清净，只要识心见性，自成佛道。“故知一切万法，尽在自身心中，何不从于自心，顿见真如本性。”［《六祖坛经（敦煌写本）》］所以即心即佛。成佛无需外求，“佛是自性作，莫向身求”。一念迷则愚，一念明则佛。因此惠能强调自性自度，以发挥修行的主体能动性。

综上所述，①佛教思想中对人性的关注是从佛性问题入手，主要体现在大乘佛教中。佛性的内容亦在不断地演化，从理与行、心与境、空与有等多个角度探讨成佛的可能性，具有内在的逻辑性。②众生皆有佛性的观念与儒道两家的人性假设有可相通之处。孟子认为人皆可以为尧舜，性善是平等。庄子也认为以道观物，万物齐同。这种朴素的平等观为人生的自我选择提供了内在的动力，皆具有导人向善的作用。

思考与讨论

1. 中国传统人文精神有何特色？请谈谈你的理解。
2. 儒家认为人性本善么？请简要分析儒家人性论的发展历程。
3. 道家是如何理解人的本质和意义的？如何评价这些思想的现代价值？
4. 从佛学思想角度，请谈谈佛性与人性的关系。

· 参考文献 ·

［1］徐复观. 中国人性论史：先秦篇［M］. 台北：台湾商务印书馆，1987.

［2］方立天. 方立天文集. 第7卷　中国佛教文化［M］. 北京：中国人民大学出版社，2012.

［3］周耿. 先秦道家人性论研究［M］. 成都：巴蜀书社，2019.

第八章　自然情怀

中国传统文化的“自然”向度——以道为主

学习目标

定义：老子的自然观；庄子的逍遥论与齐物论；宋明理学的天道观。
描述：“道”；无为和有为；天之道；天道观。
理解：老子的自然观的现实意义；宋明理学家的天道观大体的派别。
辨别：老庄思想的区别。
分析：为什么说齐物论是庄子对道家哲学认识论的独特贡献。

一、道法自然：老子的自然观

老子作为道家学派的创始人，堪称中国哲学、思想和文化领域的一座丰碑。《道德经》道尽了自然、人生、政治、军事及经济的真谛。

（一）道论与德论

“道”的本义乃是“道路”。老子把它从一个表示具体事物名称的概念，抽象成为一个世界本原或本体的概念，第一次确立了“道”在中国哲学史上的根本地位。中国哲学正是因为有了包括“道”在内的一系列范畴，才形成了与西方哲学很不相同的特点。所以胡适说：“老子的最大功劳，在于超出天地万物之外，别假设一个‘道’。这个道的性质，是无声、无形；有单独不变的存在，又周行天地万物之中；生于天地万物之先，又却是天地万物的本源。”①

那么，老子所说的“道”是什么呢？

在我国先秦诸子的学说建构中，存在着言道和指物的差异。言道派关注的是天地万物运行的总体状态，指物派关注的是事物之间的异同。用现在的话来说，就是前者注重整体，只见森林不见树木；后者注重个体，更多的是只看到树木而忽略了森林。老子认为“道”是天地运行的根本规律，是宇宙的本源。《道德经》开篇第一章说：“道可道，非常道，名可名，非常名。”② 这两句话是从言道和指物两方面说的：讲大的运行状态是言道，讲具体事物的时候是指物；可以表达的“道”和可以说明的“名”，都只是“道”和“名”的暂时理解或阐释。

老子认为天地万物都生于“道”。《道德经》说：“道生一，一生二，二生三，三生万物。”（第四十二章）万物都是客观存在的，而这个客观存在是从“道”中来的，“道”派生出万物。这是老子道论的根本。由于“人法地，地法天，天法道，道法自然”（第二十五章），因此“道”是自然而然存在的，不是人为或后天形成的。天地有大美而不自言，体现的正是自然而然的运行，这种运行既有规律，也有它的自然性，但老子对这个自然性并没有做出详细论述。我们可以联系《道德经》全文概括出来：

“道”，是宇宙的本体和状态，它的特性是无始无终，没有开始也没有结束，类似于我们现在所说的混沌状态；“道”无形无状，是孕育并存在于天地万物之中的一个形态，这个形态被后代的哲学家有的理解为元气，有的理解为太极；“道”既没有时间，也没有形状、声音和气味，它是万物的本源。天地万物都是从这个“道”中派生出来的，最后又都归于这个“道”。

与道论密切联系的是“德”。在先秦，“德”有两个方面的含义：一是儒家所认为的类似于我们现在所说的德行之“德”、品德之“德”；二是道家所认为的“德”为“道”之本体的外在表现。“道”是一个不可名状的形态，它被人们所感受到的特征，或者是它所衍生出来的对人类社会起直接作用的东西便是“德”。“德”是“道”的派生物，也是“道”的形式或外化。

老子认为“德”是“道”的外化，外化到天地万物和社会运行与治理上。在政治上，老子强调无为而治，因为整个天地都来自于“道”，而“道”又是自然而然的状态，人既然生活在天地之中，就应该顺应天地自然的特点，而不必强行作为。作为统治者则应该摒弃个人的私欲，顺应自然地让老百姓自我发展，具体来说就是保持纯朴

---

① 胡适．中国哲学史大纲［M］．北京：东方出版社，1996：45－46．

② 道德经［M］//诸子集成：第3册．上海：上海书店，1986．（本部分引用的老子言论均出自该书）

的风气，而不要过分用礼、乐来加以教化；不要讲求智慧和技巧，而应该自然而然地治理国家。用老子的话说，就是："我无为而民自化，我好静而民自正，我无事而民自富，我无欲而民自朴。"（第五十七章）老子还用"治大国若烹小鲜"（第六十章）一语来加以比喻，所表达的是同一个意思：治理大国的时候，不要强加自己的意志力，就像烹煎小鱼一样，不要乱翻动，否则便不能保持鱼的形状和味道。由此出发，老子进而反对当时一些学者或统治者的过于作为，指出："绝圣弃智，民利百倍；绝仁弃义，民复孝慈；绝巧弃利，盗贼无有。"（第十九章）老子认为用智慧和权术治国，就违背了自然而然的法则；而讲仁义之道，就会让老百姓无所适从；运用技巧就会分工，有了分工就会有私利，有了私利就会产生贫富差距，而有差距就会有了盗贼的出现。宋代人所见的《庄子》引用老子的话说："道失后德，德失后仁，仁失后义，义失后礼。"① 在老子看来，"道"不能运行的时候只能求助于"德"，"德"不能运作的时候就求助于"仁"，"仁"不行的时候只能讲"义"（责任），而责任感沦丧的时候就只有求助于"礼"了，而这样的社会是每况愈下、不可救药的。因此，他希望回到这样的乌托邦社会："小国寡民，使有什伯之器而不用，使民重死而不远徙……甘其食，美其服，安其居，乐其俗，邻国相望，鸡犬之声相闻，民至老死不相往来。"（第八十章）这是老子心目中理想的社会，也是中国最早的乌托邦想象。众所周知，儒家也有乌托邦理想，他们所标榜的尧舜时期便是，这是试图从历史意义上建立起来的。而老子的乌托邦想象则来自于无为和自然，是"道"派生出来的，是从哲学理念中推导出来的。需要指出的是，老子的这一推导显然是将社会物质文明的进步与"无为和自然"对立了起来。他没有看到社会的生产力水平总是要向前发展的，人们的需求心理也必然随着物质文明的发展而发展。因此，把人们不断提高的需求心理简单地斥之为洪水猛兽，不惜用倒退历史的方法来阻止人们需求心理的发展，实现自然无为的目的，因此是一种逆流的思想。

（二）无为论

"无为"从字面上看，似乎是什么也不做，无所事事，坐等其成。其实不然。"无为"作为老子思想的一个特有范畴，它是要求人们的一切思想、言行都要听从自然法则，即听从"天之道"。服从"天之道"的思想、言行就是"无为"；反之，违背"天之道"（即遵从"人之道"）的思想、言行就是"有为"。儒家的"礼治"和法家的"法治"就是先秦时期突出的"有为"表现。也就是说，"天之道"就像一杆秤、一把尺或一个标准，符合者就是"无为"，不符合者就是"有为"。可见，"无为"与"有为"的区别不在于是否有所作为，而在于是否符合自然法则。汉初黄老学派的代表作

---

① 王安石．王文公文集：第二十七卷　杂著·庄周上下［M］．上海：上海人民出版社，1974：311.

《淮南子》曾举一个形象的例子来说明“无为”与“有为”的区别：一个幼嫩稚弱的小孩和一个力大无比的壮年一道去牵牛，小孩牵牛时牵的是牛鼻子，所以牛乖乖地跟他走了；壮年牵牛时牵的是牛尾巴，因此牛怎么也不跟他走。小孩的行为便是“无为”，壮年的行为则是“有为”。

老子的上述思想看起来不太精致，但却具有深刻的意蕴。首先，老子认为“人事”与“天事”要一致，治理社会不只是人间局部之事，而应放到自然大系统中去考察。《道德经》说：“人法地，地法天，天法道，道法自然。”（第二十五章）人、地、天、自然是一个整体，应遵循统一的道。这种思想对中国古代文化有巨大的影响，中国传统文化中的“整合”观、“和谐”观与老子这一思想具有密切的联系。其次，“天之道”实际上是老子主张的“法上之法”，是道家之“自然法”。它蕴含的深意是，人间统治者不是至高无上的，他们不能为所欲为，恣意横行，而应当接受“天之道”的约束，这种思想反映了老子对当时政治状况的极为不满。

简言之，“无为”就是符合“天之道”。那么，“天之道”是什么呢？要回答这个问题，首先必须明确的是，与当时的其他诸子百家一样，老子的学说也是一种入世的学说，其目的和宗旨也是为了解决社会、民生等现实问题。老子其实是通过“天之道”的范畴、形式来表述他的社会政治主张和人生处世观点。彼岸的“天之道”最终要落实到此岸的人事观，抽象的“天之道”必须表现为具体的社会观。正因为如此，原先抽象的“天之道”还较为客观、自然、纯真的话，那么一旦当它表现为具体的社会政治主张时，就不那么纯真了，其内容就会良莠并存、积极和消极并存、进步和倒退并存，这样一来，就不再完全是老子所追求的客观自然之道了。

“天之道”的内涵十分丰富，《道德经》对此在不同场合有不同的论述。从指导政治生活的角度而言，以下两点是它的精义所在。

其一，“天之道”要求统治者实行“善政”。《道德经》说：“天之道，利而不害。”（第八十一章）“天道无亲，常与善人。”（第七十九章）“天之道，其犹张弓与？高者抑之，下者举之，有余者损之，不足者补之。天之道，损有余而补不足。”（第七十七章）统治者应该公正无私，不偏不党，善待百姓。在老子的时代，尤其要做到天下均平，不能富者愈富，贫者愈贫。

老子认为水是“善”和“无为”的典型，统治者为政应该效法“水德”：“上善若水。水善利万物而不争，处众人之所恶，故几于道。居善地，心善渊，与善仁，言善信，政善治，事善能，动善时。”（第八章）意思是说，最高的善像水一样，它善于帮助万物而不与万物相争，它停留在众人所不喜欢的地方，所以最接近道。居住、存心、交友、言语、为政、办事、行为等都应当以“善”为准则。

其二，“天之道”要求统治者“无事少争”。《道德经》说：“天之道，不争而善胜，不言而善应。”（第七十三章）“夫唯不争，故无尤。”（第八章）统治者不要乐于争斗、勤于说教。不争斗才能善于获胜，不说教才能善于应对。在老子看来，“以无事取天下”，是“以正治国”（第五十七章）。值得指出的是，老子的“无事少争”的主张应用于安民，主要表现为“不扰民”。老子认为，真正高明的统治方法，是不轻易地惊动老百姓、打扰老百姓，让老百姓按照自己的习惯安安稳稳地生活。这样，不仅老百姓能生活得好，而且统治者也能实现了统治。如果统治者为了要实现统治，不断地去惊动、打扰老百姓，使百姓不得安宁，结果适得其反，不可能实现天下太平的统治秩序。前面提到他的形象比喻：“治大国若烹小鲜”。烹煎小鱼时不能过多地搅动，小鱼才能烹煎得好。治大国的道理与烹煎小鱼是一样的。所以说老子堪称是一个厨房里的大政治家。

老子“天之道”的上述两点政治主张，对后世有很大的影响，并产生过积极的作用。前期中国封建社会，有过两次盛世，即“文景之治”与“贞观之治”。两次盛世的治国思想有一个共同点，就是为政之本，贵在无为。汉初以秦亡为戒，君臣俱欲休息乎无为，推行与民休息的安邦政策；贞观君臣以隋亡为戒，推行休养生息之策。李世民曾认为，天下大定，亦赖无为之功。这是一项值得总结的治国经验。但是也应该看到，老子主张的“善政”和“无事不争”，其中也包含着片面强调顺其自然、少作少为的倾向。这种倾向最终又使它得出了一系列极为错误的结论。例如，老子以“柔弱胜刚强”（第三十六章）论证“无为”，指出：“人之生也柔弱，其死也坚强。草木之生也柔脆，其死也枯槁。故坚强者死之徒，柔弱者生之徒。是以兵强则灭，木强则折。强大处下，柔弱处上。”（第七十六章）这种观点具有一定的合理因素，因为它看到了柔弱与刚强的转化，指出统治者的统治不能依恃强暴武力。但是，这种观点也具有很明显的错误。在老子看来，柔弱转化为刚强，祸转化为福，等等，是必然的，无须任何条件。这种转化论显然是唯心主义的。正是这种理论上的失误，使老子一味地强调柔弱，不争，喜好曲、枉、洼、敝、少，只肯定事物的“阴”面，完全否定事物的“阳”面，因此，他的主张充满了消极颓废的沉沦情绪，甚至暴露出玩世不恭的绝望心理。

关于“无为”的含义，有必要指出的一点是，老子和庄子虽然都是道家之代表，都以“无为”为思想核心，但他们对“无为”的解释却有很大区别。老子之“天之道”，对人而言是外在的、客观的；而庄子将“无为”理解为按人类的自然本性办事，认为人类的自然本性是美好的、自由的，顺其发展就能获得幸福，这就是“无为”。所以庄子的“无为”属于主观范畴。这是老、庄思想有区别的重要原因。

（三）影响与启示

这里所说的老子的影响，并不仅限于老子的言论，而是包括他在思想方法和行为追求方面对后世的启发。概括起来，主要有以下三个方面：

其一，言不尽意的倾向。老子认为天地运行的大道是不能被表达和阐明的，即便将它表达和阐发出来，那只是它的暂时理解或阐释，而不是它极致的道理。因为任何可以表达的道理都不是恒久不变的“道”，任何可以说明的名称都不是恒久不变的“名”，它们都只是对“道”的本体进行阶段性或局部性的概括和阐释。由于天地的运行状态和规律是不可穷尽的，也是不可表达的，再加上老子提倡所谓“玄默”（即沉静不语、清静无为），所以道家并不追求用语言来阐明一切。庄子也说：“以天下为沉浊，不可与庄语，以卮言为曼衍，以重言为真，以寓言为广。”[1] 天下的道理是不能用言语表达的，不如通过寓言来比喻，通过意会进行沟通。所以庄子对当时的名家学派总是试图用语言将道理说清楚的努力表示鄙夷，而后世的魏晋玄学所讨论的言意之辩则是这种思想的延续和发展。

其二，反对世俗价值、反异化的鼻祖。在道家看来，相对于天地运行之“道”和自然来说，人类的所有活动，以及社会中所产生的礼法都不过是“道”派生出来的残渣而已。因此，人与其在社会中蝇营狗苟，不如回归天性、回归自然。当然，老子并没有清楚地表达到这个层面，他的后继者庄子则做了许多发挥和发展。比如，《庄子》中讲过这样的故事：楚国请庄子去做宰相，他不去。他说你看这个乌龟啊，有的能钻到污泥里，而有的被洗干净后放到祭坛上，到底哪个好些呢？意思是说，乌龟就应该生活在污泥里，非把他放到祭坛上供起来，实际上是残害了它的生命。还讲过另一个故事：黄河的水不分昼夜，川流不息。牛的肚子虽很大，但让它到黄河边喝水，它能喝多少呢？他的意思是，一个人，你在大自然中能贪多少东西呢？在这里，庄子其实是用这些极端的故事来为世人敲警钟，批评社会使人异化的问题。从这点上看，庄子是人类历史上第一个反异化的人，但他的思想却来源于老子。到了魏晋时期的玄学对这些问题也进行了深入的讨论。

其三，启发了重自我的一派。老子认为天地是自然运作，人在自然面前只能“无为”，只能顺其自然。在老子之后，有个叫杨朱的，据说曾经学过老子的思想，所以与老子有点关系。他把老子的这个结论进一步推展，认为既然天地运作的规律是无法探究的，就不要积极地去讨论这些问题，不要积极地参与到对世界的改造之中，而应该反过来要保全自己，要全性。这个“性”是生命、生性，即人体自我。所以人要珍惜自己，外在的东西都是暂时的，都是累赘，只有自己的生性才是最重要的。也就是说，杨朱学说的要点就是强调为我利己，轻物重生。这与老子的批判意识有些相似，更与庄子的“全天性”之说的出发点是一致的。只不过老子是站在“道”的立场上看社会和人生，而杨朱则反过来站在人生的角度上看“道”。所以说，这种重自我的认识，过分地强调了对个体生命的保护与眷恋，为了追求所谓的全性，就要求废除所有外在的约束，完全顺应生命本身的需求和欲望去满足它、实现它。由于这种认识过分地强调自我，而不愿意为社会做出任何奉献，因此就显得很自私。难怪墨子曾经批评杨朱说，即使拔一毛而利天下，他也不为。老子所谓的顺其自然是强调顺应天道，而杨朱一派则把顺应自然应用到人道

[1] 郭庆藩．庄子集释：卷十　天下［M］．北京：中华书局，1961：1098.

上，并且认为顺着个人欲望的满足也是自然。这种为我利己、重物轻生、全性保真的思想，到了魏晋时期得到了实践和张扬，成为中国传统文化中的一种潜流。

二、自得相对：庄子的逍遥论与齐物论

作为继老子之后最重要的道家哲学家，庄子不仅在宇宙生成论和社会哲学两个方面极大地发展和丰富了道家理论系统，并且首次提出了逍遥论和齐物论，在人生哲学和认识论两个方面对我国文化造成了深刻且深远的影响。

（一）逍遥自在——人生的最高境界

《庄子》内篇的七篇中，逍遥游、养生主、人间世、德充符这四篇围绕着“人应该怎么活”展开，说明原始庄学以人生哲学为其思想系统的重心。尽管内篇的篇名和内容编排皆为后人而非庄子本人所为，但将“逍遥游”列为首篇，的确彰显了“逍遥”理念在庄子人生哲学的核心地位。

“逍遥”一词，庄子本人用了两次，一在《逍遥游》：“今子有大树，患其无用，何不树之于无何有之乡、广莫之野？彷徨乎无为其侧，逍遥乎寝卧其下”；二在《大宗师》：“茫然彷徨乎尘垢之外，逍遥乎无为之业”。庄子后学用了三次，其一在《天运》：“古之至人，假道于仁，托宿于义，以游逍遥之虚”；其二在《达生》：“茫然彷徨乎尘垢之外，逍遥乎无事之业”；其三在《让王》：“日出而作，日入而息，逍遥于天地之间，而心意自得”。这说明两点：一是庄子有明确的逍遥意识，“逍遥游”篇名合乎实际，并非后人妄加；二是庄子强调的逍遥观念在庄子后学中获得了自觉的响应。

庄子在内篇中从三个层面具体地阐述了逍遥理论：第一，人为何不逍遥？第二，怎样才算逍遥？第三，如何才能逍遥？

把逍遥作为人生最高境界，本身就说明现实人生的不逍遥。人有自然和社会两种属性。人作为自然人和社会人都不逍遥。庄子对此有明确的意识，他借小鸟的嘴说：“适莽苍者，三餐而反，腹犹果然；适百里者，宿舂粮；适千里者，三月聚粮。”（《庄子·逍遥游》）到郊外去，一天能走个来回，晚上回来时早餐还没消化，肚子还胀鼓鼓呢；到百里之外的地方去，得在头天连夜准备干粮；要是到千里之外，得用三个月时间来准备食品。庄子这里暗示的就是人作为自然人的两个局限：第一，只能走路。无论去的地方是近还是远，人都只能走着去而不能飞着去。第二，必须吃饭。去郊外不必带干粮，去远的地方得提前准备并且一路肩挑手提着。

人有没有办法超越这些局限呢？庄子认为完全可以做得到。《逍遥游》说：“藐姑射之山，有神人居焉。肌肤若冰雪，淖约若处子，不食五谷，吸风饮露。乘云气，御飞龙，而游乎四海之外。”神人即得道者，一旦得道，即可免去凡人只能走路和必须吃饭的局限，超越生理局限进入逍遥自在的境界。

人作为社会人的逍遥指心灵的自在。但人作为社会关系总和，心灵时时处处被外在世界所左右，与人相处，无论是被肯定的欣喜、被否定的不快、被忽视的失落，都让人难以逍遥。相对于作为自然人生理上的逍遥，心灵的逍遥才是庄子逍遥论的重心所在。

怎样才算逍遥呢？庄子认为宋荣子就是逍遥的榜样，因为他能做到“举世而誉之而不加劝，举世而非之而不加沮”（《庄子·逍遥游》），被全社会夸不因此更得意，被全社会骂也不因此更沮丧。来自外部社会的评价无论正面还是负面，都不会激起内心的任何波澜。换言之，得意或者沮丧完全不是外在引起的心理结果，心灵时刻处在主动状态而不是被客观控制的状态。心灵的率性随意、绝对自由就是逍遥的境界。

那么，如何才能逍遥？庄子对此从正面和反面两个角度、形象展现与概念论述两种手法，对进入逍遥世界的途径加以简洁而又生动的阐释。

第一条途径是用形象展示、从反面说来。本意是无待，却从“有待”就不逍遥说起。

《逍遥游》一开始就写了一只由鲲鱼变成的大鹏，它从北海起飞，一飞就飞上九万里高空，一飞半年直到南海才降落休息。但大鹏腾飞九万里，它的翅膀下也有九万里厚的风在托起它。庄子进一步从反面举例说，水不够深，托起的船就不够大。如果倒一杯水在厅堂中的凹处，那点水就只有一片草叶子可以当船。要是把酒杯放下水中，杯底就会粘地浮不起来了，这是水浅船大的缘故。大鹏表面上逍遥，实际上并不逍遥，因为它要依靠风的托举才能高飞、才能远飞。用庄子的话说，就叫“有待”，有所依靠就不逍遥，庄子认为：顺着天地万物的自然之性，驾驭六气的变化，摆脱对社会的依赖，回到自然中去获得自在。

第二条进入逍遥境界的途径是无己。《逍遥游》说：“至人无己。”至人即得道的人。《秋水》也说：“大人无己。”大人也就是至人。反过来说，无己是“至人”的标志。无己可分三步：第一步即《人间世》所说的“知天子之与己皆天之所子”，认识到至尊的天子和每一个“己”都是大道产物，没有更尊贵或更卑贱的区别。第二步是产生“天之苍苍，其正色邪？其远而无所至极邪？其视下也，亦若是则已矣”（《逍遥游》）的认识，即没义务仰视他人，即使是天子；没资格俯视他人，即使是对草根。没有了崇拜，没有了轻视，这就算有了进入无己境界的通行证。第三步，达到《应帝王》里伏羲的境界：“一以己为马，一以己为牛。”有时觉得自己是匹马，有时觉得自己是头牛，忘记自己是个人，更忘记自己是帝王，没有君临天下的威风和得意。用《天地》的话说，就是“忘乎物，忘乎天，其名为忘己”。把个人的得和失、光荣和耻辱全给忘了，连同社会和自然全给忘了。《山木》举例说：“方舟而济于河，有虚船来触舟，虽有惼心之人不怒。”说坐船渡河，要是有一只在河面上漂着的空船撞上来，哪怕是心胸狭小的人也不会生那空船的气。人要是能把自己的心放空来活在世上，无人理会，自然不会惹来灾祸，自然也就逍遥了。

第三条路叫无功。《逍遥游》说："神人无功。"神人就是得道的人、逍遥的人，姑射山上的神人就是例子。反过来说，要立功就逍遥不了，因为要立的功主要指政治和军事方面的功绩，要立功首先需要有平台，需要机遇，需要能力，需要艰苦奋斗，四者缺一，功业断不可立，而立功的这四个条件都让人不能逍遥。但应该指出的是，庄子不是简单地反对立功，而是反对有意立功，主张以无为达到无不为、不期然而然的成功；同时要求立功者有功不居功。庄子在《应帝王》里说："明王之治，功盖天下而似不自己，化贷万物而民弗恃。"意思是英明君王治理天下，功高盖世却不把功劳记到自己头上，老百姓得了无数好处却不知道那是英明君主的恩德。此亦即《知北游》中所说的"天地有大美而不言"。《老子》第17章说："功成事遂，百姓皆谓'我自然'。"庄子明显继承老子而来，但以无功为进入逍遥境界的门径却是庄子的独创。

第四条路叫无名。名声作为功业的社会认同结果，无论从量或质的指标，即知名度或美誉度上看，达到双高的结果都要付出巨大的努力，都不能逍遥。《逍遥游》借许由的嘴说："吾将为名乎？名者，实之宾也。"庄子认为名声名分都仅仅是实际的派生物，二者不是一回事，所有的名都不可能完全地反映实，因而追求名是一件特别荒唐的事，所以庄子在《养生主》中主张"为善无近名"。

第五条路叫无计划。庄子在《逍遥游》中讲了个寓言："宋人资章甫而适诸越，越人断发文身，无所用之。"宋人想当然地以自己为标准，以为别处也钟情于他们祖宗的衣饰，结果碰了钉子。这故事的表层意义是，客观的需要才是主观计划的制订依据，否则那计划不会收到预期效果。其深层意义是反对人生有计划。因为计划是有目的的思维结果，按计划行事更是明显的有意识行为，都和心灵逍遥的宗旨南辕北辙。

第六条路是知足。庄子在《逍遥游》中讲了个寓言："鹪鹩巢于深林，不过一枝；偃鼠饮河，不过满腹。"森林枝条无数，鸟不过取一枝而巢；黄河滔滔流水，鼠不过饮个肚儿圆而已。其余的枝条、其余的水，再多也对鸟鼠无有用处。悟得此理，人生会多出一分平和悠然。

第七条路叫本分。庄子说："庖人虽不治庖，尸祝不越樽俎而代之矣。"（《庄子·逍遥游》）各人干各事，不揽他人事，自扫门前雪，不要强出头。

从根源上看，人本来就是大道的产物之一，每个人身上都有大道的元素，而大道本身就是自然、自由、自在的，因而悟得了大道，与大道合一，就可以和大道一样，获得自然、自由、自在，也就是逍遥的人生。

上述途径，大多以"无"为关键词，其所以如此，庄子后学在《知北游》中揭出底蕴："为道者日损，损之又损之，以至于无为，无为而无不为也。"提倡减法人生，与儒家的加法人生形成互补，不可偏废。大道生万有，有生于无，无之获得，只能用减法，方能接近。可见庄子的人生哲学是他的宇宙生成论的逻辑结果。

进入逍遥境界途径之多，说明两点：一是庄子对如何到达逍遥人生的考虑非常深入，二是极美的境界并不一定只有极难的途径方可到达。从内涵说明逍遥境界的非凡，难以企及，使之产生并保持巨大的吸引力；从途径说明逍遥境界的平凡，同样使之产生并保持巨大的魅力。

知识拓展：逍遥的样板

连叔曰："其言谓何哉？"曰："藐姑射之山，有神人居焉。肌肤若冰雪，淖约若处子，不食五谷，吸风饮露。乘云气，御飞龙，而游乎四海之外。其神凝，使物不疵疠而年谷熟。吾以是狂而不信也。"连叔曰："然。瞽者无以与乎文章之观，聋者无以与乎钟鼓之声。岂唯形骸有聋盲哉？夫知亦有之！是其言也，犹时女也。之人也，之德也，将旁礴万物以为一，世蕲乎乱，孰弊弊焉以天下为事！之人也，物莫之伤，大浸稽天而不溺，大旱金石流、土山焦而不热。是其尘垢秕糠，将犹陶铸尧舜者也，孰肯以物为事！"

——《庄子·逍遥游》

（二）物我齐一——抹平生死荣辱的纠结

齐物论是庄子对道家哲学认识论的独特贡献。

与在"内篇"中直接运用"逍遥"概念不同的是，《庄子》全书用"齐"字凡58次，"物"字凡330次，但并没有将"齐""物"二字连言的例子，说明庄子本人和后学并没有"齐物"的语言概念，但他们都有明确的"齐物"理念。在《庄子》中，"齐"作为"视为万物为一体、无有分别的认知态度"之义者凡二见，一在《秋水》："万物一齐，孰短孰长"；二在《天下》："齐万物以为首，曰：'天能覆之而不能载之，地能载之而不能覆之，大道能包之而不能辩之。'"后者明言是"古之道术有在于是者，彭蒙、田骈、慎到闻其风而悦之"，评论的是稷下道家学派。庄子后学的万物齐一观念是从原始庄学继承而来。

《齐物论》列在内篇之第二篇，篇名和篇次虽为后人所为，但《齐物论》全篇围绕题旨展开，而《秋水》几乎就是《齐物论》的展开版，其观念和文风与母本几无二致。

庄子在篇中指出："一受其成形，不亡以待尽。与物相刃相靡，其行尽如驰而莫之能止，不亦悲乎！"每个人一生下来就"与物相刃相靡"，无法避免，"不亡以待尽"，直到生命终点，说明庄子对为何提出齐物论有清晰的动机，它从宇宙生成论出发，以人生哲学为落脚点，解决作为社会人无法逍遥的现实困境。

认识论即怎么看自己、看别人、看社会、看自然、看事、看情、看理，庄子以一个"物"字概括了这些复杂的认识对象，它包括可见可闻可触摸的有形的人与事物、不可闻见只能感知的无形的世俗观念。

齐即齐一、等同、混同，是对两个或多个有形物体或无形观念之间的一种比较判断。而常识告诉人们：物几乎不可能齐。天地间的事物完全相同的极少，大为不同或小有差异的极多。庄子所讨论的并非现实中相同事物的同质性问题，而是要说明从常识看来差别极大甚至性质完全相反的事物之间的相同性。

庄子的“齐物”从有形到无形，从具体到抽象全面展开。主要命题如下：

一是大与小。《逍遥游》提出了“小大之辩”，大鹏与斥鷃的形体大小之别和由此引出的动静、心志的大小之别。在《齐物论》中，庄子进一步展开论述：秋天鸟兽新生绒毛的尖端之小，泰山之大，这种有形物具有空间特性，大小一目了然。但在庄子看来，“天下莫大于秋豪之末，而太山为小”。秋豪之末当然是微不足道的，小到肉眼难以看清，但和以虚无为特征的万物本原的大道相比，它无疑是个“有”的存在，与“无”相比自然是巨大的；同时，大道生天生地生万物，在人眼里高耸巨大的泰山只不过是它的一个产品，泰山在大道这一无边的母体面前当然也就小得微不足道了。可知大和小是相对的，关键是拿什么来做参照物。世人的大小观念，是具体比较得出的结果。而从终极比较看，大的其实并不大，小的其实并不小。为什么要说大与小其实没有区别呢?《齐物论》道出其中原因：“大知闲闲，小知间间；大言炎炎，小言詹詹。其寐也魂交，其觉也形开；与接为构，日以心斗：缦者，窖者，密者。小恐惴惴，大恐缦缦。”这里说的大知和小知、大言和小言、大恐和小恐，都是程度上的高低而非外在形态的粗细。大小知只是个引子，大小言也只是个外壳，大小恐问题才是核心。善辩的人有更雄辩的人等着，得意惯了，一旦受挫，那恐惧会来得比一般人的大。雄辩带来的心理优势地位很能让人陶醉，这必然让主体处心积虑地加以维持，这当然费心劳神；智商口才平平的人在社会上处于弱势地位，要想出头很难，不出头又窝囊，这更累心。大智有大言，但也有大恐，小智只能小言，同样避免不了小恐，一样地伤害人的自在天性。身在高端的人维持位置不容易，身处草根的人维持平静心情更难，那就干脆什么也别维持，反正到头来都归于大道。超越当下之异，放眼终极之同，这会让人少一些痛楚，多几分平和。

二是寿与夭。《逍遥游》提出了“小年不及大年”的命题：“奚以知其然也？朝菌不知晦朔，蟪蛄不知春秋，此小年也。楚之南有冥灵者，以五百岁为春，五百岁为秋；上古有大椿者，以八千岁为春，八千岁为秋，此大年也。而彭祖乃今以久特闻，众人匹之，不亦悲乎?”表面上肯定大年否定小年，这和小大之辩中肯定大否定小一样，采用的是欲抑先扬，然后把曾经的抑扬都全部否定，最后达到肯定“无”的强烈效果。在《齐物论》中对寿夭论曰：“莫寿于殇子，而彭祖为夭。”传说中享寿八百岁的彭祖和夭折的孩子孰寿孰夭同样不必讨论，这是具体的比较得出的具体结论。但庄子却认为没有比夭折婴儿更长寿的人，活了八百岁的彭祖是个短命鬼。因为无论生命的久暂，都由大道产生，而大道自古存在，直到永恒，而在永恒面前，八百岁只是一瞬间，彭祖自然只能算是夭；大道无始无终，没有时间形态，而殇子好歹出生过，活过，存在过，哪怕只存在了一瞬间，但毕竟属于“有”，比起“无”的大道自然要算“寿”。悟得寿与夭只是相对而言：具体比较产生寿夭观念，与大道做终极比较，则寿夭就完全易位，以齐一态度对待，方为正途。

三是生与死。人作为自然生命体，都有贪生怕死的本能，庄子在《人间世》谓之为"悦生而恶死"。死亡作为人生急欲摆脱但又无法摆脱的心理困境，是人不能逍遥的最重要原因。所以庄子在《德充符》中感慨"死生亦大矣"，生与死本来是一对矛盾，但在庄子看来，同样是齐一的，《齐物论》说："方生方死，方死方生"，生的同时意味着死，死的同时意味着生，也就是说，生伴随着死，死伴随着生。我国的传统文化一直是阴阳二元空间论，活在阳间，死往阴间。生到阳间等于同时在阴间死去，反之亦然。如此就可获得"死生无变于己"（《齐物论》）的泰然。从根本意义上说，"万物皆出于机，皆入于机"（《至乐》），一切生命都以大道为起点和终点，而终点又成为起点，因而从大道角度看，生与死并无二致，所以就无须介怀。

四为是与非。人作为社会关系的总和，时刻在与他人的关系中存在，不免对他人评判，同时也免不了被他人评判，而所有的评判都以某种道理为依据，而所有的评判无一例外地以己是人非为结论，但庄子认为这样的结论并不靠谱："既使我与若辩矣，若胜我，我不若胜，若果是也？我果非也邪？我胜若，若不吾胜，我果是也？而果非也邪？"（《齐物论》）二者相论辩，赢家并非都占理，输家未必都无理，或者双方都失理，谁来做人生的裁判？庄子认为谁都不具备裁判资格，感情和理智偏向任何一方的人做裁判，对另一方就不公平；如果站在第三者的立场，那又对当事双方都不公平。"彼亦一是非，此亦一是非。"（《齐物论》）他的理论建立在人类互相隔膜、不可理解的基础上，建立在客观标准并不存在的基础上。所以，所谓的是非，其实是各人是己之所是，而非他人之所是。因为不存在是与非的公理，每一个人所受到的是或非的评价完全不必在意。毁与誉这一对概念就成为是与非观念的逻辑结果：被"是"即为誉，被"非"即为毁，因为是非本来就无稽又无聊，因此得到的诋毁或荣誉都不必在意。同理，对别人包括古人和今人的毁誉也完全没有必要，"与其誉尧而非桀也，不如两忘而化其道"（《大宗师》），誉尧为圣人，非桀为昏君，不如"两忘"为宜。

五是言与意。因为人的心灵不自在往往由社会评价而引起，而社会评价一般又由语言及其物化形式（文字）为主要形式，所以，怎么看语言和所表达的意义之间的关系，也就成为庄子必须解决的问题。庄子在《齐物论》中说："言者有言，其所言者特未定也。果有言邪？其未尝有言邪？其以为异于鷇音，亦有辩乎？其无辩乎？"语言是要表达一定意思的，但在庄子看来，语言是否表达了主体的主观意图可不一定，或许就和初出壳的幼鸟含混无义的啼鸣声没有区别，只是声音而已。语言的真正意思被巧饰的词汇包裹，表达不了说话人要表达的是非判断，因而说了也等于白说。在庄子眼里，天地万物包括语言外壳和内里的意思都是道的产物，而大道本身大到无法用语言表述，因而"夫大道不称，大辩不言"（《齐物论》）。同理，"故为是举莛与楹、厉与西施，恢恑憰怪，道通为一”（《齐物论》），举起一根草茎和举起一根屋柱、丑女和美女、诙谐狡猾诡诈怪异，从道的角度看都没有区别。而是非观念本是主观成见的产物，原本就荒唐，再用语言这个真假难辨的工具表达，更不靠谱。因为言难尽意，庄子意识到概念的不可靠性，所以经常用形象生动的寓言故事表达其哲学观念。例如：“狙公赋芧，曰：‘朝三而暮四。’众狙皆怒。曰：‘然则朝四而暮三。’众狙皆悦。名实未亏而喜怒为用，亦因是也。”（《齐物论》）栎果的数目是名，真正分发的橡果是实，名没有变，实没减少，但猴子听到朝三暮四就生气，听到朝四暮三就高兴。结论是：人在听到不同的“名”引起的截然相反的感受太荒唐。这就为“举世而誉之而不加劝，举世而非之而不加沮”的逍遥心境找到了根据。

六是有用与无用。人生在世，天生有自我实现的心理需要。一般说，实现自我称之为有用，反之为无用。因而有用与无用事关到一个人的社会价值，每一个人无论自觉与否都不得不面对。庄子认为，世人所谓的有用即为无用，在《人间世》中，庄子用故事说明这一点：“宋有荆氏者，宜楸柏桑。其拱把而上者，求狙猴之杙者斩之；三围四围，求高名之丽者斩之；七围八围，贵人富商之家求椫傍者斩之。故未终其天年而中道之夭于斧斤，此材之患也。”因为木材好，无论大小，都被人砍去做不同用度。同篇又举了相反的例子，说明无用即有用，一棵栎社树“其大蔽数千牛，絜之百围，其高临山十仞而后有枝，其可以为舟者旁十数”，原因就在于它“以为舟则沉，以为棺椁则速腐，以为器则速毁，以为门户则液樠，以为柱则蠹，是不材之木也。无所可用，故能若是之寿”。庄子无用即有用，有用即无用的观念在其后学那里也得到响应，例如《山木》：“直木先伐，甘井先竭。”

人作为自然人，有生死寿夭，作为社会人，被外界或毁或誉，同时也毁誉他人；自我认定或被认定有用或无用，这一切观念又都以语言为载体，所有可见之物和可感之物都存在着或大或小的区别，而这些区别无一不激起人心中的波澜。

人作为理性动物，对生活的理性态度直接决定了其生活的质量。也就是说，怎么看决定怎么活。显而易见，混同世间事物的区别在实践上是荒唐的，但庄子的齐物论的确为后人观照这个世界提供了崭新的视角，在某种程度上为消解人的心灵困境提供了可行的方法，因而齐物论在理论上闪耀着智慧的光芒，这光芒并不因其在实践上的荒唐而消减。

知识拓展：齐物的样板

昔者庄周梦为胡蝶，栩栩然胡蝶也，自喻适志与！不知周也。俄然觉，则蘧蘧然周也。不知周之梦为胡蝶与？胡蝶之梦为周与？周与胡蝶则必有分矣。此之谓物化。

——《庄子·齐物论》

三、天行有常：宋明理学的天道观

宋明理学即宋明时期的新儒学，因其竭力宣扬“道”“理”，所以又称为理学、道学。它以儒学为宗，融摄佛道智慧，建立了以天道观（理气论）、心性论为中心的道德形而上学体系。天道观，即关于宇宙万物本源、生化过程及其规律的认识与看法。由于我国古人对“天”的理解不同，或以为自然之天，或以为义理之天，或以为神灵之天，或以为命运之天，因而不同时代不同的人的天道观往往有很大差别。宋明理学家的天道观主要继承战国、汉唐以来的自然之天与义理之天的理解，并不同程度地以气化学说、阴阳五行学说等使其天道观进一步系统化，来为其心性学说寻找终极依据。学术界通常将宋明理学依据其体系区分为四大派，分别为象数派、气学派、道学派、心学派。四派的天道观各有侧重和借鉴，各派内部也有批评修正，为了整体介绍和把握的方便，我们对宋明理学天道观的介绍也以四派为纲。

宋明理学天道观可分为以下四派。

（一）象数派的天道观

象数派的代表是宋初的邵雍（1011—1077），他是最早把《易》学的象数学理论与方法同理学思想体系相结合的理学家，他的天道观也是这一派中最完整严密、最具代表性的。

首先值得注意的是邵雍提出了一套宇宙的发生与构成理论。他认为宇宙万物的本源是“太极”，也叫“道”。太极或道是不动的、不可见的普遍的形而上的实体，是天地万物产生的根源。太极生阴阳，阴阳的神妙作用决定了万物、万象的品类数量及其产生（《皇极经世绪言》卷七上《观物外篇》、卷八下《观物外篇衍义》）。对于化生万物的“天地之道”，他认为动生阴阳，静生刚柔，天生于动，地生于静，阴阳是天的构成和运动原则，刚柔是地的构成和运动原则，二者共同构成“天地之道”。构成天道的基本元素阴阳皆由动生，动始生阳，动极则生阴；构成地道的基本元素刚柔皆由静生，静始生柔，静极生刚。天道在于阴阳的交互作用下生成日月星辰等，地道在于刚柔的互相作用下生成各种地球上的动植物等（《皇极经世绪言》卷五《观物篇》）。为了说明万物，他提出了“性”“体”的概念。他所说的“体”指事物的形质，“性”是“道之形体”，指事物的性质。他认为任何事物都由性和体构成，二者缺一不可；体是事物阴的一面，性是事物阳的一面；事物的体是固定的，属静；事物的性决定其变化，属动；性浑融于静的体中，体随性运动变化。“万物受性于天而各为其性也，在人则为人之性，在禽兽则为禽兽之性，在草木则为草木之性。”（《皇极经世绪言》卷八下《观物外篇衍义》）邵雍对宇宙万物衍生过程的阐述，极重视一分为二的法则，把它作为说明宇宙万物的生成衍变的规律。在《皇极经世书》的《观物外篇》中，他认为宇宙天地万物的生成是由“一”（太极）开始，按照“一分为二”的法则由一到多、由单纯到复杂的无穷无尽的发展过程。

邵雍天道观最突出的是他对“数”的重视。他认为宇宙万物的发展都有“数”支配其间：“数者何也？道之运也，理之会也，阴阳之度也，万物之纪也，明于幽而验于明，藏于微而显于管，所以成变化而行鬼神者也。”（《皇极经世书》卷二）“数”是宇宙演化的最高法则，不仅规定了宇宙、历史变化的周期历程，而且也规定了宇宙万物的品类，数与宇宙万物的变化有着本质和必然的联系。由此，在邵雍看来，要认识宇宙万物的变化，必须把握数的变化。

基于对“数”的重视与分析，他运用数字的排列组合，把天地万物从始至终的演化过程区分为元、会、运、世四个阶段，发明了一种“皇极经世”的大化年历，以此说明宇宙大的演化和历史大的变迁。这种年历是根据日常历法的时（辰）、日、月、年的数字比例推定设计的，以30年为1世，12世为1运，30运为1会，12会为1元。用数学程式表示就是：1元=12会=360运=4 320世=129 600年。这一元就是皇极经世的一个宇宙年。一元中的十二会，分别用十二地支指称，一会中的十二运，分别以十天干指称，其余的各进位逢十二、三十也都分别用地支和天干来指称。为了直接与《周易》的“太极”化生数字吻合，他精心设计了“皇极经世图式”。其图将元、会、运、世分成四层，每一层都用《易》卦相配。第一层的数只有一，即元，与之相配的是太极；第二层是十二会，分为四组，每组配以离、乾、坎、坤四卦，比作日、月、星、辰；第三层是三百六十运，把其他六十卦每卦的六爻，从下到上依次作为初爻而另外变化出六个卦，这样六十卦可得三百六十卦，与三百六十运相配；第四层是四千三百二十世，按照与第三层相同的方法，三百六十卦每卦变为六卦，得到两千一百六十卦，每卦配以两世。这样，《易》卦便与宇宙年的元、会、运、世紧密结合成为一个完整体系。他以这一图式，来解释宇宙万物及人类历史的演化发展。如以一元之初与太极对应，指的是天地创生之前宇宙的混沌状态，表明太极是宇宙万物产生的根源。一元中的第一会（即子会）“天开于子”，是说天在第一会中形成。第二会（丑会）“地辟于丑”，是说在第二会中大地形成。第三会（寅会）中产生了人类。到了第六会（巳会）是传说中的帝尧盛世，第七会（午会）是三代至唐宋，开始由盛转衰。到十一会（戌会）时万物毁灭，十二会（亥会）时天地也归于消亡。在他看来，一元就是宇宙万物及人类从产生到灭亡的一个周期，一元数尽，旧的宇宙天地毁灭。

但邵雍所说的一元只是一个宇宙年，并不是宇宙的终极期限，他还推定三十元为“广元之世”，十二元之世为“一元之运”，三十元之运为“广元之会”，十二元之会为“广元之元”。他的儿子邵伯温明确说：“一元在大化之间，犹一年也。自元之元更相变而至于辰之元，自元之辰更相变而至于辰之辰，而后数无穷矣。穷则变，变则生，生而不穷也。皇极经世但著一元之数，使人伸而引之，可至于终而复始也。”（《宋元学案》卷九）这表明，邵雍认为宇宙是无限的，宇宙的无限演化过程是由一元为周期的单元不断重复循环构成的。当然，邵雍对大宇宙的演化及对应的人类历史的发展的看法，是按照其人为的象数学的数学模式所做的推测进行填充的，虽然看起来很精密，但不符合宇宙和历史发展变化的实际情况。

（二）气学派的天道观

气学派主要是关学学派及其后学，其创始人是北宋时关中学者张载（1020—1077）。这一派的天道观也都承传于他，突出特点是用“气”的学说来阐释宇宙万物的本源、结构、生散模式和运动变化。

首先，张载认为宇宙万物的本源是气，宇宙万物的结构和生散模式都在于不同形态的气。他说：

> 太虚无形，气之本体，其聚其散，变化之客形尔。（《正蒙·太和》，《张载集》）
>
> 太虚不能无气，气不能不聚为万物，万物不能不散而为太虚。（同上）
>
> 气之聚散于太虚，犹冰凝释于水，知太虚即气，则无无。（同上）

他认为宇宙万物生成和散归过程的模式是：太虚⟷气⟷万物。分解来看，太虚之气聚为清浊之气，清浊之气再聚合为万物，这是宇宙万物的生成模式；万物消散为清浊之气，清浊之气再散归为太虚之气，这是宇宙万物的散归模式。这两种相反的运动构成了宇宙万物由生成到消散的整个过程。根据这一生散模式看，太虚、气、万物都是“气”在不同时间和空间过程中的不同状态，万物的生成与消亡只是气的聚散，万物只是太虚之气化生出来的暂时的变易形态，气才在时空上具有永恒性。无形的“太虚”是“气”的“本体”，是万物生化的本原状态，万物的聚合生成源于太虚，万物散亡后其气也归于太虚。作为本体的太虚之气，不同于一般的直接聚合成万物的气，它是无形无状、清明无杂的“清气”，在宇宙中居于主导地位，具有神妙变化功能，万物是太虚之气升降过程中融结凝聚后落下的糟粕。

其次，张载还着重探讨了宇宙万物的运动变化。他把宇宙万物的运动变化称为“气化”，认为“气化”“升降飞扬，未尝停息”（《易说·系辞下》）。他指出气的变化主要有两种形式，一种是“变”，一种是“化”。“变”指的是事物的显著运动，“化”指的是事物逐渐而细微的变化（《易说·系辞上》）。

张载进一步探讨了“气”运动变化的规律及原因。他认为“道”就是太和之气的细组变化（《正蒙·太和》），也即太和之气运动变化的法则、程序。他把气不断运动的根源性的本性叫“神”，指出：“神，天德；化，天道。德，其体；道，其用。一于气而已。”（《正蒙·神化》）“气之性本虚而神，则神与性乃气所固有。”（《正蒙·乾称》）“神主乎动，故天下之动，皆神为之也。”（《易说·系辞上》）“神”作为气的本性，它主宰着宇宙万物的运动变化，是运动变化的“天道”的根本动力与源泉。他还把天地运动变化的规律、秩序称为“理”，但还没有把它作为自己思想体系的最高范畴，在他的思想中更注重的是“神”。尤其值得注意的是，在探讨宇宙万物运动本性与根源的“神”时，他提出了“一物两体”说和“感合”说。关于“一物两体”，他说：

> 一物两体，气也。一故神，两故化，此天之所以参也。(《正蒙·参两》)
>
> 两不立则一不可见，一不可见则两之用息。两体者，虚实也，动静也，聚散也，清浊也，其究一而已。有两则有一，是太极也。若一则有两，有两亦一在，无两亦一在，然无两安用一？(《易说·说卦》)

“一物两体”，是指任何事物都包含着既对立又互相依赖的矛盾的两个方面，如虚实、动静、清浊、聚散这些对立面，即是“两体”，正是这些矛盾的对立面构成了一个完整的统一体。

矛盾双方共同存在于一个统一体中，任何事物都是由对立统一的矛盾构成。正是有了矛盾的统一体，“神”的本性才有附着，才能有“神”的灵动莫测的运动变化。由此看来，“一物两体”实际上就是宇宙万物运动本性与根源的“神”的具体内容。

在“一物两体”说的基础上，张载又提出“感合”说来解释宇宙万物的化生。他认为，“感”是气化生万物的关键环节：“气之本虚则湛一无形，感而生则聚为有象。”(《正蒙·太和》)“感”有赖于矛盾对立双方的存在，即“有两则有感”(《易说·观卦》)。他把“感”解释为合，指出只有建立在“一物两体”基础上的感合才能生成万物：“感即合，咸也。以万物本一，故一能合异。以其能合异，故谓之感。若非有异，即无合。天性、乾坤、阴阳也，二端故有感，本一故能合。天地生万物，所受虽不同，皆无须臾之不感。”(《正蒙·乾称》)从普遍意义上看，天地万物都统一于气，由气聚而成，而气分阴阳，阴阳的对立统一是宇宙万物的普遍规律，所以说“一能合异”。“以其能合异，故谓之感”，是说感合指的是矛盾对立的双方发生的相互作用。没有矛盾对立面的存在，就不会有感；没有统一体“一”的存在，就不会有“合”。天地生成万物的过程，时时刻刻离不开感合。

张载之后，继承其气本论的天道观并有突出发展的是明代中期的王廷相（1474—1544）。王廷相的天道观是在批判程朱理气观和继承张载天道观基础上阐发出来的。主要表现在以下两点：第一，他反对程朱学派理能生气和理在气先的看法，认为气是宇宙的本源，“天内外皆气，地中亦气，物虚实皆气，通极上下造化之实体”(《慎言·道体》，《王廷相集》)。他明确把张载所说的宇宙本源“太虚”称为“元气”，指出“元气”才是宇宙万物的本源，也是理、道的本体：“愚谓天地未生，只有元气，元气具，则造化人物之道理即此而在，故元气之上无物、无道、无理。”(《雅述·上篇》)第二，他反对道学派的“万物一理”说，提出理随气变的思想：“天地之间，一气生生，而常有变，万有不齐。故气一则理一，气万则理万。”(《雅述·上篇》)

（三）道学派的天道观

道学派是宋明理学影响最大的学派。这一派天道观的特点突出表现在对宇宙万物的本源“理”的确立、宇宙万物生化模式、运动规律与原因及理气关系等问题的深入系统论述上。北宋时的周敦颐、程颢、程颐对此派天道观系统的形成有突出贡献，南宋朱熹集大成，明代曹端、薛瑄、胡居仁、罗钦顺等又有所修正。

首先看道学派对宇宙万物本源的“理”的确立及对宇宙万物演生模式的看法。

道学派的奠基者周敦颐（1017—1073）通过《太极图》和《太极图说》建立了自己的天道观体系。他认为宇宙万物生成模式是：无极—太极—阴阳—五行—万物。在他的宇宙生化模式里，宇宙万物的本源是“无极”，它产生出作为宇宙万物的原始实体的“太极”。其“太极”的基本含义是无限，这表明他试图以无限来概括宇宙万物的本源及变化。这种对客观实在性的概括，使“无极”及其产生的“太极”概念具有了可充实的义理特征，为宋明理学从汉唐元气生化论升华到心性义理本体论创造了思想条件。其“太极”以下都属于气质型的宇宙生成图式，其中“太极”“阴阳”“五行”“乾坤男女”和“天地万物”，分别标志着宇宙气化过程的不同阶段和形态。他将金木水火土五行统一于阴阳二气，而阴阳二气又根源于太极，是由太极的动静运动产生的。因此，他所说的太极指的也是天地未分化前的混沌元气。太极元气分化为阴阳二气，阴阳二气交合变化形成五行；各有特性的五行与阴阳二气进一步化合凝聚化生了天地四时及人类万物。他认为宇宙万物生生不穷，都是太极元气所演化。

“洛学”的创立者二程指程颢（1032—1085）、程颐（1033—1107）兄弟，以自己体会出“天理”代替其师周敦颐的“太极”，认为“理”支配着宇宙、社会和人生。程颢最早把“天理”引入理学天道观，其弟程颐则通过对《易传》的解释引入“气”（象）范畴，使“理”进入大化流行过程，建构了“理”（道、天）—“象”（气、阴阳）—“数”（物）的宇宙生化模式。他说：“有理而后有象，有象而后有数。”（《河南程氏遗书》卷二十一）又说：“有理则有气，有气则有数。鬼神者，数也。数者，气之用也。”（《河南程氏粹言》卷二《天地篇》）二程所说的“理”“道”“天”都是形而上的永恒的实体存在。他们认为“天理”或“道”“不为尧存，不为桀亡”（《河南程氏遗书》卷二），是无形的物理法则和至善的伦理准则，是宇宙万物及其变化的“必然”和“所以然”，它普遍存在于宇宙万物之中。他们指出“天道”就是“理”，就是生生不息化生万物的变易之道，“生生之谓易，是天之所以为道也，天只是以生为道”（《河南程氏遗书》卷二）。二程的“理”本论，否定了张载的“太虚”元气本体论，将“天理”确定为最高的本体，将生生不穷的根源归之于道，强调“道则自然生万物，道则自然生生不息”（《河南程氏遗书》卷十五）。

朱熹（1130—1200）则吸取并发展了周敦颐《太极图说》的理论，将“无极”和“太极”合一，得出自己的宇宙生化的基本模式：太极（理、道）—气（阴阳）—五行（水火木金土）—万物。同时他又吸取“二程”的思想，对“太极”和理、气关系有了更理学化的理解。他认为，“太极只是一个理字”（《朱子语类》卷一），太极、理都是形而上的，是宇宙的本原、万物的主宰，指出：“未有天地之先，毕竟也只是理。有此理，便有天地；若无此理，便无天地，无人无物，都无该载了。”（《朱子语类》卷一）朱熹的天道观在理（太极）以下，主要继承和改造了张载的气本论，将张载有关气的学说纳入了其宇宙演化体系，表现出突出的唯物主义倾向。他认为，气充满于宇宙天地之间，“天地之间，一气而已”（《易学启蒙》卷一）。宇宙万物都是由气产生的，气具有普遍性、周遍性，气处于周流不息、运动不止的状态之中，“一元之气，运转流通，略无停间，只是生出许多万物而已”（《朱子语类》卷一）。

其次，关于宇宙万物的运动变化的系统深入探讨。

道学派是宋明理学中对宇宙万物运动变化探讨最用力的学派，也是探讨最系统深入的学派。他们都承认宇宙万物的运动变化是普遍的、无穷的，基于此，他们对运动变化的规律和原因进行了越来越系统深入的探讨。周敦颐率先围绕“动静”“阴阳”问题提出了一些具有辩证意义的观点。他认为，太极是有动静的，阴阳二气是太极动静产生出来的。太极的显著运动产生阳气，太极的相对静止产生阴气（《太极图说》）。在他看来宇宙天然具有运动本质。关于运动的过程和规律，他认为是“动极而静”“静极复动”“一动一静，互为其根”（《太极图说》），这就是说动静两种对立运动形式之间是互相依存与互相转化的不断交替循环的过程，双方的极限就是向对方转化的转折点。在《通书·动静》中，他还分“物”与“神”两个层次，对动静做了进一步阐述：从一般的“物”象的表象看，“动而无静，静而无动”，运动和静止是互相排斥的；而从宇宙万物化生的微妙功能和运动的内在本性的“神”来看，则静止中有运动，运动中有静止。与物象角度看动静相比，他看重的是“神”的角度所体察的动静关系，所以特别指出“物则不通，神妙万物”。他还认为太极动静产生阴阳后，宇宙万物的运动明显表现为阴阳的对立统一，即“阳变阴合而生水火木金土”“二气交感，化生万物”（《太极图说》）。在阴阳的变合过程中，阳变居于主导地位，阴合居于从属地位。

程颢、程颐兄弟在周氏基础上，对于宇宙万物的运动变化，又提出更为深入的几点看法：第一，动静无端，阴阳无始（《程氏经说》卷二）。他们认为推动宇宙万物运动发展的阴阳动静是一个无休止的流行过程，既没有开端，也没有终结，阴阳变化与对立统一是一个永恒无尽的过程。第二，动为天地之心。他们肯定普遍性及永恒性的“变”在于动静，“动静相因而成变化”（《程氏经说》卷一）。但二者之中，他更重视“动”，指出：“先儒以静为见天地之心，盖不知动之端乃天地之心也，非知道者，孰能识之！”（《周易程氏传》卷二《复卦》）第三，物极必反。关于万物的运动规律，程颐指出：“屈伸往来只是理，……物极必反，其理须如此，有生便有死，有始便有终。”（《河南程氏遗书》卷十五）任何事物的运动变化都有屈伸往来，事物运动到极点，必然为另一种对立状态所替代，物极必反是不以人的意志为转移的万物的基本法则。第四，无独必有对。程颢说："天地万物之理，无独必有对，皆自然而然，非有安排也。"又说："万物莫不有对，一阴一阳，一善一恶，阳长而阴消，善增则恶减。斯理也，推之其远乎！"（《河南程氏遗书》卷十一）"对"指对峙、对立，"独"指没有对立面的统一。在他看来，天地万物都由矛盾构成，矛盾双方是互相依存，矛盾和对立是普遍的、自然的、必然的宇宙法则；没有对峙，事物就不能产生，不能存在。

朱熹吸收其前理学家关于万物运动的看法而予以融合，认为气的运动变化有各种不同的形态，主要表现为升降、屈伸、聚散、往来等。气本身包含着对立统一的阴气和阳气，"缘有阴阳二气相感，化生万物，故事物未尝无对"（《朱子语类》卷五十三）。气有凝聚造生万物的功能，"气则能酝酿凝聚生物也"（《朱子语类》卷一）。阴阳二气性质不同，与五行衮合所产生的事物也不同。阳气清散上升，阴气凝重下沉，磨合交感后，轻清者上升为天，重浊者下沉为地，精英者为人，渣滓者为物。由此，他对天地万物演化、结构及运动的解释，充满唯物辩证的色彩。比如他把天看成是一种具有客观规律的自然的物质系统，是永远不断地发展变化着的："天运自然，非特四时为然，虽一日一时顷刻之间，其运未尝息也。"（《朱子语类》卷六）他所谓天道是大自然演进的规律。他还指出："天地以生物为心，天包着地，别无所作为，只生物而已。"（《朱子语类》卷五十三）这就是说大自然化育万物，是其自身的功能，它没有意志，也不能干预主宰社会人事。他还对"天命"做了全新的解释："若一件事，民人皆以为是，便是天以为是；若人民皆归往之，便是天命之也。"（《朱子语类》卷十五）以民心、民愿来解释天命。

再次，关于太极动静、理气关系的看法。

太极动静问题，理学家尤其道学派人物往往有不同的看法。象数派的邵雍认为太极是不动的，道学派始祖周敦颐则认为太极有动静，阴阳二气是由太极动静而生。思想成熟期的朱熹则继承了邵雍的看法并予以进一步阐释，认为太极是形而上的理，阴阳之气是形而下之器，动静只是阴阳二气的动静，太极作为本体存在于阴阳动静之中，自身并无动静，二者好像人骑马行走一样（《朱子语类》卷九十四）。明前期朱子学的主要代表曹端（1376—1434）、薛瑄（1389—1464）则不认同朱熹太极自身无动静的说法，而是相信周敦颐的太极自身有动静说。曹端批评朱熹以人骑马比喻太极动静的说法，认为如果说理乘气动如人骑马，那理或太极作为阴阳动静的根源作用就完全表现不出来，理完全成了一种被动的东西（《周子全书》卷五《辨戾》）。薛瑄认为如果如朱熹所说的"太极无动静"，那么太极便成了"枯寂无用之物"，又怎么能称为天地万物运动变化的"枢纽"和根源呢？因而，他认为"太极能为动静"（《读书录》卷九）。

对于理气关系，宋代道学家大抵倾向于理本气末说，朱熹的说法是最有代表性的，道学后劲着力修正的也是他的观点。朱熹认为天地万物都有"理"有"气"，"理"是"形而上"的"道"，是"生物之本"，"气"是"形而下"的"器"，是"生物之具（质料）"（《朱子大全》卷五十八）。"天下未有无理之气，亦未有无气之理"（《朱子语类》卷一）。理气互相依存，互相渗透，不可分离，理寓于气，气是理的安顿处。当有人问及二者先后时，他甚至否认理气有先后之分，一再说“理气本无先后之可言”（《朱子语类》卷一）。但这只是从横向的现实时空来看，而从本末体用和性质上看，他认为理与气有本末、体用、主客之分。理是本，是体，是主，它没有聚散；气是末，是用，是客，有聚散。在这一层面上，他认为理气也有先后问题，不过在不同情境下他有不同的论述：一是从天地万物的根源上说，“若论本原，即有理然后有气”（《朱熹集》卷五十九《答赵致道》），“有是理，后生是气”（《朱子语类》卷一）。二是从天地万物的禀赋上看，“则有是气而后理随以具，故有是气则有是理，无是气则无是理”（《朱熹集》卷五十九《答赵致道》）。对于他的观点，朱学后劲的理解并不客观全面，而是抽绎出理在气先及气有聚散、理无聚散两点提出批评和修正。如薛瑄针对朱熹的理在气先的说法，提出了理气不分先后、理涵气中的观点，他说：“窃谓理气不可分先后，盖未有天地之先，天地之气虽未成，而所以为天地之气，则浑浑乎未尝间断止息，而理涵乎气之中也。”（《读书录》卷三）胡居仁（1434—1484）与薛瑄一样，认为理在气中，有气则有理。他指出，天道的阴阳是气，“理在其中”；地道的刚柔，“因气以成理”；人道的仁义之理，也“具于气质之内”（《明儒学案》卷二《崇仁学案》）。他还更明确认为是气决定理：“‘有此理则有此气，气乃理之所为’是说反了。有此气则有此理，理乃气之所为。”（《明儒学案》卷二《崇仁学案》）因而，他反对把理气对立、割裂，反对离开气去谈理，主张“理乃气之理，气乃理之气。混之则无别，二之则不是”（《居业录》卷三）。对朱熹理先气后和理气聚散说批评更尖锐的是明代中后期道学派的代表罗钦顺（1465—1547）。他针对朱熹理在气先、理气为二物的观点，明确提出“仆从来认理气为一物”（《困知记》附录《与林次崖佥宪》）。针对气有聚散、理无聚散的观点，他根据自己理气一物的思想提出了理随气聚散与气一则理一、气万则理万的看法，他说：“‘若论一，则不徒理一，而气亦一也。若论万，则不徒气万，而理亦也’，此言甚当，但‘亦’字稍觉未安。”（《困知记》卷下）

（四）心学派的心学天道观

心学派是宋明理学的重要派别，创立于南宋的陆九渊，盛行于明代中期，主要代表有陆九渊、杨简、陈献章、湛若水、王阳明等。这一派侧重于心性论、认识论的论述，主要继承发展的是《孟子》的人性学说，在自然天道观方面往往不是太着意，突出强调心与宇宙万物及宇宙万化的同一性，强调本心与道或理的融合无间，是意义境界论层面的心学天道观，多是对《易传》天地人物一体思想的心学发挥。

陆九渊（1139—1193）的心学天道观形成很早，据说十三岁时，他因读“四方上下曰宇，往古来今曰宙”，忽然顿悟出“宇宙便是吾心，吾心便是宇宙”（《陆九渊集》卷三十六《年谱》）这经典的十二字心法。在他看来，人与天地万物是一体的，天道、地道与人道是贯通的，宇宙万物及其道是要靠人心来体认的。后来他明确提出“心即理”（《象山先生全集》卷一），将人人生来就有的良知本心与天理等同，宇宙只是一个“心”的宇宙，“心”外无理，“心”外无物，一切都可以从“心”中找到，理与气、道与器都统一于“心”，使心与理一样成为宇宙万物的本原。他的心学天道观主要是受孟子“万物皆备于我矣”（《孟子·尽心上》）的说法，及《易传》天地人一体的宇宙观的影响。陆九渊最得意的弟子慈溪人杨简（1141—1226），更强调心与天地万物通为一体。他认为，人心是无思无虑、寂然不动的“虚明无体”，它“广大无际，天地范围于其中，四时运行于其中，风雷雨露霜雪散于其中，万物发育于其中，辞生于其中，事生于其中”（《慈湖遗书》卷二《著庭记》）。天地万物、宇宙万化，都是我心的显像。既然如此，那么“天地，我之天地；变化，我之变化，非他物也。……天者，吾性中之象；地者，吾性中之形，故曰在天成象，在地成形，皆我之所为也，混融无内外，贯通无异殊”（《宋元学案》卷七十四《慈湖学案·慈湖己易》）。他把个体的心视为与宇宙同一的大我，这是站在更高的精神境界对宇宙、自我的理解。

明初心学的代表人物陈献章（1428—1500），提出万物、万理具于一心的心学宇宙观（《白沙子全集》卷一《论前辈言铢视轩冕尘视金玉》）。他把心性之理无限放大，使其成为顶天立地、充塞宇宙的本体意义的存在，他说：“此理干涉至大，无内外，无终始，无一处不到，无一息不运，此则天地我立，万化我出，而宇宙在我矣。得此霸柄入手，更有何事？往古来今，四方上下，都一齐穿扭，一齐收拾，随时随处，无不是这个充塞。”（《白沙子全集》卷三《与林郡博》）他认为人心的觉悟，可以使自我无比充足，感到宇宙万物与自我比起来都微不足道。在此境界中，人感到与宇宙同一。所谓“天地我立，万化我出”“微尘六合，瞬息千古”（《白沙子全集》卷一《论前辈言铢视轩冕尘视金玉》），并非是指宇宙本体论意义上的自我创立宇宙，而是有了心性觉悟后的那种充足感体验的描述，是一种胸怀。陈献章最杰出的弟子湛若水（1466—1560），把心学的天道观做了更进一步推进，他认为“天理”是心性中与万物贯通的“中正本体”（《甘泉文集》卷七《复洪峻之侍御》）。他借助于心学的气化流行，把天理渗透到心性内外，扩充到整个天地宇宙：“天理浑然在宇宙内，又浑然在性分内，无圣无愚，无古无今，都是这个充塞流行。”（《甘泉文集》卷二十《韶州明经馆讲章》）在天理浑然流行中，“心也，性也，天也，一体而无二者也”（《甘泉文集》卷二十《天泉书堂讲章》）。将心性和天理浑然为一，使其具有了本体意义。在此基础上，他进一步提出了“万事万物莫非心”（《甘泉文集》卷二十《泗州两学讲章》）的心学宇宙观。他还以“上下四方之宇”和“古往今来之宙”为坐标，以心性道德为内涵，设计了一个始于敬、终于敬、无所不贯、无所不包、融摄宇宙万物万事的《心性图》。在《心性图》中，他指出：“性者，天地万物一体者也。浑然宇宙，其气同也。心也者，体天地万物而不遗者也。性也者，心之生理也。心性非而也。”（《明儒学案》卷三十七《甘泉学案》）明确提出“心性非二”，把心性与宇宙万物浑然贯通为一体。

明代心学的集大成者王阳明（1472—1529）的心学天道观，主要是从认识论和本体价值论角度来谈的，由吾心与物理的内外关系入手，将道体、天理、心体视为同一层面的价值本体，认为“心即道，道即天，知心则知道、知天”（《王阳明全集》卷一《语录一·传习录上》），“夫物理不外于吾心，外吾心而求物理，无物理矣；遗物理而求吾心，吾心又何物耶？心之体，性也；性即理也”（《王阳明全集》卷二《语录二·传习录中》）。他所说的“吾心”是本体价值意义上的“心之体”，即“良知本体”。他将道学派的“性即理”融会到“心即理”中，使吾心、人性、物理贯通起来，成为互不外在的和合本体。他进而强调，在价值和意义世界里，人是“天地万物之心”，心是“天地万物之主”（《王阳明全集》卷六《文录三·答季明德》）。

思考与讨论

1. 老子的自然观有何现实意义？

2. 为什么说齐物论是庄子对道家哲学认识论的独特贡献？

3. 什么是天道观？宋明理学家的天道观大体可分为哪几派？宋明心学派的天道观与其他三派天道观有何异同？

·参考文献·

[1] 张葆全，郭玉贤. 老子今读［M］. 桂林：广西师范大学出版社，2012.

[2] 崔大华. 庄学研究：中国哲学一个观念渊源的历史考察［M］. 北京：人民出版社，1992.

[3] 张立文. 宋明理学研究［M］. 北京：人民出版社，2002.

第九章　生命境界

中国传统文化的“生命”向度

——以佛为主，体现知与行及理想人格

学习目标

定义：功夫、境界；生死观、宗教观。

描述：生死之间；生死观与宗教观；《周易》的生命哲学。

理解：中国传统文化的生死观、宗教观及独特的生存智慧。

辨别：中国没有西方意义上的宗教，但有宗教代用品。

分析：生死智慧及宗教观念对于群体、民族和国家的发展意义。

人是唯一知道死亡的动物。在死亡面前，人类真切地体验到存在的有限。死亡，使人倍加珍惜生命的价值，也使人更加努力地探寻生命的意义。对意义的寻求是人的最基本的需要之一。既然死是生活的必然结局，那么，活着还有什么意义呢？如何克服死亡的恐惧？人应该怎样走完自己的一生？人生充满了偶然和意外，不论科学如何发达，人类所知道的东西，比起他们所不知道的东西来，只是沧海一粟。今天科学已经主宰了全世界，但现实生活中仍有一些东西，虽然脱出了理性判断和逻辑推理，却还强烈地吸引着我们，诸如鬼神的故事、魔法石的传奇、不可思议的巧合、离奇的遭遇等。谈到人的宗教需求，英国宗教学家缪勒认为，这是因为人有一种信仰的天赋。

正如说话的天赋与历史上形成的任何语言无关一样，人还有一种与历史上形成的任何宗教无关的信仰天赋。……只要我们耐心倾听，在任何宗教中都能听到灵魂的呻吟，也就是力图认识那不可能认识的，力图说出那说不出的，那是一种对无限者的渴望，对上帝的爱。……可以肯定的是，只有人才渴望无论是感觉还是理性都不能提供的东西，只有人才渴望无论是感觉还是理性本身都会否认的东西。①

中国没有西方意义上的宗教，但中国传统文化对生与死却有着自己的独特理解和智慧。

一、生死之间：儒道释生死观比较

（一）儒家的生死观

1. 未知生，焉知死

死亡是人类最大的敌人。生死问题是一个与人的一生共始终的现实问题。在中国传统文化的各家学说中，儒家对生死问题的直接关注并不多，《论语》中曾有季路（即子路）问事鬼神于先圣孔子的一段记载。当弟子季路向老师问起“祭祀鬼神、奉事鬼神之道”时，子曰：“未能事人，焉能事鬼?”“敢问死。”曰：“未知生，焉知死?”这几句话翻译过来就是季路问怎样侍奉鬼神，孔子说：“人都还没有侍奉好，还谈什么侍奉鬼神啊?”季路又问：“能问问死是怎么回事吗?”孔子回答说：“生还没弄清楚，又怎么能搞得清死呢?”意即，“生”还没弄清楚，就轻言“死”，这是不明智的。

儒家不是怕死，也不是回避死，孔子说：“众生必死，死必归土。”（《礼记·祭义》）荀子说：“死，人之终也。”（《荀子·礼论》）但是，相对于“死”，儒家更关注“生”。儒家认为，所有的人都是要死的，死毫无悬念可言，真正应该思考的是如何生，即从生到死这一段路应该怎样走。正是这种积极务实的精神，使儒家对人自出生以后的生养、教育、为人处世、进德修业、家庭婚姻、养老送终、治国平天下以及个人得失、穷通利达等人生的重大问题给予了全面关注和思考。在漫长的封建社会中，儒家理性务实的人生态度和健康明朗的生死智慧，为促进社会稳定发展和教化百姓做出了重要贡献。具体而言，儒家认为，人生的要义至少有三，即以孝为先、修身为本、志于学。

（1）以孝为先。儒家认为，人生在世，首先要有孝顺的品德，这是因为人的生命来自于父母，从小到大，每一个成长阶段都浸透着父母的养育之恩，因此，做儿女的必须孝敬父母。其次，儒家认为，孝为德之本，所谓“其为人也孝悌，而好犯上者，鲜矣；不好犯上而好作乱者，未之有也。君子务本，本立而道生。孝悌也者，其为仁之本与!”（《论语·学而》）一个人如果有孝悌的品德，就很少会“犯上而作乱”，不好“犯上而作乱”，天下就能太平无事。儒家认为要稳定社会秩序，必先稳定家庭，要

---

① 缪勒．宗教学导论［M］．陈观胜，李培茱，译．上海：上海人民出版社，2010：10－11.

稳定家庭，必须以孝为教，所谓百善孝为先。在中国，自古以来，家国同构，君父同伦，忠孝一体，在家行孝，出仕尽忠，“孝”具有积极的社会功能。儒家的“孝”建立在“敬”的基础上，它强调子女孝敬父母要真心实意，不仅要在物质上给予父母贴心的照顾，还要使父母得到人格的尊重和精神的慰藉。据《论语·为政》记载，学生子游问孝于孔子，孔子说：“今之孝者，是谓能养。至于犬马，皆能有养；不敬，何以别乎？”不难看到，“敬”是儒家孝道的精神本质。再次，儒家强调的孝是有原则的、有底线的，如果父母有错，子女应该用委婉的语气进行劝谏，以免陷父母于不义，即“事父母几谏”（《论语·里仁》）。

（2）修身为本。儒家重视道德，《论语》记载孔子的言行，处处强调修身，学生曾子曰：“吾日三省吾身：为人谋而不忠乎？与朋友交而不信乎？传不习乎？”（《论语·学而》）我每天都要再三反省自己：帮助别人办事是否尽心竭力了呢？与朋友交往是否讲信用了呢？老师传授的学业是否温习了呢？《论语》十分强调从自身出发修养品德的重要性。《大学》更是把修身当成治国平天下的根本基础，强调“自天子以至于庶人，一是皆以修身为本。其本乱，而末治者，否矣。其所厚者薄，而其所薄者厚，未之有也”。上至国家元首，下至平民百姓，人人都要以修养品性为根本。若这个根本被扰乱了，家庭、家族、国家、天下要治理好是不可能的。不分轻重缓急，本末倒置却想做好事情，这也同样是不可能的！

儒家认为，人之初，性本善，每个人都具备一种向善的本能，但本性易受环境的影响，所以，要想保持最初的“仁”的本心，就必须提高警惕，勤于修身。儒家的修身以仁义为本。儒家认为，仁是做人的根本，只有在仁德的基础上做学问、学礼乐才有意义。子曰：“人而不仁，如礼何？人而不仁，如乐何？”（《论语·八佾》）同时，儒家认为，事业、成就也要靠仁德的护持才能长久稳固，越做越大，所谓“知及之，仁不能守之，虽得之，必失之。知及之，仁能守之，不庄以莅之，则民不敬。知及之，仁能守之，庄以莅之，动之不以礼，未善也”（《论语·卫灵公》）。在儒家看来，人即使凭借自己的天智和聪明取得了地位，假如不注意用仁德去保持它，虽然得到了，最终也会失去。靠聪明取得的成就和地位，如果能用仁德保持它、扩充它，则不仅能得到百姓的尊敬，而且有益于国家，那才是真正的善。

（3）志于学。儒家重视教育，提倡敏而好学，不耻下问，学无“常师”。孔子在中国历史上首开私人讲学之风，受孔子的影响，中国历代思想家都强调，人不仅要增加自己的知识和学问，涵养自己的胸襟，而且要身体力行，不断追求一种有价值和有意义的人生。

2. 舍生取义

儒家追求人生的福祉，但并不以生命的长短衡量人生的价值。儒家认为，生虽然重要，但还有比生更值得追求的东西，那就是仁义。孔子说：“志士仁人，无求生以害仁，有杀身以成仁。”（《论语·卫灵公》）孟子说：“生，亦我所欲也；义，亦我所欲也。二者不可得兼，舍生而取义者也。”（《孟子·告子上》）这就是说，人生在世，有比生更为重要的东西，这就是仁义道德。“舍生取义”和“杀身成仁”历来被儒家所推崇，在儒家思想的影响下，中国历史上出现了无数大义凛然视死如归的人。

儒家反对苟活，鼓励逆境成才。“天将降大任于是人也，必先苦其心志，劳其筋骨，饿其体肤，空乏其身，行拂乱其所为，所以动心忍性，曾益其所不能。……然后知生于忧患而死于安乐也。”（《孟子·告子下》）这是说一个人要成就大事，一定要经历许多艰难困苦的磨炼，只有经历艰难困苦，才能锻炼意志，增长才干，担当大任。宋儒张载在其名篇《西铭》中也说：“富贵福泽，将厚吾之生也；贫贱忧戚，庸玉汝于成也。”富贵福泽可以使我们生活得更好，但贫贱忧戚，却能帮助我们成功，儒家把困难和逆境看作激励自己奋进的动力，自觉地在困难和逆境中磨炼自己，以知其不可而为之的心态不屈不挠地去争取胜利，这种自强不息的精神对后世的中国人影响极深。

3. 尽人事，听天命

月有阴晴圆缺，人有旦夕祸福，人生在世，不可能事事如意，总会遇到一些麻烦、苦恼或逆境。儒家承认命运的局限性，但反对消极的宿命论。儒家以理性的态度对待生死和人生的穷达，主张尽人事，听天命。子夏曰：“商闻之矣，死生有命，富贵在天。”（《论语·颜渊》）“伯牛有疾。子问之，自牖执其手，曰：‘亡之，命矣夫！斯人也，而有斯疾也。斯人也，而有斯疾也。’”（《论语·雍也》）儒家认为，谋事在人，成事在天，君子应该坦然面对人力之不足和自然社会之局限，既不要怨天，也不要尤人。“子路愠见曰：‘君子亦有穷乎？’子曰：‘君子固穷，小人穷斯滥矣？’”（《论语·卫灵公》）这一段话，足以说明孔子的态度。

儒家以一种坚韧不拔的精神追求仁义，所谓“朝闻道，夕死可矣”（《论语·里仁》）。为了理想，儒家忍辱负重，表现出相当自觉的担当精神和忧患意识。“士不可以不弘毅，任重而道远。仁以为己任，不亦重乎？死而后已，不亦远乎。”（《论语·泰伯》）

总之，儒家追求有意义的“生”，反对碌碌无为，强调生存的质量，提倡“太上有立德，其次有立功，其次有立言”（《左传·襄公二十四年》），希望以“三不朽”来超越死亡。孔子说：“君子疾没世而名不称焉。”（《论语·卫灵公》）君子在有生之年要奋发努力，建功立业。儒家这种积极进取，发奋有为的心态对后代知识分子影响极大。无论是“隐忍苟活”的司马迁、“位卑未敢忘忧国”的陆游，还是“先天下之忧而忧，后天下之乐而乐”的范仲淹，都以儒家“建功立业，报效国家，死而不朽”的生命意识作为他们在逆境面前愈挫愈奋，死而后已的精神支柱。

不过，儒家对死存而不论的悬置态度，也容易使人对死亡充满了好奇心。同时，越是回避，越是敏感。在儒家文化圈中，普通人大多视死亡为大忌，凡与死亡相关的东西，人们常常避之唯恐不及，诸如死人禁忌、尸体禁忌、衰老禁忌、疾病禁忌等，凡此均被视为不吉利。此外，中国人把人的出生看成是喜事，把活着的时候能健康长寿，生活富足康宁，具有高尚的品德，最后能得以善终看成是福气，把“不得好死”看成是最大的诅咒，亦与此相关。

（二）道家的生死观

与儒家相比，道家对死亡的态度，显得更坦然，也更豁达。道家直面死亡的生死智慧更具化解死亡焦虑的优势。

1. 生死自然

首先，道家认为生死是一种很普遍很平常的自然现象。老子说：“天地不仁，以万物为刍狗；圣人不仁，以百姓为刍狗。”（《道德经》第5章）庄子说：“死生，命也；其有夜旦之常，天也。人之有所不得欤？皆物之情也。”（《庄子·大宗师》）道家认为，死和生均非人为之力所能安排，犹如黑夜和白天的交替那样永恒地变化，完全出于自然，所以，正确的态度是坦然接受，而不是大惊小怪，盲目害怕或无理排斥。

其次，道家尝试用“气化”的理论解释生死，认为人是“气”的一种存在形式，“人之生也，气之聚也，聚则为生，散则为死”（《庄子·知北游》）。既然人之生死，不过是气之聚散的结果，气聚而生，气散而灭，那么，死亡也就不是什么神秘可怖的事情了。应该说，道家的“气化”理论并不是很科学，但它是人以理性的力量面对莫测命运的一次有益的尝试，同时，它也确实能在一定意义上化解人对死亡的焦虑和恐惧。《庄子·至乐》中记载了庄子在妻子死后鼓盆而歌的故事。庄子的妻子死了，好朋友惠子去吊唁，却看到庄子在鼓盆而歌，十分奇怪。庄子解释说，妻子刚死，怎么会不悲伤呢？但进一步思索，觉察到人在未有生命之前，既无形骸，也未形成元气。然后，在自然之道的作用下，有了元气，元气变化而有了形体，形体变化而有了生命，如今生命变化又回到无生命，这就跟春夏秋冬四季运行一样，是一个自然往返的过程。她如今安然寝卧于天地之间，而我却呜呜地围着她啼哭，这是不懂天命的缘故，所以也就停止了哭泣。

知识拓展：鼓盆而歌

庄子妻死，惠子吊之，庄子则方箕踞鼓盆而歌。惠子曰：“与人居，长子、老、身死，不哭，亦足矣，又鼓盆而歌，不亦甚乎！”庄子曰：“不然。是其始死也，我独何能无概然！察其始而本无生；非徒无生也，而本无形；非徒无形也，而本无气。杂乎芒芴之间，变而有气，气变而有形，形变而有生。今又变而之死。是相与为春秋冬夏四时行也。人且偃然寝于巨室，而我嗷嗷然随而哭之，自以为不通乎命，故止也。”

——《庄子·至乐》

这个故事表面上看荒诞无稽，匪夷所思，但细想来，却是人类运用理智挣脱破解生死捆缚的一则寓言。众所周知，莫名其妙的东西是最可怕的，凡是能意识到并能说出来的东西，人往往就能找到克服它或战胜它的办法，从而最终摆脱这种莫名恐惧对人的日常生活的控制。道家认为，宇宙之初原没有天地万物，只有浑然一体的“气”。天地万物包括人都是由“气”变化出来的，最终仍然要回归浑然一体的“气”，人的生死不过是“气”的一种变化，所以，生，不值得喜，死，不足以悲。在道家眼中，生与死都是自然的变化，而自然的变化是不可抗拒无以逃避的，所以，明智的人应该“安时而处顺”（《庄子・大宗师》）。如果能顺其自然，那么，死之恐惧对人的束缚也就不攻自破了。

再次，道家认为，生未必乐，死未必苦，人生天地间，劳逸死生都应坦然处之。“夫大块载我以形，劳我以生，佚我以老，息我以死。故善吾生者，乃所以善吾死也。”（《庄子・大宗师》）上天赋予了人以生命，让人生活、劳作，直至衰老、安息，所以，无论是生，还是死，都应顺其自然。如果只接受“生”，而不接受“死”，那不仅违背了自然之理，而且最终必将招致自然的惩罚。人都想长生不老，但在庄子看来，“人之生也，与忧俱生”（《庄子・至乐》），人的一生既要遭受身体劳顿的折磨，又要忍受生存竞争所带来的心理折磨，即使努力追求，最终也未必有所获，“终身役役而不见其成功，苶然疲役而不知其所归，可不哀邪！人谓之不死，奚益！”（《庄子・齐物论》）因此，与无欲无碍、无知无求的死相比，这种痛苦劳顿的生，其实并无快乐可言。一般来说，人性恋生恶死，但在庄子眼中，生，有劳作之苦，死，有安息之乐，很难说哪个更值得高兴，哪个的哀痛更大。在《庄子・至乐》中，他借髑髅之口，大谈死的幸福与快乐，“死，无君于上，无臣于下，亦无四时之事，从然以天地为春秋，虽南面王乐，不能过也”。

知识拓展：庄子论生死

庄子之楚，见空髑髅，髐然有形，撽以马捶，因而问之，曰：“夫子贪生失理，而为此乎？将子有亡国之事，斧钺之诛，而为此乎？将子有不善之行，愧遗父母妻子之丑，而为此乎？将子有冻馁之患，而为此乎？将子之春秋故及此乎？”于是语卒，援髑髅，枕而卧。

夜半，髑髅见梦曰：“子之谈者似辩士。视子所言，皆生人之累也，死则无此矣。子欲闻死之说乎？”庄子曰：“然。”髑髅曰：“死，无君于上，无臣于下，亦无四时之事，从然以天地为春秋，虽南面王乐，不能过也。”庄子不信，曰：“吾使司命复生子形，为子骨肉肌肤，反子父母妻子闾里知识，子欲之乎？”髑髅深瞑蹙頞曰：“吾安能弃南面王乐而复为人间之劳乎！”

——《庄子・至乐》

与庄子相比，老子对生死的看法更彻底，老子认为，人之所以有大患，正因为人有肉身，如果没有肉身，人又能有什么烦恼呢?“吾所以有大患者，为吾有身，及吾无身，吾有何患。故贵以身为天下，若可寄天下。爱以身为天下，若可托天下。”(《道德经》第13章)简而言之，“身体”是人生种种烦恼痛苦的根源，身体消失了，痛苦也就不在了。老子的这一看法很接近佛家，不过，佛家并不把死亡看作解脱。

老庄道家以旷达的态度来对待生死，安时处顺，不忧不惧。这种思想，对今天的人来说仍有许多启发，值得我们深思和借鉴。

2. 知其不可奈何而安之若命

“命”是老庄道家哲学中常出现的概念，尤其是在《庄子》里面，所谓“死生，命也；其有夜旦之常，天也”(《庄子·大宗师》)；“不知吾所以然而然，命也”(《庄子·达生》)；“求其为之者而不得也，然而至此极者，命也夫”(《庄子·大宗师》)；等等。庄子将非人力所能干预的必然性，称之为“命”。

首先，庄子认为，命运的安排如同衣小者不能怀大，绳短者不能汲深，人无法改变命运，只能顺从命运的安排，“知其不可奈何而安之若命”(《庄子·德充符》)，在限定的环境中赢得生命的自主和自由。

其次，庄子认为，命是不可知亦不可变易的。它不仅决定了人的生死大限，而且预定了人的一生在社会生活中的伦理关系和贫富穷达的际遇，所谓“死生存亡，穷达贫富，贤与不肖毁誉，饥渴寒暑，是事之变，命之行也”(《庄子·德充符》)。但是，采取顺物而化，随遇而安的生存态度却能使人摆脱困境，获得解脱。就像庖丁解牛一样，透解牛的机理，懂得何处可以下刀，何处不能动刀，就能避开矛盾，从容解牛，保身、全生、养心、尽年。

3. 养生以尽天年

道家认为人受命于天，理应享尽自然的寿命，中道夭折不合自然之道。道家十分注重养生，反对为物所役。庄子认为，人的生命是有限的，而知识是无限的，以有限的生命去追求无限的知识是危险而无益的。人生在世，应该遵循自然之道，不应贪图名声而做善事，也不应铤而走险做坏事，以致招致刑戮的屈辱，人只有保全自己的天性，才能享尽天年。所谓“吾生也有涯，而知也无涯。以有涯随无涯，殆已！已而为知者，殆而已矣！为善无近名，为恶无近刑。缘督以为经，可以保身，可以全生，可以养亲，可以尽年”(《庄子·养生主》)。

在《庄子·养生主》中，庄子以庖丁解牛的故事，生动地诠释了自己的养生哲学。庖丁为文惠君宰牛，他的刀用了十九年，宰过上千头牛，可是刀刃还像刚开口的时候一样完好无缺，而一般的厨师一个月要换一把刀，即使是好厨师，一年也要换一把刀。庖丁的刀之所以能十九年不换，是因为他的刀在解牛时能够避开牛体的硬骨，“以无厚入有间”。

知识拓展：庖丁解牛

庖丁释刀对曰："臣之所好者道也，进乎技矣。始臣之解牛之时，所见无非牛者。三年之后，未尝见全牛也。方今之时，臣以神遇而不以目视，官知止而神欲行。依乎天理，批大郤，导大窾，因其固然。技经肯綮之未尝，而况大軱乎？良庖岁更刀，割也；族庖月更刀，折也。今臣之刀十九年矣，所解数千牛矣，而刀刃若新发于硎。彼节者有间，而刀刃者无厚。以无厚入有间，恢恢乎其于游刃必有余地矣，是以十九年而刀刃若新发于硎。虽然，每至于族，吾见其难为，怵然为戒，视为止，行为迟，动刀甚微，謋然已解，如土委地，提刀而立，为之四顾，为之踌躇满志，善刀而藏之。"文惠君曰："善哉！吾闻庖丁之言，得养生焉。"

——《庄子·养生主》

庖丁在牛骨的空隙中找到了自由，所以他解牛从容不迫、游刃有余、踌躇满志。庖丁的养生之道，与老子的"知足不辱，知止不殆，可以长久"（《道德经》第44章）异曲同工。社会是复杂的，生命是有限的，如何在有限的人生中赢得生命的自由和心灵的自适，道家认为，关键就在于要顺其自然，与天地万物的变化协调一致，这样既可以免受外物的损害，又可以保存天性，颐养天年。

老庄的思想发展成后来的道教。道教追求长生不死，认为人通过方术修炼，可以祛病延年，长生成仙。在探求长生方术上，道教想了很多办法，付出了很多的代价。社会上一般认为道教信仰"修道成仙"是幻想，是迷信，但作为一种宗教，它也表达了古人反抗死亡的一种良善愿望，应该说，精神是积极的。

（三）佛家的生死观

1. 苦海无边，回头是岸

佛教在汉朝时由印度传入中国，是我国历史上流传最广、影响最大的宗教。佛教对人生的基本看法是"苦海无边，回头是岸"。根据原始佛教的经典《阿含经》等，可知佛教主要用四圣谛、八正道、十二因缘、五蕴以及因果报应等理论来解释人生的苦乐。

所谓"四谛"即苦、集、灭、道四条人生真理。其中，"苦谛"是说人生在世充满了种种痛苦。佛教所说的苦，种类很多，有二苦、三苦、四苦、五苦、八苦以及一百一十种苦，其中影响最大的是八苦，即生苦、老苦、病苦、死苦、爱别离苦、怨憎会苦、求不得苦、五取蕴苦（五蕴指色、受、想、行、识，概指一切身心之苦）。佛教认为，生老病死是苦，与所爱所亲的人别离、与怨恨的人或环境聚在一起、喜欢的得不到、不喜欢的又摆脱不了等均使人苦恼，即使是乐受，本质上也是苦，所谓"诸受皆苦"。为什么呢？主要原因有三：

（1）苦乐不相离，故乐受亦苦。世间没有纯粹的乐，一切乐都是在与苦的纠缠中存在。如因饥寒而有饱暖之乐，因别离而有重逢之乐，故《涅槃经》中说："生死之中，实有乐受，菩萨摩诃萨以苦乐性不相舍离，是故说言一切皆苦。"

（2）乐依因缘而起，故本质是苦。佛教认为，世间的万事万物皆遵循因缘法则而生灭。所谓因，即事物的内部原因；所谓缘，即事物的外部条件。内因和外缘的和合，便产生了万事万物。世间所有的乐，都必须借助一定的条件才能产生和维持。既然是依他而生，不能自主，所以，乐受实为苦，正如《涅槃经》中说："一切属他，则名为苦；一切由己，自在安乐。"

（3）诸乐无常，故为苦。佛教认为，宇宙万物既是因缘和合而生，则难免迁流变化，正如《金刚经》上说："一切有为法，如梦幻泡影，如露亦如电，应作如是观。"按照佛教的观点，存在是暂时的，变化是永恒的，快乐亦不例外。世间没有绝对的、永恒不变的快乐，而一切不能永恒的东西，当然也即是苦。

一切皆苦，万法皆空是佛教的基本教义。由于佛教"一切皆苦"的价值判断内在地蕴含了人非不朽、社会改善永无止境、人非尽善尽美等人类实存之有限性与不完满性等真义，因此，历代而下不断引起世人的共鸣。时代的苦难越重，个人的不幸越多，人们在心理上、情感上也越容易与佛教接近。魏晋时代，尚佛成风，其原因当然是多方面的，但主要的一点恐怕还是在于魏晋人在战乱频仍、生命如草、朝不保夕的生存危机中的一种深层的心理需要。明朝万历以降，禅风浸盛，士大夫逃禅之风愈演愈烈，逮至明末，竟出现了士大夫无不读禅的局面，他们或创寺修庙、施田立碑，或接纳高僧、谈禅说理，或披剃空山、著书立说等，其盛况远超过唐宋士大夫谈禅之习，直可与魏晋相媲美。究其原因，亦与明末社会政治经济腐朽糜烂有着深刻的内在联系。正如周作人所说：外国的隐逸多是宗教的，"中国的隐逸却是政治的"①。五四以来的中国现代作家，如鲁迅、周作人、郭沫若、郁达夫等近佛，亦与时代的苦闷分不开。

佛教视人生如火宅，如苦海，但佛教"人生苦"的价值判断并不必然地诱导人们灰身灭志，消极避世，正如佛学家周叔迦先生所说："佛陀只说苦谛应知，而不曾说苦谛应断。因为当前的苦果不是从逃避中能获得解脱的，也不是依赖他人能将自己从痛苦中拯救出来的，惟有真实明白了世间之苦，然后进一步寻出苦的根由，用自己的力量来断除苦根，才能获得解脱。"② 看透了人生苦的真相后，是逃避还是反抗，往往还取决于个人。每个人都是以自己特殊的人格心理、精神追求为依据来接受外界的刺激的，只有当外部的信息契合于主体的内在心理定式时，才能发生真正的聚合反应并被主体接受吸纳。同时，佛教认为人生难得。虽然人有生老病死，但生而为人亦非易事，理当珍惜。佛经《杂阿含经》中记载了一个盲龟值木的故事，生动地讲述了这个道理。

① 周作人．重刊袁中郎集序［M］//苦茶随笔．石家庄：河北教育出版社，2002：60.

② 周叔迦．周叔迦佛学论著集：下［M］．北京：中华书局，1991：881.

知识拓展：盲龟值木

尔时，世尊告诸比丘："譬如大地悉成大海，有一盲龟，寿无量劫，百年一出其头；海中有浮木，止有一孔，漂流海浪，随风东西。盲龟百年一出其头，当得遇此孔不？"

阿难白佛："不能，世尊。所以者何？此盲龟若至海东，浮木随风，或至海西，南、北四维，围绕亦尔，不必相得。"佛告阿难："盲龟浮木，虽复差违，或复相得。愚痴凡夫漂流五趣，暂复人身，甚难于彼。所以者何？彼诸众生不行其义、不行法、不行善、不行真实，展转杀害，强者凌弱，造无量恶故。是故比丘，于四圣谛尚未无间等者，当勤方便，起增上欲，学无间等。"

——《杂阿含经》第十五卷

在茫茫大海中，一只瞎眼的乌龟，一百年才浮出水面一次，偶然地遇到一根不知从何处漂来的木头，上面有一个不大不小的洞，正好可以让它做窝栖身。瞎眼的乌龟在海上遇到木头的概率本来就很低，遇到一根上面有洞的木头更是不易，更不要说这只乌龟一百年才浮出水面一次，要遇到一根上面的洞不大不小，正好适合它做栖身之所的木头，实属千载难逢之遇。佛经以此告诫世人，在无量劫的轮回中，获得人身且能听闻佛理的机会如"盲龟值木"，众生应该庆幸和珍惜，正如《涅槃经》卷二云："生世为人难，值佛世亦难，犹如大海中，盲龟遇浮孔。"

2. **生死事大，觉悟为本**

佛教从一开始就将生死问题作为头等大事，那么，如何才能跳出苦海，达到解脱的境界呢？

佛教认为，人生的许多烦恼如"贪、嗔、痴、慢、疑"等都是因为心灵的迷惑所招致的，所以，解脱之道，首先应该听闻佛教的真理。佛教与很多宗教不同，它不是特别强调信仰，而是注重"智慧"，强调"慧解脱"。佛者，即觉者，佛教从最早的佛陀悟道传法开始，就强调人的自我觉悟和自觉行为，与强调神启、天谕的基督教相比，佛教更重视人的自知、自觉、自作证，无论是原始佛教，还是中国天台宗的"一心三观"、法相宗的"万法唯识"、净土宗的"即心即佛"，还是禅宗的"识心见性"，强调的都是人的自证自悟。这使它不仅"在合乎理性与现实主义方面，优越于西方宗教"①，而且也使它与反抗权威，破坏偶像，追求个性解放，崇信精神力量的现代精神相契合。正因此，尽管五四以来，提倡科学反对迷信，宗教被边缘化，但仍有很多学者、文人亲佛、近佛、习佛，比如周作人直到晚年仍然劝人读点佛经，因为佛教以觉悟为本，

① 弗洛姆，铃木大拙，马蒂诺．禅宗与精神分析［M］．王雷泉，冯川，译．2版．贵阳：贵州人民出版社，1998：97.

否定外在的神和权威而重自身的净化，是一种非常理性的宗教。

佛教认为，人生之所以时时处处充满痛苦，主要是因为人们不明了佛教的真理，以至于认假为真，在生死苦海中轮回不能自拔。《大智度论》说："诸法性空但名字，因缘和合故有，如山河草木土地州郡城邑名之为国，巷里市陌处馆宫殿名之为都……离此因缘名字则无有法，今除山河土地因缘名字更无国名，除庐车道陌因缘名字更无都名。"也就是说，国者、都者、房者、屋者，均是因缘和合之产物，本无自性，亦无实体，因此，只是幻相和假名，世人看不见这个真相，反而拼命妄求，劳心竭力，无功而返，岂能不苦？佛教认为，诸法性空假有。关于性空假有，《中论》中的说法是："因缘所生法，我说即是空，亦为是假名，亦是中道义。"佛教史上称之为"三是偈"。它以"空""假""中"三谛法谈"空"。通俗地说，佛教认为，世界上的一切事物都是因缘和合而产生的，既是因缘和合而生，所以都无自性。既无自性，故本质为"空"。但既已缘起，就非完全空无，不过这种"有"不是真实的"有"，而是幻相和假名，因此，千万不能将这种本质为"空"的东西执着为实"有"，否则就会被假象迷惑，颠倒痴狂，痛苦无穷，无有解脱。佛教认为，只有破除种种虚妄偏执，才能获得真正的解脱和自由。

佛教将"贪、嗔、痴"视为最根本的烦恼，称之为"三毒"。所谓"贪"，即是贪欲染着于色、声、香、味、触等五欲之境，并由此起恶造业。佛教认为，众生生活于世间，以眼、耳、鼻、舌、身等器官与外界相接触，难免产生色、声、香、味、触等感觉。由于这些感觉能引起众生的利欲之心和占有之意，因此贪心很难消除，所谓欲壑难填。欲望没满足时，人会觉得痛苦失意，欲望满足后，人又会觉得不过如此，为了填补空虚，驱散无聊，人会以新的欲望代替旧的欲望，如此反复，没有终点，因此，佛经将贪婪之心称为"恶欲"。《俱舍论》卷十六中说："于他财物，恶欲名贪。"被欲望主宰的人，没有自由。所谓"嗔"，即仇恨、愤恨。嗔与贪正相反。"贪"是由对事物的喜好而产生无餍足地追求、占有的心理欲望，"嗔"却是由对众生或事物的厌恶而产生愤恨、恼怒等负面心理和情绪。"嗔"常常使人身心不得安宁，容易引发仇恨嫉妒之心，产生各种各样的恶行（"造业"），轻者危害身边的人，重者则可能导致互相残杀，使整个社会陷入灾难，所以佛教视之为人类苦难的重要根源之一。所谓"痴"，又作无明。指心性迷暗、愚昧无知，尤其是不知佛教的真理，以至于坠入生死轮回中，备尝人生的种种苦难。

佛教认为，必须通过修行才能断除贪欲心、怒心和愚痴心，获得解脱。所谓："欲得净土，当净其心。随其心净，则佛土净。"（《维摩诘经·佛国品》）

那么，如何修行呢？"道谛"中的"八正道"为世人指明了途径和方法。所谓"八正道"，即正见（正确的见解）、正思、正语、正业（正确的行为）、正命（遵循正确人生原则的职业和生活）、正精进（正确的修行）、正念（正确地忆念四谛的道理）、正定（正确地修行禅定），其中最重要的是正见。"八正道"后来发展成"三十七道品”，并扩大为“六度”：布施、持戒、忍辱、精进、禅定、智慧。其中，“布施”有财施、法施和无畏施三种，主要对治悭吝、贪爱等烦恼。“持戒”，主要是为了止恶，消除不当的欲望而获得心理平衡，如不杀生、不偷盗、不邪淫、不说谎、不饮酒等。“忍辱”主要是指内心能安然忍受种种外辱，不受外界任何事物的影响而始终能保持心理平衡。“精进”主要是指要不断进取，精益求精。“禅定”主要是指通过禅修的方式去除杂念，于五欲境界无所贪着，从而获得心理平衡。“智慧”主要是指通过修习，断惑证真，获得最高智慧。

3. **自断因果，自求多福**

佛教从诸法因缘和合而生的观点出发，强调因果报应。根据佛教轮回之说，前世种什么因，今生受什么果，善有善报，恶有恶报，如影随形，循环不失。从现在世与过去世的关系看，佛教的因果论是十分宿命的，但倘若立足于来世，佛教的因果观却因为它为现世的人们点燃了对未来的希望而变得很积极。既然事物由因缘和合产生，那么，改变因缘，也就可以改变结果。出家人修行，就是为了改变因缘。佛教反对算命，因为因缘是随时可以改变的，命运掌握在自己手中。

佛教主张人的行为意识直接影响并主宰他以后的命运，因此，与老庄哲学相比，它更具有彻底解脱人生苦闷的理论优势，同时它把人的道德行为与改变命运的主动权交给了人自己，也比强调原罪的基督教更投合现代人的理性情怀。在中国现代文学史上，著名女作家庐隐因为自小就屡受命运的拨弄，厌世之心与日俱增。她在《庐隐自传》中说自己虽然信仰过上帝，但却是“菩萨畏因，众生畏果”而真正觉悟，“我无论处世接物，都以我这一点宗教为出发点，为归宿也。……我不相信死后的因果，我却相信生时的因果。虽然世界上充满了魑魅魍魉，我这种做人的态度，有时要碰壁，不过，无论事实上怎样吃亏，我‘良心’上不受煎熬，我还是快乐的。……这种宗教对我极有帮助，在我困厄的生命历程上，到现在还能保持我的天真，浑然不觉得人们的诡计，完全都靠了这一点‘求心之安’而已”。

佛教将死视为一种轮回。根据生前的所作所为，佛教认为，人死之后将进入地狱、饿鬼、畜生、阿修罗、人、天等六道。在佛教中，死不过是有情众生从一个轮回阶位到另一个轮回阶位的转变，也就是说，死是与再生连在一起的，修行者如果没有转迷成悟，真正觉悟到“诸法无我”“诸行无常”的佛理，不能断除业障，了断生死轮回之因，也就不可能达到常乐我净的涅槃真境。因此，与老庄道家不同，佛教从来不把单纯的肉体死亡等同于涅槃。“死”在以生为劳苦，死为安逸的老庄哲学中，获得了逍遥、解脱、自由之意，但在佛教中，只有觉悟的人，才能真正获救。

儒、释、道生死观比较：儒家的生死观平实，道家的生死观豁达，佛教的生死观透彻。各有优长，虚心学习，合理运用，必将受益无穷。

二、和平宽容：中国传统文化的宗教观

中国没有西方意义上的宗教，也没有像很多国家一样产生自己的国教，中国的宗教具有与西方截然不同的文化特点。举其大要，主要有三。

（一）多神信仰发达，包容性强

中国自古以来就是多民族、多宗教和多神崇拜的国家，没有“一教”“一神”独大的传统。造成这种现象主要有四个原因。

第一，中国是一个多民族大国，很多少数民族也拥有自己独特的民族宗教信仰，而且信仰程度比较深。有资料显示，在中国55个少数民族中，信仰各种宗教的人口占其总人口的比例超过50%。与汉族相比，那些几乎全民信教的少数民族的宗教生活更严格，表现形式更多，也更虔诚，尤其是藏传佛教和回族、维吾尔族的伊斯兰教。藏传佛教是具有浓厚的藏族特色的佛教。伊斯兰教传入中国以后，在与少数民族的交融中，由于回族、维吾尔族、哈萨克族等民族自身特点不一，因此，虽然共同信仰伊斯兰教，但清真寺建筑风格、宗教教育形式等方面却各具特色。

第二，中国有着“和合”的文化传统。孔子说：“君子和而不同。”（《论语·子路》）《周易·系辞上》说：“天下同归而殊途，一致而百虑。”在这种多元开放的理念影响下，中国文化形成了兼收并蓄的传统，中国社会对各种不同的宗教信仰，无论本土的，还是外来的，都相当宽容。许多在本土具有强烈排他性的“一神教”，如基督教、伊斯兰教等，来华后也能和中国的其他宗教和睦相处。在中国，三教合流的观念深入人心，人们可以同时信仰多种不同的宗教，这在西方是不可思议的。同时，中国的各教之间也未曾发生大规模的流血冲突，更没有西方宗教史上那样残酷的、长期的宗教战争。目前中国社会的五大宗教，除了道教外，其他四大宗教（佛教、天主教、基督教、伊斯兰教）都是外来的。

第三，中国的皇权始终支配教权。中国历史上长期实行君主专制制度，国家为君王一家所有，皇权至上，“普天之下，莫非王土；率土之滨，莫非王臣”（《诗经·小雅·北山》）；“天无二日，民无二主”（《孟子·万章上》）。在中国，皇权思想根深蒂固，所有的宗教组织皆依附于皇权而生，既不能独立，也不可能与皇权对抗。道教的前身“五斗米教”和“太平教”因反对官府遭到严酷镇压，佛教本土不承认君权，传入中国后很快发现，要想立足，必须服从皇权，否则，就会招致“灭佛”的命运。中国没有“上帝”，只有“皇帝”。在漫长的封建社会，“皇帝”对普通民众而言，不仅是一国之君，而且还是重要的精神寄托。

第四，文化上的自信。正如梁漱溟先生在《中国文化要义》一书中所指出：“中国

自有孔子以来，便受其影响，走上了以道德代宗教之路。”① 作为宗教的“代用品”，礼教在传统中国一直享有神圣的、绝对的崇高地位，所以，外来宗教进入中国，如果不能与中国文化融合，几乎没有生存的余地。关于这一点，牟钟鉴和张践在《中国宗教通史》中进行了详细的研究，他们发现，外来宗教中国化的程度越高，它在中国的影响就越大，这里，最典型的就是禅宗。禅宗是印度佛教中国化之后的产物，它以真修实证、顿悟本性为主，完全不同于印度以经律论为主的佛教。正因此，有人说，有两种佛教，一是印度佛教，一是中国佛教。正因为中国人对外来宗教态度宽容，“中国人对以儒学为中心的传统哲学和敬天法祖为宗旨的正宗信仰充满自信”②，所以，外来宗教一旦进入中国，便开始了中国化的进程。中国人用传统文化强大的同化力去影响和改造外来宗教，使之具有中国特色，所以，通观中国古代政府的宗教管理政策，可以发现，历史上政府出面干涉民众宗教信仰的情况极为罕见，也没有单纯因信仰原因而发生的宗教战争。许多世界性宗教都传入了我国，并且赢得了众多的信徒，在传播过程中逐渐成为中国文化的一个组成部分。但是，正如著名学者张践先生所指出：“中国式的宗教信仰自由，不可能成为近代‘人权’观念产生的温床。因为中国的宗教信仰自由是以‘敬天法祖’这个世俗信仰为大前提的，实质上是以服从宗法等级社会制度为依据。中国各种宗教组织的存在，也是以臣服于封建政府，为王朝效忠为前提的。在历代王朝的严格管理之下，教权绝对不足以与王权相抗衡，因此在中国人的精神生活中也不能出现除儒家宗法伦理以外的另一个中心为思想的自由张目。西方近代‘人权’观的出现，是以反对‘神权’为形式的，而中国近代社会对人权的压抑，主要不是来自天国，而是来自现世的宗法等级制度，因此套用欧洲以反对宗教作为社会革命的先导也是不适用的。”③

（二）功利色彩突出，世俗性强

中国宗教具有强烈的现实性品格。在中国，先民拜神，主要不是为了超生，而是为了祈求解决民生问题，诸如保佑五谷丰登、人丁兴旺、治病消灾等，功利性很强。正如有学者所指出：“中国人的崇信宗教，也是完全为帮助现在的生活，并不是为死后的永生。”④

对中国民众来说，趋福避祸既是他们信仰宗教的最主要的动机，也是他们参加各种宗教活动的最终目的和最高追求。生活中防不胜防的变故、意外的灾难、人为的大动乱以及令人绝望的疾病和死亡的恐惧等，常使宗教不知不觉地进入他们的心灵。越

① 梁漱溟. 中国文化要义［M］. 上海：上海人民出版社，2003：125.

② 牟钟鉴，张践. 中国宗教通史：下［M］. 北京：社会科学文献出版社，2003：1217.

③ 张践. 儒家宗教观的形成及其历史影响［M］//国际儒学联合会. 国际儒学研究：第六辑. 北京：中国社会科学出版社，1999.

④ 周作人. 中国的国民思想［J］. 教育时报，1941（2）.

是荒年乱世，信教的人也越多。“衰世好信鬼，愚人好求福。”（《论衡·解除篇》）在中国，两千年来佛教、道教以及各种迷信思想学说之所以在民间社会广为流行，与民众不能掌握自己的命运，甚至连基本的温饱都不能解决的可悲命运是分不开的。近代中国“吃教”现象突出，究其原因，亦与现实生活中民众的贫困和无望密切相关。

“吃教”，即是指没有什么宗教信仰，只是为了解决穿衣吃饭等实际问题而成为教民的人。

据顾长声在《传教士与近代中国》一书中分析，近代中国奉洋教者除了少数属于地痞流氓或二流子等外，更多的是因为生活十分贫困而入教。穷人奉教“并不是真信教，而是生活没出路，为穷困饥寒所逼。入教只是为吃教堂供给的馍馍，或用教堂两吊钱。当时入教的，教会先给两吊钱”[①]。当时流传着这样的民谣：“你为什么奉教，为了铜钱两大吊，不给铜钱两大吊，我不在你的教。”“为什么受洗，为了八斗米，为什么信教，为了钱八吊。”“问我为嘛来奉教，为了五块白（北）洋造。”[②] 近代信奉洋教的教民大都抱有某种实用的动机，或为得到一个能够养家活口的可靠职业，或为求学，或为求医求药，或为得到教会的赈济，度过灾荒，或为避免受到教会的歧视凌辱，或为逃避官府的压迫和剥削……贫穷使民众容易接近宗教，而苦难更使民众难以抗拒宗教的许诺、利诱和自我神化。

对统治者来说，他们之所以重视宗教，主要也不是为了解决民众的信仰问题，而是为了利用宗教，强化精神上的统治，即“神道设教”。

“神道设教”，即有意识地借用鬼神的名义和权威来神化王权统治的合法性，通过强化民众对统治者的敬畏感来巩固王权的统治。

“神道设教”是封建社会中皇权通过国家权力和政治操作系统对民众的宗教信仰进行控制和干预的一个重要手段。它一方面强化了皇权专制的淫威，另一方面也加强了对民众的精神无所不在的控制和压迫。正因此，在中国，民众最害怕的常常不是天上的神，而是人间的帝王及其代理者——各级官僚。

（三）鬼神信仰发达，巫术意识残余较多

世界上所有的民族都经过原始时期和蒙昧阶段，因而也都不同程度地存在过巫术

① 顾长声．传教士与近代中国［M］．上海：上海人民出版社，1981：133．

② 山东大学历史系中国近代史教研室．山东义和团调查资料选编［M］．济南：齐鲁书社，1980：36；南开大学历史系．天津义和团调查［M］．天津：天津古籍出版社，1990：6．

心理和巫术活动，但在此之后，大多数民族都走上了一神教发展的道路，而中国的情况比较复杂。

首先，儒家思想继承并发展了“周人尊礼尚施，事鬼神而远之”（《礼记·表记》）的传统，阻断了中国原始宗教文化向一神化的神学宗教的转化，使得中国民众大多淡泊来世，积极而务实；并且由于儒家的理性化并不彻底，加上儒家主要关心的是生命存在的道德意义和价值，不能透彻地阐明客观世界的苦难和幸福的起源及依据，未能对自然界的各种现象做出充分、合理的解释，因此尽管中国文化的主流从原始巫术信仰中蜕化出来了，但是在中国传统文化的底层，始终涌动着一股巨大的巫术暗流。

其次，由于中国土生土长的宗教——道教——本身即带有浓厚的巫觋色彩，与巫术“有其天然的亲缘关系”①，因此，被儒家文化所排斥的民间巫术的巫技、巫法、巫觋的祀神仪式、巫术中的法器等，在道教中却找到了稳固的存身之所，特别是驱鬼避邪、捉妖治蛊、呼风唤雨、画符念咒、祈福禳灾、招魂医亡等更是道教中极常见的活动。近代以来，道教的社会地位不断下降，但由于道教宣扬的发财、富贵、一人得道泽及全家等，满足了一般民众出于低等动机的福寿长生的愿望，因此道教在民间仍有较大的影响。

最后，在漫长的封建社会，由于自然科学的不发达以及教育的不普及，也使得种种低级的迷信及巫术在社会上仍有着相当深厚的信仰基础，原始宗教的天命观、鬼神观及巫术等在民众的精神生活中占有重要地位，加上封建皇权的暗中保护和纵容，巫教不仅在民间广为流传，就是在统治阶级上层社会和知识分子中也不乏信奉之徒。正如周作人所说：“平常讲中国宗教的人，总说有儒释道三教，其实儒教的纲常早已崩坏，佛教也只剩了轮回因果几件和道教同化了的信仰还流行民间，支配国民思想的已经完全是道教的势力了。我们不满意于‘儒教’，说他贻害中国，这话虽非全无理由，但照事实看来，中国人的确都是道教徒了。”②

巫术，本质上是幻想凭借超自然力量来干预和影响人类及自然界的活动，实现自己的非人力所能实现的目的的一种法术，因此，在远古时代，巫术被广泛地运用在政治、军事、医药、天文、历史等各个领域。就个体生活而言，由于生老病死是人生最大的难题，所以巫医并用的现象在远古时代十分普遍和突出，“在初民社会中几乎一切有关疾病的事都是靠巫术的”③。最早的巫师几乎也就是最早的医生，早期的医生为人看病往往同时运用巫术与药物，这种情况在中国其实直到晚清仍没有根本的改观。

相信法术，迷信奇迹，必然使人们对于指石成金、顷刻开花等违反自然法则或与常识直接矛盾的种种奇迹津津乐道，信而不疑。社会上各种三天可以学成一门外语、

① 张紫晨．中国巫术［M］．上海：上海三联书店，1990：270.

② 周作人．乡村与道教思想［M］//谈虎集．石家庄：河北教育出版社，2002：222.

③ 马林诺夫斯基．文化论［M］．费孝通，等译．北京：中国民间文艺出版社，1987：50.

包治百病的家传秘方等虚假广告之所以能够大行其道、畅通无阻与民众的轻信、盲从的心理是分不开的，正如有学者所指出的，“看惯用惯了巫术的人对一切立竿见影的方法和理论都会充满特殊的好感，而对那些繁琐复杂却又不能带来眼前效益的事绝不可能保持长久的热忱”①。在中国，潜在的巫术意识常使民众对各种奇迹、法术、魔术等抱有超乎寻常的热情和信仰，因此，有时候，一个偶然的事件也会讹传为与人的吉凶福祸有关的谶语，从而导致广泛的恐慌。

三、王者通三：《周易》的生命智慧

《周易》是中国古代一部重要的哲学典籍，与《诗》《书》《礼》《乐》及《春秋》合称“六经”。关于《周易》的“周”，一般认为是朝代名，指夏商周时代，也有人认为是普遍、包容一切的意思。关于“易”，通行的解释是，“易”有三意：简易、变易、不易。简易即简单，变易即变化，不易即永恒不变。狭义的《周易》指的是《易经》，约成书于殷周之际，包括六十四卦卦象、卦辞、爻辞（每卦六爻，六十四卦为三百八十四爻）。广义的《周易》还包括解释《易经》的《易传》。《易传》约成书于战国时期，内有十篇：《彖》上下、《象》上下、《系辞》上下、《文言》、《序卦》、《说卦》、《杂卦》，又称《十翼》，一般认为，《易传》的主要思想传自孔子。

《周易》是中华文化之根，数千年来对中国文化、社会乃至整个世界文化都产生了深远的影响。在中国，无论是儒家刚健学说和入世的精神，道家的柔顺思想和避世精神，墨家的兼爱主张和反战精神，还是阴阳家的五德终始循环，名家同异坚白辩论，法家的形名法术，兵家正奇对策等，均和《周易》有着密切的联系。

（一）一阴一阳之谓道

《周易》的核心是阴阳关系，用郑万耕先生的话来说即是：“易学哲学的思想体系，集中到一点，就是以阴阳变易的法则说明一切事物的产生、发展和变化，可以称之为‘阴阳变易’学说。”②

阴与阳是《周易》中最基本的概念。关于阴阳之间的关系，《周易》主要强调了以下三点。

1. 阴阳互动，万物化生

《周易》认为，阴阳之间既相互对立，又相互依存。仅凭阳气无法化生万物，仅凭阴气也无法化生万物，必须阴阳二气相互激荡，才能化生万物，生生不息，所谓“生生之谓易”（《周易·系辞上》）。在中国，阴阳的观念起源很早，最初主要表示一种自

---

① 胡新生．中国古代巫术［M］．济南：山东人民出版社，1998：83.

② 郑万耕．阴阳变易学说的思维特征［J］．中国哲学史，2000（3）：41－48.

然现象，其中，“阳”指日光能照射到的地方，“阴”指日光不能照射到的地方。后来，“阳”被引申为光明的、正面的、处于控制地位的力量；“阴”被引申为阴柔的、负面的、处于从属地位的力量。《周易·系辞上》首次提出“一阴一阳之谓道”的命题。《周易·系辞上》第五章云：

> 一阴一阳之谓道，继之者善也，成之者性也。仁者见之谓之仁，知者见之谓之知，百姓日用而不知，故君子之道鲜矣！显诸仁，藏诸用，鼓万物而不与圣人同忧，盛德大业至矣哉！富有之谓大业，日新之谓盛德。生生之谓易，成象之谓乾，效法之谓坤，极数知来之谓占，通变之谓事，阴阳不测之谓神。

阳对于阴既有吸引力，又有排斥力，阴对于阳也是既有吸引力，又有排斥力。二者相互作用，构成了推动宇宙变化的根本动力。《周易》将阴与阳之间的矛盾变化规律视为关系宇宙万事万物盛衰存亡根本的“道”，认为传继此道并发扬光大开创万物的就是“善”，成就万事万物的就是天命之性。仁者见此性此道与仁德相通，即认为是仁，智者体察此性此道与智慧相通，就称之为智，百姓日常应用此道此性却不知其所以然，所以能全面了解易道的人并不多。

2. 阴阳变易，与时偕行

《周易》认为，阴阳之间的关系不是凝固、静止的，而是变化的，因此，应该注意观察并把握客观变化的时势，与时偕行，趋吉避祸。“时”是《周易》中一个十分重要的概念。《周易》的卦爻在解释卦爻象时，非常强调“时”，认为是否趋时，直接关系到吉凶祸福。

如《周易·文言传·坤文言》中说：“积善之家，必有余庆；积不善之家，必有余殃。臣弑其君，子弑其父，非一朝一夕之故，其所由来者渐矣，由辩之不早辩也。”就是说，事物的变化都有一个过程，如果你能及早辨察，就可以防患于未然。一般人大都是在吉凶非常明显的时候才能够判断好坏，而圣人却能在事情只有一点苗头的时候就判明其吉凶。所以，《周易·系辞上》说：“夫《易》，圣人之所以极深而研几也，唯深也，故能通天下之志；唯几也，故能成天下之务；唯神也，故不疾而速，不行而至。”

《周易》通过阴阳之间的变化来揭示事物变化的规律，启发人要顺应变化的规律，把握时机，因时而变，成就大业。以乾卦为例，《周易》强调君子应自强不息，积极进取，但同时又说明要因地制宜，相机而动，不能蛮干。“初九：潜龙勿用。”意思是说处于下位的人不要急于施展自己的才干，而应像一条巨龙那样深深地潜伏在水里，因为时机不成熟。“九二：见龙在田，利见大人。”意思是说，有着龙一样品德而能立身中正的人可以偶尔展现一下自己的才华，提醒人们在没有积聚到足够力量之前，不能冒失莽撞，但是可以小露锋芒。“九三：君子终日乾乾，夕惕若厉，无咎。”意思是君子整天都在奋发努力，夜里也不忘警惕反省，因此，即使有危险，也不至有大碍。“九四：或跃在渊，无咎。”是说一旦积聚了相当的力量，处于成功边缘的巨龙既要从水中跃起，又要不时沉潜到水里，使人不辨其首尾，进退有方，才能无咎害。“九五：飞龙在天，利见大人。”意思是说，大功告成，大展宏图，此时处于最好的时机，如巨龙昂首腾飞，翱翔于苍穹中。“上九：亢龙有悔。”意思是说，不能过于亢进，物极必反，飞到极高处，必将有所悔恨。从潜于水中，到大展宏图，到不能过分，说明时机在变化，人的应对方式也应相应调整。《周易》强调事物的变化与发展，同时指出这种变化是有规律可循的，只要潜心专研，仔细体味，功夫到家，就一定能趋吉避凶。所谓“君子进德修业，欲及时也，故无咎”（《周易·乾卦》）。

3. 阴阳互补，和谐为上

与西方哲学强调事物的对立与对抗不同，《周易》崇尚和谐，强调对立面之间的和谐与互补，认为和谐是宇宙和自然的本真状态，明确提出“太和”的概念，“太和”就是最高的和谐。这种和谐，既包括人与自然的和谐，也包括人与社会的和谐。①

（二）推天道以明人事

1. 圣人设卦观象，效法天地

《周易》认为，人道来源于天道，人应效法天。在我国，自西周开始，“天”就被赋予了道德的含义，中国人把“天”视为道德的根源，“天即自然界，是有生命的，它是人的生命的唯一来源。人的生命不是由上帝创造的，是自然界生成的，有些儒家称天地为父母（从《易传》作者到张载等人），就是从这个意义上说的。这是生命进化的思想，也有道德进化的意义。”② 《周易》讲天道、地道，并不是想客观地、理性地认知外部世界，解开自然之谜，而是为了阐发人道，为人解决安身立命的问题，想从宇宙的运行规律中，探索趋吉避凶的立身之法。中国人习惯于从价值的立场，以道德的眼光看自然，这一点与古希腊人理性认知自然的科学立场是很不一样的。

《周易》认为，先有天地，然后才有万物，因此，人道应以天道为据。“有天地，然后有万物；有万物，然后有男女；有男女，然后有夫妇；有夫妇，然后有父子；有父子，然后有君臣；有君臣，然后有上下；有上下，然后礼义有所错。”（《周易·序卦下》）这段话清楚地说明人道三纲始于天道。天有尊卑，人有上下。男尊女卑，夫妇之道。父慈子爱，君臣有别。

人道以天道为本，那么，怎样才能让人读懂“天意”呢？孔子认为，圣人通常借助“象”来表达自己对世界的认识，因为书不尽言，言不尽意，文字难以完全表达人的语言，语言难以完全表达人的思想，因此，圣人“立象以尽意，设卦以尽情伪”（《周易·系辞上》）。关于“象”，《周易·系辞上》第十二章是这样说的：“是故夫象，

① 张文俊．德性智慧的开启：《周易》伦理思想研究［M］．北京：中国社会科学出版社，2011：277－285．

② 蒙培元．人与自然：中国哲学生态观［M］．北京：人民出版社，2004：78．

圣人有以见天下之赜，而拟诸其形容，象其物宜，是故谓之象。”

> 象，乃是圣人发现了天下幽深难见的道理，为了便于世人理解，另辟蹊径，将自己的发现譬拟成具体的物象。

在《周易》中，圣人观察大自然的物象，一共创设了六十四个卦象，“吉凶者，失得之象也。悔吝者，忧虞之象也。变化者，进退之象也。刚柔者，昼夜之象也。六爻之动，三极之道也。是故君子所居而安者，《易》之序也；所乐而玩者，爻之辞也。是故君子居则观其象而玩其辞，动则观其变而玩其占，是以自天佑之，吉无不利”（《周易·系辞上》）。君子之所以喜爱探索钻研卦象爻辞，观变玩占，正因为其中的义理精微广大，既可以让人长智慧，又可以教人避凶趋吉。

2. **自强不息，厚德载物**

《周易》强调观物取象，效法天地，“与天地合其德，与日月合其明，与四时合其序，与鬼神合其吉凶。先天而天弗违，后天而奉天时”（《周易·乾文言》）。最高的境界就是天人合德，到了这个境界，人才能真正从心所欲不逾矩，获得真正的自由。

《周易》认为，自然现象包含了事物之理，人如果效法天地，敬德修业，涵养德行，那就趋吉避凶，化险为夷，成就人生的大业，而这也是圣人作《易》的根本目的，“昔者圣人之作《易》也，将以顺性命之理。是以立天之道，曰阴与阳；立地之道，曰柔与刚；立人之道，曰仁与义。兼三才而两之，故《易》六画而成卦；分阴分阳，迭用柔刚，故《易》六位而成章”。（《周易·说卦》）

孔子五十岁才开始学习《周易》，屡次赞叹《周易》的伟大，敬仰之情溢于言表，“《易》，其至矣乎！夫《易》，圣人所以崇德而广业也。知崇礼卑，崇效天，卑法地。天地设位，而《易》行乎其中矣！成性存存，道义之门”（《周易·系辞上》第七章）。《易经》真是最伟大呀！圣人用它来崇高道德、广大事业。孔子说，智慧贵在崇高，礼节贵在谦卑，崇高效法天，谦卑效法地。天地设位，《周易》之道穿行其间，怎么能不左右逢源，逢凶化吉呢！

天地是人的榜样，《周易》十分强调人类对于天地之道的模仿和学习，如：“天道亏盈而益谦，地道变盈而流谦，鬼神害盈而福谦，人道恶盈而好谦。谦尊而光，卑而不可逾，君子之终也”（《周易·谦·彖》）；“天地以顺动，故日月不过而四时不忒。圣人以顺动，则刑罚轻而民服”（《周易·豫·彖》）；“观天之神道而四时不忒，圣人以神道设教而天下服矣！”（《周易·观·彖》）；“天地养万物，圣人养贤以及万民”（《周易·颐·彖》）；“日中则昃，月盈则食，天地盈虚，与时消息。而况于人乎？况于鬼神乎？”（《丰·彖》）；等等。这些句子都是先说“天道”，再引申出“人道”，而说“天道”的根本目的是引导人们修行。其中影响最大的，也最根本的是《乾卦》的“天行健，君子以自强不息”和《坤卦》的“地势坤，君子以厚德载物”。这两句同样是以天道言人事，教人效法天之刚健自强和地之敦厚能载、宽容博大，但孔子将这两卦视为《周易》的门户：

> 子曰：“乾坤，其《易》之门邪？乾，阳物也；坤，阴物也。阴阳合德，而刚柔有体，以体天地之撰，以通神明之德。其称名也，杂而不越。于稽其类，其衰世之意邪？夫《易》，彰往而察来，而微显阐幽，开而当名，辨物正言，断辞则备矣。其称名也小，其取类也大，其旨远，其辞文，其言曲而中，其事肆而隐，因贰以济民行，以明失得之报。”（《周易·系辞下》）
>
> 乾属阳，坤属阴，乾代表天，坤代表地，乾坤就像天地的门户一样，一开一合，变化无穷，运动时，刚健正直，静止时，承载万物，无所不包，因此，掌握了乾健、坤顺的道理，就能阴阳和谐达到至善的境地。
>
> 乾坤两卦在《周易》里占有极其重要的地位，王夫之说：“《周易》之书，乾坤并建以为首，《易》之体也；六十二卦错综乎三十四象而交列焉，《易》之用也。”[①] 又说：“学《易》者所用之六十二德，皆修己治人之事。道在身心，皆‘自强’之事也；道在民物，皆‘载物’之事也。‘自强不息’非一德，‘厚德载物’非一功。以‘自强不息’为修己之刚，以‘厚德载物’为治人之本；故曰：乾坤其《易》之门户，道从此出，德从此入。”[②]

天下事物繁杂，且变幻莫测，周流不息，如何才能以不变应万变，站稳脚跟呢？《周易》以简驭繁，归纳出乾健、坤顺的伦理总纲和自强不息、厚德载物的伦理精神，直到今天，仍然是激励中华儿女奋勇前进的精神动力。

自强不息、厚德载物被视为中华民族的基本精神。五千年来，中华民族之所以能够历尽劫波而不覆，不断地发展壮大，是与《周易》带给我们的精神支持分不开的，正如张岱年先生在谈到这一点时所指出的：“中国是一个延续了五千多年的大民族，文明的发展至今未中断过，其中一个重要的原因就是因为我们有一个在历史上起主导作用的进取精神，这就是凝结于《周易》的两句名言‘天行健，君子以自强不息’和‘地势坤，君子以厚德载物’，前者表现的是中华民族的奋斗拼搏、努力向上的精神，后者表现的则是中华民族虚怀若谷、兼容并包的精神，这两个方面一刚一柔，刚柔并济，形成了中华民族特有的民族品性。”[③]

---

① 王夫之．周易内传［M］．郑州：中州古籍出版社，2004：7．

② 王夫之．周易内传［M］．郑州：中州古籍出版社，2004：394．

③ 张岱年．文化传统与民族精神［M］//张岱年全集：第六卷．石家庄：河北人民出版社，1996：223．

思考与讨论

1. 儒道释的生死观有什么差异？你是如何看待生死问题的？
2. 为什么中国人宗教信仰不浓厚？
3.《周易》有哪些生命智慧？

·参考文献·

[1] 袁阳. 生死事大：生死智慧与中国文化 [M]. 北京：东方出版社，1996.
[2] 苏渊雷，杨同甫，等. 佛学十日谈 [M]. 上海：上海书店出版社，1996.
[3] 杨庆中. 周易与人生 [M]. 北京：中国人民大学出版社，2010.

第十章　中国传统文化的交流与嬗变[①]

学习目标

定义：华夏文化圈；东夷文化圈。

理解：中华文化的源头；汉夷文化融合；中国文化与外来文化的三次大规模交融。

辨别：中国文化的现代转型。

分析：中外文化交流的途径与特征。

任何文明的常态化生长与发展，都离不开与异质文明的接触、互鉴、交流和对话。从发生学角度而言，自世界各文明诞生之日起，就伴随着文明之间的传播与交流。任何一种文化想永葆青春，永不落伍，绝不能因坚守所谓“纯正性”而故步自封，必须以开放包容的姿态积极吸收各种外来文化，萃取精华为我所用。中外交往源远流长，文化交流连绵不断。今日之中国文化正是数千年来不断吸纳域外民族、地域、国家文化的基础上而成，是传统文化与域外文化相互激荡相互作用的历史结果。正因如此，英国哲学家罗素1922年访华后，于其《中西文明比较》一文中说：“不同文明之间的交流过去已经多次证明是人类文明发展的里程碑。”文化生长和发展离不开文化交流，文化交流则是文化创新与演变的题中之意和关键因素。

一、宅兹中国：多元文化融合的进程

1901年，梁启超发表《中国史叙论》，根据不同历史时期中外关系的内容与特点，将中国史区分为不同于以往的三个阶段，即“中国之中国”“亚洲之中国”“世界之中国”。从某种程度上说，梁启超的“三世说”具有一定的合理性，至少侧面反映了中国文化正是多民族文化交流、互鉴、融合的结晶，同时也是在与外部世界接触中广泛吸

① 本章第一部分系在龚红月大作基础上由张中鹏修改而成。

收域外文化而不断重构和发育的产物。由文化生成的内在机理而言，作为一个系统的文化群，它肇始于同一的原始状态，在以后的发展过程中，受多种进化因素的影响，呈树状分叉，出现多方向、多种形态发展的异族个体。这些个体保留了人类原始状态中对自然的依附特性，表现出浓厚的地域色彩，又通过超地域性的冲突、竞争、交流和“新种代替失势的旧种”的演进，结成具有内部调节机制的文化共同体。简言之，中国文化不是一种依线性进化方式发展的单元个体，而是多元文化的融合。在其历史演化的轨迹中，曾出现与梁启超“三世说”相应的四次颇为明显的文化融合的转折点：华夏民族文化形成、汉夷民族文化融合、中亚国家与民族的文化交流和中西国家与民族的文化交流。

1. **华夏民族文化形成**

中国传统文化肇始于母系氏族末期至父系部落联盟的传说时期。历经数千年嬗变演化，“造极于赵宋之世”（陈寅恪语）。在这一时期，黄河流域分布着崇奉各自宗神（或图腾）的氏族、部落，以后又逐渐结成较为先进的两大初始文化圈：一是居于西方黄河中上游的华夏文化圈，二是居于黄河下游、东海之滨的东夷文化圈。据研究，华夏族的直接祖先是活跃于黄河上游渭水流域到甘陇一带的羌、氐族。① 母系氏族末期，氐族（少典氏，有说“有熊氏”）和羌族（有蟜氏）各分化出一部分族人向东迁移，成为新族。其中东进的氐族新支以黄帝为宗，称为姬姓黄帝族（轩辕氏）。黄帝族沿渭河向东发展，途中也容纳其他异姓氏族。黄帝辞世后，其后裔东渡黄河，分裂为两支，并各自开辟文化区域。其中，留居今山西省南部，以襄汾陶寺为中心，后来又创造出中原龙山文化陶寺类型的这一支黄帝后裔，开始用“夏”这一族名（约公元前25世纪开始）；另一支黄帝族的族属，则留居汾河下游涑水流域，即运城盆地，开辟以夏县东下冯为中心的二里头文化东下冯类型，并依与汾水会合的华水（出自华谷），定名为“华”族（约公元前23世纪开始）。华族和夏族均为黄帝的直系后裔，后人便将这两族沿称为“华夏族”。

与黄帝族差不多同时东进的部分羌族新支，则以炎帝为宗，称为姜姓炎帝族（烈山氏，一说“厉山氏”），沿渭河向东发展，又继续循黄河南岸东进。黄帝族和炎帝族沿着渭河的北岸和南岸同时东进，两大族群既有经济沟通渠道和建立婚媾的姻亲关系，又会为争夺人口、水源和利益发生部落战争。多次战争之后，黄帝族最终战胜炎帝族，此后，两大部落再加上其他一些较小的部落族群，共同组成唇齿相依的氏族部落联盟，黄帝成为首任部落联盟首领。

我们将黄河中上游，以黄帝族、炎帝族及其后裔为中心的活动区域，看成是一个大的文化区域，并依照前人历代流传的遵从华夏族的习惯，将这一区域命名为“华夏文化圈”。

---

① 刘起釪. 我国古史传说时期综考［M］//文史：第28、29辑. 北京：中华书局，1987.

在华夏文化圈形成之际，黄河下游齐鲁海岱地区也聚集着众多崇奉鸟图腾的族属部落——以殷人和秦人为主的鸟夷诸族。据《竹书纪年》《后汉书·东夷传》《尚书·禹贡》等文献记载，除了占优势的鸟夷部落外，黄河东部还混杂了崇拜龙、蛇、太阳等图腾的其他氏族部落，统称东夷族。东夷族也是一个大型的氏族部落联盟，以农耕和游猎为经济生活的主要内容，我们将这个族群联盟看成是黄河流域的另一个在当时来说较具先进水平的文化圈——东（鸟）夷文化圈。20 世纪中期以来的考古发现，认为从距今 8300 年前的后李文化起，北辛文化（距今 7300 年）、大汶口文化（距今6500 年）、龙山文化（距今 4500 年）、岳石文化（距今 3900 年），都是东夷人所创造出来的不同阶段的文化。

不同文化特色的华夏文化圈与东夷文化圈都需要扩张和发展，随着彼此间向东、向西的相向迁移，地域外延渐次扩大，终在中原地带汇合，加上当地部落集团的入盟，使黄河流域诸氏族部落文化出现融为一体的趋势，这种趋势在夏商周秦的交替变迁中成为事实。

当社会进入青铜时代，隶属华夏文化圈的黄帝后裔率先进入中原，创建了第一个统一复合制国家——夏朝。[①] 东方东夷文化圈中的商族人也于不断流徙中强化军事角逐力量，养精蓄锐数百年，灭夏立国，建立了第二个统一王国——商朝。公元前 1046 年，宣称以黄帝为祖先的姬姓周人以摧枯拉朽之势，在牧野之战中，一举灭殷（商），建立西周。[②] 而后，同属东夷文化圈的秦人后裔在流徙至西陲之后，忍辱负重，终得建立秦国，并于公元前 221 年建立古代官僚体制的国家。如此一来，黄河流域的两大文化圈轮流主政，两大不同文化在不断地渗透、交换优势和沟通嬗变中，完成了中国文化的一次大融合，形成黄河文化。从这里，我们可以看到以“神”为纽带的游猎文化和以家族血缘为纽带的农牧文化，甚至也包括黄河以南的部分苗黎、楚文化等，在意识形态上的完全融合，这标志着中国以“和”为特征的文化的初步成熟。后人以龙凤双合作为“和”的象征，其深远寓意可以追溯到黄河流域两大文化圈的成熟与融合。

---

① 王震中．从复合制国家结构看华夏民族的形成［J］．中国社会科学，2013（10）：182－203．

② 关于牧野之战发生之年，学术界有多种说法，达 34 种之多，如，持公元前 1027 年建周之说的有夏含夷（夏含夷．《竹书纪年》与周武王克商的年代［M］//文史资料选辑：第 38 辑．北京：中华书局，1960）、谢元震（谢元震．西周年代论：下［M］//文史资料选辑：第 29 辑．北京：中华书局，1988），等等；持公元前 1045 年灭商之说的有赵光贤［赵光贤．说《逸周书·世俘》篇并拟武王伐纣日程表［J］．历史研究，1986（6）］等。周灭商发生于公元前 1046 年的说法，是正式启动于 1996 年的“九五”国家重点科技攻关项目“夏商周断代工程”的研究成果，但目前，这一说法仍有人质疑。

知识拓展：华夏文化圈与东夷文化圈的特征比较

华夏文化圈的主要特征：①基本上是以农耕为主要经济成分，农牧结合的氏族部落集团。那里的人们看重土地，有着浓厚的“热土观”，安土重迁，即使兄弟分家也不愿离开赖以生存的土地：“兄弟析烟亦不远徙，祖宗庐墓永以为依。”(《同治苏州府志》卷三引《县区志》)②华夏文化圈的共同图腾，或者说是精神寄托是“龙”。依照历史文献及不少学者的考证，黄帝族在其东迁的过程中，一直是沿袭氏族少典氏（有熊氏）的图腾——熊，而炎帝族则继承羌族有蟜氏的图腾——蟜，即大蛇。当炎黄部落组成联盟，并定居下来成为农耕群落后，他们的图腾也融合成龙图腾，因此，龙图腾最早的形象是熊首蛇身，以后又不断加入联盟中其他部落的图腾或赖以生存的生物的某一个标志。龙，最终成为熊、蛇、马、狗、鹿、羊、鱼、龟、鹰、云等的集合体，象征以水土和畜牧为生的农牧部族。时至今日，尽管对于龙图腾渊源的争论一直未停歇，但龙作为团结和谐、厚德载物、自强不息、坚忍不拔的精神象征，一直代表着中华民族的传统和特性。③各部落之间建立的血缘关系和姻亲关系，成为华夏文化圈的群体凝聚剂。重视血缘关系，成为一种民族心理习惯，以至对华夏文化圈的传承者姬姓周王产生重大影响，成为当时家国同构的重要基础。

东夷文化圈的特征：东夷文化圈的主体是鸟夷诸部落，而鸟夷文化的主要特征也有三点：①以狩猎采集经济为主，辅以少量农作经济的氏族部落集团。早期山野为家的狩猎和渔猎生活，使鸟夷人没有太强烈的土地观念，反而养成像鸟一样四处游徙的习惯。鸟夷族其中一个部落群——商族人亦保留了这样的习惯，从商汤算起至“盘庚迁殷”之前，商族人便以经常“迁都”而著称，大大小小“迁都”二百多次！当商族人从老家“奄”（山东曲阜）西迁至中原“殷”（河南安阳）之后，他们终于定居下来。“盘庚迁殷”使商族人从游徙生活变为定居生活，竟被后人看成是商史中的一桩大事，商史也以这件事为由转为殷史，这就是历史上所说的“前商后殷”。②鸟夷文化的共同图腾是“凤”。鸟夷诸族由许多崇奉各种鸟图腾的氏族部落组成，商族人的鸟夷祖先，便是以“玄鸟”——燕子作为自己的图腾：“天命玄鸟，降而生商”（《诗·商颂·玄鸟》）。现在的考古也发现，中国黄河出海口及东南一带的文物器皿上，许多绘或刻有鸟图腾或鸟的象征符号，甚至氏族部落的管理者，也以鸟命名，称为“鸟师”，如“五鸟”“九鸠”“五雉”“九扈”等。集百鸟之长，不同部落鸟图腾的某个象征符号，最终组成鸟夷族的共同图腾“凤”（古时写作“风”）。③创立原始宗教。早期的游徙生活造就了鸟夷人的浪漫，而以小家庭为单位的狩猎生涯，使鸟夷人并不看重血缘关系，却以原始宗教作为群落的凝聚力。专门研究神话传说的学者认为，中国早期的神话传说，大多数是东夷人创造出来的，这就解释了早期神话传说为何总与大海、鸟和狩猎有关，也解释了由鸟夷群落后裔商族人建立的商朝，为何拥有“殷人尚鬼”的历史记载，被视为中国历史上“最迷信的朝代”。

春秋战国时期，诸子百家以各种思想和世界观为指导，竞相演绎、编撰古史。他们用理性的眼光看待过去，将神话和传说编为历史，以此创造出“华夏”演进大系。在这个大系统里，传说中的各氏族宗神被精心挑选出来，人化为“华夏”的共同的始祖——“五帝”：东方的太皞（伏羲）、南方的炎帝（神农）、西方的少昊、北方的颛顼和居于中间、号令天下的黄帝[①]，又构筑了人间圣王的楷模“二帝（尧、舜）、三王（夏禹、商汤、周文武）”系统。尽管传说的历史人物之间不一定存在宗亲关系，[②] 但为了强调华夏的渊源，在古人塑造的体系里，无论是“五帝”，还是“二帝三王”，都以血缘关系作为等级调节中枢，以人格神（帝）作为权威象征。

正当黄河文化形成之际，中国大地上分布在其他四大河流域的文化区域相继涌现：长江流域有著名的良渚文化（距今 5300—4000 年）、河姆渡文化（距今 7000 年）、马家浜文化（距今 6800—5700 年）、屈家岭文化（距今 5000—4600 年）、大溪文化（距今 6500—5400 年）、石家河文化（距今 4600—4000 年）和三星堆文化（距今 4650—3000 年）等；淮河流域有著名的青莲岗文化（距今 7500—6500 年）等；东北的辽河流域有著名的红山文化（距今 6000—5000 年，是与中原仰韶文化同时期的发达文明）；珠江水系则有南方印纹陶文化，约出现于新石器时代晚期，一直延续到商周时期，一度流传到北方中原地区。

长期以来，人们都以为中华文化的源头是黄河，“黄河是中华文明的摇篮”，当黄河文化形成之后，就开始向四面八方辐射，最终形成中华文化。然而，近一个世纪的考古新发现却告诉我们，不独黄河流域，长江流域、淮河流域、辽河流域和珠江水系流域都是中华文化的发源地。五大河流域文化相继形成、发展，又互相影响，交相融会。例如，东北的红山文化，便是黄河文化和北方草原文化相交汇产生的多元文化。中国考古学者在红山文化分布的地方发掘出的玉龙系列和玉凤系列的文物，都说明黄河文化，尤其是华夏文化圈对辽河流域文化的影响。此外，在辽宁西部的阜新蒙古族自治县的沙拉镇查海等地遗址，发掘出属于前红山文化类型，距今 8000 年，数量可观

① 见《礼记·月令》。除此之外，其他的记载中还有不同的说法。又，少昊原属东方鸟夷族，传说其后迁居“西方”，成为“西方天帝”。鸟夷族是游猎部落联盟，一些部落和氏族游居西部是可能的，如嬴姓秦人的祖先属鸟夷族，后迁居西陲，传说中少昊的后裔便是秦人祖先之一。参见《史记·秦本纪》；袁轲《中国古代神话》第三章，中华书局 1960 年版；林剑鸣《秦史稿》第二章，上海人民出版社 1981 年版。

② 参见顾颉刚《古史辨》第四册序、第七册“战国秦汉间人的造伪与辨伪”，海南出版社 2005 年版。

的龟、玉鸮、玉鸟、鱼形玉佩、玉蝉、玉猪龙等玉器，也使人联想辽河流域文化及北方草原文化对黄河文化产生的影响。又如，现代考古学者在对良渚文化的大规模开发和研究中，发现良渚文化“势力”在夏商周时，曾经占据了半个中国，其代表文物陶器、玉器、丝织品等甚至北传至黄河流域和中国西北一带。①

> 中华文化的源头：考古新发现告诉我们，黄河流域、长江流域、淮河流域、辽河流域和珠江水系流域都是中华文化的发源地。五大河流域文化相继形成、发展，又互相影响，交相融会，最终融合成中华文化的主体部分——华夏文化共同体。

当然，在五河流域文化融合的过程中，不同时期均会出现较为先进的主导文化，如黄河文化、长江文化等，引领中华文化大系的发展方向。

2. 汉夷民族文化融合

五河流域融合的华夏文化成型后，又以同样的方式与周边文化交流，这是“汉（华）夷”文化融合为中国多元文化的开端，是中华多元文化融合的第二个转折点。

古代华夷格局处于不断变动之中。历史时期先后出现三大周期，先秦、东汉末年迄隋朝统一、唐朝中叶迄元朝统一。华夏文化圈，最初是指黄河中、上游的氏族群落文化，但在中华文化渐次扩大的过程中，人们习惯将“华夏文化”这一概念，用于已经成熟并在发展中具备更多共同特征的五河流域文化，五河流域的许多具备一定血统关系的族群则被统称为“华夏民族”。当历史进入强盛的汉代，在民间，“汉民族（汉族）”称号渐渐取代“华夏民族”并传播开来。现在，汉族仍是中国的主体民族，已发展成为世界上最大的民族，人口约为13亿人（2009年）。上海辞书出版社出版的《辞海》（1999年缩印本）这样定义“汉族”：“由古代华夏族和其他民族融合（1979年版的《辞海》作‘混血’）而成。”由此可见，汉族文化（华夏文化）本身已不是一种文化、一个族群的一脉相承，而是多个民族文化的集合体。

“夷”，最初是对东夷族的称呼，后又泛指中原四方的部族，秦汉以后，其意义更可广延至中国疆域内各个少数民族。早在西周中期，以周为中心的华夏文化就已经处在与四方文化相互渗透的局面中，以游牧为主要经济内容的戎狄（据顾栋高《春秋大事表》的归纳，西周中期以猃狁为首的戎狄部落中，戎可分为七，即散布于河西河北、今鲁西、晋南及伊洛间的俪戎、大戎、山戎、北戎、陆浑戎、蛮氏戎、伊洛之戎等；狄可分为三，即杂处于上述地区的白狄、长狄、赤狄等）部族文化与周文化历经冲突、杂居而达到融合，拉开了中华多元文化第二次大融合的序幕。战国时，各地域、各民

① 王遂今．吴越文化史话［M］．杭州：浙江大学出版社，2003．

族文化犬牙交错，兴废继绝，此消彼长，至秦统一中国，汉夷文化的融合进入其发展的新里程。从此往后，中国文化便在多民族共存互补的主要趋势下，具备了一体化的资格。

尽管边疆民族与汉民族“迟速异齐，五味异和，器械异制，衣服异宜”（《礼记·王制》），使中国境域内出现了多元的文化中心，但无论是汉族，还是其他民族，大体上都对异族采取“修其教不易其俗，齐其政不易其宜”（《礼记·王制》）的理智性行为。如汉族在西汉以前尚以军事行动作为向大漠、西南扩张的重要手段，东汉以后，军事活动转变为次要的防御性行为。在承认和尊重边疆民族独立性的基础上，采用了“和亲”、“互市”、“贡赐”、“绥抚”、设立“羁縻州”和征收少数民族赋税“夷傣之户皆半输（免去半数）”的民族政策；[①] 契丹的大辽国，典章制度“大略采用大唐”；元朝入主中华后，“附会汉法”；清朝康熙帝一直强调“满汉一体”，在北京开设博学鸿儒科，罗致全国“名士”，共建基业。（《清圣祖实录》卷七一）雍正也强调“华夷无别”，并说“本朝之为满洲，犹中国之有籍贯”，同是中国人，不能因籍贯（民族）之不同，而“妄判中外”。（雍正《大义觉迷录》卷首上谕）

长期以来，中国各民族人民相依相存，各异质文化互为吸纳和融合，奠定了建立共同政治实体的基础，至清代最终实现全国空前的大统一，完成了各民族共同融合成为中华民族的历史过程。各具特征的民族文化的融合，是中华多元文化系统不断进化的最基本条件。

3. 中亚国家与民族的文化交流

历史上中国文化与外来文化历经三次大规模的接触与交融，第一次是汉唐盛世印度佛教文化的输入，第二次是明清之际欧洲天主教士的梯航东来，第三次则是近代以西学东渐为主要表现形式的中西文化交流。早在秦汉以前以朝鲜、越南、中亚细亚等周邻国家和地区为主，秦汉以后又和印度、中亚、西亚、罗马等地建立广泛联系。中亚游牧民族一方面与中国进行着长期复杂的交流，另一方面又充当着中国与欧洲文化交流的中介。像商代的羌方，西周的猃狁，战国秦汉时期的匈奴，魏晋南北朝时期的柔然、敕勒，隋唐时期的突厥，宋代的契丹族和后来兴起的蒙古族，他们与中原汉族的相互交往和民族融合，已经构成中国历史的重要篇章。[②] 多民族的融合，创造了多元一体的文化，但“多元”的含义并非单纯地指中国各民族间的交流，也包括中国文化与外来文化的交流。外来文化毕竟与中国本土文化不同，中国文化对其的选择比较困难。然而，当观念的定势被突破后，中国文化的“和”的机制便会发挥作用，使中国人得以超越地理的隔绝，吸收外来文化中利于自己发展的新的因素。中亚、中西文化

---

① “互市”，即汉族与边疆民族之间互通有无的贸易集市；“绥抚”即不轻易用兵，以安抚为主；“羁縻州”即不改变民族生产方式和风俗习惯，用其贵族继续直接统治的行政区域。

② 陈尚胜. 论16世纪前中外文化交流的发展进程和基本特点［J］. 文史哲，2000（4）：120－128.

的交流正说明了这一点，而这种交流正是在中国人对世界的认识不断扩大的过程中逐步发展起来的。

自古以来，关陇以西的辽阔土地就已经有人往来于今日欧洲和亚洲之间。[①] 春秋年间，秦霸西戎，统一黄河以西的广大区域，成为沟通中原与外部世界信息往来的桥梁。正是在这个基础上，才出现“大九州岛观”这样一种对世界总体的原始认识，尽管其夹杂理想主义的色彩，但在汉代以后，这种认识成了人们认识世界的原动力。利用一切可能的手段超越当时的地理障碍，向外部世界广泛探寻，逐渐成为事实。

拓展知识：“中国”“九州观”与对世界认识的扩大

有史以来，华夏文化圈寓居中原一带，眼见本族已进入较高水平的农耕时代，周边的民族仍处于“茹毛饮血”的游牧阶段甚至更低层次的采集阶段，由此，以卓尔他族的自傲心理将自己居住的这片热土称为“天下之中”“中国”，周围地方则是“四方”“方外”“化外”（华夏统治的教化达不到的地方），以后固定为某种地域观念：天圆地方，我居中央，四海六合的中心在中国；中国地分九域——冀、兖、青、徐、扬、荆、豫、梁、雍，号称“九州岛”。（《尚书·禹贡》）《禹贡》将“九州岛”定为禹时的行政区域。现代学者分析这不是真实情况，但可代表战国初及其以前人们的地理观念。

“天下之中”的观念，至战国晚期发生动摇。齐国的术士邹衍超越“九州岛观”，提出“大九州岛观”（《史记·孟子荀卿列传》），认为“天下”并非只有中国和“四方”，中国也并非为“天下之中”，仅是“天下”的八十一分之一。邹衍将《禹贡》所说的“九州岛”统为一州，名“赤县神州”；类似“神州”的州共有九个，合并为“小九州岛”，这种小九州岛又有九个，每个彼此被稗海（小海）环隔。九个小九州岛组成大九州岛，即为“天下”——世界，其外有大瀛海所环绕，这便是天地之际（古人认为“天圆地方”，大海边就是天边海角），依司马迁在《史记》中所说，大九州岛观是邹衍根据《周易》的道理推论出来的，不代表现实，但如果不是当时中国与外部世界已有接触，邹衍恐怕也难以超出狭隘的九州岛观。

古代中国与外部世界联系，大规模形成于西汉张骞出使西域之后。在今天的意义上，西域包括敦煌以西、新疆及葱岭以西的连及中亚的广大地区。在亚欧大陆丝绸贸易中，中国与罗马位于这一贸易链条的两端，在罗马和中国之间的众多国家与民族尤其是西域各民族则充当中介和转运者的角色。据历史记载，由于古代西域河流的分布（这些河流至今有的已干涸、改道，有的潜行于地下），“丝绸之路”穿越的地带并未

① 张星烺．中西交通史料汇编：第一册［M］．北京：中华书局，1977.

被流沙覆盖，有“绿州之路”之称。中国商队避开塔克拉玛干沙漠，络绎于“丝路”南北两道上，以丝绸为主的大宗货物通过这一横贯亚洲内陆的交通大道，源源不绝地运往中亚、西亚，并由安息商人转输到欧洲。西方的各种特产及艺术、宗教也顺着“丝路”传入中国。[①] 张骞通西域后，丝绸之路呈现出“驰命走驿，不绝于时月；胡商贩客，日款于塞下”（《后汉书·西域传》）的繁荣景象。地处中西交通门户的敦煌，也发展成为“华戎所支一大都会”（《续汉书·郡国志》注引《耆旧记》）。东汉时，在西亚、中亚乃至欧洲，源于中国的丝路成为交通的主要干道，并以此逐步发展为四通八达的交通网。随着欧洲到东方新航路的地理大发现，丝绸之路才逐渐湮没。

除西域“丝路”外，经陆路与西部世界联系的主要交通线，尚有在张骞通丝路主干道以前就存在的“蜀身毒道”和“草原路”，前者由四川曲折转达进入印度，后者由东西向，纵贯亚欧草原地带[②]，并于元代为中西陆路交通带来一时极盛。

中国向外沟通的海上交通线，主要有两类：一类是从南海经马六甲海峡入印度洋，以印度为中转站，终抵“大秦”（古罗马）的“海上丝路”；另一类是中日、中朝间的海上交通。“海上丝路”，有史籍可考的，始于西汉，鼎盛于宋元。中日海上交通正式辟于东汉，以后逐渐发展为三条以上的航线。宋元明清时代，中日间屡次发生海禁：北宋前期（公元11世纪），适值日本外戚藤原氏全盛时期，实行闭关主义政策，日本商船匿迹于海上，但北宋商船仍不断前往日本；有明一代，海上倭寇猖獗，为患严重，明政府采取海禁政策，但是，中日民间贸易却很发达；清初，为了防御郑成功从海上与沿海人民相结合，共同进行抗清斗争，清政府于顺治十八年（1661）开始实行大规模迁徙濒海居民的政策，严禁片帆出海，名之“迁海”；康熙二十二年（1683），清政府统一台湾，遂下令“开海贸易”。与欧洲的贸易，带起了专门经营洋货的洋商阶层。[③] 正其时，恰逢日本处于德川幕府统治时期，实行锁国政策（始于1633年），严禁国人渡海通商。可见，宋代至清代“海禁”的出现，有其客观原因，因此笼统地指责几千年历史的中国人都具有“大陆民族”的“封闭心理”，难免以偏概全。

古代中国人超越地理上的封闭状态，执着地开辟对外交流之路，这本身说明“天下之中”只是一种概念，在某些时期甚至可成为中外交流的指导思想，但它不是一种传统，没有不可突破之理。正是在这样的基础上，发生了逾2000年的中国与亚洲其他国家文化交流和于近代进入高潮的中西文化交流。

中国与亚洲其他国家的文化交流开始得很早，先秦文献、秦汉史籍有不少提到朝鲜、越南、日本、印度（身毒、天竺）、中亚细亚等国和地区的地名，足以证明中国与周邻国家和地区的渊远关系。如《山海经·海内经》有“东海之内，北海之隅，有国名曰朝鲜……”的记载，《尚书大传》亦有越南人的祖先在周代与中国通使的记载：

---

①② 王育民．中国历史地理概论：上册［M］．北京：人民教育出版社，1987.

③ 李龙潜．明清经济史［M］．广州：广东高等教育出版社，1988：439－441.

“越裳氏重译而来”，最早提到日本的是《汉书·地理志》：“夫乐浪海中有倭人，分为百余人，以岁时来献见云。”《吕氏春秋·古乐篇》《山海经》《逸周书·王会篇》《史记》等都不止一次地言及渠搜（汉时大宛）、康（汉时康居）、大夏、月氏、安息（今伊朗，魏晋时称波斯）等中亚细亚国家的名字。古代中国与上述国家的交流多为物态文化方面，如物质、技术等。在精神文化方面，则较为关注外来的艺术（文学、戏剧、音乐、舞蹈等）和宗教思想，尤以魏晋始传入中国的佛教和7世纪中叶始传入中国的伊斯兰教为甚。唐代安史之乱后，中亚、北亚游牧民大量涌入中原地区，社会生活呈现全面胡化的景象。诚如元稹在其《法曲》诗中所言：“自从胡骑起烟尘，毛毳腥膻满咸洛。女为胡妇学胡妆，伎进胡音务胡乐。火凤声沉多咽绝，春莺啭罢长萧索。胡音胡骑与胡妆，五十年来竞纷泊。”

4. 中西国家与民族的文化交流

与尼罗河流域、两河流域、爱琴海区域、印度河流域相比，以黄河流域为发源地的中华文明在地理位置上相对孤立封闭。古人不断尝试挑战，以打破地理上的孤立状态。中西文化交流约始于汉代以前，但真正接触则是在地处欧亚大陆东西两端的汉（西汉、东汉）帝国与罗马帝国之间。公元100年前后，罗马和东汉帝国均开启探寻对方的活动。公元97年，甘英奉西域都护班超之命出使大秦（罗马），从龟兹（今新疆库车）出发，经条支（今伊拉克境内）、安息（今伊朗境内），最远抵达安息西界的西海（今波斯湾）沿岸，因相信当地“海中善使人思土恋慕，数有死亡者”的传说而止步。（《后汉书·西域传·安息传》）大约同一时间，罗马帝国马其顿巨商梅斯委托代理人组成商团，从罗马帝国马其顿行省和东方行省推罗城至安息两条交通路线的交叉点阿蛮或其东某个丝路沿线城镇出发，一路向东。学术界有人指出公元100年罗马商团到达东汉首都洛阳，并受到汉和帝的接见，且赐予“金印紫绶”，也有学者认为罗马商团只抵达西域，很有可能作为西域都护的班超代表汉朝廷接待商团，“赐其王金印紫绶”，然后报知朝廷。① 不管怎样，这应是欧洲与中国有史可据的首次直接交往。是时，中国的商品已经由西域转输到欧洲。《史记·大宛列传》称：“在大月氏西可数千里……其西则条支，北有奄蔡、黎轩。”黎轩即罗马（后称大秦），这说明早在西汉时，中国人的地理知识里已包含罗马，若没有中西间的接触，便难以有这种清晰的认识。中国与罗马间最初是经由西域进行商业交流的，后因安息人从中阻挠，便改由海路。②公元3世纪后数百年，中国与欧洲的交流以海上通道为主，其中多是通过越南进行（《南史·夷貊传》）。由于不断交往，至魏晋时，中国人对欧洲的认识已不局限于物

① 林梅村. 公元100年罗马商团的中国之行［J］. 中国社会科学，1991（4）：71－85；张绪山. 关于“公元100年罗马商团到达中国”问题的一点思考［J］. 世界历史，2004（2）：111－114.

② 《后汉书·西域传》称：“其王（指罗马）常欲通使于汉，而安欲以汉结采与之互市，故遮阂不得自达。”

质，《晋书·西域传》在言及大秦国的国情制度、风俗物产时说："若国有灾异，更立贤人，放其旧王，被放者亦不敢怨。"这似乎是看到了罗马君主制度与中国君主制度间的不同所在。

总的说来，中国与欧洲的文化交流，在古代基本上是输出的趋势大于输入，这是符合文化发展的客观规律的。文化在进化的过程中，具有先进文化向落后区域流动的特征，而5—15世纪正是欧洲文化近千年的沉寂黑暗期，中国文化则处于相对昌盛繁荣时代，古代科技水平一直居领先地位，这势必影响古代世界文化交流的主体动向。因此，中国古代对外来精神文化的接纳，仍以邻近的印度、中亚诸国和阿拉伯文化为主。中西文化交流则延至近现代方才进入高潮期。这时候，中国文化对西方文化的吸收已经是带有明显的扬弃传统精神的内涵，在引进西方先进的学术、思想和科技的同时，保持中国传统中利于现代化的积极因素，抛弃不利于文化进化的消极因素，已经逐渐成为中国人一种较为清醒的认识。

概括中国与外部世界联系的历史，我们可以得出两点结论：

第一，中国所谓"封闭""半封闭"的地理环境，在一定程度上限制了中国与域外的接触和联系。但是，中国人从未放弃对外部世界的探求和接纳。汉唐时代，中外文化交流的繁荣，正来自人类对地理隔绝的突破。

第二，中国文化具有阶段性开放的特点，即抱着对外部世界的兴趣，同化和吸收来自异域的文化。这种开放性主要表现在"和"的传统机制上，它使中国人的探索视线不断延伸，视野不断扩大，从黄河流域而至整个中国疆域，又从中国而至域外，再继续扩大到遥远的西方。没有这种开放性的特点，便没有中国延绵5000年而又不断进化的文化史。

二、天下宾服：中外文化交流的途径与特征

综观数千年中国古代文化交流史，总的来说，古代中国农业国经济基础和官僚政治体制，决定了中外文化交往必然不够充分。

和而不同。孔子曰："君子和而不同，小人同而不和。"（《论语·子路》）文明常态化成长和发展不是通过兼并和强制同化，而是超越传统与现代，超越东方与西方，超越自我与他者的界限，致力于寻求不同文明之间的共通点，在对话和交往中取得共识，在碰撞和互鉴中实现发展。在工业和信息革命之前，古代不同文明往往通过以商人、兵士、传教士、外交官为媒介建立联系，实现沟通，互通有无。地理大发现以来，全球各文明开始真正意识到彼此的存在，真正开始在差异中寻求认同。

约翰·R. 麦克尼尔认为，人类从简单社会向复杂社会发展的历史是一个同质性和多样性循环转换的过程。远古时期，人类分成一个个小群体，说着仅仅几种语言，生存策略也极为简单，人类呈现简单同质性。后来随着人类散布各地，文化多样性形成，

发展出诸多复杂社会，如部落、城市国家、帝国等，宗教差异也越来越大。但公元1000年左右，多样化趋势逆转。多种文明的长期互动使复杂性成为一种原则，共尊一种原则的结果是文明趋同，语言和宗教的种类以及政治组织的数量都趋于减少，从而形成新的统一性。当这种统一性达到极限，新的复杂多样性又将出现。[①] 何为简单社会和复杂社会？约翰·R. 麦克尼尔指出，与宇宙和生命的历史一样，人类历史也呈现出从简单社会向复杂社会演进的过程。社会的生成和维系取决于它拥有的“能量”，即能源的占有数量和利用水平。因此人类各社会之间必然发生争夺能量的竞争，竞争胜败依赖于社会复杂程度，复杂社会往往吞噬简单社会，其表现或是简单社会屈从于复杂社会，或是简单社会改变自身，也变得复杂。复杂社会就是对人类群体间合作与竞争关系有深入理解的社会，依据这种理解采取的行动可以使他们获得最大限度的生存繁衍机会，因而在竞争中取得优势。由此可见，对“互动”的认识和把握能力是一种决定性力量。随着人类交往能力和社会技巧的普遍提高，随着人类整体向复杂社会演进，人类的互动网络体系变得越来越大，全球联系越来越紧密。

拓展知识：“文明互动”与认识世界的新范式

范式（paradigm）的概念和理论是美国著名科学哲学家托马斯·库恩（Thomas Kuhn）提出并在《科学革命的结构》（*The Structure of Scientific Revolutions*）（1962）中系统阐述的，它指的是一个共同体成员所共享的信仰、价值、技术等的集合。指常规科学所赖以运作的理论基础和实践规范，是从事某一科学的研究者群体所共同遵从的世界观和行为方式。“文明互动”一说，率先由布罗代尔提出，经威廉·麦克尼尔和杰里·本特利得以完善。[②]

体用结合与单向辐射。文化有主体性与实用性之别。16世纪新航路开辟前，中外文化交流主要集中在亚欧大陆范围之内，通过使节、商人、兵士、传教士和游牧民族等五种人进行。两汉之际，佛教由南亚次大陆经丝绸之路传入我国。新航路开辟后，基督教文化汹涌而至。在东亚世界里，中国始终占据文明制高点，表现为单向性向东亚领域辐射传播，而反之并不明显。

中外文化交流并非坦途一片，有时也荆棘满布。在佛教传入史上，发生过“三武灭佛”。明清之际中国礼仪之争更能显示古代中外文化交流是有其底线的。天主教之要义、制度、组织与中国传统政俗既有内在的矛盾，也有外在的冲突。清代前期禁止基督教在华传播，原因在于天主教在华传播的组织与传统民间秘密宗教有着某种相似性，

---

① 麦克尼尔 J R，麦克尼尔 W H. 人类之网：鸟瞰世界历史［M］. 王晋新，宋保军，等译. 北京：北京大学出版社，2011：311－312.

② 刘新成. 文明互动：从文明史到全球史［J］. 历史研究，2013（1）：4－10.

而这种民间组织历来为各朝政府所严密监视。嘉庆十三年（1808）大奎发布《天主教诱民各术条谕册》指出：天主教最易惑人，其诱害人之术大抵有三，即妄谩无据之术、剽窃依附之术和慑服诱骗之术，“此与一切邪教假托天堂、地狱之说，以阴授其计者异乎？同乎？一而已矣。”“慑骗人心，令其一切不顾，惟念念图报天主之恩、耶稣之恩、利玛亚之恩，不怕死亡，不惜生命，此与一切邪教假托无生父母、弥勒掌教等名号，以为诱人之计者异乎？同乎？盖二者之为祸远近不同，而其所以为术则一而已矣。”①更关键的是，中西政治思想有同有异。古代中国呈现政统与道统日益走向合作乃至合并的趋势。据洋教士观察：“皇上认为他是天子，他相信自己很了不起。他心目中‘天子’的意义远远超过比别人心目中的意义。他近乎认为自己也具有神力。”② 与之相比，欧洲政治思想强调政教分离，罗马天主教会依据神学思想外化为特有的等级制，表现为以教皇为绝对权威的普世宗教③，特别是教宗具有绝对的宗教权威，而教宗的形象正是通过在华传教士的描述与中国人的接受之上不断建构的。在华传教士为凸显天主的荣耀和天主教的普世精神，极力宣扬这种政治思想。利玛窦在《天主实义》第八篇《总举大西俗尚，而论其传道之士所以不娶之意，并释天主降生西土来由》强调：“吾大西诸国，且可谓以学道为本业者也。故虽各国之君，皆务存道正传，又立有最尊位，曰教化皇，专以继天主，颁教谕世为己职，异端邪说不得作，于列国之间主教者之位，享三国之地；然不婚配，故无有袭嗣，惟择贤而立；余国之君臣，皆臣子服之。”④ 晚明时候反教人士即有所记载：

据彼云，国中君主有二。一称治世皇帝，一称教化皇帝。治世者摄一国之政，教化者统万国之权。治世者相继传位于子孙，而所治之国，属教化君统，有输纳贡献之款。教化者传位，则举国中之习天教之贤者而逊焉。是一天而二日，一国而二主也。无论尧、舜、禹、汤、文、武、周公、孔子之政教纪纲，一日变易其经尝，即如我皇上可亦为其所统御，而输贡献耶？嗟夫！何物妖夷，敢以彼国二主之夷风，乱我国一君之治统？⑤

在康熙与教廷冲突期间，表现最为明显的是政治权威与宗教权威的对抗。一个很有意思的细节是：康熙只允许用教化王而非教化皇来翻译教宗。洋教士同时也记载：“礼部官员听说我们祭拜天主，认为我们僭用皇帝的特权，所以他们禁止传教士做弥

① 纪大奎，等．（道光）什邡县志：卷十八《风俗》［M］．道光十六年（1836）增刻本．

② 朱静．洋教士看中国朝廷［M］．上海：上海人民出版社，1995：213．

③ 彭小瑜．教会法研究：历史与理论［M］．北京：商务印书馆，2003：137－140．

④ 利玛窦．天主实义［M］//朱维铮．利玛窦中文著译集．上海：复旦大学出版社，2007：86．

⑤《破邪集》卷五《破邪摘要略议》。

撒，称这种献祭只能由皇帝秘密做，别人不可施行。”① 在清人视野里，天主教在华传播存在颠覆现有政权的威胁。对西人、西学颇为熟知的康熙皇帝就曾逆料：“海外如西洋等国，千百年后，中国恐受其累。此朕逆料之言。”② 雍正也认为：“当成千上万只船远道而来，就可能出乱子。”基于这种社会心理，明清时期一直流传着西人谋取吕宋、日本的传说。如晚明葡西两国梯航东来之际，东南沿海就开始流传佛郎机谋取吕宋国所谓“牛皮得地”的传说。③ 明代福建漳州人张燮《东西洋考》云：

> 吕宋在东海中，初为小国，而后寖大。永乐三年，国王遣其臣隔察老来朝，并贡方物。其地去漳为近，故贾舶多往。有佛郎机者，自称干系蜡国，从大西来，亦与吕宋互市。酋私相语曰：“彼可取而代也”。因上黄金为吕宋王寿，乞地如牛皮大，盖屋。王信而许之。佛郎机乃取牛皮剪而相续之，以为四围，乞地称是。王难之，然重失信远夷，竟予地，月征税如所部法。佛郎机既得地，筑城营室，列铳置刀盾甚具。久之，围吕宋，杀其王，逐其民入山，而吕宋遂为佛朗机有矣。④

牛皮得地的故事传流于闽浙沿海，后来入选晚明反教文献汇编《圣朝破邪集》，且主角已由佛郎机人转为天主教士，渐趋成为士人举子反教的口实。“今艾（儒略）、利（玛窦）等所谓天主教是也。嘉靖初年，此番潜入吕宋，与酋长阿牛胜诡借一地，托名贸易，渐诱吕宋土番各从其教，皆以天主之说摇惑而并之也。……而敢给我中国曰天主，是欲加我无礼如吕宋也。”⑤ 之后，清初开始流传日本几为天主教侵占的传说，康熙五十六年（1717）陈昴上奏即称：“天主一教，设自西洋，延及吕宋。明时吕宋与日本通商，即将此教诱化国人，数年后，招集多人，内外夹攻，几灭日本，后被攻退，两国冤仇，至今未休。”⑥ 与此同时，据乾隆年间在华耶稣会士观察：“皇帝和大臣们认为我们的教会是好的。如果说他们反对公开传教，不能忍受传教士四处活动传教，那只是出于政治的原因，他们担心我们在传教的借口下隐伏了其他的意图。他们粗略地知道欧洲人征服印度的历史，他们担心中国也会遭到同样的征服。”⑦

---

① 闵明我．上帝许给的土地：闵明我行记和礼仪之争［M］．何高济，吴翊楣，译．郑州：大象出版社，2009：144.

② 《清圣祖实录》卷二百七十康熙五十五年十月壬子条。

③ 关于“牛皮得地”传说的中西史源，参见：龚缨晏．“牛皮得地”故事的流传［M］//黄时鉴．东西交流论谭：第2集．上海：上海文艺出版社，2001：101.

④ 张燮．东西洋考：卷五［M］．北京：商务印书馆，民国二十六年（1937）：89.

⑤ 黄廷师．驱夷直言［M］//徐昌治．圣朝破邪集：卷三．［出版者不详］．崇祯十二年（1639）：175－176.

⑥ 阎宗临．中西交通史［M］．桂林：广西师范大学出版社，2007：166.

⑦ 朱静．洋教士看中国朝廷［M］．上海：上海人民出版社，1995：225.

知识拓展：康熙皇帝与巧克力

巧克力现在常常被称为“爱情巧克力”，和男女爱情有着千丝万缕的联系，常常化为无限柔情融化在男女的唇齿间，飘散着醇香，氤氲着各色心情。人类与巧克力的甜蜜故事开始的时间，可能比我们原先认为的还要早千年。科学家在中美洲国家贝里斯出土的一个有2600年历史的玛雅陶瓶中，发现了可可的残余物。那么巧克力又是什么时候传入我国的呢？据中国第一历史档案馆（故宫）的清朝档案记载，康熙四十四年（1705），巧克力由传教士带入中国。在清朝，巧克力曾一度被误认为是药品。还有人说康熙皇帝是中国第一个品尝巧克力的人，也有人说不是，康熙皇帝和巧克力究竟有着怎样的渊源？康熙时期，来华的传教士时常饮用的被称之为“chocolate”的褐色饮料，引起了清朝人的关注。起初，清朝人误以为是一种药品，并记住了它稀奇古怪的药名“绰科拉”（那时候西方药名大多为英译），并报告给了康熙皇帝，康熙下旨令武英殿总监造赫世亨向新近来京的意大利籍多罗主教讨要药品，嘱咐其“若少则勿取，可稍（捎）信到广东后寻得寄来。若有绰科拉亦求取”。赫世亨模仿西方人的吃法，让工匠打制了一套白银器皿，还用黄杨木特制了用于搅拌的签子。他从150块巧克力中精选了50块，放入特制的柳条匣，连同自己的奏折一同呈上。赫世亨还在奏折上解释道：“至绰科拉药方，问宝忠义（宫廷任职的西洋大夫），言属热味甜苦，产自阿美利加、吕宋等地，共以八种配制而成，其中肉桂、秦艽、白糖等三种在中国，其余噶高、瓦尼利雅、阿尼斯、阿觉特、墨噶举车等五种不在此。止知此八种而已，但此八种配制剂量，我一概不知，只知将此倒入煮白糖水之铜或银罐内，以黄杨木碾子搅和而饮。此种配方徐日升（葡萄牙人）等亦知之。”康熙皇帝收到奏折和绰科拉后，对赫世亨的解释很不满意，指责道：仅“言味甜苦属热”，“但未写有何效益，治何病。殊未尽善。着再询问。绰科拉不必送”。赫世亨接旨后，再次上书康熙：“绰科拉非药，在阿美利加地方用之如茶，一日饮一次或二次。老者、胃虚者、腹有寒气者、泻肚者、胃结食者，均应饮用，助胃消食，大有裨益；内热发烧者、劳（痨）病者、气喘者、痔疮流血者、下痢血水者、泻血者，概不可饮用。”不知是不是因为绰科拉不是药品的缘故，康熙皇帝对绰科拉兴趣大减，只批下“知道了”三字，从此不再提及。就这样，康熙皇帝与绰科拉——巧克力的渊源至此结束。

三、新旧之间：传统局限与现代转型

所谓文化转型，顾名思义乃传统文化向现代文化的蜕变与转生。一方面，传统文化内部的结构性失衡构成向现代转型的迫切要求，由内部酝酿、培植、形成这一转化的嬗替机制和内在理路；另一方面，外来文化的挑战构成传统文化现代转型的外部条件，在域外和本土知识的艰难调适中踽踽前行。近代西方文化转型主要因应传统社会政治、经济、科技变革的时代需求，与近代世界史开端大致同步。其中，近代西方文化转型中程度最深、范围最广、影响最大、最具有代表意义的文化思想运动有两个：一个是起源于欧洲南部的文艺复兴以及随后发展起来的启蒙运动；另一个是起源于北德意志的宗教改革运动。它们从不同的方向上打击了西欧传统文化，动摇了中世纪基督教的精神文化根基，形成了具有世俗性、个体性和自立性等基本特征的现代西方文化。中国现代文化转型主要回应来自外来的挑战，大体上从鸦片战争开始，至1949年中华人民共和国成立，历时一个世纪。这一时期的文化转型主要动因是欧风美雨的强势输入以及社会变革的强烈吁求，基本表现为由器物而制度而价值观的艰难蜕变。

近代中国文化转型首先从器物改进开始。19世纪中后期，一系列军事抗击的惨重失利，西方坚船利炮的长驱直入，引起传统读书人对外部世界尤其是对以往长期鄙夷的“奇技淫巧”的关注。轮船、铁路、电线、电报等新事物激起中国人对西方科技的兴趣，自然也勾起读书人对西方科学学理知识的求知欲，一批介绍西方科技知识的书籍被引入。据梁启超在《西学书目表》（1896）中的统计，自19世纪中到1895年，当时翻译引进的西学书籍多达354种（不包括宗教类），其中大部分是科学技术类书籍。

在中国近代史上，1895年是颇值得注意的年份。甲午战争的失败，《马关条约》的签订，打破了中国人对外部世界的想象。以往中国对世界的认识是华夏与四裔界线分明的天下观，即使鸦片战争以来的节节失利，也仅仅表现为南部海疆的危机。然而，甲午海战的失利，清朝面对的是臣服已久的蕞尔邻邦，令中国人不得不重新审视和调整与外部世界的关系，由此派衍出自天下而万国的新型世界观。人们猛然发现中国的落后不仅仅表现为作为文化表层的器物之上，而是制度滞后的深层次诱因。为此，以郑观应、王韬、康有为、梁启超为代表的改良人士鼓吹变革，效法西方，实行立宪制。然而，由于政治的惰性，改良之路步履艰难，革命意识应运而生。孙中山提倡暴力革命，推翻清朝政权，建立共和政府。

历史表明，器物之接引只能触及传统社会的表层，制度之改变主要影响社会之上层，而真正能够触及灵魂、波及全社会的变革，必然是价值观上的震颤。诚如文艺复兴和宗教革命之于西方近代文化转型，新文化运动和五四运动是一次更为彻底的社会和文化的洗礼，胡适为此将这场文学革命和思想革命喻之为“中国的文艺复兴运动”。由此，自器物而制度而价值观的推进和深入，真正实现了传统中国社会、知识与制度向现代的转型。

与西方社会不同的是，欧洲文艺复兴运动自发兴起，而中国的文艺复兴运动却在被动屈辱中步步引入。明清之际，作为基督宗教传播的媒介与形式，西学的“传入”自始就具有高度的目的性和选择性，甚至故意迎合本土的知识架构和文化心理；与之相应，本土之“接引”，往往为了便宜行事，立足自身之立场，采取变通之法，将外来知识纳入传统中国可接受的范畴之内。如利玛窦（Matteo Ricci，1552—1610）为达到在读书人中间传播教义的目的，经过一番思虑与尝试，褪去僧服，改穿儒服。1592 年初春，利玛窦前往南雄拜访瞿汝夔，瞿氏即力劝利氏蓄须留发，且脱去僧服改穿儒服，他更透过其人脉网络，努力将利玛窦引介入士大夫的交游圈中[①]。这年年底，利玛窦与从日本返回澳门的范礼安谈及易服以改变身份标志的想法时，获得范氏的支持，并应允上报总会长，此举或亦曾受到日本教会的影响。[②] 1594 年 7 月，教廷终于正式同意利玛窦改穿儒服的主张。然因明人对各阶层人士之服饰的规定相对严谨，一般民众如冒穿儒生的襕衫和方巾，往往会被治罪。故伺机而动的利玛窦直到 1595 年 5 月始首次戴儒冠、穿儒服，在江西吉安拜望旧识的原曲江知县龙应瑞[③]，利玛窦此举是经过深思熟虑的，他为避免已习惯其僧服装扮的广东人士感到突兀，于是选择在对他相对陌生的江西改头换面，且因其与该官员本已相识且关系颇佳，纵使易服之举不妥，评估亦不至于遭受苛责。结果，该官员很高兴地接待他，并免他行跪拜礼。[④] 利玛窦服饰的变化，不是单一的服装变化，而是有着深层次的原因。正因服饰的变化，利玛窦在华期间结交传统士人，传授西方记忆术，成功打开明代中国的大门。也有学者指出，利玛窦所着并非儒服，而是方士之服。不管如何，这种着衣风格的改变，潜在显示出西学早期进入的变通。此后西学的传入无一不体现这一痕迹。

1895 年 4 月 17 日，《马关条约》签订，诚如梁启超在《戊戌政变记》中慨叹“唤起吾国四千年之大梦，实则甲午一役始也”。随着新航路的开辟，世界性航路开通，全球市场逐渐形成。其间，东西方最直接、最经常的接触是通过贸易完成的。总体来看，在 19 世纪初之前，西方在贸易和文化上从中国得到的远比它给予中国的要多。从 17 世纪开始，欧洲社会掀起一股“中国风”（Chinoiserie），到 18 世纪中叶达到顶峰，直至 19 世纪才慢慢消退。所谓“中国风”，是指中国或中华文化的风格或风尚，即建立在中国或东方传统文化基础上，以中国元素为表现手段的一种生活方式或艺术形式。这股风尚一时风靡整个欧洲，并渗透到欧洲人生活的各个层面，如日用物品、家居装饰、园林建筑等。以茶叶在欧洲的引入与传播为例。[⑤] 然而，伴随着中国的狭隘与封闭，中西力量对比的天平日渐倾斜。诚如斯塔夫里阿诺斯在《全球通史》中说：“由于中国人闭关自守骄傲自满，三次灾难性的战争使他们受到了巨大的刺激：第一次是 1839—1842 年同英国的战争，第二次是 1856—1858 年同英法的战争，第三次是 1895 年同日本的战争。在这些战争中所遭受的耻辱性失败，迫使中国人打开大门，结束他们对西

① 根据已知的材料，利玛窦先后曾与一百多位中国士大夫往来。参见：林金水. 利玛窦与中国［M］. 北京：中国社会科学出版社，1996：286－316.

② 戚印平. 远东耶稣会士关于易服问题的争议及其文化意义［J］. 浙江学刊，2003（3）：49－54.

③ 林金水：利玛窦与中国［M］. 北京：中国社会科学出版社，1996：40.

④ 裴化行. 利玛窦评传［M］. 管震湖，译. 北京：商务印书馆，1993：145－146，184；计翔翔. 关于利玛窦衣儒服的研究［J］. 世界宗教研究，2001（3）：74－83.

⑤ 刘勇. 中国茶叶与近代荷兰饮茶习俗［J］. 历史研究，2013（1）：160－177.

知识拓展：梁启超与《西学书目表》

梁启超（1873—1929），字卓如，号任公，广东新会人。近代著名资产阶级改良主义政治活动家、思想家。他对西学涉猎之广、著述之丰、宣传之力，同时代的人少有能与之匹敌的。

1890年（清光绪十六年），梁启超在上海偶然读到《瀛寰志略》，读之始知五大洲各国，此后广泛涉猎西学著述。19世纪末，他借鉴欧美自强途径，重视宣传图书，启迪民众，认为"国家欲自强，以多译西书为本，学子欲自立，以多读西书为功"。为了介绍西学，提倡变法维新，1896年9月（清光绪二十二年）他在《时务报》上刊登《西学书目表》。除《西学书目表》外，在目录学方面他还编撰有《东籍月旦》（1896）、《国学入门书要目及其读法》、《最低限度之必读书目》、《中国图书大辞典·簿录之部·官录及史志》（1903）等。

《西学书目表》全书共4卷，附札记1卷，著录译书约300种，分西学、西政、杂类三大类。西学类包括算学、重学、电学、化学、声学、光学、汽学、天学、地学、全体学、动植物学、医学、图学等13目。西政类包括史志、官制、学制、法律、农政、矿政、工政、商政、兵政、船政等10目，与其新政内容相符。杂类包括游记、报章、格致、西人议论之书、无可归类之书等5目。该分类体系冲击了中国封建社会定为永制的四部分类体系，具有自然科学、社会科学、综合性图书三大部类的雏形，对中国近代西方图书分类法的输入和新分类法的产生有一定影响。《西学书目表》每书著录书名、撰译人、刻印处、本数、价值，表上加圈识，表下有识语，指出书的优劣、程度深浅等。《西学书目表》还收录了《通商以前西人译著各书》《近译未印各书》《中国人所著言外事书》。书后附《读西学书法》，介绍各书之长短及某书宜先读、某书宜缓读等读书方法，以指导治学门径。《西学书目表》中介绍的图书和编制这一目录的方法，在当时都有积极的意义。该书出版后在学术界引起很大反响，继作者不断。

方的屈尊态度，重新评价自己的传统文明。其结果是入侵与反入侵的连锁反应，它产生了一个新中国，产生了至今震撼着远东和全球的影响。"中西之间的逆转，让中国尝试全面接受西学。朱维铮《重读近代史》："西学东渐这个名目随民国四年（1915）上海商务印书馆将容闳的英文回忆录的中文节译本，该题《西学东渐记》，开始流行。但在晚明，'西学'已是特称判断，指西教即基督教以外的欧洲科学工艺各科学问。其实中国与欧洲的文明互动，在物质层面可以追溯到遥远的古典时代，在精神层面至迟已于北朝隋唐出现。……世界文明从来是互动的。既有西学东渐当然也有东学西渐。"世界潮流，浩浩荡荡。中国在这股浩荡浪潮中，拖着沉重的步履，蹒跚跌宕着走进现代。

思考与讨论

1. 如何理解华夏文化圈、东夷文化圈？二者交融的过程是怎样的？对中华文化的形成有何影响？

2. 中外文化交流的途径有哪些？体现出哪些特征？请举例说明。

3. 以中外文化交流为切入点，分析中国近现代文化的嬗变。请从文化精神、行为方式、社会制度、物态文化等多个层面例证分析。

·参考文献·

[1] 刘起釪. 我国古史传说时期综考［M］//文史：第28、29辑. 北京：中华书局，1987.

[2] 袁轲. 中国古代神话［M］. 北京：中华书局，1960.

[3] 林剑鸣. 秦史稿［M］. 上海：上海人民出版社，1981.

[4] 田秉锷. 龙图腾：中华龙文化的源流［M］. 北京：社会科学文献出版社，2008.

[5] 王遂今. 吴越文化史话［M］. 杭州：浙江大学出版社，2003.

[6] 张星烺. 中西交通史料汇编［M］. 北京：中华书局，1977.

[7] 王育民. 中国历史地理概论［M］. 北京：人民教育出版社，1987.

[8] 沈福伟. 中西文化交流史［M］. 上海：上海人民出版社，1985.

[9] 何兆武. 中西文化交流史论［M］. 北京：中国青年出版社，2001.

[10] 艾田蒲. 中国之欧洲［M］. 许钧，钱林森，译. 桂林：广西师范大学出版社，2008.

第四编

中国传统文化的实践智慧

中国先民以其独特的实践智慧应对生命中所遭遇的各种困境。本编分历法数术、文学艺术、养生文化、景观文化、民俗节日五章。其中“历法数术”一章旨在介绍中国古代历法成就，并在此基础上探讨数术与道德、迷信与理性的辩证关系，展现中华文化由早期蒙昧发展至文明的渐进过程。

歌以咏志，中华文化中的诗词歌赋是中国先民在生活中的情感表达，经典篇章具有跨时空的永恒魅力，彰显了中华儿女的生命精神与哲学智慧。中国书法与绘画艺术则是中华文化精神的视觉呈现，中国先民将对真善美的追求融入其中，体现了儒、道、释各家学说的不同价值取向。中国传统的小说戏曲以劝善惩恶为核心，表现了不同历史时期的人文风貌。

本编以武术、中医、茶道为核心，介绍中国文化中的养生文化。中华武术倡导内外兼修，追求武以止戈的文化精神。中医药则是中华优秀传统文化的瑰宝，在科技不昌明的时代，中华先民以中医药应对自然挑战，以求营卫气血、疗疾生养。中华茶道表现出以茶为媒、沟通人我的致思取向，将品茶作为修身养性的方法之一，无论是以茶为药、以茶悟道，还是以茶为礼皆体现了中华文化精神的不同特质。

中华文化中对生存环境的人文改造有其独特性。中国先民以堪舆学相地而居，其中迷信与科学同存。在园林建设中追求移步换景，以得自然、有真趣为极致。在建筑中，将儒家的礼学规范、与道家的道法自然熔为一炉，表现出天人合一的特征。

中国先民在对宇宙人生的思考中设立了各种民俗节日，以律人与自约，如以祭祀沟通人神、追思先人、敬畏自然等。本编阐述了传统节日的来源，介绍了中国传统主要节日与习俗，指出中国民俗节日体现出以“人”为中心的主要特征。

第十一章　历法数术

学习目标

定义：历法；筮法；谶纬。

理解：中国古代历法的主要成就；中国传统筮法中的人文精神；方术与谶纬的思想价值与社会影响。

辨别：大衍、纳甲、梅花易数的区别与联系。

分析：中国传统筮法中数与德的关系；方术、谶纬与科学的关系。

中国传统重视天文观测，有“推天道言人事”的文化传统。通过历法确立人事行为，将人的生命、生活，甚至社会的变革发展与天文观测相关联，是天人合一的自然观、宇宙观的具体体现。这种以人事反求天道，或是以天道表述人事，必然会将“天”神秘化，将历法神圣化。我们需探本以求源。

一、天人相通：古代历法推步中的天文意义

把年、月、日、时等计时单位按照一定的法则进行编排以便记录和计算较长的时间序列，这种法则叫历法。我国古代的天文研究主要是为历法服务，历法的制定以天文观测的结果为依据。年、月、日等时间需要借助天体的运动测定，而天体的运动只有在恒星的背景上才能被显现出来。制定历法必须以恒星背景作为时间标尺。为了提供太阳运行的准确标尺，古天文学又把十二次与二十八宿的具体星象分开，按照木星实际运行的度数将天球赤黄道带自西向东划分为十二次，使年、月、日的计算进入量化的阶段，至此，历法的时代真正到来。

历法首先是为农业生产服务的。恩格斯说：“首先是天文学——游牧民族和农业民族为了定季节，就已经绝对需要它。”①

① 恩格斯. 自然辩证法［M］. 曹葆华，于光远，谢宁，译. 北京：人民出版社，1959：162.

天文和历法密切相关，历法的疏密程度，能够反映当时的天文水平，因为随着时间的推移，历法会出现越来越大的偏差，如果天文观测没有进一步发展，修改更新就无从入手。中国是农耕社会，准确的历法是必不可少的。但历法还有更丰富的意义。比如朝代更替必须颁布新的历法，说明历法成为统治权力的象征。

1. **中国古代历法的主要成就**

古代历法总是要同时考虑朔望月和回归年这两个天文周期。所以，它有历月和历年两个侧面：根据朔望月安排历月，又根据回归年安排历年。历法问题的复杂性，在于回归年和朔望月这两个周期。它们同太阳日之间的关系，不像米与分米、厘米之间的关系那样简单。因此，历日制度在朔望月和回归年之间，即在历月和历年之间，总是顾此失彼，必然有所侧重。由于这个原因，历法一般分为三类，即太阴历（阴历）、太阳历（阳历）和阴阳历。侧重协调朔望月和历月关系的叫太阴历，简称阴历；侧重协调回归年和历年关系的叫太阳历，简称阳历；兼顾朔望月和回归年、历月和历年的叫阴阳历。比较起来，原始的历法是阴历；历史上曾一度占优势的是阴阳历；当前世界通行的是阳历。历法的演变过程，体现人类认识自然规律的深化过程。无论哪一类历法，都有一个协调历日周期和天文周期的关系问题。在原则上，历月应力求等于朔望月，历年应力求等于回归年。但由于朔望月和回归年都不是完整的日数，能够等于朔望月的只能是平均历月，而不是每个历月；等于回归年的是平均历年，而不是每个历年。因此，历月须有大月和小月之分；历年须有平年和闰年之别。通过大月和小月、平年和闰年的适当搭配和安排，使其平均历月等于朔望月，平均历年等于回归年。这就是历法的主要内容。

我国的传统历法，一般称夏历或农历。但是，这两个名称都不能确切地表示我国传统使用的阴阳历的含义和性质。所谓“夏历”，是因为它以冬至所在历月为十一月，这一点同先秦时代的夏历相同。但它并非先秦的夏历，更不是传说中的夏朝的历法。所谓“农历”，显然是指我国广大农民长期根据它所附载的二十四节气安排农事进程。其实，二十四节气不属阴阳历范畴，它本身是一种特殊形式的阳历。真正的农历应该是阳历，而不是阴阳历。我国的传统历法具有阴阳历的共同特点：它按照朔望月安排大月和小月，力求使平均历月等于朔望月；又根据回归年所相当的朔望月数安排平年和闰年，力求使平均历年等于回归年。

我国传统历法自秦汉以来，一直是阴阳历和二十四节气并行。阴阳历虽然以闰月协调历年和回归年，但由于历年长度差异太大（平年354日，闰年384或383日），历月与季节没有可靠的固定关系，仍然不能有效地指导农事进程。为弥补这个缺陷，我国传统历法另设二十四节气。阴阳历本身用于一般纪事，二十四节气则用来指导农业生产。二十四节气按太阳黄经划分（从而也表示一定的太阳赤纬），自春分点起，每隔黄经15°为一气，按顺序分别为春分、清明、谷雨、立夏、小满、芒种、夏至、小暑、大暑、立秋、处暑、白露、秋分、寒露、霜降、立冬、小雪、大雪、冬至、小寒、大寒、立春、雨水、惊蛰。这些名称言简意赅，可望文生义，它是古人参照天文季节、气候物象及农事意义而拟定的。从气候学上看，它至少已经指出一定区域内气候演变的一种表示方法。二十四节气又分为节气和中气两组。我国传统历法以十二节气把回归年分成十二个节月。每个节月各有一个节气和一个中气。节气是节月的起点，中气是节月的中点。

2. 历法建构与天文观测（观象授时与历法建构）

旧石器时代，由于生活所需，我们的祖先逐渐摸索到气候变化、月亮圆缺的规律，动物随气候变化而活动的规律，可食植物生长成熟的时间规律等。

新石器时代，为了掌握农时，有意识地认识天象，从而掌握天象来定方位和定时间季节。

人们在以农牧业为生的初期，是根据植物的生长状况来掌握农时的，随着农牧业的发展，对划分农时的准确性提出了更高的要求，于是逐渐摸索出天象的周期变化和物候之间的关系。

神农时代，官府教授人们按季节耕种。

颛顼时代，出现了观测天象的官，以授农时。

可以说，古人观测天象和动植物顺应季节应有的表象，最初目的就是“授时”，满足农业生产。根据天象制定历法，让生产有了规律性、法度般的指导。

日、月、年的概念如下：

①日，一天就是一日。古人以太阳的形态来称“日”，以太阳的东升西落或者说昼夜交替的周期为一日。日，是对时间认识最原始的概念，其他的时间概念也以“日”为基础。因为太阳和人们的生活关系最为密切，所以古代观象授时，最基本的部分就是对太阳的观测。“日，每日行天一度；月，每日行天一十三度又十九分度之七。周天三百六十度，星二十八宿环列于天，又分二十八宿之度为十二次。”古人观测太阳在哪一星宿和哪一星次，以断定四季、二十四节气等；一年四季中，每季又分孟仲季，均以观测太阳在二十八宿中之位置来断定季候。太阳在人们心中的地位非常尊贵，故太阳的别称也非常尊贵，比如“朱明”“耀灵”“东君”等。

②月，殷商时期人们就明确知道朔望月的长度为29.53日，春秋末期的古四分历就已经使用了朔望月的长度。月象变化有五个阶段：新月、上弦、满月、下弦、残月。根据古人的观测，初一时新月，这一日叫“朔”（朔，初也），所以月尽（残月）同理，称为“晦”。晦朔的确定是非常要紧的，需要通过推算得出。除此之外，每月十五和十六出现“满月”，则称此日期为“望”（日月相望的意思），古人用朔望纪月，叫作朔望月，周期为29.53日，也就是两次满月之间的时间长度。

③年，最初造字时，“年”并不是纪时单位，而表示谷物成熟。周代时才常常借年为岁。前面提到过，古人以岁星（木星）的运行来纪年，其观测结果与现代差距并不大。太阳从设想的某点绕黄道一周又回到某点的时间间隔称为回归年或太阳年。但是由于岁差的缘故（引力在高低不等的地球表面的作用不同造成岁差），太阳年与恒星年

（实际公转的时间）并不相等。而回归年日数并不考虑月的运行，回归年日数比十二个朔望月的日数多，累积三年就多出了一个月左右，与准确值过度偏离，随着时间推移，只凭测定数据而制定出历法偏差会越来越大，历法就失去了意义。也正由于诸如此类的偏差，世界上产生了各种不同的历法。

3. 推天道与明人事

从石器时代开始，人类就开始意识到气候变化的规律，逐渐有意识地探索天象和方位、时间、季节的关系。随着生产力的发展，产生了私有制和阶级活动，政权统治之下，生产力更加发达。这也就要求天文历法更加紧密、准确地配合生产，进而出现专门观测天文和制定历法的官员。

我们从考古成果中发现了许多关于古代天文历法的遗痕，比如周代发明的圭表、马王堆西汉墓帛书中的彗星图等。从文献之中我们发现，在战国时期就已经有人否定了天圆地方的说法，天文历法科学已经初具规模——星象的规划、四时的确定、置闰的方式、干支的组合为后世天文历法体系奠定了基础，社会制度和农业生产的变化也促使天文学从此开始由原始的定性描述转向定量化的发展。

三国、西东晋、南北朝时期，民族的大融合不仅使政治经济出现新态势，各方的生产技术也得到广泛交流，此时出现了祖冲之、刘徽等科学家，在天文历法方面取得了一系列新发现，充实了古代天文学体系的内容。

理论体系在不断的建构和巩固之中，到了宋元，星图和天文仪器也有了重大的改进。天文观测更加精密准确，也更加便捷化。明清之际，古代天文历法更加系统完备，并吸收了部分西洋的内容。

古代天文历法不仅折射出丰富的文化现象，更反映了古人的宇宙观和人与自然的关系。“究天人之际，通古今之变”，天与人是中国哲学思想的重要范畴。“天人合一”是儒家思想的领域。探索宇宙奥秘是为了探索人生奥秘，探索宇宙奥秘是过程、手段，探索人生奥秘才是终极目的，古人的方法是推天道、明人事，探索宇宙奥秘的过程就是推天道，这包含着求真的成分，求真的目的最终是求善、论证人事。引导人向善，提升道德、提升智慧、约束权力，方法就是推天道、明人事。通过探索推演大自然运行变化的客观规律，从而让人明白人类社会发展和个人生存变化的规律。

二、物滋有数：大衍、纳甲、梅花易中的数与德

《周易·系辞上》言：“《易》有圣人之道四焉：以言者尚其辞，以动者尚其变，以制器者尚其象，以卜筮者尚其占。”占筮是研究《周易》的四圣道之一。但考究占卜的历史可以发现，占卜的历史要远早于《周易》的成书。我们能看到殷商的甲骨卜辞，其内容或祭祀，或祷告，或献享，或出入，或猎渔，或征伐，或求年，或问风雨等。占卜的目的当然是为了预测吉凶，推知未来。《周礼》言：“太卜掌三兆之法：一曰玉

兆；二曰瓦兆；三曰原兆。”从文字上看“兆”字与“卜”字同源，皆是对甲骨裂变的象形。卜法，主要指的是龟卜，从出土的材料看也用兽骨，是较早的占卜方法之一。从文明的起源历程看，星象占可能是最早预知吉凶的方法。西周时龟占依然通行，但出现了新的测算法如筮法，以蓍草或竹茎为占筮工具。卜的本质在于观象，而筮的本质在于以数论吉凶。屈原《离骚》中有“索琼茅以筳篿兮，命灵氛为余占之”，琼茅为灵草，筳篿即为占算。当时之占卜，往往先卜而后筮，但以卜法的结果为重，如《左传·僖公四年》晋献公欲取骊姬为妾室，卜之不吉，晋献公又命筮之，筮则吉，卜官认为“筮短龟长，不如从长”，但晋献公不从。郑玄注《曲礼》认为：“卜不吉则又筮，筮不吉则又卜，是渎龟策也。”郑玄在《表记》注中也说：“袭，因也，大事则卜，小事则筮。”但清代易学家胡煦在其《卜法详考》（卷二）中则认为卜筮不相袭，若两者相杂则于易理不通。至汉代，谶纬盛行，占星望气之说演变成天人感应的哲学观念，在占卜上变为灾异说。《汉书·艺文志》将占卜术分为蓍龟之法、星占之法以及杂占三类。杂占如占梦、相衣器等。汉昭元之间的京房将天文历法融入易学，创立八宫卦体系，以服务于占筮。《火珠林》中的金钱筮法虽未必为京房所创，但确实是承传相关。至宋代邵雍创立梅花易数，以先天八卦作为测算基础，筮法更加方便灵活。

1. **大衍筮法中的理与数**

大衍筮法，是《易传》中所保留的唯一占筮方法，应该是春秋时期盛行的占筮方法之一。《春秋》中记载了多次占验之事，但具体的占筮方法没有详述。《易传》中则完整地保存了大衍筮法。因这种筮法以蓍草作为占筮工具，所以又称之为蓍草揲蓍法。因在《易传》中保存，所以也称《周易》筮法。其基本的方式是源于《周易·系辞上》：“大衍之数五十，其用四十有九。分而为二以象两，挂一以象三，揲之以四以象四时，归奇于扐以象闰；五岁再闰，故再扐而后挂。”

筮法的工具是用 49 根竹棍或蓍草，通过筹算找到相应数字，以组合成卦，按卦辞，或卦象，或兼综，以定吉凶。具体步骤为四步，即四营成易，三变生爻，十有八变成卦。第一步：分而为二。将 49 根蓍草随机地分为两部分。第二步：挂一以象三。随机地抽取一根放于一侧，左右皆可。第三步：揲之以四。揲即计数，四个四个计算数目，也就是将左右两堆筮草除以 4。第四步：归奇于扐。扐即是两手之间，指将余数挟挂在手指之间。经过这样三次相同步骤，49 根筮草所剩余之数就只有四种可能，36、32、28、24。分别除以 4，即分别为 9、8、7、6。《周易》中以 9 代表老阳，以 8 代表少阴，以 7 代表少阳，以 6 代表老阴。这样三次变化就生成一爻。一卦有六爻，所以需要 18 次变化才能筮出一卦。因《周易》强调阴极则阳，阳极则阴，所以如所占之爻的策数为 36，或者 24，也就是 9 或者 6，则需要阴阳互变。所变出的卦称为之卦或变卦。

《易传》将一至十十个数分为天地两类，“天一，地二；天三，地四；天五，地六；天七，地八；天九，地十”。一三五七九为天数，二四六八十为地数，所以天数与地数各五个，分别相加，天数之和为二十五，地数之和为三十，天地数总和为五十五。《易传》认为这五十五之数含纳天地，神妙难测，探求其理，则可以“成变化而行鬼神”（《周易·系辞上》）。《左传》称十为数之小成，至十之后，数字不过是在十之上的累加。可以看出，数字在占筮的体系中被赋予了文化意蕴。这种对数的解释传统已久，老子言：“道生一，一生二，二生三，三生成物。”以道为一，以一来论道。《周易·系辞上》言：“是故《易》有太极，是生两仪。两仪生四象，四象生八卦。八卦定吉凶，吉凶生大业。”皆有对数的描述。

我们现在看来，数字并不神秘。《左传》即有“龟，象也；筮，数也。物生而后有象，象而后有滋，滋而后有数”。从物与数的角度讨论数，认为占筮的结果并不具有必然性，人的祸福主要与个人修养相关。帛书《要》篇里孔子也明确指出：“君子德行焉求福，故祭祀而寡也；仁义焉求吉，故卜筮而希也。祝巫卜筮其后乎？”从文化发生学的角度言，数字的神秘化有其历史原因，但这种神秘并不能说明它的科学性。从文化的地域性，可以看到数字所表示的意义具有不同的地域特征。比如中国传统文化中的对五的认知，五星、五德、五色、五伦、五福、五藏、五行等，将“五”联系到了人类社会几乎所有方面。

就大衍筮法的占筮方法看，它体现了当时社会的基本思想观念。“分而为二”，象征的是天与地、阴与阳。“挂一以象三”，“三”指的是天地人三才。这种占筮的次序表明，在天地之后才有人，人是自然的产物。而人虽天地所生，但却可以和天地并列，参赞天地变化。“天地设位，圣人成能；人谋鬼谋，百姓与能。”（《周易·系辞下》）虽然挂一是将一根蓍草取出，但此一根蓍草与48根等值。将此一根蓍草随机取出，代表人不干预占筮过程，一切皆顺应自然。“揲之以四以象四时”，“四时”指春夏秋冬四季，天地合四季成，人处天地之间，应时而动。“归奇于扐以象闰”，“奇”指余数，标指闰年。“五岁再闰”，是指五年中有两个闰年，这应是春秋时的历法状况，现行农历19年中有7个闰年，更加精确了。概言之，大衍筮法的占筮方法是当时社会的天文历法、哲学思想的反映，有其丰富的内涵。《易传》将其保存，可能就是源于其内涵的丰富性。

《系辞传》言：“君子所居而安者，《易》之序也；所乐而玩者，爻之辞也。是故君子居则观其象而玩其辞，动则观其变而玩其占，是以自天佑之，吉无不利。”对于占筮，君子只是以游戏的心态，对于占筮的结果主要以启发思维的方式思考其所以如此的道理。如果生活中能按照易理安排人生，善于反思，就会远离祸端。综上而言，大衍筮法虽是占筮之法，但《易传》的解决并不是强调占筮的神秘和结果的准确性，而将占筮引向自我修养，以神道设教，引人向善，具有丰富的人文底蕴。

2. 纳甲筮法中的干支与五行

所谓纳甲筮法，是将天干地支排纳于一卦六爻之中，以干支的五行属性与占筮时日的五行属性，进行生克关系计算以论断吉凶。纳甲是举天干之首“甲”以概其余。这种占筮的方法可在西汉京房易学中看到其源头。又因它的占筮工具以金钱为主，所以也称为金钱筮法。

《周易》筮法虽然人文内涵丰富，但占筮方法不便，占筮一卦需较长时间，并且需要占筮者对《周易》经传的文本熟悉。纳甲筮法改变了这一占筮体例，不再以卦辞断吉凶，直接以五行论生克关系。它的占筮方法也更加简单方便，以三枚铜钱或硬币，代表数额的一面为字，反之为背。背为阳，字为阴。将铜钱握于双手，或放于龟壳之中，抛掷于地。若一背则为少阳，二背则为少阴，三背则为老阳，无背则为老阴。连掷六次得一卦。这种起卦的方式，已经没有深刻的学理内涵，它更注重的是占筮的便利性，所以在民俗中流行很广。将铜钱置于龟壳之中，可以看作是龟卜的孑遗。

起卦后，通过装卦来完成五行的生克关系运算。装就是装饰、修饰的意思。将天干、地支纳入每卦每一爻，以确定五行属性。所以纳甲的目的是纳五行。天干地支在先秦已与五行相配合。十天干按照东方甲乙木、南方丙丁火、中央戊己土、西方庚辛金、北方壬癸水，五方方位与五行配合。地支十二个，依据"土旺四德"之说，与四季、五行、月份相匹配，配法如表 11－1 所示。

表 11－1 四季、五行、月份匹配表

四季	月份	十二地支	五行属性
春	正月	寅	木
	二月	卯	木
	三月	辰	土
夏	四月	巳	火
	五月	午	火
	六月	未	土
秋	七月	申	金
	八月	酉	金
	九月	戌	土
冬	十月	亥	水
	十一月	子	水
	十二月	丑	土

纳甲筮法与西汉京房易学有相承关系。京房根据奇为阳，偶为阴，阳卦纳阳干，阴卦纳阴干的原则，将天干配于八纯卦，他说："分天地乾坤之象，益之以甲乙、壬癸，震巽之象配庚辛，坎离之象配戊己，艮兑之象配丙丁。八卦分阴阳，六位五行，光明四通，交易立节。"① 又根据"阴从午，阳从子，子午分行。子左行，午右行。左

① 郭彧.《京氏易传》导读[M]. 济南：齐鲁书社，2002：133.

右凶吉，吉凶之道，子午分时”①，将地支纳入爻位，如表 11－2 所示。

表 11－2　八卦纳甲表

爻位	八卦							
	乾	坤	震	巽	坎	离	艮	兑
上爻	壬戌	癸酉	庚戌	辛卯	戊子	己巳	丙寅	丁未
五爻	壬申	癸亥	庚申	辛巳	戊戌	己未	丙子	丁酉
四爻	壬午	癸丑	庚午	辛未	戊申	己酉	丙戌	丁亥
三爻	甲辰	乙卯	庚辰	辛酉	戊午	己亥	丙申	丁丑
二爻	甲寅	乙巳	庚寅	辛亥	戊辰	己丑	丙午	丁卯
初爻	甲子	乙未	庚子	辛丑	戊寅	己卯	丙辰	丁巳

八宫卦纳甲纳支既定，余五十六卦纳甲纳支便较易安排了。凡下体同某宫卦者即用某宫卦下体之干支，上体同某宫卦者即用该宫卦上体之干支。这样天干地支落实到了每卦每爻，也就是为六十四卦配上五行。

五行之间的生克运算，在纳甲筮法中也被复杂化，从而可以有更加丰富的现实表征性，主要体现在五行休王说、六亲说。五行休王源于周秦，至汉盛行。“王”指当令、兴旺，“休”指不当令、休退。五行依四季循环而各有兴衰。木旺于春，火旺于夏，金旺于秋，水旺于冬，土旺于四时。就某一季节来看，五行在一季之中因生克关系而有五种状态，即壮、老、生、囚、死。以春季为例，木当令为旺，水生木，木已旺，故水告老而休退。木生火，木旺故火易生。金克木，但木旺，金难以克之，故处于衰落。木克土，木既旺，故土被克死。就某一行来看，其于一年四季中亦有五种状态，如木旺于春，老于夏，囚于四季，死于秋，生于冬。所以五行依四季之不同而循环，五行与十二月来说，又有生壮死三阶段之说。② 郑万耕先生分析认为，五行相生起推动发生发展的作用，相克起维持整体平衡的作用，休王则以相生相克为基础，将五行联结为一个相互交织而又主次分明的整体网络，综合起来则成为一个具有自我调节功能的有机系统。③

六亲说将五行生克关系与人伦关系相联系，将人的社会活动以五行之间的生克表征出来。以我表示五行属性，则生我之爻为“义爻”（亦称天地），我生之爻称“宝爻”（亦称福德），克我之爻称“系爻”（亦称鬼），我克之爻称“制爻”（亦称财），同于我之爻称为“专爻”（亦称同气）。自三国陆绩始，后世术家常称京氏的义爻为“父母”，宝爻为“子孙”，系爻为“官鬼”，制爻为“妻财”，专爻为“兄弟”，加上本卦为我，代表占问者自身，合起来统称为“六亲”。京房言：“八卦，鬼为系爻，财为制爻，天地为义爻，福德为宝爻，同气为专爻。”④ 这样现实社会的五伦关系都可以

① 郭彧.《京氏易传》导读［M］. 济南：齐鲁书社，2002：133.
② 刘玉建. 五行说与京房易学［J］. 周易研究，1996（4）：1－11.
③ 郑万耕. 易学中的阴阳五行观［J］. 周易研究，1994（4）：24－32.
④ 郭彧.《京氏易传》导读［M］. 济南：齐鲁书社，2002：134.

用五行生克表示，换而言之，任何社会生活中发生的事件都可以换算成抽象的五行符号，并通过筮法表现在卦象中。这种表现当然不能算是科学，只是古人对未知世界的神秘化的臆测。

通过金钱起卦，得到卦象，并为其配上干支，确定五行。再将该卦的五行属性与占卦的日时的五行属性相运算，就可以确定所要测算的结果。可见，纳甲筮法不再依据《易经》卦爻辞，而是纯以五行生克确定吉凶。这种占筮法，克服了大衍筮法的起卦时间长及需要熟知卦爻辞的缺点，但也更加形式化，在其背后所体现的是汉代的天人感应及谶纬神学的观念。

3.《梅花易数》中的先天八卦

梅花易数，也称梅花数，是北宋时期兴起的一种占卜之术，相传为邵雍所发明。今传本《新订邵康节先生梅花观梅拆字数全集》（简称《梅花易数》），详细记载了梅花易数的基本理论和多种占法。这种占法的得名源于邵雍的一次观梅占筮。《梅花易数》中《观梅占》记有一事，“辰年十二月十七日申时，康节先生偶观梅，见二雀争枝坠地”，因而占之，得到泽火革卦，并断言，“明晚当有女子折花，园丁不知而逐之，女子失惊坠地，遂伤其股”，果如其言。①

梅花易数以先天八卦的数字排列次序为理论基础。所谓先天八卦是依据“《易》有太极，是生两仪。两仪生四象，四象生八卦，八卦定吉凶”的自然生成过程，又依《说卦》中的“天地定位，山泽通气，雷风相薄，水火不相射”，将八卦定位，即乾一、兑二、离三、震四、巽五、坎六、艮七、坤八，如图 11－1 所示。

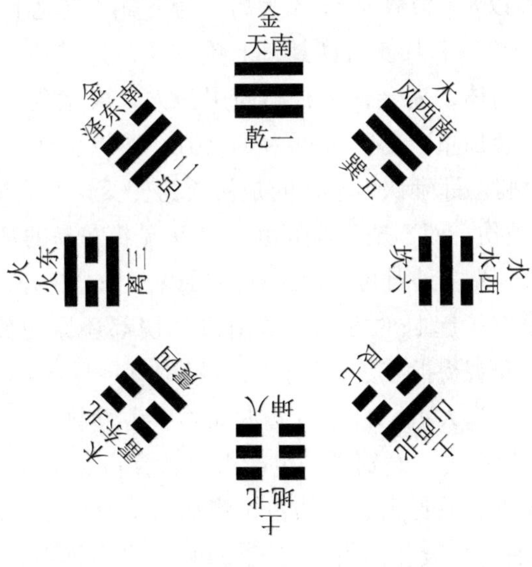

图 11－1

① 邵雍. 梅花易数［M］. 上海：学林出版社，2003：32.

也就是说一代表乾，二代表兑，三表示离等。梅花易数的起卦核心即在确定 1 至 8 这几个数字。

64 杂卦的生成主要有两种方式：一为重卦法，一为爻变法。大衍筮法及纳甲筮法的起卦方法都是以爻变法求卦。所以大衍筮法要经三易而成一爻，十八次操作才能成就一卦，而纳甲筮法要经过六次掷钱才能得出一卦。但梅花易不需要如此，它采用的是重卦法，即两个三画的经卦相组合成为一卦。这样一个杂卦被分为两部分：内卦和外卦，或者贞卦和悔卦，或者下卦与上卦。内卦、贞卦或下卦代表占筮者本人，外卦、悔卦或上卦代表可能与占筮者相关的事或物。如图 11－2 所示。

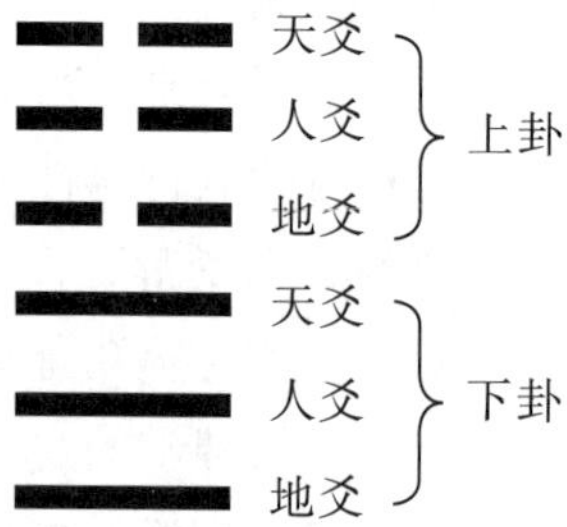

图 11－2

按照上面的设定，梅花易数只要按照先天八卦的代表数字计算出相应的值就可以确定一卦，并进而预知吉凶了。

梅花易是这样设定：当所要占筮的数字小于 8 时，即以所对应的三画卦作为内卦或外卦，组成一个六画卦。当所要占筮的数字大于 8 时，则用此数除于 8，以其余数对应的三画卦作为内卦或外卦，组成六画卦。又以占筮数目的总数除以 6，以余数对应的爻位为变爻，进而论定吉凶。以观梅占为例，观梅占是以占卦的年月日时起卦，邵雍于辰年十二月十七日申时占问，辰对应的数字为 5，十二月计数 12，十七日计数 17，申时计数 9。年月日之和数为 34，34 除以 8，余数为 2，对应卦为兑，为上卦。年月日时相加，和数为 43，除以 8，余数为 3，3 为离，为下卦。上兑下离，为革卦。43 除以 6，余数为 1，初爻为变爻，下卦变为艮卦，上兑下艮，为咸卦。又革卦可以互出天风姤卦。邵雍认为上卦兑为体，属金，下卦离为用为火，火克金，所以体会受伤，而互卦中巽为木，木生火，会加重火势。又兑为少女卦，所以受伤为一少女。而巽在人体为大腿，所以会伤在大腿。邵雍认为幸运的是初爻为变爻，变为咸卦，咸卦下为艮土，“兑金得生，知女子但被伤，而不至于凶危也”[①]。可见梅花易的基本思路是通过先天八卦的卦序找到相应卦象，先求外卦再求内卦，然后以互卦、变卦、五行生克论断吉凶。

梅花易数极大地丰富了起卦的方式，试图将一切都还原为数字，从而确定卦象。在《新订邵康节先生梅花观梅拆字数全集》第一卷中有年月日时占、物数占、声音占、字占、丈尺占、尺寸占、为人占、自己占、占动物、占静物等，第二卷中又分为天时占、人事占、家宅占、屋舍占、婚姻占、生产占、饮食占、求谋占、求名占、求财占、交易占、出行占、行人占、谒见占、失物占、疾病占、官讼占、坟墓占等。以声音占为例，《梅花易数》中有“邻夜扣门借物占”一事：“冬夕酉时，先生方拥炉，有扣门者，初扣一声而止，继而又扣五声，且云借物。先生令勿言，令其子占之所借何物。”

① 邵雍. 梅花易数 [M]. 上海：学林出版社，2003：32.

其子以一声属乾为上卦，以五声属巽为下卦，得天风姤。又将一乾五巽共六数，加酉时数为十，合数十六数，除以六，剩余四，第四爻为变爻，变卦为巽卦。互卦为重乾。卦中三乾金，二巽木，其子认为所借之物为金木之物，又认为乾金短，而巽木长，所以断定是借锄头。邵雍认为不对，他断定是借斧头，果如其言。邵雍解释道："起数又须明理。以卦推之，斧亦可也，锄亦可也；以理推之，夕晚安用锄？必借斧。盖斧切于劈柴之用耳。"邵雍强调"推数又须明理"，占卜必须以社会常理为基础，否则即使卦象正确也不可能应验。概言之，至宋邵雍，占卜的方式更加方便实用，其理将河洛之数、卦象义理、阴阳五行、天干地支等融为一体，直接为占算服务，体现了易学发展方术化的一面。

三、谶纬之惑：方术谶纬中的迷信与理性

1. 方术和谶纬简介

方术和谶纬在很多人看来是一回事，其实不然。

首先来看方术。方术是什么？从广义上讲，在中国古代，一切技艺都可被称为方术。而狭义上的方术，指的是中华神秘文化的组成部分，即企图借助神秘力量如"鬼神"等来消灾避祸、添福添寿或者添财的行为。这些行为不同于宗教，但却有宗教的成分在里面。多数情况下人们所讲的方术是后者，我们这里要讲的也是狭义上的方术。

最早对方术进行分类的典籍是《汉书·艺文志》，它认为医经（术）、医方（术）、房中（术）和神仙（术）四术是方术，其后的《后汉书·方术列传》则将天文、医学、神仙、占卜、相术、命相、遁甲、堪舆等八术称为方术。这些方术都和远古流传下来的巫觋有关。在神仙之说产生后，巫觋对神仙之说加以宗教渲染，创建出了求仙术。这样的巫觋被称为方士或方术之士，大众最为知悉的方士指的就是他们。

方术的内容涵盖广，所以人们对方术的分类也有多种分法。除了上述《汉书》的四分法、《后汉书》的八分法外，后世还有其他的分类法，比如三分法（预测术、长生术和杂术）、新四分法（占星术、堪舆术、房中术和炼丹术）等。对于方术如何分类，分多少类，其实都仅是形式上的不同表述，目的均在于便于人们整体了解方术。

其次来看谶纬。谶纬是什么？谶纬总体上是政治神话，但它是具有文献体系特征的政治神话。如果以今天的知识体系要素来描述，这个文献体系包括历史学、神学、哲学、文学、自然科学等。当对符瑞的精心解读和对感生受命传说的刻意阐述融入这个文献体系时，谶纬就纳入了阴阳五行的天命周转中，水到渠成地成为推测天意、解释政治的工具。

谶纬的起源很早。但严格来说，最初"谶"和"纬"是含义不同的两个概念。"谶"指谶书，"纬"指纬书。

谶书属政治性内容，预卜统治者的吉凶祸福，春秋时期（前770—前476）就已出

现于典籍史册中。《四库全书总目》解释说："谶者预决吉凶。"《史记·秦始皇本纪》记载的"始皇帝死而地分"的陨石谶语和"今年祖龙死"的持璧者谶语属于此类，秦末农民起义时"陈胜王"的鱼腹丹书，都是早期的谶或谶语，当时同儒家的经典经义尚无瓜葛。和儒家经典结合出现于西汉，是伴随纬书的出现而出现的。

"纬（纬书）"是相对"经（经书）"而言的。纬书是对经书的解释。纬比谶见于典籍记载的时间要晚得多，不早于西汉成帝年间（前32—前7）。汉代儒家有《诗》《书》《礼》《易》《春秋》《乐》经典六经，后来加上《孝经》共七经。对七经分别做出神学解释的文字就是七纬，七纬仍托称为孔子所做。除七纬之外，汉代还有《论语谶》《河图》《洛书》等，这些统称"谶纬"。当并非同类的谶和纬发展成为一种社会上的神秘文化现象时，就出现了谶中有纬，纬中有谶的局面，谶、纬含义趋同，变成现今我们通常理解的"谶纬"了。

2. **谶纬的政治意图与社会心理**

谶纬来源复杂，但谶纬具有明显的政治意图。它的主体不是儒家思想，但为儒家政治学说服务，这也是谶纬产生的前提。谶纬是政治的产物，且谶纬本身就是政治神话的一部分。

汉武帝独尊儒术，谶纬之说借助这个时机空前发展，近乎成了"国家神道"。纬书依附经书，以解经的方式服务于儒家政治思想，并逐渐形成了自己的神学体系。东汉建初四年（79），汉章帝主持了全国性的白虎观经学讨论会，后来班固将会议成果写成《白虎通德论》，又称《白虎通义》，统一了经学。这标志着谶纬经学成为官方标准，对后世影响很大。

虽然谶纬是政治的产物，但当其神学体系形成之后，就不再满足于仅仅跟在儒家的政治思想后面亦步亦趋，开始出现宗教目的的倾向。宗教目的倾向越来越超越政治的结果，导致经学与谶纬发生冲突。到了西汉末年，谶纬不再仅仅是统治者的统治工具，还成了篡权者王莽上位的倚靠工具。这种谶纬被混乱使用的情况撼动了儒家传统政治思想的地位，于是经学家们对谶纬思想的反思和抨击便开始了。在东汉时期，随着政局动荡，谶纬一边在继续辅经、释经，一边处在经学、哲学、政权法令的批判、压制下，最终谶纬的神学体系崩溃。除了在经学注疏训诂、道教典籍和部分史籍、文艺作品里保留了部分谶纬的文字、思想记载外，谶纬已无处立足。替而代之的，是具有理性思辨色彩的魏晋玄学。

谶纬环境下的社会心理是什么样子的？通过谶纬传播群体——士人的作为，基本可以反映出来。因为谶纬具有文献属性，故而它的社会心理反映在文人士大夫阶层中最为明显。谶纬在两汉时期的兴衰过程，也是士人们在政治文化和政治实践中求生存图发展的过程。在西汉初到汉哀帝时期，谶纬对政治的批判多于颂扬，相关士人因此往往遭到贬抑；王莽篡汉到刘秀复汉时期，士人们无论是支持王莽还是支持刘秀，往往摆出谶纬的大旗来助阵呐喊，他们的仕途随着时局变化而发生转变，心理相应或浮或沉，变化之剧烈可以想见；从汉明帝、汉章帝到汉末，谶纬虽然继续在辅经、释经上面发挥着作用，士人也因经谶兼修似乎使仕途变得宽阔平坦起来，但最终因为谶纬发展过程中的宗教目的倾向越来越明显，触犯了儒家政治思想权威而遭到抨击压制。和谶纬一起消沉下去的还有士人失落的心情，但这却为后面魏晋玄学的出现做了铺垫。

3. **科学视域中的谶纬史料思考与讨论**

汉代七纬、《论语谶》、《河图》、《洛书》等谶纬的主流大多缺乏科学性，但其中部分史料内容也保留了一些天文、历法、自然科学知识、古代神话传说和哲学思想，具有一定的理论意义和学术价值。

为什么说谶纬主流大多是思想垃圾？因为它们是为政治而生，为政治服务的。本来孔子在经书中所体现出的形象，是具有大智慧、道德完美的圣人形象，但到了谶纬这里，就把他描绘成了“神”——既知过去，又晓未来——不但把孔子本来“不语怪力乱神”的宗旨完全抛弃，反而专门讲荒诞离奇、无所不知无所不能的怪力乱神，仆从于政治，所以谶纬不但与经学而且与科学渐行渐远了。王莽利用金匮策书篡汉，刘秀受赤伏符起兵建立东汉，张角以《太平经》“天谶”造反，都是利用谶纬；魏晋以后谶纬更是屡屡被作为篡权夺位改朝换代的工具……所以说谶纬为了政治而炮制杜撰，几无科学性。

为什么说谶纬还具有一定的理论意义和学术价值？在这方面，我们可以从王步贵先生的研究中得其一二。举两篇有代表性的文章为例，一篇是对“谶纬与阴阳”的关系梳理①，一篇是对“谶纬与象数”的分析②。兹概括整理如下：

第一，谶纬神学思想中的宇宙生成论含有唯物论观点，但方向是唯心的。如易纬《乾凿度》说：“昔者圣人因阴阳，定消息，立乾坤，以说天地也。夫有形生于无形，乾坤安从生？故曰：有太易，有太初，有太始，有太素也。太易者，未见气也；太初者，气之始也；太始者，形之始也；太素者，质之始也。气形质具而未离，故曰浑沦。浑沦者，言万物相混成而未相离，视之不见，听之不闻，循之不得，故曰易也。”所谓“气之始”“形之始”“质之始”，就是阴阳、气化、象数三者作用的结果，是具有唯物论性质的。然而，谶纬思想家们试图把阴阳、象数、气、道以及天文地理、风土人情、自然知识、神仙方术、神话幻想等糅合在一起，建立自己的思想体系和宇宙生成模式，尽管这在一定程度上可称为中国古代系统论思想的萌芽，但服务于政治统治需要的属性注定了其发展方向与科学背道而驰。任继愈先生在《中国哲学发展史（秦汉）》“纬书综述”中也指出，“（谶纬）是一条错误的道路”。当然，这与易纬是易学史乃至中国思想史上的一个重要发展环节不矛盾。

第二，谶纬的象数思想里面虽然有很多牵强附会甚至荒唐的内容，但它指出了数

---

① 王步贵．谶纬与阴阳［J］．西北师范大学学报（社会科学版），1992（4）：66－71．

② 王步贵．谶纬与象数［J］．青海社会科学，1992（1）：52－55．

的统一性与宇宙和谐、天人同类的相关性，这为现代天文学重新提出宇宙和谐、天人统一的思想提供了一定参考。如《春秋·元命苞》认为：“阳气数成于三，故时别三月，阳数极于九，故三月一时九十日”，“阳成于三，列于七，三七二十一，故每州二百一十国也”，“阳数起于一，成于三，故日中有三足鸟”，“阴阳之性以一起，人副天道，故生一子”……《春秋·考异邮》则记载：“三九二十七，七者阳气成，故虎七月而生。阳立于七，故（虎）首尾长七尺。斑斑文者，阴阳杂也。”“七九六十三，阳气通，故斗运。狗三月而生也。”……这些神秘主义论断充满主观臆断牵强附会的成分，没有科学价值可言。如果用今天的科学态度来评价，那么可以说，这些谶纬史料不过是证明了汉代人对象数或宇宙在数上是具有认知和追求而已。金春峰先生在《汉代思想史》中也评价说：包括谶纬思想家在内的汉人象数思想，包含有宇宙和谐的天才猜测。这个评价是中肯的。

可以说，谶纬对科学的贡献远远小于方术。方术除了其附会的迷信观念外，在观察自然、记录自然变异、运用阴阳五行解释自然现象和自然规律方面是具有科学所需的客观性、可操作性的；方士们的炼丹和成仙术，也称得上是化学、医药学方面的早期摸索，这也广为人知；还有天文、历数也都是在方术的框架里面发展出来的，绝非谶纬所能比拟。

思考与讨论

1. 我国为什么要设置二十四节气？怎样推算大月和小月？

2. 如果请你参与下次改历，你会着重从哪些方面提议？

3. 数字是神秘的吗？中国古人是如何理解的？你有何见解？

4. 占筮的目的在于预测未来，从而趋吉避凶。你认为在科学昌明的时代，我们应如何趋吉避凶，把握未来。

5. 方术与谶纬对科学的贡献有什么区别？

6. 如何客观评价方术与谶纬的思想价值和社会影响？

·参考文献·

[1] 郑万耕. 易学中的阴阳五行观［J］. 周易研究，1994（4）：24－32.

[2] 郭彧.《京氏易传》导读［M］. 济南：齐鲁书社，2002.

[3] 金春峰. 汉代思想史［M］. 增补第3版. 北京：中国社会科学出版社，2012.

[4] 李学勤. 出土简帛与古史再建［M］. 北京：经济科学出版社，2017.

[5] 李零. 中国方术考［M］. 北京：中华书局，2019.

第十二章　文学艺术

文学即人学

学习目标

定义： 文学、艺术；生命精神、艺术精神。

描述： 中国古典诗词的生命精神与哲学智慧、传统书画的审美情趣及小说戏曲的文化内涵。

理解： 古典诗词、小说戏曲、传统书画是古典文学艺术的组成，也是传统文化的体现。中国古典文学艺术的哲学智慧。

辨别： 古典文学、艺术的品鉴。

分析： 古典文学、艺术在传统文化中的作用及现代意义。

文学艺术是借助语言、表演、造型等手段，塑造典型形象、反映社会生活的意识形式，可分为语言艺术（诗歌、散文、小说、戏剧文学等）、表演艺术（音乐、舞蹈）、造型艺术（绘画、雕塑）和综合艺术（戏剧、戏曲、曲艺、电影、电视等）。广义的艺术概念包括文学在内。文学、艺术是社会文化的体现和升华，是生活尘嚣中直起的腰杆，是仰望的双眼，是扑扇着的翅膀，是照射在头上的阳光和遥远的湛蓝的天空，是爱的关怀和生活的勇气，是今天的记录和理想的生活。它们记录了人类文明的历史和发展，也反映着人们的思想情感、审美理想、人文精神、价值取向，以及创作主体的人性态度、人生追求、人格力量和艺术创造力。

如同丹纳《艺术哲学》所说：“越是伟大的艺术家，越是把他本民族的气质表现得深刻。”① 在中华民族经过漫长的历史年代积淀而成的灿烂文化中，文学艺术是最重要的组成部分之一，并以其辉煌的成就、多彩的光华贡献于人类文明的宝库。传统文化艺术反映了中国人民热爱生活、创造生活的旺盛生机与活力，闪耀着中华文化的基本精神。中国传统文学艺术，承载着千百年的民族精神和艺术思维特色，薪火相传，绵绵不绝，成为中华文化重要的象征和表现。华夏文明浸染下的文学艺术，因此具有深厚的历史和人文底蕴，以及绚烂多姿的表现。

一、慷慨任气：古典诗词的生命精神与哲学智慧

中国是一个诗的国度，古典诗词浩如烟海。字里行间，都闪现着生命精神和哲学智慧：从伤春悲秋到怀古咏史，从化悲为进到化困为通；从把生命安顿于自然中到在生命中寻找美，从生命的追寻到生命的超越……中国古典诗词所表现出的生命精神与哲学智慧相互融合又相互映衬，生命精神中透露出哲学智慧，哲学智慧反过来又充实了生命精神，从而构成了中国的诗性智慧。诗歌的思和哲学的思紧密地结合在一起，贯穿着古人的生命意识以及人生观、世界观、历史观，令今天的读者仍能感受到一种蓬勃的生命激情。这种文化血脉上的一脉相承，是在生命感受上的相通，是精神上的相通，也是古典诗词的魅力所在。

（一）生命悲情、生命激情和生命抗争

“凡音之起，由人心生也。”《礼记》的《乐记》和今传《尚书》都谈到，诗源于生命的冲动，是心灵被感荡的产物。诗的产生，往往是在充斥着生命的悲情、冲突、抗争的时刻。

生命的悲情是诗歌的重要源泉。诗歌发于中而形于外，内心有感受，有冲动，就有了诗。钟嵘《诗品序》说：“嘉会寄诗以亲，离群托诗以怨。……凡斯种种，感荡心灵，非陈诗何以展其义，非长歌何以骋其情？”古人感受到生命的可贵、时间的可贵，就要去追寻生命的价值、寄托自己的生命精神。所以很多诗都是从古人的生命悲情开始的，具体来说是从对时间的思考开始的。

中国是一个农业社会，人们对于季节的感受非常敏感。季节更替，景物变换，是时间流逝最明显的标志。于是，伤春悲秋成为中国古典诗词中一个永恒的主题。宋玉《九辩》“悲哉秋之为气也，萧瑟兮草木摇落而变衰”，开启了千古悲秋之声。伤春也在诗词中频频出现。辛弃疾“惜春长怕花开早，何况落红无数”，就是从时间流逝中感受到人生的短暂。对时间无法把握，于是陷入了生命的困境，进入生与死的哲学思考。体现得更为鲜明的是对生命直接的伤悼。《古诗十九首》里写道：“出郭门直视，但见

① 丹纳．艺术哲学［M］．傅雷，译．北京：人民文学出版社，1963：372.

丘与坟。古墓犁为田，松柏摧为薪。白杨多悲风，萧萧愁杀人。”王羲之有《兰亭集序》，本来雅集是欢乐，但是他却说：“死生亦大矣，岂不痛哉！固知一死生为虚诞，齐彭殇为妄作，后之视今，亦犹今之视昔，悲夫！”一种生命悲情油然而起。

这种对于时间的感伤和人生的感悟，往往与历史的纵深感、沧桑感结合在一起，升华为历史的忧伤。刘希夷的《代悲白头翁》，从春天的花开花落，引发对于时间的思考，到最后进入历史层面的思考。“年年岁岁花相似，岁岁年年人不同”，物是人非，引发对人生的哲思，阐发历史的悲情：“但看古来歌舞地，唯有黄昏鸟雀悲。”苏轼在“故垒西边，人道是，三国周郎赤壁”的古战场，感慨时间的飞逝和人生的短暂，发出“早生华发”之叹。刘禹锡在西塞山下感叹“人世几回伤往事，山形依旧枕寒流。今逢四海为家日，故垒萧萧芦荻秋”，昔日古战场英雄早无踪影，只有几枝芦苇在寒风当中摇曳，一种生命的悲情由此而起。“江山不管兴亡事，一任斜阳伴客愁”（包佶），此“愁”乃是因伤时而引发的生命之愁和历史之愁。刘禹锡的另一首诗描述“朱雀桥边野草花，乌衣巷口夕阳斜。旧时王谢堂前燕，飞入寻常百姓家”，由时间的伤感转入对空间的悲叹，从而使诗获得了一种深远的空间结构。它不再是感叹现实，而延伸到了历史，延伸到了远古的空间。古人的生命感受，由此而得到了一种拓展。

知识拓展：苏轼《念奴娇·赤壁怀古》

大江东去，浪淘尽，千古风流人物。故垒西边，人道是，三国周郎赤壁。乱石穿空，惊涛拍岸，卷起千堆雪。江山如画，一时多少豪杰。

遥想公瑾当年，小乔初嫁了，雄姿英发。羽扇纶巾，谈笑间，樯橹灰飞烟灭。故国神游，多情应笑我，早生华发。人生如梦，一樽还酹江月。

从伤时进入到咏史，往往是对生命精神的一种把握。由此而来的就是伤离别。因为时间不驻无法把握，人生短暂难以挽留，于是朋友相聚就显得非常珍贵。但亲朋之间往往别多会少；离别之时，容易发出生命的悲叹。古典诗歌里也有很多远游思归的歌咏。在外地做官经商，或者出去拜师会友，有了人在他乡的生命感悟。像白居易所写的“树初黄叶日，人欲白头时”，司空曙的“雨中黄叶树，灯下白头人”，马戴的“落叶他乡树，寒灯独夜人”，黄叶象征时间的流逝，灯下自处是孤独，白头是人生的短暂，意象对比非常强烈，衬出的是人生的悲叹。异乡漂泊产生的客居感，甚至对故乡的陌生感，令古人感觉人世沧桑：“少小离家老大回，乡音无改鬓毛衰”，近乡情怯、不敢问来人，故乡成为遥不可及的精神家园和理想寄托。而从大处看人生，看时间，感觉到“人生天地间，忽如远行客”，引发了对生命的终极追问。

伤时、伤史和伤离别、伤故乡，往往相互牵连，并引发出生命的悲感。古典诗词中在悲情之外，也洋溢着激情和抗争。孔子面对流水感叹“逝者如斯夫，不舍昼夜”，同时积极奋进，“发愤忘食，乐以忘忧，不知老之将至”；曹操横槊赋诗“对酒当歌，人生几何，譬如朝露，去日苦多”，既充满深沉的忧叹，又贯穿着慷慨激昂的豪情，其虚心求贤待士的感情悠长回荡，读之令人感动。这是在对时间的感悟中产生的生命的冲动和追求。

古人在生命艰难、仕进受阻的时候，生命激情更为旺盛，往往体现出一种生命的抗争精神，也体现出一种哲学智慧。像鲍照的《拟行路难》、李白的《行路难》都是抗争式的呼喊，既有无路可走、怀才不遇的痛苦，也有强烈的悲愤。李白尽管人生艰难，却并不悲观，能够化悲为健，从功名利禄中解放出来。他的《将进酒》是生命痛苦的一种精神发泄，是一曲悲壮而深沉的醉歌，也是雄放而高亢的壮歌。“五花马，千金裘，呼儿将出换美酒，与尔同销万古愁”，此种雄豪之气，就是化悲为健。

像李白那样能够自我宽慰、化悲为健的诗人很多，尤其是在一些被贬谪、被流放的诗人身上，更表现出一种生命的顽强不屈。韩愈被贬到潮阳，他的《左迁至蓝关示侄孙湘》一诗，表达出九死而不悔的决心，体现出顽强的精神，这也是化悲为健。再如欧阳修的《戏答元珍》，也是化悲为健，体现着儒家的生命哲学，贯穿着自强不息的生命精神。

除了化悲为健，还有化困为通。要使生存的艰难困厄化为通达，这也需要高超的哲学智慧。像王维的诗“行到水穷处，坐看云起时”，就是生命的另一种境界。阮籍“车迹所穷，辄恸哭而返”，表达的是生命的无望，王维却是以积极的静观和等待，寻找新的出路。

更典型的是苏轼。苏轼因为乌台诗案被贬黄州，人生坎坷，处境艰难，虽然每每会有“小舟从此逝，江海寄余生”的念头，但旷达的性格和超脱的态度，令他安之若素，“也无风雨也无晴”。《定风波》一词就是他此种心境的写照：“莫听穿林打叶声，何妨吟啸且徐行。竹杖芒鞋轻胜马，谁怕？一蓑烟雨任平生。”风雨险途无所畏惧，过去的困厄艰险不值一提。这就是化困为通。正是在这种生命的悲情与思考之下，文人会超越一己的得失和现实的困境，从更高更远以及更主动的层次上，去提升人生的意义。张惠言《水调歌头》说：“今日非昨日，明日复何如?”“为问东风吹老，几度枫江兰径，千里转平芜。寂寞斜阳外，渺渺正愁予。”词人写斜阳，写东风，写枫叶红了又绿，从“千古意，君知否”的感叹到“一夜庭前绿遍，三月雨中红透，天地入吾庐”的观察思考：一夜之间新芽绿遍，雨中红透，仿佛天地所有的景色都进入屋庐，也就是进入到他的胸怀之中。这种纳天地宇宙于心中的胸怀，实际上是对自然生命的尊重，充满了一种生机和宇宙意识。将自己的生命融入天地宇宙之中，在时间的感悟当中把握天地空间，这就有了一种更高远的思考。

（二）在自然中融入生命、安顿生命、提升生命

在自然中融入生命，就是在天地自然的山水中，在对自然物象的体悟当中安顿自己的身心。如陶渊明所言“纵浪大化中，不喜亦不惧”，就是将身心融入大自然当中，

体会到生命的无喜无忧，于是心与自然的契合就成为他的一种生命安顿。陶渊明《饮酒》写道："结庐在人境，而无车马喧。问君何能尔？心远地自偏。"这就是一种心灵的安顿。诗人认为，自然当中有真意，"真"是返璞归真，退隐到自己心灵安顿之所。《读山海经》又道："孟夏草木长，绕屋树扶疏。众鸟欣有托，吾亦爱吾庐。"他连简单的房子都喜欢，就是因为在那里可以享受自然。"微雨从东来，好风与之俱。泛览周王传，流观山海图。俯仰终宇宙，不乐复何如？"读书能够俯仰宇宙天地，何其快乐！这种快乐之感，来自于把自己的生命放在大自然中，与自然生命相对接，此时自然也就成为净化灵魂的所在。古人认为自然中隐含着大的道理，可以从中得到许多感悟，可以给予人精神的宽慰。这就是生命的安顿。

人生一世，草木一秋。古人在大自然的寂静当中，感受到跳跃着的活泼的生命，体会到生命的有限和宇宙的无涯。刘方平的《月夜》说："更深月色半人家，北斗阑干南斗斜。今夜偏知春气暖，虫声新透绿窗纱。"夜深深，天无语，但斗转星移却分明在昭示着时空的运转与宇宙的生生不息；唧唧的虫鸣声透过窗纱暗暗传来，诗人感知到了春天气候转暖的信息。正是在这种简单的被感化当中，人跟自然、跟万物复苏的春天联系在一起，产生生命与生命的呼应、生命与生命的对接。这就是在自然当中感悟生命。

借自然景色来表达生生不息的无穷生命力，这也是古人写景诗、写山水诗要表现的重点。白居易的"野火烧不尽，春风吹又生"，从草的一岁一枯荣体悟到生命的顽强和人生的奋斗。韩愈写"天街小雨润如酥，草色遥看近却无"，远看草色已经泛绿，近看却又了无踪影，在这么小小的生命当中，蕴藏着一种无穷的生命力，同时也蕴含着一种哲理：许多新生事物在开始的时候都是悄无声息的，但千万不要低估它。韩愈又说"最是一年春好处，绝胜烟柳满皇都"，这样的早春，其实是最好的景色，远胜绿柳如烟、满城飞絮或者繁花似锦。

古典诗词中经常表现出的物我合一的生命观，就是把自然事物和我打成一片，我与物互为主客体，把自然和我看成是一种平等关系。辛弃疾云"我见青山多妩媚，料青山见我应如是"，李白也说"相看两不厌，唯有敬亭山"，山和我互看，我看山，山也在看我，这就是物我合一观。古人把自然视为自己的朋友，这种互为主客体的意识，往往表现出古人对生命的珍惜，是一种生命境界。像张孝祥的《念奴娇·过洞庭》在光风霁月的夜空湖景中澄澈自己如冰似雪的胸怀，所言"尽挹西江，细斟北斗，万象为宾客"，以满天的星斗为杯，畅饮长河之水，邀万象为宾客。在与自然、与宇宙的相互融通中，人间的得失荣辱早已云消烟散。词人忘情地扣舷长啸，竟"不知今夕何夕"。

将自然事物视为自己的朋友，往往也把自己的生命推及于物。这种友人感、亲近感拉近了人与自然的距离，实际上就是与自然为友。钱起的《暮春归故山草堂》："谷口春残黄鸟稀，辛夷花尽杏花飞。始怜幽竹山川下，不改清阴待我归。"其实是诗人移情于竹，赋予竹人的品格和情感，将竹拟人化、亲情化，在我爱竹和竹待我之间的感情融通中创造了一种物我相近的生命之感。

又如写梅的诗，更多也是把梅花当作朋友，当作高洁情怀的象征。宋人杜耒的《寒夜》写道："寒夜客来茶当酒，竹炉汤沸火初红。寻常一样窗前月，才有梅花便不同。"竹炉汤沸有一种盈盈生气，茶当酒更显儒雅情趣，而茶、月、梅相互交融，便成为一种高洁情怀的象征。"才有梅花便不同"，古人生命的质感由此变得厚重起来。

（三）在日常生活当中倾注生命的冲动和审美的体验

白居易《问刘十九》诗云："绿蚁新醅酒，红泥小火炉。晚来天欲雪，能饮一杯无?"仅仅四句二十字，充分反映了诗人对生活的极度热爱和生命的激情。面对一缸新酿的酒，一场即将飞扬的雪，诗人是那么兴奋，他呼朋唤友，急欲与知己分享。由此可以看出，在唐人的生命当中充满了多少激情和温情。他们每时每刻都在享受生活的美，并表现出对美的渴望。这就是唐人生命的亮丽和鲜活。

唐诗雄浑、大气，更是一种共同情感的表达。比如边塞诗，表现的是一个国家的气概，一种非常开放的公共情绪，豪气、雄浑。宋人则更多地表现自己的私人空间和个体情感，以及对日常事物的热爱，更多地追求一种情和韵。"知否，知否？应是绿肥红瘦。"在精致的情趣和细微的主题里，体现的是一种个体生命的向往和追求。

宋人很强调读书，往往把读书当作一种安宁、愉悦的享受。陈师道有一首绝句："书当快意读易尽，客有可人期不来。世事相违每如此，好怀百岁几回开?"读书和交友，都是人生当中的大事，所以快意的阅读是一件赏心悦目的事情。"书当快意读易尽"，表达了一种读书的快感。当然还有"客有可人期不来"，知己可遇而不可求，你期望他来他却不一定来，能得到这种朋友那是人生一大快事，这就是说读书和交友一样，读到一本好书就像是交到一个好朋友，应该珍惜。然而人生之事往往十有八九是不如意的，舒心开怀的时候，一生能有几回呢。"好怀百岁几回开?"就带有一种洞穿世事人生的道理。因此，能够读到一本好书，就当好好珍惜。

古人对日常生活中赏心悦目的事情，往往有一种生命的冲动，从中领悟到一种哲理，投射着一种精神境界。像宋人魏了翁的诗"远钟入枕雪初晴，衾铁棱棱梦不成。起傍梅花读周易，一窗明月四檐声"，夜寒衾冷，檐际雪水滴答，起来傍着梅花读《周易》。此诗境清远、书香人生的苦乐，在清贫和闲淡中透露出生生不息的精神追求。

还有王禹偁的诗："无花无酒过清明，兴味萧然似野僧。昨日邻家乞新火，晓窗分与读书灯。"清明节既无花也无酒，一大早就起床读书，这看起来兴味萧然，如同郊野的僧人一样，但其实是对这种情趣的欣赏，在别人看来可能是兴味萧然，但是能够伴着灯悠然而读，也是一种生命价值观的体现。相对于那种赏花饮酒的豪奢生活来说，这种生活更显得潇洒清朗。

（四）走向空静的生命追寻，通向自由的生命超越

儒家、佛家和道家同为中国文化的有机组成部分，它们在许多精神层面上是相通的。如儒家讲“达则兼济天下，穷则独善其身”，实际上跟道家的退隐、归隐有共通之处，虽然它不像道家那样追求成仙，追求长生不老，但它同样也在对生命、对时间的伤逝思考当中追求生命超越。佛家追求空寂、空静，与道家讲的虚静、儒家讲的静观也有共通之理，同样具有超越意识。它们所倡导的超越都代表了对人生价值的另一面追求，反映出古人的生命智慧。儒家早就说过，独善其身也是一种生命选择，否则在不利的境况下还要硬干，那个体生命就很脆弱。当然也有宁折不弯的悲壮典范，像屈原投江，为了自己的理想决不苟且。但更多的是像苏轼这样，把化困为通作为自己的人生追求。

人生穷通的两面是可以互补的，儒、道、佛也是可以互补的。儒往往跟道相通，有道则见、无道则隐，这是儒家的一种人生选择，其中就有道的理念。理学家也讲静观，去掉冲动、去除欲念。理学家程颢写过一首《秋日偶成》：“闲来无事不从容，睡觉东窗日已红。万物静观皆自得，四时佳兴与人同。道通天地有形外，思入风云变态中。富贵不淫贫贱乐，男儿到此是豪雄。”这首诗表现的是道，是静观。静观就是去欲，四时佳兴就是去欲之后获得的快感。道通天地，才能够有这种感觉，所以富贵不淫，身处贫贱也觉快乐。富贵不能淫、威武不能屈的儒家观念，到了静观的境界，能够平静地看待世间一切，自然从容，也就是真正的英雄了。这就是一种超越。

再有，等生死、齐富贵、淡功名、超功利的时候也是能够获得超越的。杨慎的《临江仙》“滚滚长江东逝水，浪花淘尽英雄。是非成败转头空。青山依旧在，几度夕阳红”，表达的就是一种人生的空幻感：历史就像滔滔江水一逝不返，多少英雄豪杰，他们当年的功绩与失败在身后都不过是一场空。“白发渔樵江渚上，惯看秋月春风。一壶浊酒喜相逢，古今多少事，都付笑谈中”，千古英雄之事后来都化为了渔樵的闲话，是非成败注入了一壶浊酒的笑谈。词人将历史的哲理融入时空、人事、是非成败的转换之中，在变与不变的相对中升华了历史的反思，使人读后获得了一种超越生命、超越时空的提升。

隐逸的诗也往往追求一种超越。杨基《清平乐》写道：“狂歌醉舞，俯仰成今古。白发萧萧才几缕，听遍江南春雨。归来茅屋三间，桃花流水潺潺。莫向窗前种竹，先生要看西山。”经过人生的大风大雨，回到安宁自在的平淡生活，任性而行，看尽西山清气，不为流俗污染，这也是古人一种潇洒的人生态度。

道家的思想里也有很多超越的意识。欧阳修有《梦中作》：“夜凉吹笛千山月，路暗迷人百种花。棋罢不知人换世，酒阑无奈客思家。”这里表现的是道家对时空的空幻感。道教故事里说有人入山中看到两个神仙下棋，便站在一旁观看，等看完一局棋回到家已经过了几世，正所谓“天上方一日，世上已千年”。在这个时候“酒阑无奈客思

家”，实际上也是一种道家追求超越的神仙思想。李白从道家那里也学得了许多的超越思想，他的自我解放意识，很多都来源于道家。他常有飘飘欲仙之意，甚至于把自己看成是天上贬谪下来的仙人，从这个角度来说，李白也是在践行一种迈向空静的生命追求。

信奉佛教的王维也写了很多追求空静的诗，像“一生几许伤心事，不向空门何处销”，因为生命无所寄托、情绪无所发泄、出路无法找到，所以才遁向空门去寻找精神的解脱。“空”之中包含了哲学的智慧，即对功名的消解。生命的无奈虽然是一种悲哀，但从此淡泊名利以求得心灵的解脱，也不失为人生的另一种超越。当人没有了功利之心的时候，也就获得了大彻悟，精神即得到了大解脱大自由，也便是佛教说的超越尘世。当然，佛教的这种超越，也代表着一种顺应自然的生命主题。

退隐、遁入空门为什么也可以看作是一种超越呢？因为不执着于一物，或者说不执念、不认死理地去追求做一件事情，而是看空现实，以退为进，追求另一种活法。这样就解脱了现实的烦恼，从而获得超越现实的愉悦。

古诗词当中蕴含的哲学智慧常常能给予我们许多有益的启迪。比如有些诗词所表现出来的思辨，以中观、辩证的方式讲述了许多道理，透露出深邃的智慧。苏轼的《琴诗》“若言琴上有琴声，放在匣中何不鸣？若言声在指头上，何不于君指上听”，讲的就是因缘和合的道理。世间事物都是有因有缘的，要和合才能构成一个事物，就像弹琴一样，你用手指去拨它，手指的拨是因，而琴是一个缘，因缘和合才能奏出悦耳的琴声。此诗机敏而又形象地讲述了因果的关系。又比如《题西林壁》也包含着看事物要多角度去看，甚至要跳出自身的局限去看，才能看得更清的哲理。

中国古典诗词中所透露出来的哲学智慧，是古人生命体悟的体现。诗思和哲思是融为一体的，古人与今人在生命的感受上是相通的。这成为我们与千载之上的诗人、哲人心灵交通，产生共鸣的心理基础。我们从古人的诗词中，感受到生命激情的冲动，感受到生命精神的迸发，感受到一种生命的提升和振奋。我们从古人的诗词里，学习到他们对待人生的态度、为人处世的方法，乃至于怎么看待生死、进退以及出世与入世的关系的道理，从古人的智慧和哲思中，得到对我们有益的许多启示。

二、师法造化：中国传统书画艺术中的审美情趣

在中国书法与绘画史上，自古就有“书画同源”的说法。这是说中国文字与绘画在起源上有相通之处，从最初的结绳记事，逐步发展为以图记事，最终促使了文字的产生；同时也是说，中国传统书法与绘画在表现形式方面，尤其是在笔墨运用上具有共同的规律性，在艺术风格方面，有一致的艺术追求和审美标准。商周的甲骨文和金文都具有象形与指事两种功能，也包含了一定的绘画因素。这些图画文字随着人们对自身和客观事物的观察、思考和表现能力的发展，逐渐由具体的图案化的形象符号，

演变为更为抽象的、由线条构成的文字，并在此基础上产生了神奇瑰丽的书法艺术。

（一）师法造化、游目骋怀的开放气度

中国传统的艺术观念与哲学思想都来源于共同的原典文化。《周易·系辞下》中出现了“象”的概念：“古者包牺氏之王天下也，仰则观象于天，俯则观法于地，观鸟兽之文与地之宜，近取诸身，远取诸物，于是始作八卦，以通神明之德，以类万物之情。”“观物取象”本是巫学命题，因为与艺术实践的共通性被后世书画理论广泛吸收，成为师法造化的思想基础。

东汉许慎的《说文解字》强调，中国文字的本源在于象形，“仓颉之初作书，盖依类象形，故谓之文”。又说：“文者物象之本”，“文，错画也，象交文”。唐代张彦远《历代名画记》也称：“以图画非止艺行，成当与《易》象同体。”以自然为师，是书画共同的认识。蔡邕《九势》中说夫书肇于自然，书法美的创造符合自然界中阴阳变化的规律，所谓“自然既立，阴阳生矣；阴阳既生，形势出矣”，因此，书家应该很好地向自然学习，“为书之体，须入其形。若坐若行，若飞若动，若往若来，若卧若起，若愁若喜，若虫食木叶，若利剑长戈，若强弓硬矢，若水火，若云雾，若日月。纵横有可象者，方得谓之书也”（《笔论》）。后世书家观夏云随风、雨滴屋漏、公孙大娘舞剑、公主与担夫争道而体悟书法，在创作中追求飞鸟入林、惊蛇入草，孤蓬自振、惊沙坐飞等自然形态的艺术美感。南朝姚最《续画品》也提出“心师造化”“立万象于胸怀”，唐荆浩《笔法记》云：“画者，画也，度物象而取其真”，后来的沈周也说“山水之胜，得之目，寓诸心，而形于笔墨”（《书画汇考》）。

书法不表现具体的物象，相对更为含蓄蕴藉，但传统书画都认识到，观察自然，体会精神，形诸笔端，是艺术的基本规律；同时，创作者的思想情感与作品存在密切关系，即扬雄《法言》所谓“书，心画也”。因此，创作前的观察思考，创作者的心灵气质和审美趣尚，以及创作过程中主客观的融合十分重要。唐代画家张璪提出“外师造化，中得心源”，“造化”即大自然，“心源”是作者内心的感悟。这是说，艺术创作来源于对大自然的师法，但是自然的美并不能够自动地成为艺术的美，这一转化过程，艺术家内心的情思和构设是不可或缺的。即艺术不仅仅是简单的亦步亦趋的模仿、再现，而需要主体的融入和表现，是主体与客体、表现与再现的高度统一。在此基础上，明人王履《华山图序》主张“吾师心，心师目，目师华山”，同时认识到，艺术作品是艺术化了的客观世界，它浸透着作者丰富的艺术体验和主观能动的思考，既有造化之工，也有心源之能，主观的“意”，与绘画的“形”融为一体，密不可分，意在于形，形在于意。

在“书肇自然”的文化体系中，传统书画强调创作主体的积极能动，在主观与客观、艺术与现实世界之间建立了沟通，创造出一个全新的美学天地。

中国传统文化倾向于将人与自然、人与社会视为一体，对于空间和生命的态度非

常通达，“不是正视的抗衡，紧张的对立，而是纵身大化，与物推移”①。天人合一，物我俱化的哲学思想，深刻地影响着中国的文化和艺术，令它们在处理时空关系和艺术表现上显得悠游自如，从而为师法造化和游目骋怀提供了良好的条件。中国绘画不同于西方绘画的一个重要特点，是散点透视的观察角度和以时观空、以大观小、以体观面等创作方法。可以将较长的时间内发生的故事和相应的时间变化分隔为各个片段，以打破空间艺术对时间的限制；也可将看不见的部分作为体的部分，化作面来处理；或者将发生在同一空间的情节展开为平面，通过依次排列来表现全部内容。也能让画家的视点随着人物活动，将立体空间内发生的一切处理成平面之所见。通过中国画所特有的长卷、大轴等形式，创造出雄浑的场面和异常开阔的境界。

如同黑格尔《美学》中所说：“艺术作品的源泉是想象的自由活动，而想象就连在随意创造形象时也比自然较自由。艺术不仅可以利用自然界丰富多彩的形形色色，而且还可以用创造的想象自己去另外创造无穷无尽的形象。”② 无拘的空间意识、广阔的心灵世界，成为中国绘画重要的创作技法和审美特点。五代十国南唐画家顾闳中《韩熙载夜宴图》长卷，以韩熙载为主角，分五段画出他在不同时间的活动。每个画面之间隔以帷帐、画屏，连起来看又是一幅完整的画。宋代张择端的《清明上河图》，用长卷的形式，描绘了不同时间、地点里纷繁复杂的城市景象。近人张大千的《长江万里图》气势磅礴，莽莽群山，滔滔大江尽收眼底。人们感叹：只有中国绘画的审美意识、构图才能表现出这样的物象、这样的空间。至于将春夏秋冬四时物象置于一画，是超时间的空间；将东西南北各地风光融于一幅的，是超空间的空间。于是，在二维平面上，三维空间得以时间化、节律化，既营造出充盈宇宙的博大生命意识，又使人的视觉和心灵在自由的驰骋中得到解放和满足③。

（二）解衣般礴、自为我法的不羁风格

黑格尔《美学》在谈到艺术起源于人“心灵自由的需要”时指出：“艺术的普遍而绝对的需要是由于人是一种能思考的意识。这就是说，他由自己而且为自己造成他自己是什么，和一切是什么。自然界事物只是直接的、一次的，而人作为心灵却复现他自己，因为他首先作为自然物而存在，其次他还为自己而存在，观照自己，认识自己，思考自己。只有通过这种自为的存在，人才是心灵。”④ 艺术是人观照、认识、思考自己，同时表现自己的方法和途径，亦是海德格尔说的“诗意地栖居”、感性地存在的方式。自由的精神，是艺术产生和发展的基础。中国传统书画的精神实质亦是自由

① 宗白华．美学散步［M］．上海：上海人民出版社，1981：120.

② 黑格尔．美学：第1卷［M］．朱光潜，译．北京：商务印书馆，1979：8.

③ 李峻．中国画语言与表达［M］．南宁：广西美术出版社，2002：17；许有根．空间时间化：中国画的空间意义［J］．贵州大学学报（艺术版），2002（2）：68－71.

④ 黑格尔．美学：第1卷［M］．朱光潜，译．北京：商务印书馆，1979：38，39.

无拘的。它们因此成为中国知识分子放飞思想、表现自我极佳的载体。

先秦是一个思想开放的时代。庄子的“解衣般礴”说对后世的影响很大：“宋元君将画图，众史皆至，受揖而立，舐笔和墨，在外者半。有一史后至者，儃儃然不趋，受揖不立，因之舍。公使人视之，则解衣般礴，裸。君曰：‘可矣，是真画者也。’”后世画家秉承了“解衣般礴”的自由精神。郭熙、郭思的《林泉高致·画意》说：“世人止知吾落笔作画，却不知画非易事。庄子说：‘画史解衣盘礴。此真得画家之法。’人须养得胸中宽快，意思悦适，如所谓易直子谅，油然之心生，则人之笑啼情状，物之尖斜偃侧，自然布列于心中，不觉见之于笔下。”画家们也发现，绘画须心中无碍，不可有名利观念，而“自坠九流之风，不修术士之体”（韩拙《山水纯全集》）。晋宋以后兴起的山水画，最初是画家规避政治的一种策略，不意成为寻求心灵自由的一大创举。宗炳的《画山水序》，是中国绘画主体精神和自由理性的理论起点。他提出“独应无人之野”“万趣融其神思”，认为山水画“畅神而已。神之所畅，孰有先焉”。王微《叙画》也说：“望秋云，神飞扬；临春风，思浩荡。”在凭山借水、尽情畅神的基础上，元代人总结出“写意”的艺术精神。“聊以写胸中逸气”，作为文人画的重要品格，逐渐成为画坛主流，波澜日阔。明末清初石涛所著的《画语录》，更将绘画的自由精神发挥到极致：

> 我之为我，自有我在。古之须眉，不能生在我之面目；古之肺腑，不能安入我之腹肠。我自发我之肺腑，揭我之须眉，纵有时触着某家，是某家就我也，非我故为某家也。天然授之也，我于古何师而不化之有？

苏轼提出：“君子可以寓意于物，而不可以留意于物。寓意于物，虽微物足以为乐，虽尤物不足以为病；留意于物，虽微物足以为病，虽尤物不足以为乐。……凡物之可喜，足以悦人而不足以移人者，莫若书与画。然至其留意而不释，则其祸有不可胜言者。”（《宝绘堂记》）这无非是要求笔墨形式应随心而动，不滞于物象，不遵循固有规范，以期完整地表现自我、实现自我。这一观点确实也就是普遍指导当时文人画坛的价值观，即画家需要坚持自我和自主，以作品来表现和表达内心世界。逸笔草草，不求形似的文人画，因此可以与诗歌一样，成为作者抒情适意的表现形式。所以苏轼《书朱象先画后》又说：“文以达吾心，画以适吾意。”李公麟谓：“吾为画如骚人赋诗，吟咏情性而已。”明代的汤垕在《画鉴》里提出“适兴寄意”的思想，以及“切莫计工拙，聊以自娱嬉”（李日华《竹懒画媵》），“胸中造化，吐露于笔端”（董其昌《画旨》）等。正因为如此，苏联学者叶·查瓦茨卡娅总结道：“就其本质而言，文人画是一种宗教艺术。它同世俗艺术断绝关系，强调神圣的东西的重要性，因为生活本身也是重要的。对于这一画派的画家来说，绘画是向思想积极性的回归——唤起现实中的力量，把它们条理化，使它们服务于争取自由的意志。所以，绘画本身就是一种自由的表现。”①

书法作为一种兼具实用性和美学性的艺术，在漫长的发展过程中，形成了篆、隶、楷、行、草等多种书体；由于创作者个体的不同，又有颜体的端方规范，欧体平正峭劲，以及张旭、怀素的癫狂张扬等多样的风格。怀素的草书如惊蛇走虺、骤雨狂风，《宣和书谱》誉其“字字飞动，圆转之妙，宛若有神”。他论书主张乘兴而发、尽现自我。《酒狂帖》称因阮籍帖“甚发书兴也”，又见王献之《月仪帖》，“遂大吐胸中霓耳”。与许多诗人、画家一样，怀素也爱饮酒，以此激发灵感。他下笔时“豁然心胸，略无凝滞”（《自叙帖》），兴到神会，挥洒自如。陆羽的《怀素传》说他疏放不拘细行，“饮酒以养性，草书以畅志。时酒酣兴发，遇寺壁、里墙、衣裳、器皿靡不书之”；窦冀、任华生动地描述了怀素创作时的情况：“粉壁长廊数十间，兴来小豁胸襟气，……忽然绝叫三五声，满壁纵横千万字”，“兴不尽，势转雄，惟恐天低与地窄”。对这种创作心态和方式的称道，也说明人们对自由的艺术精神的肯定。

（三）气韵生动、虚实交映的意境表现

中国书法和绘画的发展史，是在美的规律作用下，从实用艺术向审美艺术展开的过程。对意境的追求，是它们共同的美学趋向。

中国书画是感情与精神的表现，通过黑白、虚实、点线之间的气韵神采，创造意境。刘熙载《艺概·书概》云：“写字者，写志也。”孙过庭在《书谱》里写道，王羲之会古通今且情深调合，“写《乐毅》则情多怫郁，书《画赞》则意涉瑰奇，《黄庭经》则怡怿虚无，《太师箴》又纵横争折，暨乎兰亭兴集，思逸神超，私门诫誓，情拘志惨，所谓涉乐方笑，言哀已叹”。书画在有限的平面——纸、壁、石、纺织品等物质材料上展开，却提供了一个无比悠远的有情天地。“林间阴影，无处营心。山外清光，何从着笔？空本难图，实景清而空景现；神无可绘，真境逼而神境生。位置相戾，有画处多属赘疣；虚实相生，无画处皆成妙境。”（笪重光《画筌》）这就是说，描绘具体可视的客观景物（实景），以表现或再现具体情节；为了充分表达思想感情，留下可供想象的余地（空景），让实景与空景共同构建真景，产生艺术家主观投射的神境。清人恽格亦称：“诗意须极缥缈，有一唱三叹之音，方能感人。然则不能感人之音非诗也。书法画理皆然。”（《瓯香馆集》）艺术家通过线条的自由运用和灵活多变的空间构造，笔法墨法相兼相润，凝聚创作者的思想情感，形成富于表现力和感染的审美氛围，而超越有限的形质，进入冲灵缥缈的无限境界。

我们观颜真卿的书法作品，感觉雄古深邃、磅礴凛冽，如入高山峻林，如临大河深渊；看怀素、张旭的狂草，李白《草书歌行》中“飘风骤雨惊飒飒，落花飞雪何茫茫”的意境油然而生；读董其昌《临怀素草书〈千字文〉手卷》，则有“天女散花，

① 查瓦茨卡娅．中国古代绘画美学问题［M］．陈训明，译．长沙：湖南美术出版社，1987：110.

神龙戏海”之感（翁同龢跋）。相较书法，更为具体和具象的中国画在创造意境上就更加得心应手。

不同于西方以色彩为基础的绘画，中国画以墨色为主调，在营造图像的位置时有意留置一定的空白，与墨色形成对比，以传达形象的内在意蕴。墨是实，白是虚，虚实对比，以实带虚；虚中有实，虚实相生，把客观真实化为主观的表现，给欣赏者造成一个视觉期待。而中国画的特色，也往往体现在这“天地布置”和“云烟锁断”上。

唐代人在对意境的讨论中，已经注意到绘画艺术中近似于诗歌的特殊境界。韩愈称：“文工画妙各臻极，异境恍惚移于斯。”（《桃源图》）苏轼云：“古来画师非俗士，妙想实与诗同出。”（《次韵吴传正枯木歌》）所谓“异境”，不同于普通的自然景色，是读者主观参与和积极构想的产物。这种“异境”能够令人“恍惚”，甚至能够“移”人，显然不仅仅是靠作为物质构成的笔墨痕迹，就像诗文不只是给予读者文字印象一般。因此，后世画论也往往把画的意境与诗的意境联系起来，追求“诗中有画、画中有诗”。明代董其昌亦称：“诗以山川为境，山川亦以诗为境。”山川大地、云卷云舒，投射在画家诗人的心灵，成为宇宙的诗心画意。寒塘雁迹、空谷跫音，世间的清灵万物，神遇而迹化。通过有限的载体和艺术形象，展现无边的境界，因此成为中国传统艺术的追求和可能。于是，人们重视画外的“韵致”，求“远”，求言外之旨、象外之象。方东树《昭昧詹言》称：“凡诗写事境宜近，写意境宜远。近则亲切不泛，远则想味不尽。作文作画亦然。”为此，需要调和和处理虚与实的和谐统一：“实虚互用，疏则不深邃，密则不丰韵。但审虚实，以意取之，画自奇矣。”（董其昌《画禅室随笔》）清代布颜图也说：“山水不出笔墨情景。情景者，境界也。古云：‘境能夺人’，又云：‘笔能夺境’，终不如笔境兼夺为上。盖笔既精工，墨既焕彩，而境界无情，何以畅观者之怀。境界入情而笔墨庸弱，何以供高雅之赏鉴？吾故谓笔墨情景，缺一不可，何分先后？”（《画学心法问答》）在笔墨基础上构建情、景，虚实相生，情景交融，这就是中国画特殊的意境。

中国画用笔草草，不求形似，与西方艺术刻意求真有很大的不同。但中国画因此所获得的无限空间和联想，也是让西方人叹为观止的。大英博物馆东方绘画馆前馆长、诗人劳伦斯·比尼恩在《亚洲艺术中人的精神》中说，中国“画家的兴趣没有停止在他所表现的有限场景上面”。无论是公元700年左右的敦煌壁画，还是公元1000年左右的宋代山水画，“画中的景物超乎画家所表现的景物之外，它是画家的思想或心境的一面镜子”。比如中国8世纪末的一幅《听琴图》，比尼恩特别注意到画中空白空间的精神化内涵：“很难想象在哪一幅西方绘画作品中空白的空间能像这里的空间具有如此深长的意味：人们所说的几乎要比人物本身的意义更有深长之味。这空白的空间似乎充满着一种谛听的寂静。你会感到这位艺术家为了表现出这些空白之处的感染力，他对此是作了深入细致的思考的。可以说，这是把空间精神化了。”这所谓精神化了的空间就是意境。他认为：“中国的艺术懂得含蓄和空寂的妙处，这是其他国度的艺术所不知道的。它运用着空白空间所具有的效能。中国画家从大自然中遴选题材，但却以精妙的观察力描绘着种种自然形态。”[①] 正是因为中国传统文化对虚实关系的理解和巧妙处理，以及对其中审美内涵的发挥，才形成了“意境”独特的美学追求。这也是中国传统艺术审美的重要方面。

（四）超绝远逸、风骨轩朗的人格追求

我国的传统文艺理论，往往把创作主体和他的作品结合起来讨论，认为艺术作品是创作者生命历程的心灵结晶，认为创作主体的人品和道德修养，对作品的性质、特点、艺术水平的高低具有决定性的影响。扬雄说：“书，心画也。”刘熙载说：“写字者，写志也。”书法所表现的，是作者的内心感悟和创作意境。王充的《论衡·超奇》说：“文由胸中而出，心以文为表。”唐代韩愈在《送高闲上人序》评张旭的草书：“喜怒窘穷，忧悲愉快，怨恨思慕，酣醉，无聊，不平，有动于心，必与草书焉发之。”张戒的《岁寒堂诗话》在论李杜韩时说：“诗文字画，大抵从胸臆中出。子美笃于忠义，深于经术，故其诗雄而正；李太白喜任侠，喜神仙，故其诗豪而逸；退之文章侍从，故其诗文有廊庙气。”清代刘熙载在谈到书法与人品时也说：“书，如也。如其学，如其才，如其志，总之曰如其人而已。”刘勰的《文心雕龙·体性》具体讨论了创作者的自身素质和艺术风格的形成：“夫情动而言形，理发而文见，盖沿隐以至显，因内而符外者也。然才有庸俊，气有刚柔，学有浅深，习有雅郑，并情性所铄，陶染所凝，是以笔区云谲，文苑波诡者矣。”并因此把创作者和他的作品结合起来，突出创作主体的作用和他的性格修养对艺术作品的影响。

正因如此，我国传统书画理论认为，人品与书品、画品是一致的。

郭若虚说，画发之于天机、情思、心源，“自古奇迹，多是轩冕才贤，岩穴上士，依仁游艺，探赜钩深，高雅之情，一寄于画。人品既已高矣，气韵不得不高；气韵既已高矣，生动不得不至，所谓神之又神，而能精焉”（《图画见闻志·论气韵非师》）。朱和羹在《临池心解》中也称：“品高者，一点一画，自有清刚雅正之气；品下者，虽激昂顿挫、俨然可观，而纵横刚暴，未免流露楮外。”书画是人的内心写照，同时也反映出作者的学识及品格。柳公权提出，心正则笔正，人正则书正。“欲正其书者，先正其笔，欲正其笔者，先正其心。”“故论书如论相，观书如观人。”（《书法雅言》）这是说，一个真正的书画家应有高尚的情感、精妙的技法与超然的胸襟，这样才能在书画上取得突出的成就。北宋大家欧阳修强调善书还须人品高，他认为只有善书的贤哲之士的作品才能流芳百世。颜真卿为人方正磊落，书风也端严刚劲。王羲之正直清雅，因此书法“清风出袖，明月入怀”，遒媚劲逸，集雄健秀丽于一体。傅山也特别强调做

① 比尼恩．亚洲艺术中人的精神［M］．孙乃修，译．沈阳：辽宁人民出版社，1988：55，84，80－82.

人，注重一个人的品格。他在《作字示儿孙》诗中开篇就强调："作字先作人，人奇字自古。纲常叛周孔，笔墨不可补。"

传统书画所追求的理想人格，是一种独立的人格尊严，不求闻达，不为利诱，无求于世，不以赞毁挠怀。明代孙矿说高克明心怀澄澈，人品超绝，终日以山水为乐。权贵迫之以势、诱之以利，想购买他的画，他都不睬。李日华引姜夔、文徵明对人品的要求说，点墨落纸，不是小事，必须胸中廓然无一物，然后烟云秀色，与天地生生之气自然凑泊，笔下幻出奇诡。若是营营世念，澡雪未尽，就算每天对着青山绿水描摹，也不过普通画匠而已。他们的观点，实承庄子"解衣盘礴"而来，并从一种外在的创作态度，进入到创作主体人格修养、道德品质的内在层面，反映了创作主体在艺术创作的过程中保持艺术自由，超然尘世的创作需要和个性前提，代表了传统文人画论的基本倾向。

人品，需要深厚的学问滋养。所谓的"书卷气"，因此成为雅俗的分野。王应奎的《柳南随笔》记载："昔人谓唐子畏画师周臣，而雅俗迥别。或问：'臣画何以俗?'曰：'臣胸中只少唐生数千卷书耳!"文徵明评郭忠恕的《明皇避暑宫图》也说，画宫室很难，必须折算无差、一丝不苟。郭忠恕"以俊伟奇特之气，辅以博文强学之资，游规矩准绳中，而不为所窘，论者以为古今绝艺"。郭忠恕画的虽然是界画，"止同众工之事"，但他气性奇伟、学识渊博、人品高尚，所以画作不凡。

正因为这样，李日华把这三点合为一体，还举了一些具体的例子："士人以文章德义为贵，若技艺多一不如少一，不惟受役，兼自损品。林君复极富画情，见与可、伯时终日碌碌徇人，遂坚意禁制不为。余尝谓王摩诘玉琢才情，若非是吟得数首诗，则琵琶伶人、水墨画匠而已。"(《竹懒墨君题语》）李日华提出绘画作品与画家有直接的关系。优秀的画家往往是文人，"绘事必须多读书"，有比较好的文学修养。此外，艺术创作需要广阔的思想空间和自由的时间。如果受制于人，不仅身心受限，影响创作，而且会严重影响人格完整，影响自身人品，进而影响到作品。这样，李日华从先验论和环境论方面，说明了画家主体素质对作品具有决定性的影响。而从品鉴来说，查礼认为，古人敦忠孝者有的能书能画，其中有些书画虽然不甚精，但人们往往非常珍惜，就是因为重其人，遂重其翰墨。有一些书画甚佳而人品不正者，必为人所弃。比如宋代的著名书法家"苏黄米蔡"，蔡本来指的是蔡京，但人们厌恶这个权相，因此去掉他，以蔡襄代替。因此可见，"士必先端品，而后可以言艺也"(《画梅题跋》)。

传统书画的人格追求，具有深刻的思想内涵和文化意义。这一方面是传统文论在绘画领域的折射，是儒家正统人格思想的反映，显示了古代知识分子的人文理想。另一方面，这也是书画艺术强调人、突出主体的决定作用的思想的集中体现。它所发掘和强调的，是人的素质对书画艺术的直接作用和内在联系。从客观上来说，这有利于书画家学识修养的完善和艺术素质的提高。而对道德品行、性情意趣和审美理想的要求，有助于更高的艺术层面的深入。于是，书画的美，从外在的笔墨形式的探讨，深入到对内涵丰富的精神境界的追求。这是很有积极意义的。

三、劝善惩恶：小说戏曲的社会关怀与文化特征

中国古代小说从先秦时期小说文体的孕育，到汉代小说，到魏晋南北朝志怪、志人小说，到唐传奇，到宋元话本，到明代章回小说、拟话本，再到清代文人小说的鼎盛，最终以《红楼梦》的出现而达到古典小说的巅峰。可以说，古代小说历经了孕育、成长、成熟、发展再到顶峰的漫长过程，历史悠久、体式众多、风格多样，影响深远。古代小说分为文言小说和白话小说两大系统，两大系统双水分流，各有魅力，有着各自的发展轨迹，也有着各自不同的类别。

中国古代戏曲经历了原始社会歌舞、春秋战国俳优、秦汉角抵戏、唐代参军戏的多源并进之后，宋代杂剧、南宋南戏是古代戏曲最早的成熟形式。之后元杂剧在金院本和诸宫调的影响下，综合了唱、念、做、打，形成了具有民族风格和完整表演体系的成熟的戏曲形式。明清传奇在南戏的基础上演变而来，体式宏大、艺术精美、宫调灵活，是古典戏曲进一步的繁荣和高涨。中国古代戏曲主要指元杂剧和明清传奇。生旦净末丑，演绎人生百态。

知识拓展：戏曲角色行当——生旦净末丑

近代戏曲中素有生、旦、净、丑和生、旦、净、末、丑两种分行分法。后因不少剧种的“末”已归入“生”行，因此习惯上把生、旦、净、丑作为行当的基本类型，每个行当各有若干分支。生，泛指净、丑之外的男角色。包括端庄的老生、英武的武生、文雅的小生，以及娃娃生等。旦，剧中的女性角色。包括娴静庄重的正旦（即青衣）、活泼明快的花旦、英姿飒爽的刀马旦，以及贴旦、武旦、老旦、彩旦等。净，俗称“花脸”，指剧中性格粗犷、豪放，形象高大的男性角色。大致可分为大花脸和二花脸两大支系，二花脸中又有武花脸、油花脸等若干分支。丑，专门扮演行动滑稽、机警幽默的男性角色。有时也扮演性格奸诈、内心险恶、悭吝卑鄙的人物。大致可分为文丑和武丑两大支系。文丑中又有袍带丑、方巾丑、褶子丑、茶衣丑和老丑等若干分支。生、旦、净、丑的行当体制，初创于宋元之际，成熟于清初以后，而其起源可追溯到唐代。

中国古代小说、戏曲人物鲜活，故事生动，情节曲折，含蕴丰富。古代小说、戏曲是中华传统文化的瑰宝，都是在中国传统文化的土壤里产生的，既受文化传统的制约，又表征着文化传统的特质。要真切地认识中华民族的文化传统和文化精神，古代小说、戏曲是不可多得的通俗读本。优秀的古代小说、戏曲历久弥新，常读常新，看

得多了，读得深了，就能找出它们共同的审美追求，发现它们深刻的思想、文化内涵，对当代人的精神生活依然起着或隐或显的作用。

（一）通俗尚奇：小说戏曲共同的审美追求

古代小说、戏曲同为通俗文学，同源异流，通俗尚奇可谓是二者共同的审美追求。

通俗即“适俗”，就是要求语言通俗、内容世俗，适合大众接受。古代小说“以通俗为义”（陈继儒《唐书志传·序》），务必“明白晓畅，语语家常”（袁宏道《东西汉通俗演义·序》）。戏曲也是如此，“话则本之街谈巷议，事则取其直言明说”（李渔《闲情偶寄》）。古代小说、戏曲语言的通俗，都是基于“话须通达方传远”这一认识。唯有浅显通俗，普通市民阶层才能看得懂、听得懂，才能流传广泛，所以王骥德说：“白乐天作诗，必令老妪听之，问曰：‘解否?’曰‘解’，则录之；‘不解’，则易。作剧戏，亦须令老妪解得，方入众耳，此即本色之说也。”（《曲律》）李渔更是直接讲：“戏文做与读书人与不读书人同看，又与不读书之妇人小儿同看，故贵浅不贵深。”（《闲情偶寄》）除了文言小说，古代话本小说、章回小说都以白话来写故事，比如《金瓶梅》就是运用口语化的市井语言，“只是家常口头语，说来偏妙”（张竹坡第28回批语）。而戏曲除唱词较为华丽外，宾白多用口语、俗语，因而雅俗共赏，雅者赏其曲，俗者赏其白。

除了语言的通俗，其他如人物、故事及手法等也要符合普通大众的审美趣味。宋元以来，活跃在话本和戏曲中的主要人物，已不再是清一色的帝王将相、才子佳人，而是商贾小贩、作坊主、手工业者、艺人、妓女、隶役、一般的文人学士、城市贫民等市民阶层。元代大杂剧家关汉卿《救风尘》《金线池》《谢天香》等写的都是妓女的故事。“三言二拍”中更是充斥着妓女杜十娘、卖油郎秦重、小店主刘德、商人文若虚等市井细民。作品所写的故事也与市民阶层密切相关，如男女婚恋、学子失意、官吏断案、商人发迹等。“三言二拍”就是市民社会的风情画，《金瓶梅》也是寄意时俗，市井常谈。在艺术手法上，注重细针密线，起伏照应，巧设悬念，讲求情节曲折，线索清晰①。

尚奇是古代小说、戏曲的另一个审美追求。奇，从美学意义上来说，以新奇、独特、荒诞、诡谲为主要特征。古代小说一开始就喜欢关注那些耸人听闻的奇人异事，向来注重搜奇志异，从文言的志怪、志人小说到白话的话本、章回小说，无不追求“奇”的效果。六朝志怪小说记鬼神怪异、神仙方术、佛法灵异，已初现对“奇”的追求。“至唐人乃作意好奇”（胡应麟《少室山房笔丛》），唐传奇虽然在艺术上与六朝志怪迥然不同，但仍摆脱不了搜奇志异的趣味。唐传奇中写得最多的就是爱情、豪侠、梦幻、神仙等题材，较多涉及奇人奇事，“聚焦于‘无关大体’的浪漫人生”（陈文新

① 沈新林. 同源而异派：中国古代小说戏曲比较研究［M］. 南京：凤凰出版社，2007：114.

《文言小说审美发展史》)，足见尚奇旨趣。之后由说唱嬗变而来的通俗小说，更是大张旗鼓地逐新好奇。古代戏曲的创作和欣赏同样也体现出尚奇的追求。“传奇，传奇也，不过演奇事，畅奇情”(《鹦鹉洲·序》)，“古人呼剧本为‘传奇’者，固其事甚奇特，未经人见而所传之，是以得名，可见非奇不传”（李渔《闲情偶寄》)，可见传奇也是非奇不传，非传不奇。张凤翼的《红拂记》讲隋末红拂女、李靖、虬髯客三奇人故事。此戏一经搬演，便风行于一时，其成功原因之一便在于奇人、奇事、奇文迎合了当时文人的尚奇心理，从而赢得了评论者和观众的一致肯定。李贽在评《红拂记》时就多次使用“奇”“奇文”“此人亦奇”“更奇”“都是奇人”等和“奇”相关的字眼来称赞此戏。还比如徐渭的《四声猿》杂剧写人生至奇至怪之事，让人骇诧震动，奇妙无比，被时人称为“天地间一种奇绝文字”（王骥德《曲律》)。由此，我们可以说在古代小说、戏曲的创作和欣赏上，作家和观众都有尚奇心理，越是离奇神奇、罕见罕闻的故事，越能让读者获得一种新鲜刺激的审美感受。

尚奇的审美追求，在古代小说、戏曲中呈现出两种倾向：一是追求怪奇，“奇之为奇”，求新、幻、怪、异；二是注重常奇，“无奇以为奇”，于平常中见奇。比如早期小说多写神怪、豪侠、梦幻等题材，人们见所未见，闻所未闻，属于耳目之外的“奇”。而到了明代后期，以“三言二拍”为代表的通俗小说开始关注日常生活和平凡故事，平中求奇，平中见奇。凌濛初的《拍案惊奇序》中说：“今之人但知耳目之外牛鬼蛇神之为奇，而不知耳目之内日用起居，其为谲诡幻怪非可以常理测者固多也。”[①] 这就是说，从平凡的、普通的、惯常的现实生活中，即“耳目之内”也能够发现和提取奇趣，从司空见惯的日常起居、市井世情题材中，也可以发现传奇性，所谓“无奇之所以为奇”。平凡的题材借助巧妙的构思、奇异的关目而使故事扣人心弦，产生别样奇趣。如《醒世恒言》中《十五贯戏言成巧祸》讲了这样一个故事：刘贵丈人赠他十五贯钱，而崔宁卖丝所得正好不多不少，也是十五贯，此一巧。刘贵拿钱回家当天夜里，戏言要将妾陈二姐典与他人，二姐心急想回娘家告诉爹娘，匆忙之中门没关好。因门拽上没关，被贼推门而入，偷钱灭口，此二巧。一年之后，刘贵丈人派人接女儿回娘家，途中刘贵妻被静山大王掳至山上当了压寨夫人，谁料静山大王却是当年偷钱杀了刘贵的贼人，此三巧。三“巧”集中一起，使得二姐和崔宁被冤杀，最后终能找出真凶，破了此案。“无巧不成书”，这篇小说情节腾挪跌宕，曲折多变，既在意料之外，又在情理之中，可谓以“巧”传“奇”，以“巧”寓“真”。

（二）张扬人欲：小说戏曲全面的人性关怀

古代小说、戏曲中许多优秀的作品，关注人的生存状况和生活条件，表现出对人

---

① 凌濛初．拍案惊奇序［M］//拍案惊奇．陈迩冬，郭隽杰，校注．北京：人民文学出版社，1991.

的生命、价值、个性和尊严的关怀，闪耀着人文关怀的熠熠光辉。这种人文关怀体现在多个方面，其中很重要的一点就是肯定享乐、张扬人欲的人性意识。

人性包括人的自然属性和社会属性。人的自然属性就是作为人的自然本性和本能欲望，所谓“饮食男女，人之大欲存焉”（《礼记·礼运》）。这里的人性意识就是指对人的欲望的重视和关怀，主张人应该享受尘世快乐，反对禁欲主义。

这种意识在唐传奇中主要体现为人间与天上的比较，人性与仙性的较量。比如《郭翰》讲的是织女与人间男子郭翰的故事。牛郎织女七夕相会，“金风玉露一相逢，便胜却人间无数”，道出了牛郎织女之间圣洁、忠贞的爱情。然而词人对爱情的期待和希冀却敌不过小说中织女对世俗幸福的追求，两情若是久长时，真的岂在朝朝暮暮吗？这篇小说中，由于一年仅一次相会，织女平日寂寞难耐，于是下凡和郭翰相会。当郭翰戏问：“牵郎何在？那敢独行？”织女却答：“阴阳变化，关渠何事？且河汉隔绝，无可复知；纵复知之，不足为虑。”后来七夕将至，织女过了好几晚才来。郭翰问她：“相见乐乎？”织女笑曰：“天上那比人间？正以感运当尔，非有他故也，君无相忌。”织女不满于和牛郎一年一度的相会，来到凡间和人间男子做长久夫妻。她勇于追求世俗的幸福，对自己的正常欲望表现得十分坦然，这是人性的自然流露。在天上与人间的比较中，织女觉得尘世的享乐远非天上所能比。

《杜子春》讲述北周、隋间凡人杜子春求仙的故事。杜子春家产耗尽，流浪于长安街头，饥寒潦倒之时，得一位炼丹老人相助。老人相继两次赠钱，杜子春都挥霍一空。直到第三次，他才痛改前非，追随仙人入山，助其守炉炼丹。他历经尊神、恶鬼、夜叉、猛兽、地狱种种幻象的考验，都丝毫不为所动。最后转世投生为女人，与进士卢生结婚后生一子，卢生怒其终日无语，将子摔死，血溅数步。杜子春看见亲子惨死，情不自禁，爱生于心，不觉失声喊了下“噫”，从而错失成仙良机。仙人感叹说：“吾子之心，喜、怒、哀、惧、恶、欲，皆忘矣；所未臻者，爱而已。向使子无噫声，吾之药成，子亦上仙矣。”杜子春因为心中有爱，所以没能成仙。这个故事表面上是在宣扬神仙观念，认为求道必须坚韧，放下一切，但客观上却肯定了人的情感，表明人的爱的不可克制，它比任何宗教的约束都更为有力。在这场人性与仙性的较量中，人性战胜了仙性。①

以上唐传奇中的两个故事，一个是仙女认为天上不如人间，主动追求尘世享乐；一个是凡人在求仙过程中，放不下爱，终究难以成仙。他们服从人的自然本性，有爱有欲，不再向往虚无缥缈的仙境，而追求真实的世间享乐。这正是人性生动的呈现。

唐传奇中只是人性的偶一流露，长篇章回小说《金瓶梅》却体现了对人性的全面关怀。以前的小说，人性关怀主要集中在人的社会属性，比如政治属性、阶级属性、

① 黄洽. 宗教·人性·伦理：谈古代文言小说神仙考验型作品的流变［J］. 齐鲁学刊，2005（1）：91－94.

伦理道德属性等，而对人的自然属性，比如情欲等则较少涉及，因而对人性的关怀是不全面的。有研究者说《金瓶梅》以前所未有的汪洋恣肆的姿态对人性中的自然性做了里程碑式的揭启。书中西门庆在酒色财气里纵情狂欢，风流快活，他与金（潘金莲）、瓶（李瓶儿）、梅（庞春梅）都是情欲的化身。这部小说第一次把完整的人、现实的人作为描写对象，既写他们的社会属性，也写他们的自然本性，写出了丰富而复杂的人生，使读者感受到活生生的真实人性。

“三言二拍”中也有许多体现人性觉醒、张扬情欲的篇章，展示了晚明市民阶层的精神风貌，与当时的时代思潮息息相通。“二刻”中凌濛初曾说：“岂知男女大欲，彼此一般？一人精力要周旋几个女子，便已不得相当。况富贵之人，必是中年上下，取的姬妾，必是花枝也似一般的后生。枕席之事，三分四路，怎能够满得他们的意，尽得他们的兴？所以满闺中不是怨气，便是丑声。总有家法极严的，铁壁铜墙，提铃喝号，防得一个水泄不通，也只禁得他们的身，禁不得他们的心。”（《任君用恣乐深闺杨太尉戏宫馆客》）

戏曲中也不乏这种人性关怀的体现。明代传奇《牡丹亭》中，杜丽娘由春色引发了春情，由春情做了一场春梦，梦中与柳梦梅宽衣解带，这是杜丽娘作为一个健全的鲜活的人与生俱来的情感与欲望，是礼教束缚下青春能量的释放，体现的是人欲的张扬，人性的复归。

当然，过分张扬人的自然本能，又会陷入纵欲的泥沼。古代小说、戏曲中既能勇敢正视、大胆肯定合理的情欲，又反对纵欲，对放纵情欲进行警诫和导引，体现了古人对人性的全面关注和深度思考。

（三）劝善惩恶：小说戏曲浓厚的教化色彩

古代小说、戏曲一般较为重视劝惩、教化功能，通过通俗有趣的故事来实现劝善惩恶、正心正俗的目的，体现出浓厚的伦理教化色彩。

古代小说、戏曲出现劝惩教化内容，主要是受儒家思想的影响。儒家文化重视伦理，重视道德，儒家诗教观强调文学要为政治服务，为现实服务。文学艺术活动中，“正得失，动天地，感鬼神，莫近于诗。先王以是经夫妇，成孝敬，厚人伦，美教化，移风俗”（《毛诗序》）就是儒家诗教观的极好体现，文学的教化功能一开始就被特别强调。小说、戏曲作为通俗文学，虽然在地位上难与诗文相比，但也不可避免地受到儒家功利主义文学观的影响，十分重视教化作用。当然，劝惩教化并非儒教所专有，古代小说、戏曲中的劝惩教化，还应包括佛教、道教的思想内容①。

古代小说、戏曲的教化倾向和教化作用主要体现在书名、序跋评论、诗词议论、

---

① 秦川．论古代小说中佛、道“劝惩教化”的地位和作用［J］．安徽大学学报（哲学社会科学版），2003（6）：88-95．

人物形象等方面。

书名方面，比如《喻世明言》《警世通言》《醒世恒言》的命名，蕴含着作者的教化深意。陆侃如、冯沅君在《中国文学史简编》中说："写作或选印的用意有两种。一种是'小说'为教育的工具，'三言'的命名就是一个证据。世人需要他们去警、去喻、去醒。天然痴叟的《石点头》也是这个意思。他们实在已经初步认识到文艺创作的无比深厚的宣传鼓动作用。"[①] 还比如《型世言》，就是树立忠孝节烈的楷模，"以为世型"（《型世言》第一回回末评），向读者灌输"君臣、父子、夫妇、兄弟、朋友之理道"（梦觉道人序）。这部小说甚至许多回目中直接出现"忠臣""孝子""贞女""节妇""烈士"等词。在古代戏曲里面，此种现象也很常见。《伍伦全备记》宣扬伍子胥的传人伍伦全及其异母弟弟伍伦备等既是忠臣孝子，又是夫妻和睦、兄弟友善、朋友信任的五伦典型。其他如《精忠记》《双忠记》《忠孝记》《全德记》《清忠谱》，从剧名就可看出主旨所在，有着浓厚的道德教化色彩。

序跋评论方面，比如明代李昌祺《剪灯余话》问世后，许多序跋评论都提及此书的劝惩作用。如"于以美善，于以刺恶；或凛若斧钺，或褒若华衮；可以感发人之善心，可以惩创人之佚志；省之者足以兴，闻之者足以戒"（刘敬《剪灯余话序》）。白话小说中也非常普遍。清代静恬主人明确指出："小说何为而作也？曰：以劝善也，以惩恶也。夫书之足以劝惩者，莫过于经史，而义理艰深，难令家喻而户晓，反不若稗官野乘，福善祸淫之理悉备，忠佞贞邪之报昭然，能使人触目儆心，如听晨钟，如闻因果，其于世道人心，不为无补也。"（《金石缘序》）这些序跋评论，无论是文言还是白话小说，都一致强调小说的教化作用，甚至指出小说在劝惩方面比经史更有优势。

戏曲也是如此。明初朱有燉撰有二十余篇戏曲序跋，除了少数涉及戏曲本体批评外，其余都是强调戏曲的社会作用和教化功能。

古代小说、戏曲经常在作品中通过诗词或议论等文字直接赤裸裸地进行说教。如"休逞少年狂荡，莫贪花酒便宜。脱离烦恼是和非，随分安闲得意"（《喻世明言·蒋兴哥重会珍珠衫》篇首词），这是劝人安分守已，莫沾酒、色、财、气。还如"善恶到头终有报，只争来早与来迟"（《金瓶梅》第八十七回），"死君自是忠臣志，忧父方成孝子心；任是人情百般厚，算来还是五伦深"（《好逑传》第一回），都是借助诗歌来宣扬因果报应和儒家忠孝观念。

戏曲中，比如"不关风化体，纵好也徒然"（高明《琵琶记·水调歌头》），"若于伦理不关紧，纵是新奇不足传"（《伍伦全备记》开篇），强调的也是戏曲要有益风化，要宣扬传统伦理纲常，所谓"敦教化，厚风俗"。

还有最重要的一点，古代小说、戏曲主要通过人物形象来进行劝惩。比如蒲松龄除写狐鬼花妖外，也关注民风民俗、家庭伦理，劝惩之作在《聊斋志异》中常有出现。

① 陆侃如，冯阮君．中国文学史简编：修订本［M］．北京：作家出版社，1957：240．

榜样型的人物，如《席方平》中的席方平、《陈锡九》中的陈锡九是孝子的典型，《曾友于》中的曾友于、《张诚》中的张诚是友悌的典型，《珊瑚》中的珊瑚是孝妇的典型。其他像《种梨》《骂鸭》《果报》等是劝人勿吝、勿窃、勿贪的作品，意在警戒讽刺，有益于世道人心，有助于乡风民俗。

古代小说、戏曲经常按照忠、孝、节、义等伦理道德观念给人物形象定型定性，通过美丑、善恶的共存比照，以颂扬美善、惩戒丑恶。古代小说、戏曲中，道德化身类的人物形象很多。小说中，《三国演义》中的诸葛亮是忠的化身，关羽是义的化身；《好逑传》中的水冰心是贞节的化身。戏曲中，比如岳飞、杨继业、杨宗保等是忠的典型，《琵琶记》中赵贞女是贞烈的典型，蔡伯喈是忠孝的典型。

毫无疑问，古代小说、戏曲中的劝惩教化内容，使读者在娱乐消遣中受到感染感化，能起到潜移默化的作用，有益于世道人心，有助于正心正俗，也有利于小说、戏曲的传播。但是，小说、戏曲毕竟不是宣传工具，有时过多的道德说教会伤害文学的审美性，作者的主观意图与作品的客观意蕴也未必能够完全重合，这也是我们在阅读时需要注意的。

思考与讨论

1. 你在读古典诗词时感受到怎样的生命体验？
2. 传统书画体现出怎样的审美情趣？
3. 怎样认识古代小说、戏曲的教化内容？

·参考文献·

[1] 蒋述卓. 诗词小札［M］. 北京：中国青年出版社，2008.
[2] 袁行霈. 中国文学史［M］. 北京：高等教育出版社，2005.
[3] 徐燕琳. 明代剧论与画论［M］. 广州：广东高等教育出版社，2011.

第十三章　养生文化

学习目标

定义：养生、武术、中医；文化视域下的中医概念。

描述：武术健体；中医养生；禀赋、四时、五味与七情。

理解：中国的养生理论与实践；中国传统文化中武术、中医与养生的各种表现关系。

辨别：中国养生理论与西方的区别；中医养生理论与现代营养学理论。

分析：中国养生理论的特点；中医养生的便捷可被现代社会广泛应用。

"养生"一词，源出《管子》，乃保养生命以达长寿之意。在漫长的人类发展历史中，健康长寿一直为人们所向往和追求，在不断的实践摸索中逐渐形成了丰富的养生文化。相对于世界其他地区的养生文化而言，中国的养生理论与实践由于以古代哲学和中医基本理论为底蕴，所以显得尤为博大精深。它汇集了我国历代劳动人民防病健身的众多方法，糅合了儒、道、佛及诸子百家的思想精华，富有浓郁的东方神秘色彩。

一、内外兼修：武术健体的特点及理念

中国传统养生理论和方法建立在传统文化的基础之上，以哲学的"气一元论"和"阴阳五行学说"等为指导，以精气神论、经络学说为其理论基础，融武术、导引、气功等各种身心炼养术为一体，构成了一种独特的养生体系。我国古人认为，气是宇宙万物的本质和基础，也是生命的本原。阴阳二气在人体内外不停地流动运行，人体内阴阳二气的平衡与和谐，是健康状态的基本表现，也是健康长寿和古代养生的基本要求。古代养生学主张通过动静结合、内外结合、炼养结合、形神结合等方法，实现阴阳元气和体内精气神的平衡充盈，从而调通经络，流畅气血，协调阴阳，提高机体健康水平。

（一）武术的发展与养生特点

武术在我国有着悠久的历史，它产生于我国远古祖先的生产劳动，人们在狩猎等生产过程中，逐渐积累了劈、砍、刺的技能。氏族公社时代，经常发生部落战争，战场上搏斗的经验也不断得到总结，比较成功的一击、一刺、一拳、一腿，被模仿、传授和习练，促进了武术的萌芽。武术成形于奴隶社会时代。夏朝时期，连绵不断的战火促使其向实用化、规范化发展。秦汉时期，盛行角力、击剑。随着“宴乐兴舞”习俗的兴起，手持器械的舞练时常在乐饮酒酣时出现，如《史记·项羽本纪》记载的“鸿门宴”中“项庄舞剑，意在沛公”，便是这一形式的反映。此外，还有“刀舞”“力舞”等，虽具娱乐性，但从技术上更接近于今天套路形式的运动。唐朝以来开始实行武举制，对武术的发展起了很大的推动作用。宋元时期，以民间武艺组织为主体的民间练武活动蓬勃兴起，有习枪弄棒的“英略社”，习射练习的“弓箭社”等。由于商业经济活跃，出现了浪迹江湖、以习武卖艺为生的“路歧人”，他们不仅有单练，而且有对练。明清是武术的大发展时期，流派林立，拳种纷呈。拳术有长拳、猴拳、少林拳、内家拳等几十家之多，同时形成了太极拳、形意拳、八卦拳等主要的拳种体系。到了近代，武术适应时代的变化，逐步成为中国近代体育的有机组成部分。民国时期，民间出现了许多拳社、武士会等武术组织。1927 年，在南京成立了中央国术馆。1936 年中国武术队赴柏林奥运会参加表演。中华人民共和国成立后，武术得到了蓬勃发展。1956 年中国体育协会建立了武术协会、武术队等，形成了空前广泛的群众性武术活动，为武术的发展开拓了广阔的道路。1985 年，在西安举行了首届国际武术邀请赛，并成立了国际武术联合会筹委会，这是武术发展中的历史性突破。1987 年在日本横滨举行了第一届亚洲武术锦标赛。1990 年武术首次被列入第十一届“亚运会”竞赛项目。1999 年，国际武联被吸收为国际奥委会的正式国际体育单项联合会成员，这是武术发展中的又一次重大突破。进入 21 世纪，随着中国成功举办 2008 年奥运会，武术作为特设项目被列入奥运会比赛之中，武术运动更进一步向国际化深入。

武术在长期的发展演变中，逐渐形成了内外兼修的养生特点。所谓内，指心、神、意等心志活动和心气的运行；所谓外，即手、眼、身、步等形体活动。内与外、形与神是相互联系统一的整体，“内练精气神，外练筋骨皮”，是各家各派练功的准则，如太极拳主张身心合修，要求“以心行气，以气运身”，形意拳讲究“内三合，外三合”，少林拳也要求精、力、气、骨、神内外兼修。此外，武术套路在技术上也往往要求把内在精气神与外部形体动作紧密结合，做到“心动形随”“形断意连”“势断气连”，以“手眼身法步，精神气力功”八法的变化来锻炼心身。这一特点反映了中国武术作为一种文化形式，在长期的历史演进中倍受中国古代哲学、医学、美学等方面的渗透和影响，形成了独具民族风格的练功方法和运动形式。

知识拓展：锁指功武术

武术，又称武功、功夫。作为一种搏击术，我国历史上形成了很多种实用性很强的武术套路，下面以锁指功为例：

锁指功为软功内壮，属阴柔之劲，兼阳刚之力。专练指劲之法，与鹰爪力、点石功等大同小异，亦杀手也。其不同之点如下：鹰爪力，练指之抓劲；点石功，练指之刺劲；而锁指功，则练指之扣劲。其练法亦与二功略异，初时空手习练紧并中、食二指，屈成环形，而以拇指屈置中、食二指之间，使三指顶相对，紧紧扣牢，掌心中空，虎口成圆形，猛力扣半炊许。略舒休息片刻，再紧扣之，每日有暇即行，不限次数。扣时须将全臂之力，运于三指之端，凝神敛气，若扣钢铁。如是练习一年之后，更以坚木之板，约厚一寸，加以三指之间，如法扣之，至能一着指而洞穿木板为度。此一步功夫，多则二年，至少亦许一年，然后更易钢板如法练之，亦至能着指深陷，则其功大成矣。自始至终，须四五年苦功始成。练时宜以左手，相传此功实为少林寺僧某，于无意中发明之。因其人每日必临帖千字，作书时以三指握管，悬腕摹写而笔管中灌铅数两，在彼不过欲求字之沉着有力，初未想到武功上面也。如是历二十年，书既成名，功夫亦于无意中得之，彼犹不知也。一日与同伴戏，无意以指捏其人，其人狂号。迨见效之后，人始以为定法，依样葫芦，用心练习，此僧人之发明锁指功正其一证耳。

（二）武术的养生理念

养生健身是武术的价值功能之一。人们习武练武，不仅是获得一种自卫防身的手段与方法，也是为了强身健体、延年益寿。武术在其漫长的发展过程中与传统养生理论和方法相互融摄，逐渐形成了一套内涵极其丰富的养生理念。

1. 形神共养

形指形体，亦即身体，包括躯干四肢、筋骨皮等；神指人的心性、精气神、意识、思维等。形神共养，即不仅注重形体的养护，而且还要注意精神的调摄，意在通过一系列特殊的养生手段来实现生命和潜能的开发与完善。形神共养又称“性命双修”。宋代以后“性命双修”发展为“性功”和“命功”的炼养体系。在养生治身的修炼中，性与命本来是统一的“本一而用则二”的关系，精神意识的修炼和生命物质的修炼有着同等重要的地位。通过内外的修炼，一方面使作为生命载体的身体状态得到质的提升，另一方面又使精神得到新的体验和发展，使人的生命机能日臻完善。所以，形神共养是中国传统养生和武术理论中的重要炼养原则。

中国武术继承了“形神共养”或“性命双修”的思想，并在此基础上形成“内炼精气神，外炼筋骨皮”的炼养理论与方法。精气神被称为人体三宝。精是构成人体的基本物质，也是人体各种机能活动的物质基础；气是人体基本物质的转化运动形态，是维持生命活动的一切功能和能量形式；神是人的精神、意识、思维活动以及脏腑、精气、血液、津液的外在表现。正因为精气神具有人体生命的物质基础、功能动力、精神主宰三方面至关重要的作用，所以，“善养生者，必宝其精，精盈则气盛，气盛则神全，神全则身健”（《类经·摄生类》）。中国武术十分强调“形为神之本，神为形之用”。形是外相，神是主宰。武术的手眼身法和形体动势，不只是简单的肌肉收缩运动，更是内在物质“气”或“神”的外化。拳谚曰：“打一拳，心一动，心动，气随，神迷，归于腰，奔于肋，行于肩，跟于臂，达于手。”武术的劲道是靠“以意领气，以气催力”来实现的，这种运气化劲，意气神与力的结合，是中国武术独特的形神兼备的炼养法。

在具体方法上，一是通过形体运动来炼养形神。“动以养形”，“外练以养形为先”（《苌乃周《苌氏武技书》）。“形以禺气，气以催形，形合者气自利”（《吕氏春秋·尽数》）。以其外而达于内，通过形体运动来疏通经络，流通气血。二是内炼以养神为主，由内而达于外。武术以修德养性为养生之首务，并将传统养生的“守一”“存想”“吐纳”“行气”等融入武术体系中，以此来养心调神，修身养性。在拳技中特别强调精神和意念的作用。武禹襄的《太极拳解》说：“身虽动，心贵静”，“先在心，后在身”。陈鑫的《论太极拳要诀》一再强调“打拳心是主”，“运用在心，此是真诀”。形意拳以“心与意合”为六合之纲，在神形并重的前提下，注意“神”的炼养。

2. **内功养生**

内功即以炼内为主，同时注重于意念、气息、脏腑、经络、血脉等人体内部机能的锻炼，从而以求内壮的养生功法。内功、内劲、内气、内息、内观、内视、内炼、内修、内丹、内动、内家拳等都是从不同侧面反映内功养生的术语，常见于中国传统武术和导引、气功等文献中。

内功养生的要旨是通过呼吸吐纳、存思意守、肢体运动等方法来调养神气，从而达到养生治身的目的。正如《周易参同契》所云：“内以养己，安静虚无。元本隐明，内照形躯。闭塞其兑，筑固灵珠。三光陆沉，温养子珠。视之不见，静而易求。黄中渐通理，润泽达肌肤。”

内功的方式方法早在先秦时期就已存在了。如《庄子·刻意》所载“吹响呼吸，吐故纳新，熊经鸟伸”的导引之法，《荀子·修身》提及之“治气养生”法，被认为是公元前380年制作的《行气玉佩铭》所述周天行气法等。其后内功体系进一步丰富，道教经典《太平经》以守一存神法为主；《周易参同契》主张内行气与外丹合修、合炼；西晋以后葛洪、陶弘景、孙思邈、司马承祯等无不主张内修与外炼相结合，“合众术之共成长生”。唐末宋初，导引行气已形成众多的方法技术，以精气神内炼为基本技术特征的内丹术崛起，建立了生命内炼学的理论与方法体系，从而为明清以来的武术内功体系奠定了基础。

武术内功的出现，以内家拳、《易筋经》为标志。据《宁波府志·张松溪》载，内家拳其法主于御敌，以敬、紧、径、劲、切为五字诀。明天启四年（1624）已有《易筋经》流传，清中叶道咸年间，王祖源得自少林寺之《内功图》中所载易筋经十二势，是导引、气功演化为武术内功的代表。《易筋经》的修炼目的在于“内壮外强”“通行气血，助翼精神”“易筋”“易髓”。《易筋经》将“静功吐纳养气法”“动功导引气法”等融摄于武术锻炼之中，并发展、改造为武术内功体系。

清初以来，武术内功得到发展，当时多称“坐功运气”，在民间宗教与秘密结社中较盛行。如清乾隆时，白莲教支派清水教首领王伦即以“拳棒教授兖东诸邑，阴用白莲教诱人练气”。嘉靖初年，山东冠县任四等人在德州设立天理教，组织人“学习义和拳棒”，并“运气念咒”。山东曹州府一带离卦教首“张景文会运气，又会拳棒”。山东菏泽与直隶东明一带离卦头目李荣传习拳棒，并令徒众“每日坐功运气”。

知识拓展：《内功养生秘诀》——去病延寿六字诀

吹、呵、嘘、吃、呼、嘻为延寿六字诀，做法是口吐鼻取。

1. 总诀。肝若嘘时目争精，肺知晒气双手举，心呵顶上连仪手，肾吹抑取膝头平，脾病呵时须摄口，三焦各热卧嘻嘻。

2. 吹肾气。正坐，以两手举起从耳朵左右引三度或是反手抛射，左右同转身三五度即可，以足前后逾左右各十数度，此法能去腰肾膀胱间积聚的风邪，其余如上法，修炼要在静室里焚香，顺温凉之宜，明燥湿之异，每夜半后生气时，或五更睡觉，先呵出腹内浊气，或一到九止，或到五止，定心闭目，叩齿三十六通，以积心神然后以大拇指背试眼睛九遍，并按鼻左右七遍，把两手擦得很热，闭住口，先要呼吸然后到摩面，不论次数，为真人起居法，再以舌尖抵着上腭，口中内外津液满口。分三次咽下，令人胃存神受。这样做三度九咽，得以深深灌溉五脏光泽。

3. 呵心气。坐正，两手握拳，用力左右互相筑各六度，又坐正，一手按另一手的腕上，另一手向下拓空如重石，又以两手相仪，用脚踏在手中各五六度，能去心胸间风邪诸疾，关气为之，闭目良久，三咽，三叩齿才停止。

4. 嘘肝气。坐下正，以两手相重按下，将身体向左右各慢慢移动三五度，又坐正，两手泄相仪翻覆向胸三五度，此举能够化除肚内郁积的风邪毒气。

5. 吃肺气。坐正，两手抵地，缩身曲脊向上举三次，可以消除肺部的风邪和积劳，亦可反手用掌头轻打脊上左右各三五下，闭目咽液叩齿三下才停止，此举能消除胸臆间的风毒闭气。

> 6. 吸脾气。大坐，一脚伸，一脚屈，两手向后反击各三五度，亦可跪坐，以两手抵地，眼睛顾盼虎视各三五度，能去脾脏风邪增加食欲。
>
> 7. 嘻三焦。平坐，昂头，两掌向上，以两手挽脚腕，摇动三五度，或大坐，两脚向左右伸开，以两手扣地，举身腰脊三五度，能去肾内的风毒邪气。

清代武术家王南溪曾为《内功四经》做过注释，内动篇专讲气的脉络、格式，气窍、生劲的理法及真气运行于体内，而使外形健壮的理论。乾隆四十年（1775）徐文弼所著的《寿世传真》从养生角度对“外功”“内功”做了明确阐述。“外功有按摩导引之诀，所以行血气，利关节。”内功则是静坐、内视、叩齿等运气于任督二脉的小周天功法。清光绪年间周述官编《增演易筋洗髓内功图说》卷二指出：“内导引者，内功也。”“外运行者，外功也。”作者认为内功能使“病去身强，内充气积，任督交通，导引路熟，河车运动，存想意纯”。1918 年席裕康编《内外功图说辑要》所言内功主要是心意静定的坐功法。20 世纪 30 年代，出现了内功拳的称谓。章乃器著《科学的内功拳》认为“内外兼修，心身交益”，锻炼的效果不在肌肉的发达，而在内脏的坚实和舒适的拳法，如形意拳、太极拳、八卦拳、意拳等称为内功拳。内功拳是武术与内功结合的产物。

3. 导引养生

武术不仅讲究实战技击，而且注重练意练气，这使武功和导引功走上相结合的道路。所谓导引，是以肢体运动为主，配合呼吸吐纳的传统健身法。其特点是通过一系列内（气）、外（形体）结合的方法来“导气令和，引体令柔”，达到养生长寿的目的。导引一词始见于《庄子·刻意》云：“吹响呼吸，吐故纳新，熊经鸟伸，为寿而已矣。此导引之士，养形之人，彭祖寿考者之所好也。”先秦导引术式较为简单，汉代有了较大的发展。1973 年湖南长沙马王堆 3 号汉墓出土的帛画《导引图》，绘有 44 个不同人物的运动姿态，既有立式，又有步式和坐式导引；既有徒手的动作，也有使用器物的导引。此外还有大量模仿动物形态的动作，反映出两汉导引术式的多样性。东汉末年，华佗在前代导引术的基础上，创编了势势相承的五禽戏，完成了导引由单一动作向成套术式的转化过程。魏晋之时，导引术已成为一种包括肢体运动、吐纳内视、按摩咽液等内容在内的综合性养生方法。晋代葛洪认为：“调利筋骨，有偃养之方”，“朝夕导引，以宣动荣卫，使无辍阂”（《抱朴子·杂应》）。他的导引方法有龙导、虎引、熊经、龟咽、莺飞、蛇屈、鸟伸、地仰、猿踞、兔惊等动作，并包含了叩齿、漱咽、摩目、按耳等内容。陶弘景的《养性延命录·导引按摩篇》辑有《导引经》《内解》及华佗等导引术势。隋唐时期，孙思邈《千金方》中载有《老子按摩法》和《天竺国按摩法》。隋唐以后医疗导引术逐渐衰退，但养生导引术由汉晋而宋明却经久不衰。宋至明清导引术日趋术实简约，比较典型的有宋代的“八段锦”“陈希夷坐功”，明清时期的“十二段锦”“十六段锦”“延年九转法”等。明清之际形成的太极拳，是融合古代导引吐纳而创编的。太极拳的价值不在于技击之术，而重在追求“延年益寿”。较早的《十三势歌》说：“详推用意终何在？延年益寿不老春。”所以太极拳又称为“养生拳”。从陈式、杨式、吴式、武式、孙式太极拳来看，均体现出丰富的养生健身特征。太极拳保留了中国导引术“导气令和，引体令柔”的特色，动作缓慢，要求以意导气、以气运身，讲究意念，做到呼吸与肢体运动相结合，以疏通经络、调理脏腑，达到养生健身的目的。

武术和导引是一对既相互联系又有区别的概念，武术在古代虽然主要是战场上的一种技击术，但也是健身的一种手段，而导引自其产生之日起就一直为大众的养生服务。导引可以作为武术的基本功来应用，它的效果往往比单一的武术训练有效、强大得多。同时，武术作用于健身也可以丰富导引。因此，习武者把练导引功视为武功不可缺少的内容，武功和导引功兼习在民间是一个普遍的现象。据《清史稿·甘凤池传》记载，甘凤池不仅拳勇过人，而且“又善导引术”。清代流传的《六合拳谱》中除武技内容外，尚有一部分为“易筋经贯气诀”。清王祖源得之于少林寺的《内功图》中有“十二段锦总诀”“分行外功诀”“内功”“易筋经十二势”等。《内功图》中的“分行外功诀”包括心功、身功、首功、目功、耳功、手功、足功、肩功、背功、腰功等，并将历代各种散式导引术按身体部位加以归类，其术势皆取自《养性延命录》《老子按摩法》《古仙导引按摩法》等导引典籍。

武术家们一方面将武功和导引功分而兼习，另一方面又将导引功融摄于武术，改造成武术独特的功法体系。武术从导引术中得到启迪，吸收了导引术的理论与动作，并根据武术的攻防特点，将其改造成仿生性或象形的拳法套式与动作。如形意拳之十二形、少林五拳（龙拳、虎拳、蛇拳、豹拳、鹤拳）以及象形拳类等。武术不仅从形体动作上吸收了导引术式，而且将导引吐纳行气融摄于武术锻炼之中，讲究“以意领气”“以气运身”“内气外力”“内意外劲”“内神外形”，形成具有特色的武术练法。导引术势讲究柔、缓、松、和的动作原则，融摄于武术后，使某些拳术发生了变化。从戚继光著《纪效新书》中所载三十二式长拳到陈王廷创编陈式太极拳，由刚劲发力动作的陈式太极拳演化为柔和缓慢的杨式、吴式、孙式等太极拳，可以看到拳术演变的痕迹。武术与导引术的融合，使武术由较原始的单纯搏击术跃升发展为融技击、养生、健身等功能为一体的武术文化。

4. 气功养生

气功古称吐纳、行气、服气、食气、练气等，是中国独特的一种养生健身术。其特点是通过练功者主观努力对自己身心进行意、气、体结合锻炼，以达到养生健身的目的。气功最早称为“行气”，战国时期的《行气玉佩铭》，已有行气的路线和方法。中国长沙马王堆西汉墓出土文物中有一篇《却谷食气篇》，也论及练气功辟谷。汉末成书的《太平经》中，道教养生家们提出了以气功为主体的养生主张，“欲寿者当守气而合神，精不去其形。念此三合为一”，第一次提出精气神“三合为一”的理论，并主张“守一”存想的气功方法。唐代杰出的养生家司马承祯对气功养生也做出了较大贡献，他认为“长生之要，以养气为生”，并广泛吸收采纳各家学说，尤其是以佛教、禅定、止观等理论方法来解决养生气功实践过程中的静心去欲，亦即精神意识修炼问题。唐末道教内丹术勃兴，周天行气法已形成完整体系。此后，宋至明清论及气功的著作日渐增多。1949 年，中华人民共和国成立之后，气功作为养生健身和治病的方法得到广泛运用。

中国气功流派很多，一般分为医家气功、儒家气功、释家气功、道家气功和武术气功。诸家气功各有特点，医家气功主要以防治疾病、保健强身为目的；儒家气功以“修身养气”为目的；道家气功以“身心兼顾”“性命双修”“清静无为”为目的；释家气功则以“修心养性”为特点；武术气功则以养生健身和提高技击为目的。各派气功尽管方法各异，但均以练意、练气为主。武术气功是武术功法体系的重要内容。《少林拳术秘诀》首篇即为《气功阐微》，强调练武“要以气功为始终之则”，并指出“气功之说要有二：一养气，二练气”，“练气之学，以运使为效，以呼吸为功”。武术气法是拳家在长期体验呼吸与攻防动作配合、呼吸与蓄发劲力配合的过程中，总结出以气助势、以气催力的呼吸方法。武术的这种以发劲力为主的气法与道家气功、医疗气功等有所区别，它将传统的养气炼气之术向运气使气方向发展，重点在于提高自卫防身的能力。

武术养气炼气方法很多，在清苌乃周《苌氏武技书》中的《中气论》《过气论》《行气论》《养生论》等篇章中多有记载。武术养气炼气均是通过静心平息，存养气息，以求全身内气凝聚充盈于丹田。如太极拳的“气沉丹田”，形意拳的“聚气于丹田”，少林拳的“气贯丹田”等。将养气炼气法融入站桩的“桩功”练习；以意识引导气息，配合劲力聚蓄、运转、爆发的劲力练习等，是各家各派气功练法的基本形式。武术的马步桩、浑元桩、三体式桩等被视为气功静功，峨眉十二桩以及太极拳、形意拳、八卦掌等内功拳，被称为气功动功，亦称为养生拳术；武术硬功与气功融摄而成的硬气功的一些简易功法，被称为强壮功。

综上所述，受传统文化的影响，传统武术在养生健身方面呈现出内外兼修的特点，其一系列养生理念都是和这一特点相契合相衍变的。

二、藏气法时：中医养生

养生，又名“摄生”，含有保养、调养生命之意。自先秦以来，中国便有养生一说。《黄帝内经》是中国最早创立中医学理论体系的著作，也是最早运用中医学理论将养生之法落到实处的著作。《内经》以降，中医养生学逐渐发展成了一门以中医理论为基础而又独具特色的学科。与中医内科学相比，中医养生学是一门较为轻松且随性的学科，它更注重人体与自然、与自身的感应，着眼于未病先防及病后调摄，而并非疾病本身。

（一）中医养生学的基本理论

生、长、壮、老、死，是人一生的普遍自然规律，无法逆转，不可抵抗。曾有人将养生分为“长寿养生”（通过各种药物、功法等延长寿命）、“天年养生”（不追求寿命长度，更注重生命的质量与完美，崇尚道家的自然之法）、“神仙养生”（通过炼丹修道成仙、长生不死）等三种。实际上，养生，并非“长生不老”，而是“尽享天年”。

> 天年，指最高寿命的长度，一般来说，是物种性成熟期的 8 ~ 10 倍，或者是生长期的 5 ~ 7 倍，以此估算，人类的天年大约是 110 岁。

根据《2015 年世界卫生统计报告》的数据，全球人口平均寿命只有 71 岁左右，远低于预期水平。现代循证医学认为，寿命基于两个主要因素：基因和生活方式的原则。据估计，人寿命长短的 20% ~ 30% 与个体基因相关，剩下的则由可以调整改变的个人行为、环境因素决定。现代医学有关寿命的影响因素，与中医养生学的主要研究对象——禀赋、四气、五味和七情——是一致的。

那么，中医养生学，或者，中医学的基础又是什么？简单来说，中医学的精粹就在于“天人合一”四个字。“道生一，一生二，二生三，三生万物”，所有的事物都来源于同一个起源，而又可以继续进行永恒的分类。因此，物质与物质之间必然具有相似性，这种相似性可涵盖的部分又因分类的不同而有着或大或小的差别。这种相似性，让自然间的一切事物，包括人类，都可以遵循一定的特点进行归类。同类的事物，内部的变化规律相似，可以互为补充滋养，可以互为感应，也就是我们所说的“天人合一”。归类的方式有许多种，而五行，则是中医学最为常用的归类方法。需要注意一点，这种归类不仅仅是外形上的相似，更重要的是功能上的相似。《尚书·洪范》中对五行的本质进行了高度概括：水曰润下，归于相应的“行”中。这种相似性，也是中医学认识人体的方式。

中医学的理论基础与西方医学十分不同。中医学看重的是整体及人体内各脏腑之间的关系，西方医学看重的是单个器官或者系统的变化。中医学关注的是人体在某一时刻的整体状况，也就是“辨证”，因此，有时候会出现这样的情况：一个是呕吐的病人，一个是发热的病人，他们用的是同一张药方，因为他们的整体状况一样；而两个感冒的病人，他们用的可能是不同的处方，因为他们的整体状况不同。西方医学则不同。除非涉及水电解质紊乱或者酸碱失衡这样严重的情况，否则，西医学关注的一般是单个疾病，也就是“辨病”。譬如说，消化科的医生在面对胃溃疡患者时，首要考虑的肯定是如何制酸或者保护胃黏膜，而不会用治疗病源糖尿病的药。两种医学，没有所谓的孰优孰劣，只是采用的思维方式不同而已。就好比不能拿着牛顿力学的原理，妄图解释相对论或者量子力学一样。

辨证。证是对机体在疾病发展过程中某一阶段病理变化本质的概括，包括病变的部位、原因、性质以及邪正关系等，比症状更全面、更深刻、更正确地揭示疾病的本质，是中医学所特有的认识疾病与人体之间关系的方法。

随着社会的进步，越来越多的民众开始关心自己的健康问题，应运而生的，就是近年来愈演愈烈的“养生热”。追求生命质量本为好事，但大部分人因为不具备医学背景，难以对市面上五花八门的养生方法进行甄别，反而造成了不同程度的困扰。中医学历经漫漫岁月的文字变迁，对于普通百姓来说，实在是过于艰涩难懂。再加上历史的原因，还夹杂了部分与正统中医学无关的迷信或者玄学，让中医学变得更加扑朔迷离。常见的误区有如下几点：

（1）过度迷信补药。自古以来，补药使用泛滥是一个较为普遍的现象。到了现代，民众的生活水平提高，不再仅满足于一般的吃饱穿暖，因此，上至昂贵的鹿茸、虫草、人参，下至相对便宜的当归、黄芪、阿胶，都成为民间常用的补养之药。似乎养生就是养补药。空气质量差，用补药；孩子快高考了，用补药；所有疾病之后，用补药……这是一个十分可怕的误区。补药，是补益虚损之药，而现代人或嗜食肥甘厚腻，或喜好烟酒，反而养成了个痰湿瘀相结合的实证体质，没有虚证，或并非主要方面。这就好比河道被淤泥所堵，不疏通淤泥，反而继续往里灌水，这水可不淹上来了？

（2）崇尚偏方、怪方。每天喝一大碗浓煎的绿豆汤、生吃长条茄子可以排毒、疏通心梗、治疗癌症；生吃泥鳅可以治疗胆囊炎、“渐冻人”（运动神经元病），甚至还可以攻克艾滋病……这些与事实完全相悖，根本不符合任何西医学或中医学理论的“学说”，大部分出自完全没有医学背景却舌灿莲花者。他们抓住广大民众崇尚快餐式养生文化的心理进行营销，造成了许多人经济的损失及健康上的损害。

那么，如何能大致判断养生“大师”是否靠谱呢？首先，必须得是持有医师资格的中医师。但凡个人介绍是密密麻麻的“少林寺圆通大师第三十代传人”“峨眉派亲传第五十代掌门人”等等，就是不敢光明正大地提及“中医师”这三个字的，十有八九是骗子。也有的老中医因没有学过西医，无法取得医师证，但确有真才实学的，不在此之列。其次，不经过望闻问切，所有病人来了都给同一包早已准备好、美其名曰“秘方不能外传”的药材；斩钉截铁地告诉病人，他的某“清宫祖传神方”能包治好某某病的……十有八九是骗子。对中医学来说，每个人都需要个性化的对待，一体化中的个性化，就是辨证论治的精髓。所有中医师一生都在追求更完美的辨证论治，不会辨证论治的根本不能称为中医师。中医重在辨证，西医重在辨病。同样的病，在不同人身上有不同的“证”；不同的病，在不同的时刻可能有相同的“证”。连“辨证”的过程都没有，直接一包“祖传秘方”打发了，这不是骗子还是什么？对中医师来说，“偏方”，实际上是在某些人身上用对的方子，本身并不“偏”。而那些要用什么原配蟋蟀一对做药引子、沾了人血的馒头的“怪方”，同样是真正的中医师不屑于用的。

（3）不辨寒热虚实，随便乱用。在这个信息爆炸的时代，能多方位地汲取知识当然是好事，但“好事”若被滥用，就会造成更坏的结果。因为快捷简便，可能也出于信任的缺失，人们乐于在互联网上获取医学知识，对号入座，充当自己的“医生”，为自己“辨证”。正如前文所说，辨证，是中医学的精华，是一个中医师孜孜不倦、一生的追求。连受过专业训练的中医师，有时候都不一定能辨准确的“证”，普通人想要辨得准确无误，更是难上加难。于是，有明明是脾胃不足、阴火上炎，却认为自己是“上火”而饮用大量凉茶，更伤脾胃的病人；有对“火神派”温阳理论一知半解，却给自己使用了大量附子造成心律失常的病人；也有因为便秘日久，大量使用番泻叶、大黄等通便药，而使便秘越来越严重的病人……这些药都不偏，也不怪，但正所谓“甲之蜜糖，乙之砒霜”，对部分人有效的药物，不在正规理论的指导下使用，就有可能成为害人的利器。这种“一知半解”的病人往往比“一无所知”的病人更让医生头疼。

真正的养生，更接近于道家“无为而治”的思想。恰如国医大师张灿玾所言，既是“无养生”，又是“随处养生”。养生是一种贯穿于日常衣食住行的生活态度与生活方式，因人、因时、因地制宜，需要遵循的是方向和规律，而并非囿于条条框框的某个或某些具体手段。冰糖银耳羹能滋养肺阴，能润泽皮肤，难道不分春夏秋冬就天天吃这个了？难道润泽皮肤就只有银耳羹这个手段了？显然不是。同时，养生也是一种“不偏不倚”的养生，不管是食物还是情绪，万事都不要过度，才能与阴阳基本调和的正常健康人相应。

（二）禀赋与养生

“禀赋”的起源，可以追溯至《黄帝内经·灵枢》中的“天年”篇：“黄帝问于岐伯曰：愿闻人之始生，何气筑为基？何立而为楯？何失而死？何得而生？岐伯曰：以母为基，以父为楯，失神者死，得神者生也。……血气已和，荣卫已通，五脏已成，神气舍心，魂魄毕具，乃为成人。”中医学认为，禀赋来源于父母之精所化生而成的先天之气。该先天之气藏于命门，包含了元气、元精、元神，供给人体所需的能量，是一切生命活动的基础，即“先天以养后天”。人体的生死寿夭取决于命门之气，而命门之气的强弱则取决于禀赋。既然禀赋来源于父母之精相合，那是否意味着一旦出生，

> 禀赋。先天赋予的体质因素，来源于父母精气相合后化生而成，是人体生命活动的基础，需要后天不断的补充和滋养。

就再也没有办法对其进行干涉呢？并非如此。在生命过程中，先天之气同样需要其他脏腑之精为其不断进行补充和滋养，即“后天以养先天”。因此，我们的禀赋养生法，实际上就是顺应自身禀赋的特点，选择与之相应的方式进行养生。可以说，四时、五味与七情的养生，都是建立在禀赋的基础之上的。近两千年来，对禀赋的分类方法多种多样，兹选择比较有特点及养生指导意义的方法分述如下。

1. 阴阳二十五人

《灵枢·阴阳二十五人》系统地将人分为木、火、土、金、水五行人，每一类型分别配以古代五音律，并按照五行之气或全或偏（分别为偏左、偏右、偏上及偏下）各分出五类，共计25种，是现存古籍最早提及五行分类法的书籍。每一类型的人都有独自的外貌特征及性格特点，并配有与之相应的季节、谷物、禽畜及瓜果。譬如说，木行人中禀受木气完全者被称为“上角”之人，面色多苍青，头小而面长，肩背宽大，身体笔直，手足小，具有才华及事业心，故而忧思亦多。木行人能耐春夏炎热而不耐秋冬严寒，故秋冬感于邪气则容易生病，与之相应的食物分别是麻子、狗及李子。木行人中木气有偏者除具有上述特点外，性格上稍有不同：“大角”之人，美长而逶迤；“左角”之人，处事随和而又顺从；“钛角”之人，积极、向上、进取；“判角”之人，举止大方，刚正不阿。以上为木行人的五种细分之法。

五行分类法的主要目的在于将人的禀赋特征与五行相应，因其具有高度概括性，且五行能被更好地具体化，因此，该分类法在现代中亦被经常应用，但是已经没有像上文所述般分得如此细致，只是大略分为五行而已。

大致来说，木行人要在大风的天气及春季多加注意，切忌大怒，小心罹患过敏性疾病、高血压及头晕头痛等疾病；火行人在夏天要注意避暑，小心罹患心血管方面的疾病；土行人在潮湿的天气里要注意祛湿，肥胖、消化不良等疾病均需预防；金行人在秋天要多喝水，注意呼吸系统及皮肤方面的疾病；水行人要注意在冬天里避寒就温，小心罹患泌尿系统及生殖系统方面的疾病。下面会详述具体如何通过五时、五味及七情来与禀赋相应进行养生。表13－1具体介绍“五行人”的外貌特征、性格特点等。

表 13－1　“五行人”外貌特征及性格特点

五行人	外貌特征	性格特点	五时	五谷	五畜	五果
木行人	肤色苍青，头小而面长，肩背宽大，身体笔直，手足小	具有才华及事业心，故而忧思亦多	春季；耐热不耐寒，秋冬多病	麻子	狗	李子
火行人	肤色红，面色红润健康，头小而面尖，肌肉结实，步履稳健	心情急躁，有气魄，轻钱财，多思虑，分析问题明快	夏季；耐热不耐寒，秋冬多病	麦子	羊	杏子
土行人	肤色黄，脸圆头大，肩背腿部肌肉结实匀称，腹大，肉多	安静，慎重，乐于助人，不喜欢依附权势，善于团结	长夏；耐寒不耐热，春夏多病	稷米	牛	枣子
金行人	肤色白，脸方头小，肩背腹部均小，足跟坚硬，步履轻盈	为人清廉，静则安，动则悍猛，适合于做官吏	秋季；耐寒不耐热，春夏多病	黍米	鸡	桃子
水行人	肤色黑，面不平，头大脸颊宽，肩小，腹大，背脊长	对人不敬重也不会惧怕，善于欺骗，容易招致祸根	冬季；耐寒不耐热，春夏多病	大豆	彘（猪）	栗子

2．五态人

《灵枢·通天》根据人之阴阳盛衰分为阴阳平和之人、太阴人、少阴人、太阳人和少阳人五种。五态分类法与五行分类法不同，前者更着重于精神层面上的描述，同时，除阴阳平和之人外，其他的四态人都或多或少有着性格方面的缺陷。因此，在现代中医学研究中，该分类法主要应用在精神类疾病的治疗之上。该分类法不如五行分类法常用，在现代应用时，也有了更多的演绎。五态分类法详细描述如表 13－2 所示。

表 13－2　人之阴阳盛衰分类及其相应的性格特点

五态人	阴阳盛衰情况	性格特点
阴阳平和之人	阴阳调和，无偏盛或偏衰	安静，不因外物所感而有喜怒，平和乐观，不争闹，顺时而变，位尊而自谦，无为而治
太阴人	多阴而无阳	贪婪不仁，表面谦虚，内存阴险，好得恶失，喜怒不形于色，不识时务，只知利己，惯于后发制人
少阴人	多阴而少阳	喜贪小利，损人利己，对别人的损失幸灾乐祸，对别人的荣誉则气愤嫉妒，不懂感恩

续上表

五态人	阴阳盛衰情况	性格特点
太阳人	多阳而无阴	喜好表现，能力不足却言过其实，好高骛远，罔顾事实，意气用事，过于自信，事败而不懂反省
少阳人	多阳而少阴	做事谨慎，妄自尊贵，爱慕虚荣，稍有地位就自高自大，喜好交际而难以埋头工作

3. **九种体质学说**

中华中医药学会在2006年起，对2万余例流行病学进行调查，于2009年颁布了《中医体质分类判定标准》。该标准将人体体质分为九种，即平和质、阳虚质、阴虚质、痰湿质、湿热质、气虚质、气郁质、血瘀质及特禀质。该标准具有的几个优点是之前的分类法所不具备的：首先，它用问卷及量表的形式将人体的禀赋分类进行了量化，基本涵盖了大部分人的体质情况，可操作性强，易于重复；其次，它的问卷形式包含了某些基础的望闻问切，测试者可以根据自己当时的情况进行判断，体质可以微调而并非一成不变，符合中医养生学中“后天以养先天”的理论，更具科学性。

中医在诊治疾病时，最重要的一步就是辨证。何为“辨证”？就是采用中医独有的思辨方式，解释人体某一阶段的生理情况及疾病发生的机制。常用的辨证方法有病性辨证（包括六邪、阴阳、气血津液）、脏腑辨证、六经辨证、卫气营血辨证、三焦辨证等，这些辨证方法可单独亦可同时使用，十分复杂。一个具有优秀辨证能力的中医师，除了掌握坚实的中医理论，更需要丰富的临床经验。对于没有医学背景的普通人来说，要想将这些辨证方法用于指导自己的养生，显然是十分困难的。而九种体质学说则选取了中医辨证方法中较有代表性的九种，可涵盖大部分人的先天禀赋情况，适合快速判断及应用。下面将详述各体质的临床表现及养生原则。

（1）平和质：平和质阴阳气血调和，多表现为体态适中、面色红润、精力充沛，是一种健康体质。平和体质的调养原则是不伤不扰，顺其自然。

（2）阳虚质：阳虚质人群表现为畏寒怕冷、手足不温、面色白、小便清长，以温补阳气为主要养生原则。可参考后文的冬季养生，适当食用甘、温之品。

（3）阴虚质：阴虚质人群表现为口燥咽干、手足心热、皮肤干燥、口渴喜饮，以滋阴清热为主要养生原则。可参考后文的秋季养生，适当食用甘、酸、凉之品。

（4）气虚质：气虚质人群表现为疲乏无力、气短、声音低微、自汗，以补益元气为主要养生原则。可部分参考后文的冬季养生，适当食用甘、温之品。

（5）痰湿质：痰湿质人群表现为形体肥胖、痰多、胸闷、口黏苔腻或者局部有圆滑包块，以化痰利湿为主要养生原则。可参考后文的长夏（夏季）养生，适当食用苦、咸、辛之品。

（6）湿热质：湿热质人群表现为面部油腻、肢体困重、食欲不振、易腹泻、口苦、苔黄腻，以清热化湿为主要养生原则。可参考后文的夏季及长夏养生，适当食用苦、凉之品。

（7）血瘀质：血瘀质人群表现为肤色晦暗、易出血或瘀青、局部可有刺痛肿块、舌质紫黯，以活血化瘀为主要养生原则。可部分参考春季养生，适当食用辛或酸味之品。

（8）气郁质：气郁质人群表现为神情抑郁、忧虑脆弱、身体各部位胀痛不适，以疏肝行气为主要养生原则。可参考后文的春季养生，适当食用辛味之品。

（9）特禀质：特禀质人群表现为先天异常，可出现生理缺陷或者过敏反应，以固养正气为主要养生原则。尤须注意春季养生。

（三）四时与养生

春夏养阳，秋冬养阴。顺应自然界规律，春夏则温养、升发阳气，秋冬则滋养、闭藏阴精。

人作为自然中的一员，与自然中的万物众生一样，受天地之气的给养，故能与自然感应。现代医学认为寿命与环境因素有关，例如空气、水质、紫外线等，这些都影响着人体的健康。中医养生学不仅从环境好坏影响健康入手，它更注重的是人体能够顺应而变。换言之，不是被动地接受环境的变化无所作为，而是主动地顺应自然的改变。四时养生的最基本原则就是“春夏养阳，秋冬养阴”。有人会将这句话简单地理解为“补充”二字，以为春夏多吃温热之品而秋冬多吃凉润之品即可。实际上，这里面的“养”字不是单纯的补养之意，而是顺应阴阳变化之意。自然界的阴阳是无限循环的，立春阳气逐渐上升，阴气逐渐下降，夏至阳升至鼎盛，立秋后阳气又逐渐下降而阴气逐渐上升，冬至则阴气升至顶点，此后又开始下一次的循环。因此，人体也需要在春夏使阳气顺利升发于体外，秋冬则帮助阴精闭藏于体内。阴阳并不虚弱，何须进补？只需要帮助人体的阴阳顺利变化，各归其位即可。

那么四时养生又有哪些具体的方法呢？可以从人体的整体情况以及相关脏腑进行把握，具体如下。

1. 春季养生

《内经》云：“春三月，此谓发陈，天地俱生，万物以荣，夜卧早起，广步于庭，被发缓形，以使志生，生而勿杀，予而勿夺，赏而勿罚，此春气之应，养生之道也。逆之则伤肝，夏为寒变，奉长者少。”春分开始，万物开始生长萌芽，人体也应开始活动，但不宜太过剧烈，服饰也应宽松，如《内经》中披散头发在庭院内缓缓散步即可。保持良好的心情，晚睡早起，不要过分索取，勿杀、勿夺、勿罚。多去开阔之地踏青游玩，如《遵生八笺》里的孤山月下看梅花、山满楼观柳、苏堤台上赏桃花、天然阁上看雨这些富有诗情画意的活动。春季乍暖还寒，再加上冬天因为常待在温暖的室内或者进食温热的食物，春天很容易被春寒侵袭，流感高发，因此需要注意防寒保暖，即所谓的“春捂”。如果春季被寒邪伤了阳气，夏天就很容易造成一系列“寒变”的疾病。

春属木，肝亦属木，因此，春季养生要着重肝的养生。肝如升发之木，性喜向上向外，正常无病之人当顺应此性，不可过服寒凉，应适当服用韭菜、姜、葱等辛温之品助肝疏散其气。但又不能过于耗散，特别是平素就容易出现眼花、手足麻木等肝血不足之人，反而应适当吃点如乌梅、酸枣等酸物，以防肝气疏散太过。肝木又容易克伐脾土，因此，过于甜腻或者滋味肥厚的食物就非常不适宜，易生湿热的酒也应尽量避免，否则容易损伤脾胃，造成消化不良。因为肝为春季当旺之脏，所以肝有宿疾的患者就容易复发。什么是肝有宿疾的表现呢？头晕目眩，面赤目赤，鼻衄，急躁易怒，皮肤常常出现风团或者瘙痒，具有这些表现的患者，以及禀赋偏于木性之人，更应多加注意。

2. **夏季养生**

《内经》云：“夏三月，此谓蕃秀，天地气交，万物华实，夜卧早起，无厌于日，使志无怒，使华英成秀，使气得泄，若所爱在外，此夏气之应，养长之道也。逆之则伤心，秋为痎疟，奉收者少。”夏至开始，阳气渐渐升发至顶峰，万物繁盛开花，人应该多在阳光充足之地活动，晚睡早起，培养户外的兴趣爱好，适当出汗，以帮助阳气外泄。夏热炎炎，最忌讳脾气暴躁，当“常如冰雪在心”。《遵生八笺》中提到了夏季的好玩之事：湖心亭采莼、步山径野花幽鸟、乘露剖莲雪藕、湖晴观水面流虹。夏季天热，不可曝晒，更不可过分贪凉饮冷，冰冷之物过用会使阳气郁闭于体内，到秋天就会出现如疟疾般发热恶寒交替出现的疾病（痎疟）。另外，夏季也是使用天灸治疗慢性病的好时候。三伏天是一年中最炎热的三天，此时阳气达到巅峰，因此，可以借助自然之阳气，将某些温热药物调制后贴在相应的穴位，即可达到扶助人体阳气之目的。需要注意的是，三伏天只能用于虚寒性的疾病，热病、实证是断断不能用的。

夏属火，心亦属火，因此，夏季养生要着重心的养生。心火易于炎上，若与夏热相合，则其热更甚。那是否可以服用寒凉之品以泻心火呢？也不行，过于寒凉更伤心气，譬如冷水骤然浇入烧红的铁锅之中。因此，最佳的养心之法，就是静心、修心，使心不被外界俗世所扰，避免大喜大怒。另外，夏季不超过45分钟的午睡，也是极佳的养心之法。心喜苦润，适当使用百合、莲子、淡竹叶、茯神等养心安神之品煎汤代茶，能减轻心火而无凉遏之虞。同样，心有宿疾的患者，在夏季也容易加重病情。除了现代医学范畴中的冠心病、心肌梗死等疾病外，反复的口腔溃疡或皮肤疔疮、咽干失眠、心烦等都属于心有宿疾的表现，此类患者及禀赋偏于火性之人，更需要在炎炎夏日注意心的养护。

夏天除了炎热外，还有一个重要的季节特点，就是潮湿。沿海的人们对于这一点深有体会。春夏之交，墙壁渗出水珠，衣物被褥全部都湿漉漉的，这就是大家最为嫌弃的“回南天”，也是中医学所描述的“长夏”。长夏属土，脾亦属土，因此，有明显“长夏”特征的沿海地区，夏季养生除养心外，亦需注重养脾。夏季的湿邪侵袭人体，会让人觉得头身沉重、困倦，容易疲劳，不想吃饭，严重的会出现手足水肿。而脾喜性燥之品，其最重要的作用就是运化水湿。因此，长夏季节可适当服用山药、茯苓、白术等健脾化湿的药物，平素多服用小米粥，多吃豆类如白扁豆、绿豆以及薏苡仁等以养脾胃，肥甘厚腻的食物此时自然是不宜的。也可以在室内燃点艾叶，或者随身佩戴装有藿香、佩兰、薄荷等芳香化湿药物的香囊以驱除湿气。

3．**秋季养生**

《内经》云：“秋三月，此谓容平。天气以急，地气以明，早卧早起，与鸡俱兴，使志安宁，以缓秋刑，收敛神气，使秋气平，无外其志，使肺气清，此秋气之应，养收之道也。逆之则伤肺，冬为飧泄，奉藏者少。”秋分是继春分之后，又一个阴阳交替的分水岭。万物果实饱满，而天地之气则逐渐肃杀，阳气渐降，阴气渐升。人也应该开始收敛自身的阳气，早睡早起，减少户外的活动，收敛情志。秋天虽万物开始凋零，但不应产生迟暮之感，反而应多感受自然的美好。譬如，行泠桥畔醉红树、满家巷内赏桂花、策杖林园访菊、北高峰顶观海云，都是能使人心胸为之开阔的佳景。秋天若感受外邪未能及时治疗，冬天就容易出现反复腹泻。

秋属金，肺亦属金，因此，秋季养生要着重肺的养生。肺喜润恶燥，秋高气爽的天气使肺中的津液进一步损耗，因此，需多食柔润生津之品，如麦冬、玉竹、蜂蜜、银耳等，各种各样富含汁液的水果如雪梨、葡萄、柑橘，以及奶制品也能很好地滋养肺津。辛辣之品不但损伤阴液，同时耗散肺气，秋季更应少吃。另外，少说话，有意识地进行呼吸运动，也是很好的养肺之法。肺主皮毛，也就是说，皮肤的润泽及美丽均与肺有关，与其涂抹昂贵的护肤品，不如好好调理肺脏更为实在。肺之宿疾的患者，常常表现为感冒、鼻炎等的反复发作，口鼻、皮肤等各部位的干燥，大便干结等。这些患者，与禀赋偏于金性之人，要多注意秋天干燥肃杀之气带来的危害。

4．**冬季养生**

《内经》云：“冬三月，此谓闭藏。水冰地坼，无扰乎阳，早卧晚起，必待日光，使志若伏若匿，若有私意，若已有得，去寒就温，无泄皮肤，使气亟夺，此冬气之应，养藏之道也。逆之则伤肾，春为痿厥，奉生者少。”冬至开始，就进入了阳气封藏的阶段了。在这一季节里，天寒地冻，人不能扰动阳气，早睡晚起，要等到太阳出来了才可以开始活动。虽然天气寒冷，宜在温暖之地避寒，但室内温度不宜过高，亦不宜用过于温热的食物，否则不但不能养阳，反而热气闭于体内，扰动阴精。为了帮助气血流动，适当的活动也是必需的，《遵生八笺》所描述的湖冻初晴远泛、雪夜煨芋谈禅、山窗听雪敲竹、雪霁策蹇寻梅，都是无扰阳气的极佳画面。冬天若不注意阳气内收、阴精内敛，阴阳无法得到调养，到了春天，就容易得四肢无力、手足冰冷的疾患。冬天是一个非常重要的调养时节，人体的阳气及阴精都需要在冬季善加调养，如此才能在新的一年内更好地抵御外邪，达到养生的目的。

冬属水，肾亦属水，因此，冬季养生要注重肾的养生。肾被誉为人体先天之根本，从婴儿时期的生长发育，到成人时期的繁衍长寿，五脏六腑的给养无不依赖于肾中的精气。不少人为了“补肾”，不辨体质，大啖鹿肉等热性食物，或者动辄服用人参、虫草等精贵补品，甚至将附子、肉桂或者六味地黄丸等药物作为常规的“补肾”手法，实乃可笑可叹。上述均为偏性极大的食（药）物，肾阳确有不足之人才可使用，正常无病之人使用后，不但未能达到养生的目的，反而使邪热扰动肾中阴阳，消耗元气，得不偿失。正常人调养肾脏很简单，首要一点就是不能熬夜，子时（23：00至凌晨1：00）前必须入睡。通俗来说，就是“药补不如食补，食补不如睡大觉”。其他的养肾之法还包括按摩腰部的肾俞穴及足底的涌泉穴，这两个穴位分别是肾的背俞穴及肾经的井穴，是肾经气血汇聚之处，可将两手搓热后进行按摩。另外，肾主骨，齿为骨之余，晨起时用手指叩齿后将口中的津液咽下，也是养肾的一种方法。饮食方面，大辛大热之品是不宜的，多吃黑色的桑葚、黑芝麻、黑豆、黑米，适当食用枸杞子、核桃等效果更佳。肾有宿疾的患者，多表现为腰膝酸软、腿脚无力，精神容易疲乏，偏阳虚的多有手足冰冷、畏寒，偏阴虚的多有潮热盗汗，除了正常的调理外，可适当服用中药，但一定要在中医师指导下，辨明情况，才可服用。禀赋偏于水性的人也是如此。

（四）五味与养生

食物，是自然的馈赠。早在西周时期，就有专事皇帝食物搭配的“食医”。据《周礼·天官冢宰》中记载，食医，“掌和王之六食、六饮、六膳、百羞、百酱、八珍之齐”，掌管对食、饮、膳、羞的调和与搭配，譬如说，主食应当温，羹汤应当热，酱应当凉，而饮料与酒应当寒。此后，对食物的重视与认识逐渐从皇族向平民漫延，食物不仅作为果腹之用，更是调养的一种手段。唐代医圣孙思邈的弟子孟诜所著的《食疗本草》，是已知最早的饮食疗法专著，自此以后，古代医家对食物的认识越来越深化，《食医心鉴》《饮膳正要》《食经》《随园食单》等丰富多彩的食疗书籍，将普通的食材与养生、治病联系起来，为人们提供了一种防病保健的简单方法。正所谓“毒药攻邪，食物养正”，药物（古时又称毒药）是治病的手段，利用的是药物具有的明显偏性，也就是我们所说的“以毒攻毒”，因此，药物针对的是阴阳之性有偏移之人，适应面窄，不能久用。无明显偏性的食物，则是正常人用以养人体正气再好不过的方式。

现代营养学与中医学的食疗有着异曲同工之妙，侧重点都在食物，但是前者更着重于将食物当作糖、蛋白质、脂肪及各营养元素的机械组合，后者更着重于将每一味食材都看作别具特性与灵魂的一个整体。那么中医食疗是通过什么方式来认识食材呢？与中药类似，食物可以依据四气、五味和归经来进行分类。

四气。食物具有的寒、热、温、凉四种性质，并非食物的表面温度，而是其所具有的功能。

寒、凉的食物有清热、泻火、解毒的作用，大部分的蔬菜瓜果、豆腐、鸭蛋等均属于此类；温、热的食物则具有温阳、散寒的作用，大部分的肉类、韭菜、姜、葱蒜、荔枝、糯米等属于此类；除此以外，还有介于两者之间的平性食物，具有健脾胃、补益等作用，如各种豆类、木耳、奶制品等。

五味。食物具有酸、苦、甘、辛、咸五种滋味，除了指食物本身的口感外，更多指其所具有的不同功效。

药食“入口则知味，入腹则知性”，因此，古人很自然地将口感与功效联系起来，并且将五味作为食物的基本滋味，类似于色彩中的三原色。此部分内容将在下文单独分列而论。

归经。食物对人体某些脏腑、经络等部位具有的突出作用。

五脏六腑都具有与之相应的食物：归肝经的有番茄、丝瓜、韭菜、酒、枇杷、芒果、玫瑰花等，归心经的有羊肉、辣椒、绿豆、莲藕、柿子、龙眼等，归脾经的有牛肉、薏苡仁、南瓜、扁豆、苹果、大枣等，归肺经的有鸡肉、白萝卜、蜂蜜、荸荠、梨子等，归肾经的有猪肉、盐、海参、桑葚、黑芝麻、桂圆等，归胃经的有豆腐、大麦、土豆、白菜等，归膀胱经的有田螺、冬瓜、玉米、蕨菜等，归大肠经的有菠菜、茄子、竹笋、蘑菇等，归小肠经的有苋菜、黄瓜、羊乳等。

值得注意的是，食物的四气、五味、归经等是对同一种食材不同角度的描述，只有将这几个方面综合起来，才能更好地认识食物。譬如说，具有属性偏温热的食物除了都具有温阳的效果外，还因为归经的不同，有的偏于温心阳，有的偏于温脾阳，有的偏于温肾阳；食物的归经与五味也有一定关系，辣味的食物多归肺经，甘味的食物多归脾经，酸味的食物多归肝经，苦味的食物多归心经，咸味的食物多归肾经。

为什么将五味作为中医食疗养生的代表部分呢？《内经》有云：“谨和五味，骨正筋柔，气血以流，腠理以密，如是则骨气以精。谨道如法，长有天命。”也就是说，选用的食物搭配起来需要五味调和，这样人体的气血、骨肉、皮肤等才能正常生长。更重要的是，如前文所论述的季节一样，五味可以与五行搭配，进而可以与脏腑搭配，能更为方便地指导养生。《内经·灵枢》的五味篇最早将五味与其他瓜果蔬菜及食物的颜色进行了简易归纳，如表13－3所示。

表13－3　五行、五味、五色以及其他蔬果归纳表

五行	五味	五色	五谷	五畜	五菜	五果
木	酸	青	麻	犬	韭菜	李子
火	苦	赤	小麦	羊	薤（藠头）	杏子
土	甘	黄	粳米	牛	葵	大枣
金	辛	白	黄黍	鸡	葱	桃子
水	咸	黑	大豆	猪	藿	栗子

后世对五味的食疗养生研究得越来越透彻，也越来越具有现实意义。除了酸、苦、甘、辛、咸五味之外，食物中尚有淡、涩二味，但因为功效类似，医家多将涩味附于酸味之下，淡味附于甘味之下，下文将对此进行分列论述。

1. **酸味（涩味）**

涩味食物，能收，能涩，具有收敛固涩的作用；酸味食物除了具有涩味食物的作用外，还能生津。多虚汗的、虚性腹泻日久的、肺虚久咳的、长期遗尿的，都可以用酸味食物辅助治疗。譬如，石榴能涩肠，有很好的止泻作用；乌梅能止渴生津，还能止蛔虫发作时的腹痛；桃干能收涩腠理，止虚汗。其他的酸味食物有番茄、木瓜、醋、柑橘、柠檬、李子、芒果、葡萄等。

什么情况下可以适当地多吃酸味食物呢？有的人会以为，既然肝属木，酸也属木，那么但凡肝病的人不就可以多吃酸味食物了？然而，肝病有虚有实，如此机械地将所有事物都套进五行里，还是中医吗？“五味入胃，各归所喜攻……久而增气，物化之常；气增而久，夭之由也”，五味确实有各自作用趋向的脏腑，酸味入肝，但其作用却具有好与坏的两面性，不可一概而论。实际上，《内经》是这样认识酸味食物的适应证的：“肺欲收，急食酸以收之，用酸补之，辛泻之”；“心苦缓，急食酸以收之”。这两句话是什么意思呢？

我们先明确一个问题，这里的“补”和“泻”指的是肺气不足要补气，肺气过多要泄气吗？当然不是。中医学里有句话“顺其性为补，逆其性为泻”，落实到这句话的意思是，“肺欲收”，肺气可能因为什么原因耗散了，所以，这时肺需要的是具有收敛作用的药（食）物，那么顺应其收敛需要的就是“补”，而忤逆其收敛需要、反而耗散的就是“泻”。打个比方，有个咳嗽了很久的病人，中医辨证为肺气虚，这时候就需要多吃酸味的食物，而不能再吃辛辣的食物，以免继续耗散肺气，造成久咳不愈。“补”和“泻”是中医学中很重要的概念，需要明辨清楚，才不会被弄糊涂。那么“心苦缓，急食酸以收之”又是什么情况呢？苦，指的是患了某种疾病。心病同样有虚有实，这时心得的病叫作“心气过缓”。就像范进中举一样，突如其来的中举让范进狂喜得犯了病，不识人事，“兀自拍手大笑”，就是心气过缓的典型表现。这时候就当用酸味药（食）物收敛涣散的心气了。总结这两句话，就是具有收敛作用的酸（涩）味食物，对于肺气耗散及心气涣散的情况尤为适宜。

什么情况又不应多吃酸味的食物呢？“酸走筋，筋病无多食酸”；“肝欲散，急食辛以散之，用酸泻之”。首先，筋属木，因此，筋病的患者不宜多吃酸味，也就是患有手足痉挛或者痿软无力的病人不适合多吃酸味食物；其次，肝气郁结需要发散肝气的病人，譬如说容易生气的、一生气就腹痛的病人，也不适合多吃酸味。

《内经》云“阴之五宫，生于五味；阴之五宫，伤于五味”，五宫在这里指代脏腑，也就是说，脏腑虽然需要五味化生、将养，但是五味偏性太过也会造成脏腑的损伤。那么如果正常人吃了太多的酸味食物会怎样呢？《内经》明确指出，“味过于酸，肝气以津，脾气乃绝”，“多食酸，则肉胝皱而唇揭”，这时候就可以用五行的相克理论进行解释了。肝木太过亢盛会克制脾土，而肌肉又是脾土所主，因此，过度服用酸味的食物，会造成脾胃损伤，出现皮肉硬厚、皱缩，口唇翻起以及其他如腹胀、纳呆、腹泻等脾胃虚损的表现。

2. 苦味

苦味食物，能泻，能燥，也就是具有清热泻火、泻下通便、降气及燥湿的作用。盛夏季节的岭南地区多湿热，本地人酷爱饮用凉茶，就是取其能泻火、降燥湿之用。但凉茶毕竟是药物，过于苦寒，反伤脾胃阳气。这时，不妨吃一些苦味的食物，譬如苦瓜、苦杏仁、大头菜、槟榔、莲子、茶叶、苦荞麦等。

什么样的情况适合多吃苦味食物呢？《内经》提到，“脾苦湿，急食苦以燥之”“肺苦气上逆，急食苦以泄之”，因此，湿邪困脾而出现的头身困重、食欲下降、痤疮，肺气上逆的咳嗽、胸闷，以及确实由湿邪或者实热证引起的皮肤瘙痒、便秘、小便疼痛等都可以多吃苦味的食物。

什么样的情况又不适合吃苦味食物呢？《内经》提到，“脾欲缓，急食甘以缓之，用苦泻之”“苦走骨，骨病无多食苦”，这里面也提到了脾，与前文被湿邪所困的脾不同，这里的脾没有被湿邪所困，但是自身却很虚弱，因此，本身脾虚的人，例如进食后胃部容易疼痛、闷胀不适以及形体消瘦的，都不适合用苦味的药物。这也印证了前文所说的，凉茶不能多喝，否则伤脾，就是这个道理。除此以外，骨病，也就是骨质疏松，或者骨头受过伤的人，都不适宜用苦味食物。正常人如果吃了过多苦味食物会怎样呢？“味过于苦，脾气不濡，胃气乃厚”“多食苦，则皮槁而毛拔”，一方面，损伤脾胃，也就是所谓的凉茶之患；另一方面，苦味属火，过于旺盛的火会灼伤肺金，而皮毛为肺金所主，这时就会出现肌肤晦暗枯槁、头发脱落，所以，苦味食物吃多了，对容貌也会是一种损害。

3. 甘味（淡味）

甘味食物，能补益，和中，缓急止痛，大部分的食物都是甘味，或者同时具有甘味，因此，才会有“药物攻邪，食物养正”的说法。甘味食物可用于养正气，还有很好的补虚作用，补益效果较突出的包括补脾肺之气的蜂蜜、补脾胃的大枣和牛肉等，燕窝、鲍鱼、虫草等较贵重的食材也属于甘味一类。淡味，因其不具有特殊的滋味，习惯上与甘味同列，主要具有渗湿、利尿的作用，对于小便不通、水肿的人，可以代替苦味食物帮助驱除湿邪，譬如药食同源的薏苡仁、茯苓、绿豆、赤小豆等，淡味食物的适应证与限用情况也与苦味类似，可互相参考。

从广义来说，大部分的食物都具有甘味，就补养正气这一方面而言，只要食物种类齐全、用量节制，并没有什么适合不适合的情况。从狭义来说，具有明显甜味或者明显补益作用的食物，依然会有需要注意的地方。

什么样的情况适合多吃甘味食物呢？《内经》云“肝苦急，急食甘以缓之”“脾欲缓，急食甘以缓之”。所以，肝木亢盛的人，例如头晕头痛、面红目赤、容易生气，或者经常手足痉挛，以及高血压的患者，可以多吃甘味食物；脾胃不足的人倒是有点特殊，中医学讲，甘能生湿，湿会使脾胃进一步虚损，因此，对于脾虚的人来说，过甜的食物不适合单独使用，搭配能燥湿的苦味或淡味食物会更好，牛肉炖山药、茯苓红枣小米粥等都是不错的选择。

什么样的情况不适合吃甘味食物呢？《内经》云“心欲耎（软），急食咸以耎（软）之，甘泻之”“甘走肉，肉病无多食甘”。一方面，心火过于亢盛，需要用水灭火，而甘属土，土为心火之子，再用甘味，则仿若火内添油，其火愈旺。所以，常常失眠烦躁、口舌生疮、小便又黄又痛的人，甜的食物是不适宜的。另一方面，脾主肌肉，肥胖的人自然是不适合甜食了。

正常人如果吃多了甘味食物会怎样呢？消化不良、肥胖这些脾胃病大家是知道的，除了这些以外，《内经》还提到“味过于甘，心气喘满，色黑，肾气不衡”“多食甘，则骨痛而发落”，也就是说，土会克制肾水，肾主骨，因此，还会出现面色发黑、下肢水肿、喘不上气、骨头疼痛、脱发等一系列典型肾病的表现。高昂补品看似很好，使用不当，往往过犹不及。

4. 辛味

辛味食物，能发散、行气、活血。这些食物大多具有比较辛香浓烈的气味，如姜、葱、大蒜、香菜、辣椒、茴香、花椒、佛手、香橼、薄荷、玫瑰等。感冒了，喝上一碗姜汤水，就是取其能发散外邪的作用。对于气滞血瘀的人，譬如，月经前胸部胀痛、月经不调、情绪容易抑郁，或者经常磕磕碰碰、皮肤有小肿块的，都可以用玫瑰、佛手等疏肝解郁、行气活血。

什么样的情况适合辛味食物呢？《内经》云“肝欲散，急食辛以散之，用辛补之”“肾苦燥，急食辛以润之”。前一种情况就是上文提到的容易肝气郁结的人，后一种情况比较复杂，涉及了中医真假辨证的问题。简单来说，这里面的燥并不是肾真的缺水了，恰恰相反，是由于各种原因造成的水湿停在了体内，使人表现出了口渴，但不管喝多少水都仍然不能解渴。就好比河道被淤泥堵塞，上游水很多，但是水冲不到下游，这时候不管继续往上游灌多少水，下游依然缺水，唯一的办法就是先清理淤泥。辛味的药（食）物就是把人体内的淤泥清理掉，水自然就能到达全身。所以，又口渴又水肿的人，吃补阴的食物例如银耳、玉竹是没有用的，多吃辛味的食物更有帮助。

什么样的情况不适合辛味食物呢?《内经》云“肺欲收，急食酸以收之，辛泻之”“辛走气，气病无多食辛”。这两句很好理解，久咳、气短、反复感冒以及拖了很久的支气管炎、哮喘等都不能用辛味的食物，否则耗气越来越厉害，病也好不了。另外，姜葱蒜这一类食物，往往比较温热，容易上火或者便秘的人，也不能多吃了。

正常人辛味食物吃多了会怎样呢？“味过于辛，筋脉沮弛，精神乃央”“多食辛，则筋急而爪枯”。肝主筋，辛味食物吃多了，除了出现内热及耗气（精神乃央）的情况外，还可能造成筋脉的拘挛（俗称“抽筋”），指甲枯萎干燥。

5. 咸味

咸味食物，能软坚、散结。很多海产品或河鲜可归为咸味食物，例如海参、海带、紫菜、螃蟹、鳖等。很多肿块型的疾病，包括缺碘性甲状腺肿（俗称的“大脖子病”）、淋巴结核、子宫肌瘤、脂肪瘤、良恶性肿瘤等，都属于中医学需要软坚散结的范畴。健康人如果发现自己皮肤表面容易长一些小包块、小疙瘩什么的，除了外用药之外，也可以适当选用咸味食物。

什么样的情况适合咸味食物呢？“心欲耎（软），急食咸以耎（软）之，用咸补之”。上文提过，心火亢盛当用水，咸属水，可以适当选用咸味食物。苦味食物虽然泻火作用更好，但也有伤脾胃之虞，所以心火亢盛不明显的，例如偶尔失眠的，选咸味食物会更佳。

什么样的情况不适合咸味食物呢？“肾欲坚，急食苦以坚之，咸泻之”“咸走血，血病无多食咸”。前文提过，口渴又水肿的人体内并不缺水，而咸属水，咸味食物吃多了反而会造成体内水湿泛滥；血属火，水盛则克火，常常头晕眼花、手足麻木的心肝血虚之人，慎选咸味食物。

正常人吃多了咸味食物会怎样呢？从《内经》而言，“味过于咸，大骨气劳，短肌，心气抑”“多食咸，则脉凝泣（涩）而变色”，损及心、血脉及肾脏自身，出现血脉瘀阻、心气不足、动则气喘、站立不能等表现，与现代营养学中口味过咸容易造成冠心病、高血压、肾脏疾病等有着类似的认知。

（五）七情与养生

中医学认为，所有的疾病都是由三因所致，宋代陈无择的《三因极一病证方论》是这样概括三因的：“六淫天之常气，冒之则先自经络流入，内合于脏腑，内外所因；七情人之常性，动之则先自脏腑郁发，外形于肢体，为内所因；其如饮食饥饱，叫呼伤气，金疮踒折，疰忤附着，畏压溺等，有悖常理，为不内外因。”除了前文提到的四时（外因）及五味（不内外因）之外，还有一个很重要的致病因素，就是内因——七情。七情，即怒、喜、思、悲、恐、惊、忧，其所引起的疾病，是中医学情志致病的代表者。提到情志，往往以七情概括，实际上，除了七情，情志还包括五志，即魂、神、魄、意、志。与西方医学不同，情志致病，也可以理解为情绪引起的疾病，它侧重的是情志与脏腑之间的相互影响，而并不着重于精神性疾病本身。先秦遗作《山海经》记载了狂、痴等情志疾病，被视为最早描述情志病的书籍。既然情志与脏腑有着密切的关系，自然也能采用五行归类法。中医学将类似的悲、忧归为一类，惊、恐归为一类，以此来与五行相应。情志归类如表 13 –4 所示。

表 13 –4　五行五脏与情志归类表

五行	五脏	七情	五志
木	肝	怒	魂
火	心	喜	神
土	脾	思	魄
金	肺	悲（忧）	意
水	肾	恐（惊）	志

1. 五志的定义

《内经·灵枢》中的本神篇是这么定义五志的。“生之来谓之精，两精相搏谓之神”，“神”，是中医学一个重要而有多重含义的术语，可以指自然变化的规律，可以是对人体生命活动的高度概括，而在这里，它是指人体所有的意识及思维活动（反正是没有神灵这一含义的）。与“神”相关的五脏，就是心。也许有人会问，西医解剖里脑才具神经系统，跟心有什么关系？有必要再次强调，中医的脏腑是对人体功能的概括，心在中医学被誉为“君主之官”，也就是说，但凡支配人体活动、占据重要地位的均可隶属于“心”，意识思维很明显具有这一重要地位，因此，心藏神。“随神往来者谓之魂”，魂在正常生理状态下藏于肝，人是没有感觉的，只有在它不能藏的时候，才会出现幻觉，甚至梦游。梦多也是魂不能藏于肝的表现，魂与心神出入，因此，失眠的人，往往入睡后也梦多。采用补养肝阴、肝血的方法治疗梦多、易醒，效果十分不错。“并精而出入者谓之魄”，魄附于阴精，这里的阴精实际上与意为功能的阳相对，指的是形体。魄与形体相附，指的是对外界的感觉（特指温度觉、痛觉、触觉等）。因此，对感觉障碍的治疗，多从脾胃入手。“所以任物者谓之心，心有所忆谓之意，意之所存谓之志”，对外界事物的感知、接受都需要心的参与，而对这些事物的回忆能力（或者叫作短期记忆）称为意，长期的回忆能力则称为志。因此，记忆除了与心有关外，还与肺、肾相关。从上文可以看出，中医的神魂魄意志是对神经系统不同功能的描述，可以直接指导治疗。

2. 情志与脏腑之间的关系

中医学认为，情志与脏腑之间是互为影响的。《内经》将情志对脏腑的影响概括为“怒则气上，喜则气缓，悲则气消，恐则气下，思则气结”，这里的气，指的是各相应脏器的“气”，并非人体的元气。具体来说，过怒会造成肝气上逆，严重的会出现呕血、突然晕倒，或者由于肝克脾土而造成腹泻；过喜会造成心气涣散，严重的就会出现“范进中举”的情况；过悲会消耗肺气，肺的作用是将水谷精微散布到全身，现在肺气被消耗了，水谷不能布散到全身，就会出现身体的疲乏无力；过恐会伤肾，肾中的精气下泄，出现小便失禁、滑精；过思则会伤脾，脾胃是全身之气机的枢纽，现在脾气被伤，该升的气不升，该降的气不降，就会郁结在中焦，出现胃脘、腹部的闷胀不适。因此，中医养生学始终强调“恬淡虚无”的重要性，保持平和的心态，避免过激的情绪，对身体是有非常直接的好处的。

3. 以情胜情——情志病的治疗方法

以情胜情，是以五行学说为基础，采用七情相克的方法治疗情志病。金元医家张子和，是首位明确提出这一治疗方法的医家。他在代表作《儒门事亲》里提到：“悲可以治怒，以怆恻苦楚之言感之；喜可以治悲，以谑浪亵狎之言娱之；恐可以治喜，以恐惧死亡之言怖之；怒可以治思，以污辱欺罔之言触之；思可以治恐，以虑彼志此之言夺之。凡此五者，必诡诈谲怪，无所不至，然后可以动人耳目，易人听视。”张子和在治疗疾病的时候，也将这一套“以情胜情”的理论贯彻其中。他在治疗因忧虑而心痛的病人时，曾一边进行针灸，一边让人为病人表演歌舞笛鼓；在治疗因忧思而失眠多日的病人时，曾假装醉倒在病人家里，对病情不闻不问，致使病人勃然大怒，但当夜即可安眠；在治疗因恐惧而腹泻不止的病人时，曾与之谈论病人喜好的日月星辰、风云雷雨长达四个时辰（约 8 个小时）之久，病人听得入了迷，也忘了腹泻的事。同样采用以情胜情方法治疗疾病的，还有同时期的另一个著名医家朱丹溪。《名医类案》里面记载了这样一例病案：某女嫁人后，其丈夫因为经商两年未归，因此不进食，终日只是睡卧在床上，好像痴了一般。朱丹溪诊查后认为，这是过度思虑造成的脾土郁结，只用药很难治好，需要用肝木之怒，冲开脾土。于是，故意刺激病人，让她气得大哭，过一会儿才慢慢宽慰她，再进了一服药，病人就开始要粥喝了。但是，脾土虽解，还需喜治，这样才不会再次郁结。因此，又假扮女子丈夫修书信一封，称不久后将归来，该女子的病才逐渐好转。

不过，并不是所有的情志病都可以单纯采用五行相克的方法进行治疗的。除了典型的“以情胜情”外，还有“惊者平之”。某病人因为受到了意外的惊吓，落下了听见声音就会吓得魂飞魄散的毛病，张子和采用的办法就是不断地拍打病人的门窗，发出声响，病人慢慢对声音习以为常，病就好了。这种方法类似于现代心理学中脱敏疗法的雏形。需要提醒的一点是，就如张子和自己所说，情志病的治疗需要医师有丰富的经验，才不会造成意外，且一般都需要同时使用药物治疗，所以，非专业人士请勿轻易尝试。

三、品茗有道：饮茶调心

中国茶文化是中国传统文化在生存层面的重要表现，既体现在“柴米油盐酱醋茶”开门七件事的物质生活层面，也表现在“琴棋书画诗酒花茶”的古人八大雅事等精神追求之中。我们可以看到中国茶文化不仅融入于茶馆酒楼闹市，也在一家一户厅堂之内；不仅展现于庙堂之上，也在江湖之远；不仅有修齐治平的儒家情怀，也有道家的超越洒脱、佛学的般若智慧。深研中国的茶文化对体悟中国文化中的真善美有助益之功用。

（一）药食同源：茶为大药

以茶为药与以茶为食是同存并进的。因为药食同源一直是中国传统养生文化的一大特色。“茶为食物，无异米盐，于人所资，远近同俗。既祛竭乏，难舍斯须。田闾之间，嗜好尤切。”（《旧唐书·李珏传》）可以说以茶为食材或调味料，并将茶视为药，自从中国先民发现茶后即同在历史中发展渐进。唐陆羽《茶经》言“茶之为饮，发乎神农氏，闻于鲁周公”。“发乎神农氏”是指神农尝百草，汉《神农本草经》言：“神农尝百草，一日遇七十二毒，得茶而解之”，这是将茶之发现归功于神农氏。这一传说中茶的身份特征是解毒之药。所谓“闻于鲁周公”是指真实可证之史。东晋常璩《华阳国志·巴志》载有周武王灭纣时，征战巴蜀，巴蜀之国即可能以茶为贡品，结盟武王。《巴志》之二说：“周武王伐纣，实得巴蜀之师，著乎《尚书》。巴师勇锐，歌舞以凌殷人，殷人倒戈。故世称之曰‘武王伐纣，前歌后舞’也。武王既克殷，以其宗姬于巴，爵之以子。古者，远国虽大，爵不过子。故吴楚及巴皆曰子。”《巴志》之三又言道：“其地，东至鱼复，西至僰道，北接汉中，南极黔涪。土植五谷。牲具六畜。桑、蚕、麻、苎，鱼、盐、铜、铁、丹、漆、茶、蜜，灵龟、巨犀、山鸡、白雉，黄润、鲜粉，皆纳贡之。其果实之珍者，树有荔支，蔓有辛蒟，园有芳蒻、香茗，给客橙、葵。”如果茶为贡品自周武王时始有，那么茶的发现和使用应远早于此。但《华阳国志·巴志》的二三节本是分节成书，上下文意并不相连，因此以茶为贡也可能不在周武王时，而该书成于东晋，所以至少到东晋时期，茶为贡品应不成为问题。

顾炎武《日知录》有言：“是知自秦人取蜀而后，始有茗饮之事。”茗饮之法，大体是“喝菜汤”式吃法，是以茶为食，《晏子春秋》称之为“茗菜”。《广雅》中言：“荆巴间采茶做饼，叶老者，饼成以米膏出之。欲煮茗饮，先炙令赤色，捣末，置瓷器中，以汤浇覆之，用葱姜、橘子芼之。其饮醒酒，令人不眠。”茶的吃法以茶树老叶制饼，并和之以米汤，再配入葱姜橘子等调味料，茶的药物作用是有益于醒酒及提神。《神农食经》“茶茗久服，令人有力、悦志”，茶的作用为和益身心。陆羽《茶经》中言："茶之为用，味至寒，为饮最宜精行俭德之人。若热渴、凝闷、脑疼、目涩、四肢乏、百节不舒，聊四五啜，与醍醐、甘露抗衡也。"陆羽将饮茶与人之德行相关联，这是对品茗茶事精神内涵的超越性提升，自此品饮由物质生活的层面上升到了精神追求。但这并不意味着原来的物质性需求消失，物理性的作用与精神性的追求二者是同存的。所以在"为饮最宜精行俭德之人"后，陆羽还是从药用、食用的角度对茶进行阐释。"啜苦咽甘，茶也"（《茶经》），这是品饮的口感。"至若救渴，饮之以浆；蠲忧忿，饮之以酒；荡昏寐，饮之以茶"（《茶经》），陆羽在这里将水、酒、茶相较，茶的作用是提神。"饮之语话，能去昏沉。"（《茶酒论》）也是以醒神为茶之效用。唐代《茶述》中说："茶，起于东晋，盛于今朝。其性精清，其味浩洁，其用涤烦，其功致和。""参百品而不混，越众饮而独高。……与粗食争衡，得之则安，不得则病。"《采茶录》又言"丹丘生大茶，服之生羽翼"，这些论述皆以茶可以去病静心。

概言之，可以这样认为，以茶为食、以茶为药，一直是中国茶文化的重要构成。如宋代《大观茶论》言茶可以"祛襟涤滞，致清导和"，《建茶论》中说"茶之为物，涤昏雪滞，于务学勤政，未必无助，其与进荔枝、桃茶者不同"。这些对茶之功用的解读是以茶为食为药的具体表述，是药食同源理念的展开。

药食同源的饮茶理念对东亚茶道发展影响深远。如南宋时期日本学者荣西的《吃茶养生记》，其序言道"茶者，末代养生之仙药也，人伦延龄之妙术也"。荣西以茶为大药，饮之可延年益寿。此种致思方向，在当代茶文化的发展中依然有其价值。在当代社会，茶作为健康饮品，无论是绿茶、红茶、青茶、白茶，还是黄茶、黑茶、普洱茶在其饮用功效的表述中皆突出了其药用价值，如绿茶消暑、红茶养胃、青茶降脂、白茶护肝、黄茶消炎、黑茶利尿、普洱茶养心等。

（二）以茶通道：茶为良媒

茶是沟通人与自然、人与他人、人与社会、身与心的良媒。中国先民无论是在深受儒学影响的日常生活之中，还是在践履佛道两家的方外修行之中皆有"茶"的身影。可见，"茶道"是通向中国文化的大道，即以茶为媒，品茗者各沿其精神致思之方向，能止其所当止。这里试以儒家视域中的茶与礼，作一例证。

茶本自然之物，以儒家思想观茶，茶即从自然世界进入儒家的人文化成之中。儒学强调以礼约人，导人行仁义，入圣贤。这种以礼约人的思想特质，也必然表现于品茶过程中的各种规范和仪式之中。茶席之坐序、敬茶之先后、品评之次递等皆有规矩要遵循。中国传统儒家茶道的深层理念即是将人伦的孝亲长幼等观念融入于一杯茶汤，从而助益品茗者从中体会仪规法度，约己成仁。如果以礼约人式的茶道强调的是对规矩的切实体验，那么这种体验的终极指向则是"从心所欲不逾矩"。也就是将品茗的外在规范内化，从自我约束到超越规矩，自然而然。

儒家礼的本质是以"仁"化人，以仁学为茶道的内在诉求，强调对品茗者精神境界的提升，“仁者泛爱天地”，以仁德诠释茶德。将品茶当作是格物致知正心诚意的修身过程，将奉茶于人作为调整人际关系的方法进路，以茶为媒，正己正人，将茶本身的自然之理，变换成人伦之理。例如茶之回甘，与人生之苦乐，可相感互应。朱熹言：“物之甘者，吃过必酸；苦者吃过却甘。茶本苦物，吃过却甘。”他认为茶所体现的道理与人生之理是同一“理”的不同展现，朱熹直言茶道与人伦“也是一个道理。如始于忧勤，终于逸乐，理而后和。盖礼本天下之至严，行之各得其分，则至和。又如‘家人嗃嗃，悔厉吉；妇子嘻嘻，终吝’，都是此理”。品茶口感的先苦后甘，与人生的忧乐同存、家庭教育的宽严得当都可以相类比，可见品茶的过程在朱子这里实是品味人生。朱熹说：“建茶如‘中庸之为德’，江茶如伯夷叔齐。”又说：“南轩集云：‘草茶如草泽高人，腊茶如台阁胜士。’似他之说，则俗了建茶，却不如适间之说两全也。”① 建茶是宋时武夷建瓯北苑所产的龙凤团茶，作为贡茶，其制作过程是采青芽后，细碾入罗，蒸熟并和以香料，以保持绿色。因其茶面色泽光莹，又饮用时碾碎、烹煮，其茶汤如白乳，汤面似熔腊，故又称之为腊面茶。相较而言草茶制作方法粗略，但得自然之情趣。朱子以中庸之德赞喻建茶，是将建茶的地位提升到极高处。因为在朱熹的学术体系内，“中庸”这一儒学理念处于核心地位。

陈香白先生认为中国茶道的哲学基础是“茶道即人道”②，而人道本身是一个抽象复杂的概念。道家有“消人归道”之虑，佛学则倡导“无人我”的空相，延此理路，就儒学视界中的茶道而言，中国茶道的哲学基础应是“仁道”更为恰当。儒学以礼与仁为表里，仁为体，礼为用。君子人格是以礼表仁，以仁行礼，从而达于内外合一，文质彬彬，孔子言“从心所欲不逾矩”。

再如《礼记·哀公问》中孔子言：“古之为政，爱人为大；所以治爱人，礼为大；所以治礼，敬为大；敬之至矣，大昏为大。大昏至矣！大昏既至，冕而亲迎，亲人也。亲之也者，亲之也。是故，君子兴敬为亲，舍敬，是遗亲也。弗爱不亲；弗敬不正。爱与敬，其政之本与？”这里以“爱与敬”作为执政之本，又以天子之大婚作为礼的具象体现。孔子以“仁者爱人”释仁，而爱（）指向以心示人，惠及他人。许慎《说文解字》言：“爱，惠也，从心先声。”如何惠人呢？可以“忠恕之道”解之。忠是积极助人，“己欲立而立人，己欲达而达人”。恕是不害人，“己所不欲，勿施于人”。

如何将内在的仁爱外显成行为？儒学是以“外在之礼”将此“内心之爱”表达出来。《说文》言：“礼，履也。所以事神致福也。”礼的本义是事鬼敬神之仪规，履礼以事神。无论是存在论还是意义论上的天神地祇、人鬼、祖先神等设定，先民是以敬畏的态度对之。“敬，肃也”（《说文》），是自我苟敬、肃穆。苟，“自急敕也。从羊

① 《朱子语类》杂类第138卷。

② 陈香白. 中国茶文化［M］. 太原：山西人民出版社，1998：47.

省，从包省。从口，口犹慎言也”（《说文》），是“如临深渊，如履薄冰，战战兢兢”之态。孔子以大婚之礼仪表达敬与爱，体现了血缘家庭关系在春秋时期社会关系的重要性。

礼的作用是约人之行，因此所有仪礼皆是指向这一目标。春秋战国时代礼崩乐坏，仪礼虽存，但礼的约束力削弱，徒存形式。孔子思想的创新处即在于将此外之礼内化为仁德，“人而不仁，如礼何？人而不仁，如乐何？”（《论语·八佾》）仁与礼从而成为儒门学说的“一而二，二而一”的核心要义，化人以德与约人以礼同存并在。

由上而言，婚礼是世俗生活中礼之重者。常言婚丧嫁娶，将婚礼放至首位，是因为中国传统的血缘伦理将生命的传承当作是人生最重要的大事。伴随茶文化的兴起，茶在婚礼中所扮演的权重也不断加重，最迟至宋代，“茶礼”成为嫁娶礼仪的必要部分。明代郎瑛在其《七修类稿·事物·未见得吃茶》言道：“种芝麻，必夫妇同下其种，收时倍多，否则结稀而不实也。故俗云：‘长老种芝麻——未见得者’，以僧无妇妇耳。种茶下子，不可移植。移植则不复生也。故女子受聘谓之喫茶。又聘以茶为礼者，见其从一之义。二称皆谚，亦有义存焉耳。”以“喫茶”“吃茶”作为娶女的“受聘”礼代称，在明清小说中有多处描述如：

> 中了我的计策了，准备筵席、茶礼、花红，克日过门者。（《西厢记》第三折）
>
> （秀英）已是十八岁了，尚未吃茶。（《西湖佳话·断桥情迹》）
>
> 王熙凤“你既吃了我家的茶，怎么还不做我家的媳妇”。（《红楼梦》第25回）
>
> 你姑夫在时已许了人家。姻缘不偶，未过门就断了。而今还是个没喫茶的女儿。（《二刻拍案惊奇》卷三）

这里的吃茶、喫茶、茶礼都直接与婚礼相关，可见至少明清时期将茶作为婚礼的重要象征已成为中国婚礼传统的不可或缺的组成部分。

综上而言，茶不仅在中国传统生存世界中有重要意义，融入于百姓日常生活，在茶楼市井中体现出儒家所倡导的礼仪规范，以“茶”为沟通人我的良媒桥梁。茶还对中国人文精神的锤炼、提升有直接关联，借助人与茶的相感互通，品茗者可以体悟人生之理，获得人伦之乐。

（三）结语：以茶调心

对于中华茶道，从儒道佛三家思想看，我们至少可以从三个角度加以理解。

（1）茶道即仁道。在生活世界中，中华茶道体现出重视人生、人伦的中国特色。中华茶道表现为以仁爱之心待人接物，将茶作为仁心仁德的具现方式，以礼仪规范诠解茶仪，将儒学之礼化为茶礼，追求“从心所欲不逾矩”境界。

（2）茶道即禅道。以佛学看茶道，中华茶道的发展与僧人品茗风气的出现、形成密切相关。所谓“茶禅一味”“吃茶去”等禅门公案是以禅理言说茶道，借茶以悟禅机。

（3）茶道即自然之道。以道学观茶道，茶成为性命双修的大药。在道教的修行体悟中，以茶来保养生命，燮理阴阳。道茶既注重茶的自然性状，也关注茶与精神层面的互通。在服食药饵理念的指引下，品茗者希望借后天之力（茶）补人先天之不补，从而养生长寿。

思考与讨论

1. 中国武术源远流长，博大精深。可是直到今天，我们依然难以摸清楚它的来龙去脉。武侠小说中的那些降龙十八掌、罗汉拳、打狗棒法等武术招数真的存在吗？中国武术真的这么神秘吗？是我们夸大了自己，还是我们丢失了很多东西，而这些东西恰恰包含了我们的文化精髓？

2. 2008 年奥运会上武术作为特设项目被列入比赛，这对于中国武术的国际化固然是一个不错的机会。可是，中国武术的国际化一定要靠奥运会吗？瑜伽没有进入奥运会，为什么全世界的人都那么疯狂地迷恋它？

3. 中医理论中的“补”和“泻”是什么意思？仅仅指代“补充”和“减少”吗？

4. 中医的“辨证”与西医的“辨病”有什么不同？

5. 中医学的“情志致病”与西医学的精神性疾病相比，有何不同？情志病有哪些治疗方法？

6. 中华茶道的本质如何界定？与日本、韩国的茶道相比有何特点？请举例说明。

·参考文献·

[1] 于志钧. 中国传统武术史 [M]. 北京：中国人民大学出版社，2012.

[2] 陈金水. 中医学 [M]. 9 版. 北京：人民卫生出版社，2018.

[3] 丁以寿. 中国茶文化概论 [M]. 北京：科学出版社，2018.

[4] 李萍，等. 天地融入一茶汤：中华茶道中的儒学精神 [M]. 北京：人民出版社，2019.

第十四章　景观文化

藏风聚气，移步换景

学习目标

定义：崇尚自然；天人合一；礼制性建筑。

描述：藏风得水；建筑等级；山水意境。

理解：天人合一。

辨别：森严的建筑等级限制了中国古典建筑的创新，但促使了园林艺术的极致发展。

分析：“天人合一”思想体系对于中国古典建筑的积极、消极意义。

一、风生水起：堪舆学的过去与现在

堪舆学作为中国传统文化的一部分，从产生至今已有几千年的历史，凝聚了几十代中国人的智慧。作为一种相地、相宅、相墓之术，主要通过司南、六壬式盘、罗盘等堪舆工具，最大限度地追求天时、地利，以期达到人和。由于其中承载了天文、地理等方面的知识，在中国古代，堪舆学不仅被广泛应用于宅、地的选择，还对城市选址、建筑设计等方面产生过重要影响。即使在今天，其中的科学成分在城市规划、室内空间布局等方面仍有借鉴意义。

（一）堪舆学的起源

“堪舆”一词最早见于西汉初期《淮南子·天文训》：

> 北斗之神有雌雄。十一月始于子，月从一辰，雄左行，雌右行。五月合午谋刑，十一月合子谋德。太阴所居辰为厌日，厌日不可以举百事。堪舆徐行，雄以音知雌，故为奇辰。①

“堪舆徐行，雄以音知雌”是说北斗之神雌神与雄神，自十一月“子”辰开始运行，每月运行一辰，雄神向左运行，雌神向右运行。至五月会合于“午”辰，夏至阴始生，开始转向阴刑，即“谋刑”；至十一月又会合于“子”辰，冬至阳始生，开始转向阳德，即“谋德”。二者徐徐从容地运行，雄神凭借声音能够判断雌神运行的轨迹。这里，“堪舆”是实指北斗之神，也即雌神与雄神。可知，“堪舆”一词的产生，最初与天文有关，主要是通过观察天象来判断吉凶。

东汉时，许慎《说文解字》将“堪”解释为“地突也，从土甚声”，将“舆”解释为“车舆也，从车舁声”。清代段玉裁注此处云：“地之突出者曰堪”，“舆为人所居，可独得车名也”。此时，“堪舆”已与地理有关，主要指考察山川丘陵等地理环境，找寻宜居之所。同时，许慎注《淮南子·天文训》“堪舆徐行”，将“堪舆”进一步解释为“堪，天道也；舆，地道也”，将堪舆的含义由实指北斗之神引申为天地之道。这样，堪舆不仅与天文相关，也囊括地理，主要通过观察天文、地理并分析二者的对应关系来预测吉凶。又《汉书·艺文志》“术数略”分为天文、历谱、五行、蓍龟、杂占、形法六类，其中，“五行”类收录《堪舆金匮》十四卷；“形法”类收录《宫宅地形》二十卷。这两部与堪舆有关的著作分别被收录进“五行”与“形法”类，说明堪舆一词在汉代逐渐演变为术数的代称。但此时“堪舆”不论是指天地之道，还是作为术数的代称，都主要是运用天文和地理知识来预测吉凶。或许正是因为堪舆在预测吉凶过程中运用的知识囊括天文、地理，将所预测之事置于特定时空之中，后来逐渐与相地、相宅、相墓之术相渗透，演变为专门的相地、相宅、相墓之术，即人们试图通过对生时所居之所、死时所葬之地的选择，以达到趋吉避凶的目的。

虽然“堪舆”作为专门术语产生于汉代，但处于萌芽阶段的早期堪舆实践活动在先秦时期已经出现。我国现存最早的地理著作《尚书·禹贡》，记载了禹以自然的山川、河流为界，将疆域划分为九州，以及九州的水利情况、土壤性质等，根据水利、土壤情况确定赋税的等级、进贡的产品以及进贡的路线。同时，通过“导山”“导水”两项工程，使“九州攸同，四隩既宅”，九州的水利都得到治理，四方的土地都适宜居住。《史记·夏本纪》也记载禹为“平水土”，“居外十三年，过家门不敢入”，“左准绳，右规矩，载四时，以开九州，通九道，陂九泽，度九山”。用四时都携带的测量工具准绳和规矩，划分九州，疏通九州道路，修建九州大泽堤防，度量九州山脉。其中，在禹划分九州以及“导山”“导水”过程中不乏早期“堪舆”萌芽阶段的实践活动。同时，早期堪舆观念在先秦时期也已萌芽，主要源于人类社会之初对自然和灵魂的认

① 刘安，等．淮南子［M］．陈广忠，译．北京：中华书局，2012：176.

识以及因果、荫后等观念。

1. **崇尚自然**

“堪舆”一词的产生，与天文有关，也是源于对天人关系的一种认识。古时，人类逐渐从自然界分离出来，但仍然震慑于自然界的强大威力，风、雨、雷、电深深影响着人类社会的衣食住行。起初人类通过适应自然以求得生存，但随着人类智力以及生产力的发展，人类不断探索自然，对自然的认识不断加深，并尝试改造自然，让自然为人类的生存及发展提供最适宜的条件。堪舆正是人类探索自然、改造自然的方式之一。人类生活于自然也即天地间，天有日月星辰，地有山川丘陵，人类不论做任何事情，都处在天地所组成的这样的一个时空之中，慢慢感觉到事情的吉凶祸福除了与自身有关，还与自身所处的天地自然环境有密切关系。于是便试图通过探索日月星辰运行的规律以及选择生时所居之所、死时所葬之地来趋吉避凶。

而同时，天地之间让人感受最真切的是风与水，所以“堪舆”也称“风水”。风与水都和人的生活息息相关。微风拂过，可使草木繁茂，暴风、台风又可摧毁万物；水常被称为万物之宗、生命之源，《老子》第八章中“上善若水，水善利万物而不争，处众人之所恶，故几于道”，甚至赋予水以道德的含义，但过少或过多的水又会危及人的生活甚至生命。因此，人的生存与发展离不开风与水，同时，也害怕风与水①。研究风、水，更好地趋利避害就成为堪舆的重要内容。古时禹“续”其父“鲧之业”（《史记·夏本纪》），导弱水、黑水、黄河、漾水、长江、沇水、淮河、渭水、洛水，最终使“九川涤源，九泽既陂”（《尚书·禹贡》）。九州的河流都得到疏通，九州的大泽都建起堤防。既有效治理了当时的“鸿水滔天”（《史记·夏本纪》），也有预防将来水患发生的作用。在科技还不发达的古代，水患等自然灾害难以监测，若能在灾害发生之前做好预防，则可事半功倍。

2. **灵魂不灭**

死亡让人们开始思考身体与灵魂之间的关系。人死之后，不能说话，不能行动，思维与感觉已经停止，但身体还停留在那里，并开始慢慢腐烂消亡。在科学还不发达的时代，人们并不清楚自己身体的构造，仿佛造成一种印象：在人的身体之外还存在一个灵魂，灵魂寄居于身体之中，死亡是灵魂离开了人的身体。同时，由于对逝者的思念，逝者的影像也会出现于生者的梦境之中，这样便产生了灵魂不灭的观念。《论语·雍也》就曾记载孔子回答其弟子樊迟“问知”曰：“务民之义，敬鬼神而远之，可谓知矣。”虽然孔子强调“敬鬼神而远之”，但也说明孔子并不否认鬼神的存在。既然认为灵魂不灭，生者出于对死者的感情和怀念，便希望死者的灵魂得到安宁。而古人认为让死者安宁的方法之一就是选择一块“风水宝地”来安葬死者的遗体。堪舆学的相墓之术便是寻找此种“风水宝地”的一种术数。虽然在今天看来并不科学，但毕

① 王玉德：神秘的风水：传统相地术研究［M］．南宁：广西人民出版社，2003：20－21．

竟是生产力和科技水平低下时期人们的一种观念。

3. **因果及荫后观念**

《周易·文言传·坤文言》云："积善之家，必有余庆；积不善之家，必有余殃。臣弑其君，子弑其父，非一朝一夕之故；其所由来者渐矣。"古人常认为善恶与福祸相依，善有善报，恶有恶报。而主宰这种因果的是"天"，"天"有意志，它审视、裁判着人间。《尚书·甘誓》记载夏启征伐有扈氏云："天用剿绝其命。今予惟恭行天之罚。"天要剿绝有扈的天命，今天我只是恭行天的意志去惩罚他。《尚书·汤誓》记载商汤在发动灭夏战争时云："非台小子敢行称乱，有夏多罪，天命殛之。"不是我敢于发动战争，夏王作恶多端，天命令我去征伐他。"予畏上帝，不敢不正。"我怕上天发怒，不敢不去征伐。同时，又由于认为灵魂不灭，这种善恶因果不仅不局限于"一朝一夕"，甚至不局限于今生今世。因此，堪舆术在某种程度上迎合了人的这种心理，认为厚葬先人，可以为自己"积善"，能够福荫后人，因而试图通过堪舆相墓之术为死者寻找"理想"的安葬之地。如《后汉书·袁安传》在记载了东汉袁安为人"孝廉"、为官"守正不移"，官至司空、司徒，于永元四年（92）去世，"朝廷痛惜"之后，追溯了一件往事：

> 初，安父没，母使安访求葬地，道逢三书生，问安何之，安为言其故，生乃指一处，云"葬此地，当世为上公"。须臾不见，安异之。于是遂葬其所占之地，故累世隆盛焉。安子京、敞最知名。①

此处记载当初袁安父亲去世，母亲让袁安寻找安葬父亲的墓地，在寻找的路上遇到三位书生，三位书生问袁安要去哪里。袁安讲明缘由后，三位书生指着一处地方告诉袁安"葬在这里，世世能做上公"，语毕便消失不见，袁安感到奇异。于是把父亲葬在了此地，因此，"累世隆盛"，以其后代袁京、袁敞最为知名。此是把袁安及其子孙后代的成就归功于当初袁安为父亲找到了一块能够福荫后人的墓地。说明堪舆相墓以及荫后观念在汉代的兴盛。然而，人的成功是各方面因素合力作用的结果，此处忽略了袁安为人"孝廉"、为官"守正不移"的前提，且其子袁敞虽成就斐然，官至司空，"廉劲不阿权贵"，最后也因"失邓氏旨，遂自杀"（《后汉书·袁安传》）。堪舆相墓也只是心理安慰。

灵魂不灭以及荫后观念，使堪舆的萌芽带有了某些神秘的色彩。但堪舆毕竟反映了当时社会的风俗以及人们认识世界的方式，其对生时所居之所、死时所葬之地的选择，也造就了中国历史上一批名胜古迹。堪舆学作为一门试图运用天文地理知识探索自然，以追求人与自然和谐的学问，也有一定的合理成分。

---

① 范晔. 后汉书［M］. 西安：太白文艺出版社，2006：332－333.

（二）堪舆的工具

“堪舆”一词的含义几经演变，堪舆理论随着人类认识自然的深入不断丰富。相应地，堪舆的工具也经历了一个演变的过程。其中，司南是最早的堪舆工具，六壬式盘盛行于汉代，罗盘种类繁多。

1. 司南

司南是世界上最古老的指南装置①。战国时期，《韩非子·有度》记载：“夫人臣之侵其主也，如地形焉，即渐以往，使人主失端，东西易面而不自知。故先王立司南以端朝夕。”“端朝夕”即是用司南测定东、西方位。但战国时期的司南模型已不可见，目前见到的司南模型是根据东汉王充《论衡》的记载复原而成，如图 14－1 所示。

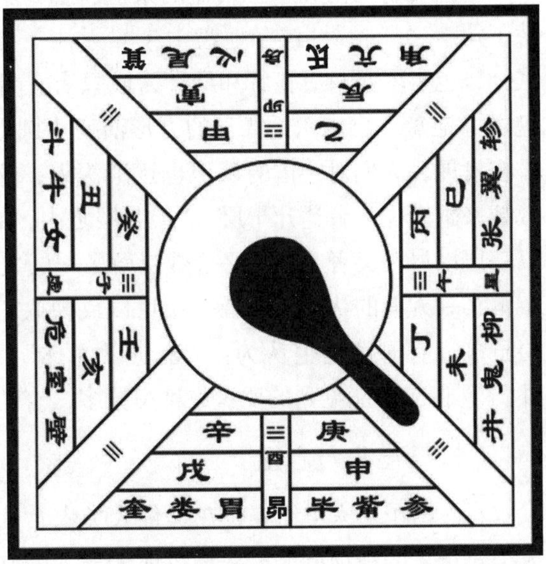

图 14－1　王振铎先生汉司南与地盘复原图②

《论衡·是应》记载：“司南之杓，投之于地，其柢指南。”其中，“杓”由整块天然磁石仿照北斗之形切磨而成，形如汤匙，底部圆滑，可以在光滑的平面转动。“地”指地盘，一般由铜或木制成，地盘上有三层标识：内层标有十天干中的甲、乙、丙、丁、庚、辛、壬、癸八天干；中层标有子、丑、寅、卯、辰、巳、午、未、申、酉、戌、亥十二地支，加上乾、坤、巽、艮四维卦，象征二十四方位；外层标有二十八宿。地盘中央有一个圆形的天盘，古人有“天圆地方”观念，所以天盘呈圆形，地盘呈方形。“柢”相当于匙柄，通过磁石“杓”本身的磁性与地球磁场的相互作用，“柢”总是能够指向南方。司南使用的原理就是“杓”在地盘的中央天盘上转动，静止时“柢”所指的方位是南方。而“杓”之所以能在天盘上转动，最终指向南方，是因为“司南本体之磁力，超过勺体与地盘接触点所发生之摩擦阻力”③。

2. 六壬式盘

1977 年安徽阜阳双古堆墓出土一件六壬式盘。六壬式盘分为上下两层。上层为天盘，呈圆形，中央刻有北斗七星，周围有两层标志：内层标有十二月，外层标有二十

① 徐韶杉. 周易基础理论与应用［M］. 武汉：华中科技大学出版社，2014：142.

②③ 王振铎. 司南指南针与罗经盘：中国古代有关静磁学知识之发现及发明（上）［J］. 考古学报，1948（3）：119－130，23.

八宿。下层为地盘，呈方形，有三层标志：内层标有十天干中的甲、乙、丙、丁、庚、辛、壬、癸八天干，加上乾、坤、巽、艮四维卦；中层标有子、丑、寅、卯、辰、巳、午、未、申、酉、戌、亥十二地支；外层标有二十八宿。

六壬式盘没有磁针，无法像司南一样测定方位。但上层天盘与下层地盘静止时会形成一种对应关系，通过这种对应关系可以预测吉凶。古时，人们以为时间和空间存在对应关系，并且这种对应关系预示着吉凶。六壬式盘使用的原理就是转动天盘，以其静止时天盘与地盘所形成的时空对应关系来预测吉凶，判断二者相合与否，相合为吉，不相合为凶。

3. **罗盘**

罗盘兼有司南和六壬式盘的某些特点，又与司南和六壬式盘不同。罗盘用磁针代替了司南之“杓”，位于地盘中央“天池”之中。且磁针一般包括正针、中针、缝针三针，也有罗盘只有正针和缝针，或只有正针，三针都是为了更准确地测定方位。罗盘之“地盘”已由六壬式盘的方形演变为圆形，且由于时代在进步，生产力和认识水平在发展，人们对宇宙的认识也逐渐深入，这些认识被反映在罗盘中，即地盘的圈层数越来越多，多者达几十层。“但各层之内，繁简不同，有可以一层以尽一义者，有可以一层以尽两义者，亦有必合数层而尽一层之义者。”① 每一层或每几层反映了人们对宇宙某一方面的认识，或者一层可以反映人们对宇宙两个方面的认识。同时，罗盘圈层虽多，胡国桢先生认为：“天池以为体”“如元气主宰于中，而四时万物发敛于外”②。目前所能见到的罗盘，种类繁多，有“三合盘”“三元盘”等。

（三）堪舆与人居

自然给予了人类给养，在提供人类衣食住行等物质生活条件的同时，也不断满足人类对于美的精神追求。在物我尚未分的蒙昧时期，人类被动地适应自然，在抵御风雨、抗击猛兽过程中，舒适、安全成为当时影响居住环境选择的主要因素。当人类逐渐从自然界中分离出来，自然成为人类面对的一个客体，便开始了改造自然的主体性活动。在居住环境的选择上，除了追求舒适、安全，对于美的精神追求也不断提升。特别是相继进入农业文明、工业文明社会之后，人类对于自然的探索不断深入，对居住环境的选择也更加多样。堪舆学作为一种相地相宅之术以及囊括天文、地理知识的学问，是人类在与自然频繁互动过程中，不断总结经验而成，对人类居住环境的选择产生过影响，其科学成分也是中国古代建筑理论的一部分。其对人类居住环境的影响主要是通过认识自然、改造自然，以期自然为人类提供最佳的居住条件。

1. **天人和谐**

“和”文化是中国传统文化的重要内容。晏婴形容“和如羹焉，水、火、醯、醢、

①② 王道亨. 钦定罗经解定［M］. 北京：中医古籍出版社，2010：1.

盐、梅，以烹鱼肉，燀之以薪”（《左传·昭公二十年》）。“和”像做羹一样，需要多种不同原料相互协调。如果只有一种原料如“以水济水，谁能食之?”（《左传·昭公二十年》）用水来调剂水，谁能吃呢?孔子认为“君子和而不同，小人同而不和”（《论语·子路》）。君子追求有差异前提下的和谐而不是相同，小人追求相同而不是和谐。可见，“和”与“同”不同，是有差异前提下的和谐共处。人本是自然的一部分，在生产力发展过程中，逐渐表现出与自然的不同。虽是不同，但人与自然关系的目标是“和”。人从自然中获得给养，自然对人的生存和发展产生影响。同时，人类顺应自然、保护自然。这种关系表现在居住方面，则是居住环境与自然的和谐。世界著名建筑设计师贝聿铭先生在接受波姆采访，回答波姆关于个人建筑风格的提问时，表示自己并没有刻意追求某种设计风格，而是强调“因时、因地、因事而设计的分析型手法”，并且“时、地、事”三个重要因素都是可变因素……“我的分析手法要求我对三个基本要素——时间、地点和目标全方位了解，并找到其中的平衡。”① “因时”“因地”都与自然有关，可见，建筑与自然分不开，应力求和谐，在认识自然、尊重自然的基础上，充分利用自然为人类提供的条件。

2. **藏风得水**

晋代郭璞《葬经》云：“葬者，乘生气也。气乘风则散，界水则止。古人聚之使不散，行之使有止，故谓之风水。”此句虽是讲丧葬之地的选择，但其中关于“风水”定义的科学成分，也可以用于居住环境的选择。“气乘风则散，界水则止”意谓一块“聚气”的基址，必须“界水”，且避免“乘风”，也即《葬经》所云“藏风”和“得水”。中国人在选择居住环境时喜欢“依山傍水”，“依山”意为“藏风”，“傍水”志在“得水”。中国地处北半球，“依山傍水”的形式常是坐北朝南。“山环于北后”，一方面，住宅位于山之南，阳光充足；另一方面，山位于住宅之北，可以阻挡冬季携带冷空气的西北风。“水流于南前”，一方面，水位于住宅之前，方便日常用水；另一方面，住宅位于水之后，夏季东南风因为没有山的阻挡可以吹入住宅内。从而有冬暖夏凉之效。可见，堪舆对于居住环境“藏风”“得水”的选择也有尊重自然、顺应自然的科学成分，且从美学角度，“依山傍水”本身也是一道美丽的风景。

此外，居住环境包括居住地址的选择、住宅外部空间的设计，也包括住宅内部空间的布局。居住环境与整体自然环境的和谐可体现为三个方面：一是住宅作为自身的一个整体、自然的一部分与自然和谐；二是住宅内部环境与外部环境和谐；三是住宅内部空间即内部环境和谐。因此，堪舆对居住环境的影响，也体现在内部空间布局上。可以将内部空间作为一个整体，打造一个小型生态圈，实现住宅内人与自然的和谐。并保留内与外互联互通的窗口，如门窗位置选择和设计充分考虑与自然的融合，实现内与外的和谐。

---

① 波姆. 贝聿铭谈贝聿铭［M］. 林兵，译. 上海：文汇出版社，2004：108.

中国古人追求天、地、人“三才”的统一，在住宅选址、住宅设计和住宅空间布局上，试图通过认识自然、改造自然，从而达到与自然和谐，从自然中汲取人类生存与发展所需要的物质和精神给养。传统堪舆学中的科学成分是人与自然互动过程中经验的不断总结，我们今天应坚持实事求是的态度来对待传统文化中的堪舆学，取其精华，去其糟粕。

二、宛自天开：古典园林中的文化意境

中国古典园林是中国传统建筑中的精华部分，在中国古代建筑的各个门类中，园林是综合性最强、艺术性最高的一种类型。中国古典园林集中国文化与建筑营造为一体，将中国传统的诗情、画意、审美、情趣融入自然和人造的山水以及建筑艺术中，是我国传统文化的重要载体之一。

（一）中国古典园林的发展历程

中国古典园林的历史悠久而漫长，它始于远古时期先民对美好环境的喜爱和追求。商周时期的“囿”“园圃”是中国园林的雏形，王室将自然风景优美的区域圈围起来，里面种植树木、果蔬，豢养禽兽，以供帝王狩猎之用，同时也是观赏的对象。

秦汉时期的“帝苑”在“囿”“猎场”“庄园”的自然模式上加入更多的人工建筑，发展成为帝王苑囿行宫，山水主题开始突出，尤其是汉代建章宫太液池中模拟海上仙山，设置蓬莱仙境的山水布局，影响中国皇家园林数千年。

魏晋南北朝是我国园林发展的转折时期。此时期社会动荡、战乱不已，思想却空前活跃，儒、道、佛、玄各领风骚，尤其是玄学在士大夫中盛行。世俗社会中追求功名而不得的失意使得他们转向亲近自然、寄情山水，中国特有的山水审美观以及它的外化成果——山水诗、山水散文、山水画、山水园林四种艺术由此诞生。其间，东晋和南朝是我国自然式山水风景园林的奠基时期。

唐宋至明清山水风景园林进一步发展，中国古典园林逐渐由粗犷、写实的风格向细腻、写意的方向转变。宋代私家园林中有诗人、画家直接参与造园活动的，园林艺术有意识地融合山水诗情和山水画意，创造出了中国特有的文人写意山水园林的意境。

明清代是中国园林创造的高峰期。明末清初，造园艺术的兴盛和日趋成熟，培养出一批专业造园林的工匠，并促成许多有关园林创作理论和造园技法的著作问世。计成的《园冶》、李渔的《一家言》以及文震亨的《长物志》是其中比较全面而有代表性的园林专著，中国园林的艺术创造和实践活动得以系统的传播和继承。中国园林的成就在清代中、后期达到巅峰，尤其以江南私家园林和皇家园林为代表：成熟的美学理念，功能各异、形式不同的园林建筑，精湛的山水布局，丰富多变的造园技巧。江南园林艺术达到高峰并逐渐成为一种造园模式，影响了皇家园林、寺观园林，并普及

全国各地。清康熙、乾隆多次江南之行，及对江南园林美景的倾慕，使得皇家园林在北方传统的风格上颇受江南私家园林审美和构思的影响，成为融合南北园林艺术的杰作。清代遗留下来的皇家园林是中国古典园林的瑰宝。

（二）中国古典园林中的道、释、儒文化

在中国古典园林发展史上，儒、释、道作为中国传统文化的三驾马车，各以其文化性格和审美情趣影响着园林文化，同时，三者又相互融合，共同作用于园林的发展，充分体现了中国文化多元互补的特色。

1. 道家思想——师法自然，天人合一

回顾中国古典园林的发展历程，我们很明显看到道家思想对中国园林的影响最为深远。中国古典园林从最初萌芽时期的苑囿至魏晋南北朝的自然山水园林、唐宋时期的文人园林，直至明清的写意园林，早期是直接与自然山水结合，后来逐渐发展为在对自然山水真实而深刻的观察后，加以概括、提炼后进行的艺术再现。“崇尚自然，师法自然”一直是中国造园艺术所遵循的原则，“天人合一”是其追求的理想境界。

“天人合一”是中国传统的宇宙观和哲学观，是中国哲学的基本精神，主张人与自然要和谐共存。受“天人合一”思想的影响，中国传统园林文化表达出古人对天地自然的情感。创立于春秋时期的老子的道家学说，注重顺应自然，尊重万物自然本性，是中国传统文化的重要组成部分。道家思想主张的崇尚自然、逍遥虚静、无为顺应、朴质贵清、淡泊自由、浪漫飘逸等自然观和美学观直接影响了中国古典园林的造园手法和美学追求。

“道法自然”是道家思想的核心，这里的“自然”是指自然而然，即“顺物之自为变化，不复加以外力，不复施以作为”。在哲学上，老子以“道”为最高范畴，认为“道”是宇宙的本原而生成万物，也是万物存在的根据，“人法地，地法天，天法道，道法自然”（老子《道德经》）。后来，庄子继承并发展了老子“道法自然”的思想，提出“法天贵真”，以自然为宗，强调无为，《庄子·齐物论》云：“天地与我并生，而万物与我为一。”这种哲学观反映到造园上，即为取法自然，师法自然，追求“虽由人作，宛自天开”的意境。这种自然观和美学观表现在具体的造园过程中，即园林选址和布局中注重从大环境中借景，充分尊重和利用基址条件提炼自然美景，景物的布局安排尽量遵循因地制宜的原则，不追求轴线对称，而是山环水绕，曲折蜿蜒，不仅花木树木取自然之姿，而且人工建筑也尽量顺应自然之势，结合山水列于上下，参差错落等，在有限的空间范围内创造出与自然和谐的共生之境。

道家崇尚自然并发展为以自然美为核心的美学思想，对中国古典园林美学观和布局设计思想都产生了十分深远的影响。在道家思想影响下所形成的中国园林特有的“天人合一”哲学观，本于自然，高于自然，将自然美、建筑美、诗画美有机统一，达到和谐的境界。

2. 禅宗思想——澄澈净空、芥子纳须弥

佛教与园林的直接关系为寺庙园林，它是中国古典园林的一个分类，与皇家园林、私家园林并列。佛教传入中国后，最初的寺庙只有佛塔等基本设施，汉末至南北朝时期“舍宅为寺”的风气大盛，众多豪门贵胄把家宅捐为佛寺，是当时市井寺庙的重要源头。人们为了利用原有房屋，多采用“以前厅为大殿，以后堂为讲堂”的形式，因此这种类型的佛寺呈现出宅邸化、园林化的倾向，如《洛阳伽蓝记》中所记载的景林寺：“寺西有园，多饶奇果。春鸟秋蝉，鸣声相续。……加以禅阁虚静，隐室凝邃，嘉树夹牖，芳杜匝阶，虽云朝市，想同岩谷。”由于“舍宅为寺”的实质是将原先的私家园林转而成为寺庙园林，故游瞻寺庙对文人而言，其含义已远远超出烧香拜佛的一般意义，而带有浓重的园林欣赏性质和历史文化的情感追寻。

与市井寺庙相对的是丛林寺庙，即于山林之中建寺庙。唐代佛教禅宗兴盛，寺庙兴造融合于自然山水中，成为主要风景园林。这时期形成了所谓“佛教四大名山”，包括峨眉山、五台山、普陀山、九华山，既是佛教圣地，又兼具优美的风景。南宋迁都至临安后兴起了在西湖风景区兴建寺院的高潮，归隐寺、净慈寺、余杭径山寺、宁波天童寺、阿育王寺名列“禅院五山”，可见当时的风尚是禅寺与山水密切结合，形成“天下名山僧占多”这一独特现象。市井寺庙与丛林寺庙是寺庙园林化（即寺庙以园林的形式存在）的过程，同时也是园林寺庙化的过程（使用性质由私家园林或自然山水变为寺庙）。这一变化过程的直接结果是产生了中国园林史上的新类型——寺庙园林。禅宗与寺庙园林同是佛教中国化的产物，寺庙园林的艺术精神和佛禅思想为原有园林文化注入了新的血液，并产生了广泛的影响力。

佛寺建筑到宋代已经全部汉化，佛寺园林世俗化的倾向也更为明显。随着禅宗与文人士大夫在思想上的沟通，儒、佛的合流，一方面在文人士大夫之间盛行禅悦之风，另一方面禅宗僧侣也日益文人化。许多禅僧都擅长书画诗酒风流，以文会友，经常与文人交往。文人园林的趣味也就更广泛地渗透到佛寺的造园活动中，从而使得佛寺园林由世俗化进一步“文人化”。元代，吴中的“狮子林”是十分经典的市井寺庙文人园林化的代表，该园因元代大书画家倪云林的《狮子林图》而颇富盛誉，狮子林原为菩提正宗寺的后花园，园内假山即狮子，狮子即佛祖（佛经认为“佛为人中狮子”）的佛家思想借文化象征被融入园林。明代佛教中心转移至北京，随着儒释的进一步合流，寺庙园林与文人园林深度融合。如明代燕都西北郊的碧云寺、香山寺，其风格可以说是直承前几代私家郊野别墅、山居而来，有浓厚的山林野趣。又如东郊的月河梵院，更是“池亭幽雅，甲于都邑”（孙承泽《春明梦余录》）。

禅作为禅宗的最大特点，也是本宗的法门，它具体是指安住一心、静心思考的宗教修行活动，并且通过个体的直觉体验和沉思冥想的思维方式，从而在感性中通过悟境而达到精神上的超脱与自由。中国古代园林从汉代夸富称雄的物质占有色彩到魏晋南北朝自觉追求自然美，再到妙造自然的“城市山林”的出现，其中富含内在的文化

精神因素，在这一转折过程中，禅的影响是重要的因素之一，抒情写意的自然山水园的出现，更是与园主人的禅趣或者禅化的人生态度分不开。

禅宗思想对中国园林的影响主要表现在园林中佛僧的介入、佛教性质建筑的介入、造园游园审美与参禅悟道的统一以及促进园林写意风格的形成。

魏晋之后，随着佛学影响的日益深入，禅佛文化的新因素非常协调地伴随本土儒、道文化而生长，表现在园林方面首先是僧人的介入，一方面是在丛林寺庙中，僧人的主导使得自然山水变为寺庙；另一方面是皇家寺庙以及市井寺庙中僧人的介入。如东晋高僧鸠摩罗什曾被秦主姚兴“请入西明阁及逍遥园”（慧皎《高僧传》）；同时期高僧道安曾被彭城王石遵“请入华林园，广修房舍”；清顺治曾多次召见江南的著名禅师；北海的万善殿便是其接见高僧憨璞性聪的场所。这里禅佛的文化影响力已突破了寺庙的范围，进而深刻而久远地渗透到皇家园林、私家园林的各种活动中。僧人不但进入了园林，而且在园林中增建佛教建筑或者景观小品。

经过隋唐禅佛教的兴盛和弘扬，至宋以后修禅养性已经成为社会上尤其是文人士大夫普遍的文化现象。宋之后文人士大夫们的园林中几乎都少不了具有禅佛性质的建筑景点，尤其是与参禅证道相关的建筑或小品。

据周密的《吴兴园林记》载，叶少蕴的故园“叶氏石林”在下山之隅，正堂称为兼山堂，傍有石林精舍，还有净乐庵、爱日轩、跻云轩、碧琳池以及富居、真意、知止诸亭。其邻朱氏园林中还有怡云庵、涵空桥、玉涧。文中描述的叶氏、朱氏园中的“石林精舍”“净乐庵”“怡云庵”毫无疑问都是禅佛性质的小型建筑物，而“真意”“知止”“涵空桥”也是富含禅意的建筑。还有一些私家园林原本就是由寺庙改建的，元代著名的狮子林就是由寺庙改建而成，明代著名的拙政园利用了“大弘寺”寺基。这些园林当然会有许多禅性建筑或小品景点，如据元危素《狮子林记》载，狮子园中有禅味浓厚的建筑如“立雪堂”“指柏轩”“问梅阁”“玉鉴池”，峰后茅室楣额曰“禅窝”则直指禅心。

隋唐之时，帝王及士大夫对禅佛的崇奉逐渐摆脱宗教形式本身而上升到了义理高度，造园游园审美与参禅悟道统一起来，尤其唐宋以来在文人写意园林中尤为突出。

唐代白居易将隐居分为三种，即“大隐隐于朝，中隐隐于市，小隐隐于山”，由于“大隐”太劳心劳力太喧嚣，“小隐”太清苦太冷落，唯有“中隐”既有隐居的包装，又能继续享受尘世的物质生活，故得到文人的大力推崇。而禅宗直指本心，认为只要“心非天地”“心地天痴”“心地天乱”便是戒、是慧，在内心超越一切分别、取舍，达到一如之境，则行住坐卧的平常生活无不中道。“中隐”理论的关键也在于“境由心造”，心无束缚，于境不着境，故不必身处山林而能逍遥自在，这也正合乎禅约“见性是道”的核心精神。禅宗的理论成为文人不必身处山林而能逍遥自在地修行的理由：中隐不求遁迹深山，只要在城郊山水之地，或在城中辟地修建园林，便可成为人工山水中的“隐士”。隋唐尤其是中唐之后，“中隐”文化影响下的城市宅园成了文人山水精神的重要载体之一。

在私家园林中，文人对自然山水园林的禅旨、禅境的追求更加自觉。文人们以禅为诗，以禅为画，以禅入园境，禅成为他们人生情趣和心灵寄托的最佳表现方式。他们通过造园赋予园林以禅意，通过游园审禅意之美，品自然之静。王维的辋川别业、白居易履道里宅院、庐山草堂、苏轼雪堂、狮子林、苏舜钦沧浪亭皆是充满了禅趣的文人山水园林。

禅宗注重"空含妙有"的境界，《坛经·般若品》解释摩诃般若（大智慧）说："心量广大，犹如虚空。虚空能含日月星辰，大地山河，一切草木。恶人善人，恶法善法，天堂地狱，尽在空中，世人性空，亦复如此。"禅宗的这种空灵超旷的境界融入中国文人的园林创作中，建造了自己内心精神栖息的家园，把园林视为心灵的寄托之所、心志的栖憩之地，园居者从中获得了一种生命境界：空灵无扰，澄澈如一。禅学造诣高深的王维的"辋川别业"多处景点以禅意取境，最典型如其中"鹿柴"一景有诗云："空山不见人，但闻人语响。返景入深林，复照青苔上。"此景正是禅宗虚灵空寂观的形象化和艺术化表现。

从禅宗的观点看，世间万物都是佛法或本心的幻化，即"青青翠竹，皆是法身，郁郁黄花，无非若般"。禅宗对有限与无限的自然空间的体验，为园林这种形式上有限的自然山水艺术提供了审美体验的无限可能性，即打破了小自然与大自然的根本界限。这在一定的思想深度上构筑了文人园林中以小见大、咫尺山林的园林空间。在禅境的濡染下，文人们追求的园林美不再只是表现为物质形态的创造，而更注重由景观所引发的情思神韵。"写意化"成为文人园林的主导特色，山水、花木和建筑形态本身及其所构建的有限的物象形态并不是目的，而它们所引发的人们内心世界无限的意趣和情韵才是最根本的，因此充满禅趣的文人园林多显露以小为尚的倾向。小中见大，小是客观的，指园林面积、规模的小型化；大是主观的，指人的感受，人的体悟，"一拳石则苍山千仞，一勺水泽碧波万顷"。"壶中天地，袖里乾坤，芥子而可纳须弥"这在明清文人园林中已成为普遍而自觉的空间设计宗旨。

禅宗是在中国文化土壤中发展形成的一个中国佛教宗派，禅宗思想在中国广泛传播的同时，推动了中国园林的发展。禅宗思想是中国园林写意风格形成的基础，是创造园林意境的艺术源泉之一。

3. 儒家思想——伦理纲常、君子比德

相对于道家及禅宗思想对中国园林的显性影响，儒家思想把园林艺术作为表达伦理秩序，抒发君子情怀，实现中和境界的载体，其影响及表现并不十分直接，儒家思想是通过对园林设计建造者的价值观念、社会理想、道德规范、生活追求和审美情趣的渗透，而最终体现在园林风格和景观意境的创作中。

伦理纲常——礼。

儒家思想是以重视人与人之间及人与社会之间的关系为特征的学说，其核心之一是“礼”，“礼”的原则——内外有别、尊卑有序的等级制度应用于从祭祀到政治、军事、娱乐、起居等不同领域，以实现个人、家庭、社会全方位的秩序与和谐。中国古典园林中，园林建筑的空间布局、方位、尺度、装饰、色彩，甚至植物亦被纳入儒家“礼”的规范。

在空间布局上，儒家的秩序观打破了自然的蜿蜒，人为地开辟轴线形成气势恢宏的对称结构。这主要体现在皇家园林的政务建筑、纪念性建筑，寺观园林的大殿和私家园林的起居建筑的布局上。如颐和园的排云殿—智慧海—佛香阁，建筑布局体现规整对称的美学特征。而在园林建筑尺度、装饰等方面，由于皇家园林只为皇族及国家权力中心服务，皇权的威仪不能被侵犯，所以私家园林不能逾越其繁华，当年清朝“和珅跌倒，嘉庆吃饱”的一大罪状就是建筑越制。

儒家的秩序观除了界定皇家园林与私家园林之外，不同类型园林的内部和谐也是儒学伦理影响的范畴。园林空间布局上渗透了尊卑有序、主次分明的理念。尊卑、主从首先是从社会性质的层面考察，其次是从景观审美需求的层面来确定。在园林空间里，讲究宾主分明，主景突出，同时又有配景的前后呼应，掩映烘托，使主景相得益彰，不仅全园布局如此，小至配树叠石也如此，这是园林美学的一条重要规律。在园林中，以观景优劣来强调主次，最适宜赏景的地方必然布置亭楼，以观园景。“凡园圃立基，定厅堂为主。先乎取景，妙在朝南。”（计成《园冶》）拙政园的主厅远香堂，比起中部大景区各种个体建筑，不仅平面面积最大，结构装修也特别精美、讲究，且居园之正中，山水、花木、建筑等一切景观都围绕它展开，充分发挥其“奠一园之体势”的作用。

建立在儒家文化治世哲学之上的中国古典园林，以其含蓄的手法表现儒家思想中严谨的伦理规制和长幼尊卑秩序。

君子比德——知者乐水，仁者乐山。

在儒家看来，大自然山林川泽之所以会让人产生美感，在于它们的形象能够表现出与人的高尚品德相类似的特征，从而将大自然的某些外在形态、属性与人的内在品德联系起来。孔子曰：“知者乐水，仁者乐山，知者动，仁者静。”（《论语·雍也》）孔子这种把自然山水作为道德精神的比拟的思维被称为“君子比德”，这一思想影响到诸多领域，对游赏山水、建造山水园林、创作和欣赏山水画都起到很大的推动作用。

儒家的比德思想在我国的古典园林中无处不在，从造园主题、空间布局、建筑，到植物和装饰小品都有显著的体现。

园林主题是通过题名、楹联、匾额以及诗词等体现的，起到抒发园主情怀，深化景观意境的作用。如拙政园园主王献臣官场失意回乡建园，“拙”字指不善于在官场周旋之意，与陶渊明“守拙归园田”句中的“拙”同义，他自认官场斡旋之技拙劣；吴江同里退思园的园主任兰生，因过失被弹劾落职还乡，遂建园闭门思过，取名“退思园”；又如扬州的个园，此园以竹石取胜，连园名中的“个”字，也是取了竹字的半边，应和了庭园里的各色竹子，竹子在中国传统文化中是高洁、坚强不屈的象征，由“个园”的园名可窥得主人的情趣和心智。

山水情结是中国古典园林建筑亘古不变的主题，是“知者乐水，仁者乐山”的直接比附。在空间布局上，它以山水为骨架，要求“虽由人作，宛自天开”（计成《园冶》），叠山理水突显自然天成之趣，山与水在园林中通过多种形式表达，寄托不同的审美志趣。例如扬州“个园”的叠石艺术，采用分峰用石的手法，运用不同石料堆叠而成“春、夏、秋、冬”四景，叠石为山，四季假山各具特色，表达出“春山澹冶而如笑，夏山苍翠而如滴，秋山明净而如妆，冬山惨淡而如睡”（郭熙《林泉高致·山水训》）和“春山宜游，夏山宜看，秋山宜登，冬山宜居”的诗情画意。又如颐和园中的万寿山，原本称为瓮山，乾隆十六年（1751），即庆祝皇太后六十寿诞的次年，命名此山为万寿山，寓意寿比南山。

园林建筑及装饰小品形式繁多、装饰复杂，而这些装饰就是比德、象征的载体。比德思想在园林建筑中主要体现在各式各样的装饰中的图案或文字。例如园林中广泛应用的冰裂式纹样，既可象征文人冰清玉洁的自傲自重，又可象征对春天的向往；葫芦形门洞有子嗣昌盛、驱邪、仙器等象征意义；屋脊是装饰的重要部位，脊饰雕塑有各种祥瑞花卉、仙人、瑞兽、暗八仙等，脊的两端多做成佛手、石榴、寿桃，翼角上装饰水浪、回纹或各种图案，这些图案各有喻义，龙凤象征福祥，松鹤象征长寿，蝙蝠象征福到，凤凰牡丹象征富贵吉祥，鲤鱼跳龙门象征仕途通畅等。

赋予各种花木以性格和情感，构成花木的固定性格是比德思想在山水画、山水诗以及山水园林中的应用，这种极富人情味的审美欣赏已经成为民族的文化心理积淀。松、竹、梅傲雪迎霜，屹然挺立为“岁寒三友”；“梅、兰、竹、菊”比作“四君子”：梅的冷傲清高、兰的清淡雅致、竹的高风亮节、菊的不拘与傲骨；又有莲的“出淤泥而不染，濯清涟而不妖”（周敦颐《爱莲说》）的高洁品格；等等，这些赋予人格化和象征性的花木，是文人用以托物言志，表达情意的常用素材。正因为如此，园林中几乎离不开这些植物。以“竹”为景的有苏州拙政园的“梧竹幽居”、狮子林的“修竹阁”、沧浪亭的“翠玲珑”以及前述整个园林主题为“竹”的扬州个园等。以“梅”为主景的有苏州拙政园的“香雪云蔚”，取“梅须逊雪三分白，雪却输梅一段香”（卢梅坡《雪梅》）之诗情，创造“雪香”的意境；而狮子林的“暗香疏影楼”梅花依稀数株，体现的是“疏影横斜水清浅，暗香浮动月黄昏”（林逋《山园小梅》）的意境。“荷”被视为清洁品格的化身，文人墨客追慕不已，因此但凡有水，多植以荷，香远益清，意蕴深长，如拙政园的“荷风四面亭”“远香堂”“听留馆”。“远香堂”取北宋周敦颐《爱莲说》中“香远益清”的句意；“听留馆”则出自李商隐“留得枯荷听雨声”的诗句，这两处景致除了隐喻荷花品行高洁，借物咏志之外，还诉诸嗅觉的“远香”和听觉的“听雨声”，体现写景抒情的手法，相似手法在沧浪亭的“清香馆”、西湖的“曲院风荷”、承德避暑山庄的“香远益清”等景致中同样可以再现。

无论是直接栽植富有寓意的植物品种，还是用植物来给园林景点命名，这两种表现手法其实是殊途同归的，都是使得园林中的植物成为文化隐喻的媒介，将园林使用者、观赏者所看到的具体物象进行联想、升华，达到精神层面，使得营造的园林底蕴丰富、意境深远，从而达到陶冶情操、净化心灵的作用。

儒家思想主张修身、齐家、治国、平天下，宣扬家国天下的志向，但当士大夫“外王”的抱负不能实现之时，他们唯有追求“内圣”，归隐之居亦将情感投射在园林景观中，君子比德的思想渗透在园林的各个角落，寓情于景，情景交融，寓意于物，以物比德，他们在观照景物的同时也抒发了自己的道德情怀和人生理想。

（三）小结

中国古典园林是寄托了中国古人高尚审美情感的精神栖息地。传统文化对古典园林的影响不仅仅是造园者本身对园林意境的表达，它与绘画、诗歌、宗教等各方面都有着密不可分的关系，它们都是园林文化的组成部分，古典园林的意境是与传统的文化和历史分不开的。

三、天人合一：传统建筑中的哲思与审美

中国传统建筑在漫长历史时期的继承、发展过程中，形成了独具特色的建筑文化体系，其别具一格的建筑哲思与审美取向，与其他文化圈的建筑风格、艺术、审美迥然有别。天人合一、追求和谐是中国古代建筑文化的核心内涵。在遵循便宜、实用及因地制宜等原则的基础上，中国传统建筑艺术逐渐形成了人与自然、人与人、人自身等不同层面、不同角度的和谐文化理念。

建筑是分割空间的艺术，包括宫殿、陵墓、坛庙、宗教、园林及民居等类别在内的中国传统建筑，不管是建筑群还是单体建筑，不管是建筑本身还是建筑与周边环境，在分割空间上，都贯穿了天人合一、和谐有序的思想精髓。

天人合一不仅是中国传统建筑艺术的核心理念，也是中国古典建筑的最高追求与境界。所谓天人合一，指的是天人一致、天人相通。《周易·文言传·乾文言》曰：“大人者，与天地合其德，与日月合其明，与四时合其序，与鬼神合其吉凶。先天而天弗违，后天而奉天时。”庄子曰：“天地与我并生，而万物与我为一。”其中的天，指的是宇宙自然。自然是一个大宇宙，而人则被视为一个小宇宙，人与自然这两个宇宙，在本质上是相通的。诚如老子所云：“人法地，地法天，天法道，道法自然。”作为生物体的人，本法于天地自然，是自然的一部分，所以作为社会的人其在世间的行为、准则、秩序等也应顺乎自然及其秩序。人的各种活动，包括营缮，也应如此。人类所创造的建筑，只有与人、自然达到和谐，才能不违背天地、自然之道。

天人合一的建筑理念，不仅指建筑本身象天法地、体量适中、阴阳和合、主次有

别、美观实用，也包括建筑与周边自然环境的和谐统一，即在选址、空间布局、结构造型等方面讲究与周围环境、格调、意境的和谐融洽，人之创造与周边自然天成之环境完美地融为一体，还包括建筑与人合而为一，即通过形制、等级等外在形式，以及通过诠释儒、释、道等传统思想的内在精神，既讲究尊卑有序长幼有别，又淡漠亘久追求轮回再生，还寄情山水齐协万物，体现出礼乐相辅、情理相依的特色。

（一）天地五行与建筑

1. 法天象地

阴阳五行宇宙观直接影响了中国古代建筑的构造。以天地、日月、星辰、山水为主，师法自然的“法天象地”是人类开始创造建筑的首要方法。史前时期的巢居、穴居，其实就是效法自然、法天象地的结果。人类从选择天然洞穴作为庇身之所的初级阶段，到人工开挖洞穴；从独木槽巢到多木槽巢乃至发展为干阑式建筑，便是逐步认识天地自然、改造自然的结果。随着农业的发展，人类逐渐进入定居聚落生活，出现了早期村落、民宅、墓葬群。根据考古发现可知，这些早期村落的整体形状多为圆形，从支撑屋顶的柱洞也可推测出屋顶以圆形为主，而房屋的地基、基址则呈现为方形，房屋结构的上圆下方及圆形的村落布局，便是法天象地的直接反映。

随着生产力及建筑技艺的发展，法天象地之原则也被运用到最高级的建筑上。如听政、祭祀之所的明堂，国家政治中心的都城位置及其格局，先皇先后安息的陵墓，祭祀天地日月的坛庙，楼阁亭台的分布，无一不以天地为师法对象。如帝王陵墓，地表之下为方形，而地表之上的墓冢则为圆形，上圆下方正是古人所理解的天地形状。又如明堂，“明堂者，古有之也，凡九室。二九四、七五三、六一八。盖即河图之义”（《大戴礼记》）。其形制为上圆下方，方位分别为东之青阳、西之总章、南之明堂、北之玄堂、中之太室五大区域。一代女皇武则天所建的洛阳明堂，“凡三层，下层法四时，各随方色，中层法十二辰，上为圆盖，九龙捧之。上层法二十四气，亦为圆盖，……下施铁渠，为辟雍之像，号曰万象神宫”（《旧唐书·武后本纪》）。其上圆下方的外形，法四时、十二辰、二十四气的建筑理念，更是法天象地的突出表现。洛阳明堂深刻影响了后来中国礼制建筑的形制，留存到今天的北京天坛祈年殿和国子监辟雍都是其证明。在法天象地思想的影响下，中国古代建筑布局最终形成了以南北为轴线，前阔后倚，左阳右阴的模式，即堪舆学中“前朱雀，后玄武，左青龙，右白虎”的格局，这也成为中国传统建筑的重要特征。

2. 五行相生

与以古希腊、罗马建筑为先驱的欧洲建筑体系突出表现为石结构不同，中国古典建筑广泛而大量地使用土、木作为建筑原料。土、木材料为何会在中国古典建筑中占据如此重要的角色？这与中国古代建筑所蕴含的生命观念密切相关。

所谓“宫室之制，本以便生人”，中国古典建筑强调实用理性，立足于人，以“便生”为本。与西方古典建筑为神、上帝建造永恒的殿堂不同，中国传统建筑建立在以人为本的基础上，追求“便生”，以便于现世之人为目标。古代中国讲求阴阳五行，金、木、水、火、土分别对应西、东、北、南、中五个方位。其中，五行中的木对应着东方，代表着春天，象征着生命与生长的力量。土代表中央，代表负载、养育万物的大地母亲。而对应着西方的金象征着武力与刑杀，对应北方的水则具备厌火的功能与象征。天人合一、阴阳和合的和文化是中国传统文化的精髓，与西方建筑更加关注建筑外部实体的和谐与美观不同，中国古典建筑非常重视整个建筑本身及其与周边环境的阴阳和谐、相生相依。《易传·说卦》云“土生木，木生风”，以土木材料为主的木构架建筑其实体现了一种求生机制，扎根于大地之中欣欣向荣的木构架是一种生气的象征，蕴含了醇厚的生命意识，建筑也因此而被赋予了生命与性格，能够吸纳日月星辰之精华，汲取天地万物之灵气，从而反馈于居住在其中的人类。因此，五行之中，土与木是最适合筑屋以居人类的建筑材料。

除了人所居住的建筑之外，古典建筑供神居住的建筑也以土木结构为主。这是因为中国本土的神具备明显的人格、人性，而外来宗教中的神在本土化的过程中也染上了人格化的特征，所以古代人在营缮供神、佛栖息的建筑时，也采取了与人居建筑一致的审美哲思，由此一来，不但人居建筑，即便是神的建筑，也都是由“土”承载、由木环绕的空间框架。

（二）礼制与建筑

1. 宗庙为先

天人合一是人与自然关系之追求，而礼便是规范人与自然、人与人、人与社会，使之达到天人合一的方式。周公“制礼作乐”，其理论基础便是“礼法自然”。所以，遵守礼制成为中国古典建筑追求天人合一的重要手段。

在礼制的影响下，礼制建筑成为中国古典建筑体系中的重中之重。所谓“君子将营宫室，宗庙为先，厩库为次，居室为后”（《礼记·曲礼下》），充分表明祭祀祖先神灵、天地日月、社稷山川等礼制建筑①在诸类建筑中所享有独尊、至高、首要之地位。宗庙是天子祭祀祖先神灵之所，将供奉祖先灵位的宗庙等礼制性建筑置于天子所居宫室等实用性建筑之前，表明了敬天法祖这一思想的深远影响。“国之大事，在祀与戎”，祭祀被视为立国治人之本。而被祭祀的对象，首先是天地、日月星辰、山川等自然界诸神，其次是祖先、先贤、先师等人神。其中，又以祭天、祭祖最为隆重。正是在天人合一的哲学范畴下，人间世之君主被视为上天之子，爵称“天子”，而天为乾，地为坤，即天子“父天母地”，所以君主及其代表的国家不但要祭祀血脉先祖，也要

① 彭晋媛．礼：中国传统建筑的伦理内涵［J］．华侨大学学报（哲学社会科学版），2003（1）：13－19．

礼祀天地。因此，作为祭祀天地、祖先的坛、庙，也就成为中国传统建筑中最重要的建筑。

通常而言，建坛以祭天神，立庙以祭先祖。如明代所建的圜丘坛，坛为露天三层圆形，象征天。最高一层的台面直径为九丈，名“一九”；中间一层直径为十五丈，名“三五”；最下一层直径为二十一丈，名“三七”。由于数字中的一、三、五、七、九被称为“天数”或“阳数”，所以圜丘坛的坛面、台阶、栏杆的石制构件，都取九或九的倍数，以此来象征天的至高至大。

庙的本意为祭祀祖宗之地。按照“前朝后寝”“前堂后室”的宫殿、居室布局，庙的基本格局为“前庙后寝”。根据身份的不同，庙的建筑制度也有极大的区别。“天子七庙，三昭三穆，与太祖之庙而七。诸侯五庙，二昭二穆，与太祖之庙而五。大夫三庙，一昭一穆，与太祖之庙而三。士一庙。庶人祭于寝。”（《礼记·王制》）庙的建筑规制体现出严明的等级制度。后来，供祀祖先之庙逐渐与原始的神社混合，由于“人死曰鬼”，死去的祖先与鬼神同质，所以庙的含义被泛化，不但祖先、山川河渎、地望城池，而且文人武士、佛教寺庵，都可称庙。如土地庙、城隍庙，又如文庙、武庙、寺庙。

坛庙作为古典礼制建筑的代表，被赋予特殊的意义，其兴建、维修也被视为一国、一方之要务，是君主治理国家、地方长官为政一方之首要工作。

在坛庙等建筑的布局上，也呈现出鲜明的礼制色彩。所谓“非礼勿视”，便是传统建筑尤其是祖庙建筑布局的重要讲究。由于中国古代很少营建由多种不同用途的房间聚合而成的独栋大建筑，而习惯把众多结构简单的单体建筑组合成封闭式的院落建筑组群。建筑组群的平面布局极为讲究，其基本原则是内向含蓄、负阴抱阳，层次明显。庭院建筑组群的平面布局基本遵循围绕中轴线左右对称的原则，院落大多坐北朝南，主建筑设在中轴线上，东西两侧为厢房，南北两侧亦建有房屋或影壁，共同围成一座庭院。每一个建筑组群少则一个庭院，多则数个或数十个庭院。重要建筑均在庭院内，从外面无法一览无遗。平面纵深式的院落，通过重重推进，为祖庙等建筑群营造出一种神秘的气氛，从而加强其感染力。以世界上现存最大、最完整的祭祖建筑群北京太庙为例，整个建筑组群布局严谨、巍峨宏丽、庄严肃穆。其中，明、清两代皇帝举行祭祖大典的太庙享殿，为十一开间，其体量与紫禁城内举行重大典礼、朝会等所用的太和殿相当。

除祭祀天地、先祖圣贤之坛、庙外，礼制性建筑还有明堂，朝、堂，陵墓，华表、阙、牌坊等五大类别。既有坛、庙、明堂、祠堂、陵墓等独立的礼制性建筑，又有宫殿组群中的“朝”和第宅组群中的“堂”等特定建筑中的礼制性建筑，还有阙、华表等礼制建筑小品①，它们不仅类型众多随处可见，而且在中国古典建筑中占有优先、突

① 侯幼彬．中国建筑美学［M］．北京：中国建筑工业出版社，2009：159．

出地位。宗教建筑在西方建筑体系中占有主导地位，而中国由于礼文化的影响，呈现出“以宗庙为先”的礼制性建筑为主导地位的特点。

2. **等级森严**

礼是中国古代社会的典章制度和道德规范。礼是“上下之纪，天地之经纬”，其目的是为了“序上下、正人道”（《白虎通·德论》），“定亲疏，决嫌疑，别同异，明是非也”（《礼记·曲礼上》）。讲究贵贱、尊卑、长幼、亲疏有别。“贵贱无序，何以为国?”是将尊卑等级视为立国之本，因此“衣服有制，宫室有度，人徒有数，丧祭械用，皆有等宜”（《礼记·王制》）。

尊卑秩序反映在建筑上，便是森严的建筑等级，最为直观的体现便是屋顶的使用。造型独特的屋顶无疑是中国古典建筑最富有表现力、最易辨别的部件，也是中国建筑不同于世界其他建筑体系最显著的标志和特征。样式丰富情趣各异的屋顶将中国组群建筑整体形象装饰得富丽堂皇又别出心裁。屋顶设计充分体现了中国古典建筑的艺术精神，将“以少总多，情貌无遗”的中国美学运用得炉火纯青。传统建筑的屋顶类别主要有俨然而简单的硬山顶、朴素而轻快的悬山顶、雄伟而华美的歇山顶、庄重而舒展的庑殿顶、高耸而飞扬的攒尖顶等五个类别。其中，庑殿顶、歇山顶又有单檐（五脊殿）和重檐（九脊殿）之分，多用于四坡顶。按照自高而低的排列，屋顶样式的等级顺序依次为重檐庑殿顶、重檐歇山顶、单檐庑殿顶、单檐歇山顶、悬山顶、硬山顶等，此外还有运用场合较为广泛的攒尖顶。重檐庑殿顶是中国古代建筑中最高级的屋顶样式，一般用于皇宫、重要寺观中的主殿，如北京故宫太和殿的屋顶；攒尖顶则用于多坡顶，有方、圆、六角、八角等各种攒尖形式。而民居建筑通常只能使用硬山顶、悬山顶。明代洪武二十六年（1393）定制：“官员盖造房屋，并不许歇山转角、重檐重栱、绘画藻井。”（《大明会典》）即便是一品大员，若非亲王，也不能使用歇山顶。今天所见的北京四合院，几乎全为硬山顶，便是受这一制度影响的结果。

除屋顶之外，森严的建筑等级制度还表现在空间布局、装饰等方面。《周礼》关于天子之王城、诸侯之国、卿大夫采邑之都的城墙、宗庙、宫室、门、道路的规定，核心内容体现在等级制度上，“王宫门阿之制五雉，宫隅之制七雉，城隅之制九雉，经涂九轨，环涂七轨，野涂五轨。门阿之制，以为都城之制。宫隅之制，以为诸侯之城制”。建筑空间布局的这一等级制度为后世所继承，首次出现于唐代的《营缮令》云“宫殿皆四阿”，“王公以下屋舍不得重栱藻井，三品以上堂舍不得过五间九架，厅厦两头，门屋不得过三间五架。五品以上堂舍，不得过三间五架，厅厦两头，门屋不得过三间五架，仍通作乌头大门。勋官各依本品。六品、七品以下堂舍，不得过三间五架，门屋不得过一间两架。非常参官不得造轴心舍及施悬鱼、对凤、瓦兽、通栿、乳栿装饰。士庶公私宅第皆不得造楼阁临视人家。庶人所造堂所，不得过三间四架，门屋一间两架，仍不得辄施装饰。”（《唐会要》）除空间布局，建筑的等级制度还体现在装饰、色彩、楼层高度、门戟等方面。

后世对于建筑等级的规定更加严格烦冗。明清时期，不但对面阔开间、层级、屋顶等级进行申令，还将屋顶的瓦样规格、琉璃的色彩、屋脊瓦兽、山花悬鱼、梁柱、斗拱、檐椽、窗户的油饰、彩绘及柱础的雕镂、门的间架、油漆用色、铺首兽面、门镮的材料、门钉的数量等各个方面都纳入建筑等级制度之中。

每一个家庭的房屋形制，必须吻合其身份地位。否则，必被追究法律责任。“凡官民房舍车服器物之类，各有等第，若违式僭用，有官者杖一百，罢职不叙；无官者笞五十，罪坐家长；工匠并笞五十。”（《大明会典》）在各种越制建筑中，又以僭越皇室建筑制度最为恶劣。如清嘉庆皇帝清查和珅之罪，其中之一便是建筑越制，“昨将和珅家产查抄，所盖楠木房屋，僭侈逾制。其多宝阁，隔断式样，皆仿宁寿宫制度，其园寓点缀，与圆明、蓬岛、瑶台无异，不知是何肺肠。”（《嘉庆实录》）嘉庆皇帝以和珅为典型，严厉戒敕诸王群臣，若不遵守建筑等级，将会面临严厉的法律制裁。

等级森严的建筑制度，一方面造就了中国传统建筑一脉相承的独特性，另一方面也导致其形制长期以来无法实现质的飞跃。

（三）自然与建筑

1. 因地制宜

追求与自然的和谐统一体现在中国传统建筑的各个层面，包括风水堪舆的选址、依势随形尊重自然的空间布局、取法自然的材质选择、融入自然的色彩搭配。这些建筑观念无不体现了“道法自然”的思想精髓、天人合一的和谐理念。不管是原始时代的巢居、穴居，聚落状态下的村落、民宅，还是代表国家形象和权力象征的都城、宫殿，或是祖先神灵安息之处的陵寝、墓葬，抑或是修养身心、性灵的宗教寺庵、宫观，都追求一种融入自然，与周边环境完美契合的建筑理念。

在众多的传统建筑思想中，“因天材，就地利”是建筑活动遵循天成自然的主要规划思想，也就是要从自然、从客观实际出发的规划原则。中国古典建筑的规划中，最重要的莫过于都城。关于都城的选址与布局，管子提出：“凡立国都，非于大山之下，必于广川之上。高毋近旱而用水足，下毋近水而沟防省；因天材，就地利。故城郭不必中规矩，道路不必中准绳。”（《管子·乘马》）指出都城要选在依山傍水的有利地形，既要水源充足，又要防止旱涝灾害，还要节省开挖沟渠之功。与方正规矩的都城布局相比，取山川地形的自然之利更为重要，都城选址建造要切合实际、因地制宜、因势利导。其实，早在周之祖先公刘选择豳地建都时便已采取了这一建筑选址原则，“既景乃冈，相其阴阳，观其流泉。其军三单，度其隰原。彻田为粮，度其夕阳。豳居允荒”（《诗经·公刘》）。公刘率领众人观山察水、巡视原野、丈量土地、观察日影，最终选中了豳地建都。这种顺应自然、因地制宜的建筑规划，既影响了风水学理论，更被后世的城邑、陵墓、聚落、民居、宗教建筑、园林等建筑奉为圭臬，数千年来遵循不改。如世界闻名的唐长安城，原是在隋之大兴城的基础上改建而成。设计大兴城的是隋代著名的工程师宇文恺，他参照北魏洛阳城及东魏、北齐邺都南城，将龙首原以南的六条高坡视为乾卦六爻，以此作为长安城总体规划的地形基础。宫城、皇城依托高坡的自然地形，显得高高在上气势逼人，而居民区及市区则建在较为低矮之地。大兴城充分利用地形的优势，因地制宜，利用龙首原以南的六条坡地的自然高度来凸显皇权及政府机关的威严，制造出俯视臣民万物的感觉，又增强了整个都城的立体空间，使之更加雄伟壮观。

其他城邑的建造，在选址及布局上，也都遵循“因天材，就地利”之指导思想。因地制宜也是各地民居的重要宗旨。如陕西、甘肃、山西等黄土地区，当地居民在天然土壁内开凿、砌造窑洞。窑洞不但防火、防噪声，而且冬暖夏凉，经济省工，是因地制宜的完美建筑形式。中国古建筑呈现出鲜明的地域色彩，其中山区多石木结构，平原多砖木结构，南方多干栏式建筑，东北则有干打垒土房，及黄土高原的窑洞建筑，其根源便在于建筑材料上因地制宜的原则。

2. 山水意境

中国传统建筑体并非单独存在，而是与山水环境相辅相成。在天人合一的思想文化中，自然山水被视为天道的表征，不管是儒家，还是道家都对自然美展示出一种特殊的亲近感。道家向往的自然，是自然的本体，庄子提出“与天和者，谓之天乐”，是将人与天合而为一；而儒家欣赏的自然，是人化的自然①，强调人和。“知者乐水，仁者乐山；知者动，仁者静；知者乐，仁者寿。”（《论语·雍也》）便是将山水与人类至高的道德联系在一起，以山水比附君子之德。“玩芝兰则爱德行之臣，睹松竹则思贞操之贤，临清流则贵廉洁之行，览蔓草则贱贪秽之吏。”（《晋书·张天锡传》）更是以芝兰、松竹、清流、蔓草等自然物种比喻人间世的各种品行。这种比德观念根深蒂固，深刻地影响了古人对于山水风景的欣赏角度及山水园林的创造，形成了以山水为体裁的独具特色的中国古代艺术。

在玄学的影响下，魏晋士人隐逸之风大盛，崇尚自然寄情山水，放浪形骸超然自得，所谓“山水以形媚道”“山水质有而趣灵”，将自然山水由先秦时期精神功利性质的“比德”提升到自然审美的“畅神”的高度，真正发现了自然美的审美价值，进入到自然美审美意识的高级阶段。② 之后，出现了以陶渊明为首的山水田园诗派，唐代王维、孟浩然将其发扬光大，描写自然风光、山水景物以及恬淡清净的隐逸生活，诗境隽永优美。痴情于山水之美的中国古人比比皆是。受制于森严的建筑等级制度，在房屋形制上无法逾越礼制等级，人们便在与居室一体的园林上费心思。或是把房屋居室建在自然风景优美宜人处，以收仰观俯视皆有山水胜景之美；或是移山缩水，于房舍周围造景，以满足对山水景观的追求。白居易所造的庐山草堂，及其在洛阳履道里所

① 王先霈．中国古代文学中的“绿色”观念［J］．文学评论，1999（6）：137－143.

② 侯幼彬．中国建筑美学［M］．北京：中国建筑工业出版社，2009：200.

建之府第，便是极好的例子。

知识拓展：白居易庐山草堂

匡庐奇秀，甲天下山。山北峰曰香炉，峰北寺曰遗爱寺，介峰寺间，其境胜绝，又甲庐山。元和十一年（816）秋，太原人白乐天见而爱之，若远行客过故乡，恋恋不能去。因面峰腋寺，作为草堂。明年春，草堂成。三间两柱，二室四牖，广袤丰杀，一称心力。洞北户，来阴风，防徂暑也；敞南甍，纳阳日，虞祁寒也。木斫而已，不加丹；墙圬而已，不加白。砌阶用石，幂窗用纸，竹帘纻帏，率称是焉。堂中设木榻四，素屏二，漆琴一张，儒、道、佛书各两三卷。乐天既来为主，仰观山，俯听泉，傍睨竹树云石，自辰至酉，应接不暇。俄而物诱气随，外适内和。一宿体宁，再宿心恬，三宿后颓然嗒然，不知其然而然。

——《白氏长庆集·庐山草堂记》

因酷爱庐山胜景，白居易造草堂于其中。房屋建筑为“三间两柱，二室四牖”，“木斫而已，不加丹；墙圬而已，不加白。砌阶用石，幂窗用纸，竹帘纻帏”，极为简陋。然而，由于在草堂可以“仰观山，俯听泉，傍睨竹树云石，自辰至酉，应接不暇”，这样的山水美景让白乐天“一宿体宁，再宿心恬，三宿后颓然嗒然，不知其然而然”。完全将自己与草堂周边的自然风景融为一体，达到了庄子所称的“坐忘”之境界，白居易因此生出了“老死不返”“左手引妻子，右手抱琴书，终老于斯”的心愿。庐山草堂虽然极美，但身为江州司马的白居易不久便被委任为忠州刺史，不得已离开。后来，他任职东都，安家与洛阳履道里，其居所情景“十亩之宅，五亩之园。有水一池，有竹千竿。勿谓土狭，勿谓地偏。足以容膝，足以息肩。有堂有庭，有桥有船。有书有酒，有歌有弦。有叟在中，白须飘然。识分知足，外无求焉。如鸟择木，姑务巢安。如龟居坎，不知海宽。灵鹤怪石，紫菱白莲。皆吾所好，尽在吾前。时饮一杯，或吟一篇。妻孥熙熙，鸡犬闲闲。悠哉悠宅，吾将终老乎其间”（《白氏长庆集·池上篇》）。与庐山草堂选址于风景优美处不同，白居易在履道里的府第是把山水移进了院落，假山池水，堂庭桥船，灵鹤怪石，紫菱白莲，构造了一幅山水兼美的人造景观。

“虽由人作，宛自天开”（《园冶》），是古代对建造技艺的最高追求，像是自然生成的人工创造，才是巧夺天工。这种顺乎自然、宛自天开的审美追求，即追求人工与天作一致，人道与天道相合，充分体现了中国古典建筑审美中的“天人合一”之思想。

思考与讨论

1. 中国古代的天人观在堪舆学中有怎样的体现?

2. 堪舆学中的科学成分对当代生态文明建设有哪些启示?

3. “一池三山”的造园模式主要应用在哪里，其思想根源是什么?

4. 阐述文人写意园与禅宗的关系。

5. “君子比德”的思想是如何在中国古典园林中体现的?

6. 礼制对中国古典建筑的影响及其意义是什么?

7. 中国传统建筑体系与西方古典建筑体系的异同体现在哪些方面? 为什么会有这些异同?

·参考文献·

［1］蔡杰. 中国古代堪舆小史［M］. 北京：中国长安出版社，2015.

［2］余健. 堪舆考源［M］. 北京：中国建筑工业出版社，2005.

［3］王玉德. 堪舆术研究［M］. 北京：中央编译出版社，2018.

［4］高友谦. 中国风水文化［M］. 北京：团结出版社，2004.

［5］周维权. 中国古典园林史［M］. 北京：清华大学出版社，1993.

［6］倪琪. 园林文化［M］. 北京：中国经济出版社，2013.

［7］赵思毅，张赟. 中国文人画与文人写意园林［M］. 北京：中国电力出版社，2006.

［8］刘敦桢. 中国古代建筑史［M］. 2版. 北京：中国建筑工业出版社，1984.

［9］傅熹年. 中国古代建筑十论［M］. 上海：复旦大学出版社，2004.

［10］梁思成. 中国建筑艺术二十讲［M］. 北京：线装书局，2006.

［11］侯幼彬. 中国建筑美学［M］. 北京：中国建筑工业出版社，2009.

第十五章　民俗节日

海上生明月，天涯共此时

学习目标

定义： 民俗生活、传统节日；对中国传统民俗及节日的理解。

描述： 传统节日的来源；主要节日和习俗；传统节俗与中国文化；传统节日思维的特色。

理解： 民俗节日，指的是与民间传统的风俗习惯相关的，在某一特定时间举行的周期性、群体性的庆祝或祭祀活动。民俗节日是古代文明和情感、思维方式的集中体现。中国民俗节日产生于传统农业社会，是中华民族悠久历史文化的重要组成部分。

辨别： 主要节日及节俗的来源和表现。

分析： 传统节日节俗与民族情感、思维和审美的关系。

民俗，也称民间风俗，即一个国家或民族中广大民众所创造、享用和传承的生活文化，是和我们的生活很密切的一个概念。它起源于人类社会群体生活的需要，在特定的民族、时代和地域中不断形成、发展和演变，而浸透和服务于民众的日常生活。民俗节日，指的是与民间传统和风俗习惯相关的，在某一特定时间举行的周期性、群体性的庆祝或祭祀活动。

作为数千年历史的文明古国，我国传统的民俗节日众多。它们产生和发展于漫长的历史时期，与古人的农业生产、天文历法、历史地理、神话传说息息相关，是中华民族悠久历史和灿烂文化的重要组成部分。它们不仅记录着我们祖先对自然运动规律的认识与把握，呈现着不同历史时期的社会、经济、科技的发展状况，也反映了炎黄子孙应时而作、张弛有度的生活和生命节律，与我们每个人的生活水乳交融。循环往复、异彩纷呈的节日，串联起传统中国人的一年四季。

一、农事祭祀：源远流长的传统节日

节日的起源可以追溯到上古时期的观象授时制度。

农业是人类生存的根基。中国是世界上农业历史最悠久的国家之一。考古发现，大约在一万至九千年前，栽培稻已经在长江流域出现。距今七八千年的新石器时代早期，黄河流域、长江流域就已经摆脱了原始的刀耕火种，进入耜耕农业。河北省武安县磁山遗址、河南省新郑市裴李岗遗址、山东省滕州市北辛遗址、湖北省宜都枝城北遗址等多处都出土了整套的原始农具，发现了炭化了的人工栽培作物壳、籽以及家畜家禽的骨骼或模型。原始农业不断发展，促进了村落、城市和国家的出现，推动了文明的进程。为了进行农业生产，人们需要掌握农时和季节的变化，于是在日常生活观察物候，如寒来暑往、鱼汛花期等情况所确立的“年”的观念的基础上，通过长期的“观象于天”（《周易·系辞下》），逐渐用某些昏、旦出现的星辰定农时、明季节，出现了最早的星象历，又称观象授时。

我国的天文学发展很早，并留下了世界上最早、最准确和连续的日月食记录。通过长期的观察，人们发现了日、月、年的时间长度和寒暑往来、春播秋收的规律，逐步形成和完善了历法。《尚书·尧典》记载，尧命人观测日月星辰的运行情况，确定春分、夏至、秋分、冬至四时，制定历法，教导人民遵循上天意旨，按时令节气进行农业生产。夏代的历法叫夏时，是以月亮绕地球的规律推算，称为阴历。今存历书《夏小正》将一年分为12个月，按顺序记载了每个月的物候、天象以及与田猎农事有关的活动，留下了通过观察动植物的生长、活动变化来进行农事活动的记录，也有很多观察星象的资料，反映了由观察物候向观测星象以定农时的过渡。殷商时已经用星象历。先以与农业生产相关的“年”“岁”纪年，后来多用来源于祭祀的“祀”或“巳”“司”纪年。商代一直到西周前期，一年只分为春、秋两季，分别是农作物的播种生长时期、收获及农闲时期，西周以后加上了冬、夏两季。到秦汉时，将地球在公转轨道上（黄道）运行的轨迹均分为二十四个相等的位置，用于表示气候的变化和提供农业生产日程的二十四节气也全部完备了。汉太初年间，汉武帝命司马迁等人修订历法，以夏历的正月为岁首，订入了二十四节气。这种历法非常有利于安排农事活动，并在以后很长的历史时期一直沿用下来。我国古代历法将一年的时间长度计算得极其精确，如南宋杨忠辅《统天历》中精确到365.2425日，与地球绕太阳公转的实际时间仅相差26秒。

历法和节气的确定，成为节日的时间基础。《国语·周语》记载，每年立春要举行隆重的籍田仪式，劝勉农事，动员春耕。为了确定籍田典礼的日期，就要提前观察土壤、星象、气象情况。一旦发现土壤解冻，房宿在拂晓出现于正南方天空，和煦的春风开始吹拂，就说明春天来了，要举行籍田典礼，开始春耕了。在成文历法产生之前，农时周期和庆典周期是合而为一的，节气亦即节日。成文历法创立后，由于中国传统历法制度即夏历和后来的《太初历》采取的是阴阳合历，以阳历纪农时，以阴历纪年月，庆典的日期被按照阴历纪时周期固定下来，而节气则依然按照阳历安排，从而导致了庆典周期和农耕周期、节日和节气的分离，形成了与节气系统并行不悖的传统节日体系①，许多祭祀、庆贺、占卜、禁忌等活动也集中在固定的日子进行。历法中每个月的初一、十五（朔、望），分别是新月和满月，表示开始和圆满，于是这两天往往被定为节日。从干支纪日法中也派生出很多节日，如古代的上巳节，就是三月的第一个巳日。端午节最初设在五月的第一个午日，后来才定为五月初五。

知识拓展：九九歌

一九二九，不出手；三九四九，冰上走；五九六九，沿河看柳；七九河开，八九雁来；九九加一九，耕牛遍地走。

从冬至开始，每九天为一个“九”，有九个“九”，共八十一天，是中国天气寒冷的时期，又叫数九寒天。这首《九九歌》流行于北京一带，各地或有不同。

节日的另一个来源是原始信仰。古人因为对日月星辰、山河大地、风雨雷电等天体、景物、自然现象和生活世界的敬畏，以及对生命的不了解，产生了原始的自然崇拜、灵魂崇拜和宗教信仰。甲骨文中已有商代人观察日出和祭日的资料。《礼记》记载，天子春分祭日，秋分祭月。《左传·成公十三年》称：“国之大事，在祀与戎。”《周礼·大宗伯》也有祭祀日月星辰的记录。这些祭祀活动，对后来的中秋和七夕等节日的形成都有影响。周代时祭祀上升为国家礼制，并出现社祭、雩祭及傩礼三大祭祀仪式。社祭对五谷之神的祭祀后来演变成“社日”，在立春和立秋后第五个戊日举行，称为春祈秋报。周代“索室殴疫”的傩礼除了瘟疫流行时用以救急外，三月、八月和年终都要举行。年终的大傩不仅在宫廷进行，而且延及民间，声势浩大，具有驱疫逐祟的功能，其形式逐渐世俗化、多样化。后世春节燃放爆竹、击鼓驱傩、去秽送穷、更换桃符等习俗，都是对鬼魅的强力驱除，同时也成为热闹喜庆的节日活动。许多节俗也都与古人的迷信禁忌相关。二月初二花朝节，农人看天气晴雨，以预卜年成丰歉。谚云：“有利无利，但看二月十二。”这天切忌有雷雨，所谓“雷打百花心，百样无收成”。九九重阳，家家户户悬艾叶菖蒲，登高、佩茱萸、饮菊花酒，以逐灾远祸。

① 刘宗迪. 从节气到节日：从历法史的角度看中国节日系统的形成和变迁［J］. 江西社会科学，2006（2）：15－18.

知识拓展：《吕氏春秋·季冬纪》“命有司大傩”（高诱注）

大傩，逐尽阴气为阳导也。今人腊岁前一日，击鼓驱疫，谓之逐除是也。《周礼》：方相氏掌蒙熊皮，黄金四目，玄衣朱裳，执戈扬盾，率百隶而时傩，以索室驱疫鬼，此之谓也。旁磔犬羊于四方，以攘其毕冬之气也。出土牛，令之乡县，得立春节，出劝耕土牛于东门外是也。

神话传说、历史故事和对重要人物的纪念也是节日的来源之一。瑶族的盘王节祭祀祖先盘瓠。基诺族“祭大龙”是纪念基诺族创世纪祖阿嫫尧白的节日，一般三天，需要禁寨、祭祀、预卜收成丰歉等。傣族在泼水节赛龙舟，纪念古代英雄岩红窝。节日的起源往往多元互生。比如端午节，人们一般认为纪念爱国诗人屈原和对他高尚人格的追怀：不愿与世俗同流的高尚情怀（“吾不能变心而从俗兮，固将愁苦而终穷”），对民生疾苦的深切同情（“长太息以掩涕兮，哀民生之多艰”），对道德理想的不懈追求（“路漫漫其修远兮，吾将上下而求索”）；民间还有祭祀潮神伍子胥、孝女曹娥、苍梧太守陈临以及越王勾践以龙舟来操练水兵等多种说法。也有学者认为端午节由祭龙祭神仪式发展而来。

我国的主要节日在汉代基本定型。经过后世的丰富和发展，节日和节俗已经相对稳定，节日的祭祀功能更多地转向礼仪和娱乐。比如八月十五中秋节本是为了祭月（一说祭祀土地神），流传到民间，拜月与嫦娥奔月、吴刚伐桂、玉兔捣药的美丽传说结合起来，又取圆月的圆满之意，亲朋好友在这一天互赠月饼以求团圆。又有抗元起义的故事，产生了民间中秋夜烧瓦塔（又称烧瓦子灯、烧花塔、烧番塔）等游戏，即以砖石瓦片堆垒成空心塔，填入木柴燃烧。入夜，火光炎天，亮如白昼，孩子们欢呼雀跃，十分热闹。

不同的自然地理、历史文化条件下，人类的生产和生活方式会有很大不同。我国幅员辽阔，各地节日习俗也往往有不同的表现。比如中秋，除了拜月、观灯、舞龙等之外，还有地方以树中秋、烧斗香、搏饼等形式来庆祝，节俗可谓多姿多彩，多种多样。龙舟是端午节重要的节日物象。南方水乡流行水上龙舟竞渡；缺水的地方，则比赛“旱龙舟”。北方种植小麦，春节可以吃饺子；从中原迁移到南方地区的客家人，过年没有面以包饺子，于是以酿豆腐代替，一样其乐融融。

二、岁时华彩：绚丽多姿的节日节俗

中国传统节日源远流长，璀璨多彩。在多种多样的节日节俗中，始终贯穿着礼、和、乐的文化思想和生活哲学。它们以顺天敬人的内在精神、吉庆团圆的理想追求、其乐融融的生活艺术为依托，在漫长的历史时期顽强地传承和延续下来，不断发展、不断丰富，不断放射出异彩华光。

（一）礼：顺天敬人的内在精神

> 礼，指的是在社会生活中，由于道德观念和风俗习惯而形成的礼节和规范，以及表示尊敬的态度和行为。儒家认为，礼源于祭，主于敬，致于福。许慎《说文解字》曰："礼，履也，所以事神致福也。"

先民在仰望日月星辰的目光、追逐岁时节令的脚步中，通过"历象日月，敬授人时"，建立了早期的岁时系统。人生于大地，作物需要阳光雨露，种植渔猎都仰赖不可知的自然。天象地形，日月寒暑，昼夜幽明，阴阳消长，唯有顺应四时之变，不误农时采狩，以成万物之用。年终，人们将收获敬献天地神祇和先祖以谢，祈求来年的丰收。白寿彝主编的《中国通史》中解释，甲骨中的岁字像有柄的半月形切割工具，其刃部上有两点，是穿绳用来将刃部紧缚于柄的孔，古人既用"岁"切割祭牲，又以之收割禾穗，故"岁之言穗，言刿"①。岁末年终，人们收割谷物、切割牺牲用来祭献天地先祖，最终让"岁"发展成一种祭祀。郭沫若认为："祭名曰岁者，殆因岁举行一次而然。"② 这就成了后世冬至、春节等节日祭祀的源头。

冬至是节气，也是节日，时间在每年公历 12 月 21 日至 23 日之间。早在春秋时，中国人就已经用土圭测日影来确定冬至、夏至。天文学上把冬至作为冬季的开始。这一天太阳直射南回归线，太阳直射点对北半球最倾斜，北半球白天最短，黑夜最长。冬至过后，太阳直射点又慢慢地向北回归线转移。冬至是中华民族的一个传统节日，俗称"冬节""长至节""亚岁"等。冬至时，冬季已过了一半，开始进入严寒阶段，但它又标志着春季即将到来。古人认为自冬至起，天地阳气渐强，是大吉之日。

冬至节的历史相当悠久。周代于冬至日祭天于南郊，并以冬至为岁首，以十一月为正。秦沿其制。汉代以冬至为冬节，官府要举行祝贺仪式称为"贺冬"，例行放假，互相拜贺，称为"拜冬"。《后汉书》记载："冬至前后，君子安身静体，百官绝事，不听政，择吉辰而后省事。"魏晋六朝时，冬至称为"亚岁"。唐宋以后，冬至成为祭天祀祖的日子，称为"冬至郊天"，皇帝要到郊外举行祭天大典，百姓要向父母尊长拜贺，人们往来祝贺。明清两代，百官向皇帝呈递贺表，还要互相投刺祝贺。

冬至曾经是隆重的岁首、新年，因此至今还流传着"冬至大过年"的说法。这一天，北方多吃饺子，南方吃汤圆，也有吃馄饨、丸子、"头脑"、冬酿酒等食物的。旧

① 徐喜辰，斯维至，杨钊. 中国通史：第 3 卷　上古时代　上［M］. 2 版. 上海：上海人民出版社，2013：227.

② 郭沫若. 甲骨文字研究·释岁［M］//郭沫若. 沫若文集：第 14 卷. 北京：人民文学出版社，1963：362.

时还有在这一天给祖先上坟、送寒衣。民间娱乐有填九九消寒图，唱九九消寒歌。亦有根据冬至这天到来的时间和天气预测此后天气。谚语说："冬至在月头，要冷在年底。冬至在月尾，要冷在正月，冬至在月中，无雪也没霜。"这是以冬至来得早或晚预测以后的寒冷情况。"冬至黑，过年疏；冬至疏，过年黑。"这是说，冬至这天如果没有太阳，过年一定是晴天。反之，过年就会下雨。

中国的传统节日多起源于四时流转之处的祀典，展现对天、地、人的敬畏和感恩。在漫长的历史发展过程中，我国传统民俗节日受到传统文化的深深浸染，朴素的自然崇拜、天人合一的思想与传统儒家伦理教化交织错综，成为在人们年年岁岁日常生活中的具体体现。儒家经典之一的《礼记》中的"月令"篇，分别记述了从孟春、仲春、季春、孟夏、仲夏、季夏、孟秋、仲秋、季秋、孟冬、仲冬、季冬十二个月日月星辰、气候物候的变化，以及祭祀的内容和方式。比如孟春之月，"立春之日，天子亲帅三公、九卿、诸侯、大夫以迎春于东郊。还反，赏公卿、诸侯、大夫于朝。命相布德和令，行庆施惠，下及兆民。""是月也，天子乃以元日祈谷于上帝。乃择元辰，天子亲载耒耜，措之于参保介之御间，帅三公、九卿、诸侯、大夫躬耕帝藉。天子三推，三公五推，卿、诸侯九推。反，执爵于大寝，三公、九卿、诸侯、大夫皆御，命曰劳酒。"这是天子身体力行，和大臣们带领大家一起开始春耕的劝农仪式。礼乐祀典是国家的大事，因此"是月也，命乐正入学习舞。乃修祭典"。春天是万木生发的季节，出于对生命的敬畏和对自然的爱护，"命祀山林川泽，牺牲毋用牝。禁止伐木。毋覆巢，毋杀孩虫、胎、夭、飞鸟。毋麑，毋卵"，就是祭祀山林川泽的神灵，禁止伐木、覆巢，保护鸟类和它们生活的环境，禁止捕杀雌性动物甚至昆虫，让自然界的生物自然繁衍。不仅如此，另一件"国之大事"的"戎"要严禁，无论是什么原因的兴兵都不可以："是月也，不可以称兵，称兵必天殃。兵戎不起，不可从我始。"

"毋变天之道，毋绝地之理，毋乱人之纪。"（《礼记・月令》）儒家在与自然的关系上，要求敬畏天地，顺时而行。在个人与群体的关系上，讲求通过"修身、齐家"至"治国、平天下"，将个人与群体联系起来、家与国联系起来。在社会秩序方面，主张"仁"与"礼"。仁者爱人，爱天地万物。一整套井然有序的"礼"，是规定和调整社会秩序的法典。儒家强调礼治，强调传统的伦常关系，尤注重人与人之间的伦理关系，要求仁及万物，待人以礼，在思想上形成了仁与礼的一种张力结构，成为社会生活指导性的原则，提倡仁、义、礼、智的道德规范，要求"父子有亲，君臣有义，夫妇有别，长幼有序，朋友有信"。这些内容体现在国家的政治社会中，同样体现在平常百姓的日常生活中。

传统节日的祭祀，就贯穿着中国传统的"礼"。

春节的节俗体现着"礼"的规定。春节是中华民国之后对农历年的称呼，传统上称为"年"。年的本意是谷物成熟。谷物成熟了，忙碌了一年的人们开始祭祀天地，庆贺丰收，并为下一年做准备。汉代《太初历》以夏历的正月为岁首并沿用下来，过年的日期就固定为每年的正月初一。这是新的一年的开始，也是祭祀天地、祖先的大日子，要依礼祭祀、祈福、拜年。《诗经·小雅·楚茨》记载了上古时的祭祖："以往烝尝，或剥或亨，或肆或将。祝祭于祊，祀事孔明。先祖是皇，神保是飨。孝孙有庆，报以介福，万寿无疆。""以为酒食，以享以祀，以妥以侑，以介景福。"元旦祀神、祭祖，之后就拜尊长。崔寔《四民月令》描写汉代拜神、祭祖、拜寿的情形："正月之日，是谓正日。躬率妻孥，絜祀祖祢。前期三日，家长及执事，皆致齐焉。及祀日，进酒降神。毕，乃室家尊卑，无小无大，以次列坐于先祖之前，子、妇、孙、曾各上椒酒于其家长。称觞举寿，欣欣如也。谒贺君、师、故将、宗人、父兄、友、亲、乡党耆老。"各地方志也记载了许多春节习俗。明代万历年间编纂的《琼州府志》记载："除夕设酒殽祀先（乡落又谓辞岁），子妇儿女辈盛列酒馔，为父母围炉。即夜各燃火门外，焚辟瘟丹，放爆竹。"万历《贵州通志》说：除夕，"具牲礼、扎草舡、列纸马，陈火炬，家长督之，遍各房室，驱呼吼怒，如斥遣状，谓之逐疫，古傩意也"。又以爆竹逐鬼，到处燃放，使得诸邪不犯，一年不沾恶疾。在门两旁钉桃符，或贴春帖以迎嘉祥、挂钟馗像以压邪魅。"元日，五鼓时，洁衣冠，具香楮于庭，拜告上下神祇，以祝灵贶。毕，即拜先人遗像，集尊卑于堂，男女以大小序拜，称觞祝庆。后出拜亲友。"

祭祀神灵和祖先的仪式在民间非常隆重。明万历《贵州通志》记载，元旦拜节之六七日以后拜扫祖茔，"祖有遗像悬挂于堂，祀之尽一月，藏之。无像具神位如礼"。至今重庆巫溪在团年饭时用食物祭祀祖先，饭后还要全家到祖先墓地放鞭炮、烧纸钱、依次叩拜。[①] 闽粤边界的永定下洋翁坑美村是一个客家村落，民间既有中原汉族和客家人聚居地的原始崇拜、自然崇拜和祖先鬼魂崇拜的成分，又有儒、道、佛的信仰成分，还有非客家民系的信仰成分。村民从腊月二十八日开始扫除、祭祀天神和厅堂的龙神、厨房的灶神。除夕前一两天杀猪宰鸡，开始前往各寺庙神坛祭拜。除夕下午，全村人用礼箩挑上一担祭品先集中到宗祠孝友堂祭祀列祖列宗，然后去分房祠堂祭祀。鞭炮齐鸣，烟花竞放，"三牲"、"五牲"、年糕、果品，应有尽有。大年初一早上，人们都在大门前坪或自家厅堂外檐朝天祭拜天神。正月初五开小正，再度朝天祭拜天神，到祖宗坟墓扫墓、拜祭祖宗的活动再度陆续开始，一直延续到正月底。各家族、房派及各家各户都选定吉日良辰，由家人按世系自上而下或自下而上分别祭扫，各处都摆一副"三牲"或"五牲"祭品。祭拜后，或就地煮熟野餐一顿，或回家聚餐热闹一番。正月初七人日，人们用七种菜蔬祭拜天神、灶君后，将菜蔬煮好供家人吃，据说可保一年平安。正月初九传为天公（玉皇）生日，人们朝天祭拜天公，祈祷一年里艳阳高照，风调雨顺。正月初十，翁坑美张氏提前进入元宵。初十日下午，村民再次像除夕

① 傅国群. 试析节日祭祀中的宗教文化内涵：以春节祭祀为例［M］//色音. 民俗文化与宗教信仰. 北京：知识产权出版社，2011：92.

下午那样聚集宗祠祭拜列祖列宗。傍晚，村民扛着花灯，敲锣打鼓，放着烟花爆竹，热热闹闹地出发游灯，先至水口公王朝拜，再到张氏大宗祠，村民再次集中在宗祠内祭拜。最后，花灯长龙从宗祠出发，由锣鼓队开道，在村中小巷游行，各家在门前准备鞭炮按男丁数接灯，挂到自己的厅堂内，寓意将祖宗的庇佑和好运接回家。①

春节的祭祀，既有对天地神灵、列祖列宗的感恩，又有祈福的成分，有些地方初一天明前要向吉方迎喜神，四川称之为“出行”，上海称之为“兜喜神方”，也有敬老尊贤、敦亲睦族、和睦邻里、仁及万物的孝悌友爱传递。祭祀之后，就是全家按辈分、年龄依次拜年。晚辈向长辈拜年，长辈给晚辈压岁钱，彼此问候，互相祝福。随后开始到亲友家拜年。旧时拜年一般多由家长带领，先拜长辈近族、邻友，之后再去远处各家。家家备烟、茶、瓜子、花生、糖果等招待客人。清人顾禄《清嘉录》描述“男女以次拜家长毕，主者率卑幼出谒邻族戚友，或止遣子弟代贺，谓之拜年”，许多一年都见不到的亲友也得以相聚、互相拜贺，到处熙熙攘攘、热热闹闹，幽静的巷坊“动成哄市”。

另一个体现传统中国人祖先崇拜和亲族意识的节日是清明。清明既是节气，又是庄重的节日，时间在公历4月5日前后。这个节日据说始于古代“墓祭”之礼，后来民间亦相仿效，于此日祭祖扫墓，历代沿袭成为一种固定的风俗。又有一种说法认为源于此之前几日的寒食节，是纪念功成不居的介子推的。寒食扫墓、禁火，清明踏青游戏、由官府出火，因此才有唐代诗人笔下的“内官初赐清明火”（韦庄）、“朝来新火起新烟”（杜甫）、“日暮汉宫传蜡烛，轻烟散入五侯家”（韩翃）等景象。这与伊斯兰教的封斋节、开斋节异曲同工②。

清明是最重要的传统节日之一，也是一个感恩的节日，感念先辈筚路蓝缕，感念父母养育之恩，其内在是孝道的传递与弘扬，以及祖辈、亲人之间的血脉承传和情感联系。在天气清、大地明的清明时节，一家人、一族人乃至整个民族，在离祖先最近的地方，祭奠先人，追思先祖，追贤思孝，认祖归宗，感恩当下，净化心灵。以扫墓祭祖为表现形式的清明之思，是感恩，是纪念，是忠与孝的传统生生不息，可谓是千百年来维系中华民族薪火相传、瓜瓞绵绵的文化内核。曾子有言：“慎终追远，民德归厚矣。”（《论语·学而》）沟通历史与当下的清明，就是中国人独特的哲学思考和人生追问。

清明节除了祭祖扫墓、祭祀祖先和民族始祖之外，发展扩及缅怀英杰，包括民族英雄、杰出历史人物、先烈等。还有各项户外活动，如踏青、郊游、荡秋千、射柳、

---

① 张佑周. 翁坑美春节祭祀活动漫谈［Z］//中国人民政治协商会议永定县委员会学习宣传与文史资料委员会. 永定文史资料：第28辑. 政协永定县委员会学习宣传与文史资料委员会，2009：177－179.

② 陈久金，卢莲蓉. 中国节庆及其起源［M］. 上海：上海科技教育出版社，1989：94.

蹴鞠等，在祭奠追思的感伤之余，融合了欢乐赏春的气氛。人们扫墓之余在山乡野间踏青，回家时顺手折几枝辟邪的柳条戴在头上，也带回了春天和春意。也有人特意于清明期间走到大自然中，去欣赏和领略春日盛景。这种踏青也叫春游，古代叫探春、寻春。唐人来鹏《清明日与友人游玉粒塘庄》诗说："几宿春山逐陆郎，清明时节好烟光。归穿细荇船头滑，醉踏残花屐齿香。风急岭云飘迥野，雨余田水落方塘。不堪吟罢东回首，满耳蛙声正夕阳。"宋代吴惟信《苏堤清明即事》说："梨花风起正清明，游子寻春半出城。日暮笙歌收拾去，万株杨柳属流莺。"程颢《郊行即事》也有："况是清明好天气，不妨游衍莫忘归。"

放风筝也是清明活动之一。清人潘荣陛所著《帝京岁时纪胜》记载："清明扫墓，倾城男女，纷出四郊，提酌挈盒，轮毂相望。各携纸鸢线轴，祭扫毕，即于坟前施放较胜。"古人认为清明的风很适合放风筝。《清嘉录》说："春之风自下而上，纸鸢因之而起，故有'清明放断鹞'之谚。"古人认为，放风筝不但是一种游艺，而且是一种巫术行为，放风筝可以放走自己的晦气。所以很多人在清明节放风筝时，将自己知道的所有灾病都写在风筝上，等风筝放高时，就剪断线，让它随风飘逝，象征着自己的疾病、晦气都让风筝带走了。

清明踏青，播种希望。"风光烟火清明日，歌哭悲欢城市间。"（白居易《清明日登老君阁望洛城赠韩道士》）在春回大地、万物复苏的清明时节，人们走进生机勃勃的大自然，缅怀故人，重温先辈的光辉，同时寻找春天，体悟生命，延续民族的血脉，获得新的希望。

另一个与祭祀相关的节日是端午。传说楚国大夫屈原报国无门，忧心如焚，五月五日投身汨罗江。当地人"追至洞庭不见，湖大船小，莫得济者，乃歌曰：'何由得渡湖！'因尔鼓棹争归，竞会亭上，习以相传，为竞渡之戏。其迅楫齐驰，棹歌乱响，喧振水陆，观者如云。"（《隋书·地理志》）南朝吴均《续齐谐记》记载，楚国人哀悼爱国爱民的屈原，每年这一天都用竹筒贮米，投入水中祭祀他。为防蛟龙窃食，"以楝叶塞其上，彩丝缠之，遂为粽"。明代李时珍《本草纲目》也说："古人以菰芦叶裹黍米煮成，尖角，如棕榈叶心之形，故曰粽，曰角黍。近世多用糯米矣。"屈原家乡秭归，做粽子时在中间放一枚红枣，谓其"有棱有角，有心有肝，一身洁白，半世煎熬"，以寄托对屈原的崇敬和怀念。

农历十二月是古时的腊祭之月，要祭祀天地神灵和祖先。南朝时将祭祀日期固定为初八，故称腊八。佛教传说中，释迦牟尼的成道之日也在十二月初八，因此腊八也是佛教的节日，称为"佛成道节"。在河南，腊八粥又称"大家饭"，以纪念抗金英雄岳飞。据说当年岳家军讨伐金虏在朱仙镇节节胜利，却被朝廷的十二道金牌追逼回来。班师路上，将士们又饥又饿，沿途的河南百姓纷纷把各家送来的饭菜倒在大锅里，熬煮成粥分给将士们充饥御寒，这天正好是腊月初八。随后岳飞遇害风波亭。于是，河南民众每逢腊八这天，家家都吃"大家饭"，以示怀念。

（二）和：吉庆团圆的理想追求

> 和，是一个重要的美学概念，描述相安、谐调、顺适的状态。《说文解字》曰：“相应也。”《广韵》称：“顺也，谐也，不坚不柔也。”“和”从禾从口，寓指庄稼收获，百姓欣喜。

节日除了严格遵循各种礼制的祭祀功能外，更有迎福纳祥的吉庆寓意，以及凝聚家族、追求团圆的节日仪式。

《周礼》称：“以和邦国，以统百官，以谐万民。”儒家贵“和”尚“中”，认为“德莫大于和”。《论语》云：“礼之用，和为贵。”《礼记》说：“和也者，天下之达道。”儒家学说非常看重“人和”。孟子认为：“天时不如地利，地利不如人和。”中国人说家和万事兴，追求和谐、和乐、和合，追求合家团圆、阖府平安、和和美美。中国人的传统节日也因此充满了吉庆团圆的欢快气氛。

春节是全世界华人心目中最重要、最隆重的家族庆典，也是团聚、团圆的日子。从过小年开始到大年三十除夕夜，从初一到初七再到正月十五的元宵节，每一天都有它独特的内涵。这个节日里，有开始、有尾声，有思想、有仪式，有对遥远过去的追忆，也有对美好愿景的展望，以延绵不断的传统习俗和震古烁今的传统力量，年复一年、代复一代地谱写着辞旧迎新的篇章。

“爆竹声中一岁除，春风送暖入屠苏。千门万户曈曈日，总把新桃换旧符。”宋代王安石《元日》一诗，反映了人们欢天喜地迎新年的情景。春节的活动，古代是从逐除开始。《吕氏春秋·季冬纪》高诱注：“腊岁前一日，击鼓驱疫，谓之逐除。”腊月（农历十二月）二十三，家家祭灶，祭拜掌管各家灶火的灶王爷，请他吃甜甜的关东糖，让他“上天言好事”。随即开始热热闹闹置办年货，准备敬祖供神的祭品，过年的气氛越来越浓。孩子们兴高采烈地唱起“二十三，灶王爷上天；二十四，扫房子；二十五，买爆竹；二十六，炖大肉；二十七，宰公鸡；二十八，白面发；二十九，贴倒有（指人们故意将‘福’和‘财’字倒贴）；三十日，合家欢乐吃饺子。”为了干干净净过新年，年终要进行大清扫。民谚说：“二十四扫房日，二十五掸尘土，二十七洗疚疾，二十八洗邋遢。”腊月二十五这一天，江南有“照田蚕”的风俗，将绑缚火炬的长竿立在田野中，用火焰来占卜新年。山西河南一带说“腊月二十八，打糕蒸馍贴花花”，要开始准备过年的面食，张贴年画、窗花，将屋里屋外装饰得焕然一新。贴春联、换门神像一般在除夕。门神最开始是神荼和郁垒。《山海经》说，神荼、郁垒是度朔山上阅领万鬼的神将，人们将他们雕刻成桃人以驱鬼。桃人后来简化为桃符，《宋史》记载，五代时后蜀君主孟昶在桃符上题写“新年纳余庆，嘉节号长春”，以后春联开始流行。又以钟馗为门神，后来是猛将秦琼、尉迟敬德。还有画关羽、张飞像做门神的。

“一夜连双岁，五更分二年。”农历腊月最后一天的晚上叫除夕，与正月初一首尾相连，意思是岁尽年更，除旧布新。除夕前一日叫“小除”，旧时家置酒宴，往来拜访“别岁”。除夕当晚准备丰盛的年夜饭。就餐前要先准备供品祭祀祖先。吃完年夜饭后，有除夕守岁的风俗。旧时守岁需要有火，屋内有炉火，屋外有篝火，越旺越好，以示五谷丰登、人丁兴旺。是夜，全家欢聚一堂，围炉而坐，叙旧话新，通宵不寐。苏轼诗说：“儿童强不睡，相守夜欢哗。”

从初一到十五，有的地方是到十五之后，处处洋溢着喜庆气氛。农村乡镇往往举行宗族或村镇集体性的祭祀庆贺，组织游神、演戏、社火等活动，抬阁（不同地区名飘色、彩擎、高抬、彩架、扎故事等）、舞狮舞龙、踩高跷、跳钟馗、跑旱船、跑驴、秧歌、阳戏、英歌、宋江阵等，百艺争艳。北方打树花，铁水飞扬，金花漫天；常山战鼓、安塞腰鼓、洛川蹩鼓，雷霆万钧，动地惊天。九曲灯阵、血社火、天塔狮舞惊险奇绝。云南景颇族“目瑙纵歌”，欢聚歌舞。贵州苗族斗牛，彪悍壮观。东南沿海祭祀妈祖，广府有迎春花市，潮汕一带“赛大猪”，比比谁家养的猪最肥最膘。

正月初五俗称破五。民俗一说破五前诸多禁忌过此日皆可破。按照旧的习惯要吃水饺，送穷，迎财神，开市贸易。清代顾禄《清嘉录》云：“正月初五日，为路头神诞辰。金锣爆竹，牲醴毕陈，以争先为利市，必早起迎之，谓之接路头。”

农历正月初七，也称“人日”。传说女娲初创世，在造出了鸡狗羊猪牛马等动物后，于第七天造出了人，所以这一天是人的生日。南朝梁宗懔在《荆楚岁时记》中记载了两汉魏晋时代江南民众在人日这天的习俗：“七日为人日，以七种菜为羹，剪彩为人，或镂金薄为人，以贴屏风，亦戴之头鬓。又造华胜以相遗。登高赋诗。”唐代之后，每至人日，皇帝赐群臣彩缕人胜，又登高大宴群臣。陆龟蒙《人日代客子》说：“人日兼春日，长怀复短怀。遥知双彩胜，并在一金钗。”

正月初九是天日，俗称“天公生”，传说此日为玉皇大帝生日。主要习俗有祭玉皇、道观斋天等。有些地方天日时，妇女备清香花烛、斋碗，摆在天井巷口露天地方膜拜苍天，祈求天公赐福。

正月十五是元宵节，也叫元夕、元夜，又称上元节，因为这是新年第一个月圆之夜。汉武帝正月上辛夜在甘泉宫祭祀太一，被后人视作正月十五祭祀天神的先声。汉明帝为了弘扬佛法，下令正月十五夜在宫中和寺院“燃灯表佛”，唐代发展成为盛况空前的灯市。中唐以后，已成为全民性的狂欢节。唐玄宗曾命人在长安城安福门外作二十丈高的灯轮，饰以锦绮金玉，燃灯五万盏，光华璀璨，极为壮观。数千女子在灯轮下踏歌三日三夜，尽情欢舞。以后元宵灯会不断发展，灯节的时间也越来越长。唐代的灯会是上元前后各一日，宋代又在十六之后加了两日，明代则延长到由初八到十八整整十天。各地都举行大大小小的灯会，家家户户在门口、在坊巷街道挂上鱼灯、鸟灯、兔子灯、老虎灯、扇子灯、蝴蝶灯、走马灯等各种各样的灯，有的灯下面挂上各种颜色的纸条，写着灯谜，让过往行人竞猜。除了花灯，农村有在室内室外点灯的习俗，以除害驱邪，祈求平安。还有些人把燃烧的蜡烛插在菜园里，谓之“照田蚕”。这天晚上，家家户户都要吃元宵，《大明一统赋》称之为“糖元”，民间叫作汤圆，表示团圆美满、幸福吉祥。还有玩龙灯、狮灯、舞狮舞龙等娱乐活动，据说可以驱疫。民间还有走百病、过桥等习俗。元宵之夜，处处灯火辉煌，欢声笑语，呈现天上月光皎洁、人间火树银花的盛景。宋代词人辛弃疾《青玉案·元夕》写道：“东风夜放花千树，更吹落，星如雨。宝马雕车香满路。凤箫声动，玉壶光转，一夜鱼龙舞。”

另一个喜庆团圆的节日是从秋分祭月而来的中秋。中秋在唐初成为固定的节日，宋代十分盛行，至明清时，已成为仅次于春节的第二大传统节日。中秋节的传说，最早来自战国时《归藏》一书的记载：“昔嫦娥以西王母不死之药服之，遂奔月为月精。”西汉刘安《淮南子》中亦有“羿请不死之药于西王母，姮娥窃以奔月”的故事。“月到中秋分外明。”中秋这天的月亮又圆又亮，被人们视为团圆与圆满的象征，因此有亲人团聚、拜月、赏月的习俗。月亮升起，金风送爽，人们于露天设案，将月饼、瓜果等供于桌案上。拜月后，全家人围桌而坐，共赏明月。

月饼是中秋节重要的节物。苏轼诗云：“小饼如嚼月，中有酥与饴。”明代《西湖游览志余》说：“八月十五谓中秋，民间以月饼相送，取团圆之意。”《帝京景物略》也记载：“八月十五祭月，其祭果饼必圆，分瓜必牙错瓣刻之，如莲华。”中秋节起源的另一个说法是：农历八月十五这一天恰好是稻子成熟的时刻，村社拜祭土地神，中秋可能就是秋报的遗俗。

（三）乐：其乐融融的生活艺术

乐：欢喜，快活。《易·系辞》曰：“乐天知命。”《孟子》曰：“与民同乐。”《康熙字典》曰：“喜者主于心，乐者无所不被。”

古代中国每个节日背后都有意蕴深长的故事传说。在节日与节日的岁月轮回中，生命的异彩照亮了平淡的日子，焕发出生活的艺术和艺术的生活。

传统中国人以无比的聪明智慧，给许多源于祭祀和节令的节日增添了多姿多彩的内容。赛龙舟在端午期间举行，既是一项源远流长的祭祀活动，又是一项民间传统的群众性体育活动。龙是中华民族尊崇的图腾，龙舟由龙头、龙身、龙尾组成，船身刻有龙纹。龙舟竞发鼓声急，人们以激浪挥桡、奋勇争先的龙舟赛来祈求神灵保佑一方安宁、风调雨顺，同时展示龙的传人的聪明智慧与矫健强悍。端午也是传统的“卫生节”。古人认为五月阴阳二气激烈争斗，为恶月、凶月。而且五在五行中属火，五五相重，火气过旺，不祥，故五月五日为恶月恶日。此时正当初夏，多雨潮湿，蛇虫出没，暑毒盛行，细菌蚊虫极易繁殖。民间因此有各种习俗来辟忌邪祟。家家户户洒扫庭院，以菖蒲、艾条插于门楣，悬于堂中。用菖蒲泡酒而饮，以驱毒祛邪，延年益寿，或将艾蒿束成火把，晒干后点燃以净化空气，驱赶蚊虫。又洒雄黄水、饮雄黄酒，以杀菌防病。端午节上山采药也是许多地方的习俗。人们还用菖蒲、艾叶、榴花、蒜头、龙船花制成人形或虎形，称为艾人、艾虎；制成花环、佩饰以驱瘴。小孩用五彩丝系在臂上，叫作长命缕，佩戴香囊，内有朱砂、雄黄、香药，外包以丝布，再以五色丝线弦扣成索，结成一串，情趣盎然，清香四溢。许多地方也有洗“龙水”或“龙舟水”的习惯，认为这一天的海水、河水或艾草水洗后可辟邪强身。在江淮地区，家家悬钟馗像，用以镇宅驱邪。

农历九月初九日为重阳节，又称“重九节”“茱萸节”“老人节”。重阳节的来历有多种说法。《续齐谐记》载：汉代大夫桓景随费长房游学，一日，费长房对弟子说，九月九日有大难，须请家人以茱萸系臂，举家登高、饮菊花酒。桓景依言而行，晚上回来，发现家里的鸡犬牛羊都死了。另一种说法是，《易经》中单数为阳，双数为阴，九九是二阳相重，被称为“厄日”，登高和插茱萸、携带茱萸是解厄之法。茱萸是一种香气浓烈的药物。重阳期间，人们将它制成香囊、佩带身上或插在大门口，以驱虫除湿，避邪祛寒。唐代诗人王维在《九月九日忆山东兄弟》中，就有“独在异乡为异客，每逢佳节倍思亲。遥知兄弟登高处，遍插茱萸少一人”的诗句。

重阳作为节日历史悠久。三国时曹丕在《九月与钟繇书》中说：“岁往月来，忽复九月九日。九为阳数，而日月并应，俗嘉其名，以为宜与长久，故以享宴高会。”“九日天气清，登高无秋云。”（李白《九日登巴陵置酒望洞庭水军》）这一天，人们纷纷到郊外登高，饮酒赏菊。东晋诗人谢灵运为了登高方便，还自制了一种前后装有铁齿的木屐，上山时去掉前齿，下山时去掉后齿，人称“谢公屐”。菊花酒是以初开的菊花和青翠的枝叶与黍米一起酿的酒，保存到第二年重阳食用。宋吴自牧《梦粱录》记载，时人以菊花、茱萸浮于酒饮之。因为茱萸名“辟邪翁”，菊花为“延寿客”，故借以消弭阳九之厄。菊花形象高洁，素为人们喜爱，又有明目、降血压之功。重阳佳节，在登高赏菊之余，饮上一杯菊花酒，更增添了节日的雅趣。重阳节还吃重阳糕。宋人以糖面蒸糕，上以猪羊鸭为丝簇饤，插小彩旗，称重阳糕。因糕上枣栗星星如花，又称“花糕”。“糕”与“高”同音，重阳时吃糕，象征步步登高。重阳糕不仅自家食用，也用于馈赠，颇具礼俗意义。清潘荣陛《帝京岁时纪胜》还记载，京师重阳节花糕极胜。有油糖果炉作者，有发面垒果蒸成者，有江米黄米捣成者，皆剪五色彩旗以为标志。市人争买，供家堂，馈亲友。有女之家馈遗酒礼、归宁父母，又为女儿节。富察敦崇《燕京岁时记》也说，凡登高，必赋诗饮酒、烤肉分糕，洵一时之快事。

知识拓展：咏菊诗句

和泽周三春，清凉素秋节。露凝无游氛，天高肃景澈。陵岑耸逸峰，遥瞻皆奇绝。芳菊开林耀，青松冠岩列。怀此贞秀姿，卓为霜下杰。衔觞念幽人，千载抚尔诀。检素不获展，厌厌竟良月。（陶渊明《和郭主簿二首》之二）

一夜新霜著瓦轻，芭蕉心折败荷倾。奈寒唯有东篱菊，金蕊繁开晓更清。（欧阳修《霜》）

不畏风霜向晚秋，独开众卉已凋时。地荒老圃苔三径，节过重阳雨一篱。秋色苍茫人欲醉，寒香冷落蝶先知。山翁独念同衰晚，坐对幽轩每赋诗。（高启《晚香轩》）

北方放风筝多在春季，尤其清明。清明是农忙与农闲的交替时节，宜于从事这类户外活动。而且清明前麦子尚未分蘖，放风筝时脚踩麦田不但对庄稼无害，反而会促进麦子生长。清明以后，麦子分蘖，农活就要忙碌起来了。南方许多地区，尤其是沿海一带，放风筝多选在秋高气爽的重阳节，并与登高、郊游活动结合在一起。明末清初屈大均《广东新语》说，广州农历九月九日，人们带上花糕、茱萸酒，登五层楼（今镇海楼）、双塔，放响弓鹞。清人李斗《扬州画舫录》记载，九九重阳日，城中士女接踵连肩，翩翩游赏，放风筝终日不绝。吴友如绘制的《纸鸢遣兴图》的题词写道：重阳日，闽中士女在乌石山、于山、屏山上竞放风筝以为乐。放风筝的习俗也各有不同。有些地方最忌风筝线断或摔落，有的地方却故意把线扯断，以放走“晦气”“衰气”。《红楼梦》第七十回有一段描写，说暮春时节，柳絮飘舞，宝、黛等人起诗社、放风筝，有大蝴蝶风筝、美人风筝、大红蝙蝠风筝、一连七只大雁风筝、软翅子大凤凰风筝等。一时风紧，黛玉接过籰子一松，只听豁喇喇一阵响，登时线尽。大家都让黛玉放了。黛玉犹自不舍，李纨道：“放风筝图的是这一乐，所以又说放晦气。你更该多放些，把你这病根儿都带了去就好了。”紫鹃取剪刀，齐籰子根下寸丝不留，咯噔一声铰断，笑说：“这一去把病根儿可都带了去了。”那风筝飘飘摇摇，随风而去，再展眼便不见了。众人欢喜道：“有趣，有趣。”

腊八节是年终的一个重要日子，时间在腊月（十二月）初八。宋代吴自牧撰《梦粱录》等资料记载，每逢腊八这一天，大刹等寺施五味粥，名曰腊八粥。明太祖朱元璋每逢腊八，就传命御厨以各色五谷杂粮煮粥进食，并分赐众臣。腊八粥不仅由寺庙、朝廷、官府制作，民间也争相效法，风俗日盛。

腊八粥主要采用糯米、红豆、绿豆、花生、莲子、薏苡仁、白果、板栗、桃仁等原料，经过洗泡、剥皮、去核、拣择等程序，有的从前一天就开始煮，慢慢熬成。有的加入桂圆、红枣、银耳、果干等煮成甜的，有的加入胡萝卜、豆腐皮、山芋干、南瓜片、菠菜、芹菜和盐等煮成咸的，有的还加入咸鸭、火腿、咸肉等煮成荤的。各地原料不同，滋味丰美。中医认为，喝粥好处多。李时珍《本草纲目》说：粥“极柔腻，与肠胃相得，最为饮食之妙诀也”。腊八粥采用多种原料精心烹煮，生津液，易消化，可健脾胃，补虚损，暖身体，有养生之效。清代医学家王孟英《随息居饮食谱》认为“米油可代参汤”，大补元气。腊八粥食材多样，营养丰富，的确是上好的冬令滋补。

旧时习俗，腊八粥煮好后，首先要盛一碗供奉祖先，然后再盛几碗送给左邻右舍，特别是孤老、贫穷及过路乞丐。寒冬腊月，一碗腊八粥，最可暖老温贫。民间传说喝了别人家的腊八粥，可以保佑孩子健康成长，主家也平安吉祥。

中国还有一个美丽的传统节日叫“七夕”，时间是农历七月初七，据说是牛郎织女相会的日子。这个故事在中国流传久远。《诗经·小雅·大东》中已经有牵牛、织女的痕迹。汉代《古诗十九首》记录了诗人为他们的叹息：“迢迢牵牛星，皎皎河汉女。纤纤擢素手，札札弄机杼。终日不成章，泣涕零如雨。河汉清且浅，相去复几许。盈盈一水间，脉脉不得语。”初秋晴朗的夜晚，人们坐在庭院纳凉，仰望着璀璨的天河，以及分隔在天河两岸的牵牛星和织女星，就想起念起牛郎织女的故事。于是，在想象中，善良的人们编出了“织女七夕当渡河，使鹊为桥”（唐韩鄂《岁华纪丽》引《风俗通》）的故事，为牛郎织女架起了鹊桥，让他们可以七夕团聚。秦观有《鹊桥仙》词：“纤云弄巧，飞星传恨，银汉迢迢暗度。金风玉露一相逢，便胜却人间无数。　柔情似水，佳期如梦，忍顾鹊桥归路。两情若是久长时，又岂在朝朝暮暮！”人们以美好的愿望，赋予他们一年一度的相会，并在这一天为美好的爱情祈福。

汉代开始有了七夕乞巧的习俗。传说织女心灵手巧，故世间女子在这一天拜祭织女，以求智巧。晋葛洪《西京杂记》记载，汉时七月初七，彩女们在开襟楼上穿七孔针，已成习俗。宫女贾佩兰在百子池旁作于阗乐，又用五色线相系，称为“相连受”。后来，民间的女孩子也在这一晚设置香案，放置瓜果，在月光下用彩线穿七孔针，虔诚祷告。还有其他乞巧方法，比如在七夕夜捉来小蜘蛛，放在首饰盒里，第二天开始观察它的结网情况，若疏密有致、方圆得体，便是得巧多的征兆。还有的用碗、盆之类器皿盛水，放在正午日光下曝晒，水面上会结起一层薄膜；投入一枚绣花针，观察针影，如果影子呈云状、花状、鸟兽状或呈鞋状、剪刀状，就说明乞得了灵巧。优美的传说，多彩的节俗，为节日增添了奇情异趣。

以上传统节日，许多为各民族所共享。比如藏族、满族、朝鲜族、黎族、畲族、达斡尔族、仡佬族、鄂温克族、鄂伦春族、赫哲族等少数民族也过元宵节。苗族古历以冬至为岁首，因此苗族要过冬至节。这一天，海南苗族人家家户户都要用山兰糯米制成一种糕粑来吃，以庆祝丰收。中国历史上是一个多民族的国家，各个民族也有许多独具特色的节日。每年的农历七八月份，草原上水草丰美、牛羊肥壮，蒙古族群众举行那达慕大会，摔跤、赛马、射箭，欢乐的节日持续多日。藏历七月初一是藏族的雪顿节，为期四五天。雪顿节期间有隆重热烈的藏戏演出和规模盛大的晒佛仪式。傣族的泼水节在傣历新年举行，亦称“浴佛节”，人们穿上节日盛装，挑着清水，到佛寺赕佛、浴佛，载歌载舞，互相泼水，互祝吉祥、幸福、健康。还有流行于云南、四川、贵州一带的彝、白、傈僳、纳西、哈尼、拉祜、基诺等民族的火把节，新疆的维吾尔、哈萨克、柯尔克孜等民族的古尔邦节，流行于广西壮族“三月三”歌节，回、维吾尔、哈萨克、乌孜别克、塔吉克、塔塔尔、柯尔克孜、东乡、保安、撒拉10个民族的开斋节等传统节日，以及大江南北、中华大地各民族各地区各种各样丰富多彩的节日，让祖国万紫千红总是春。

三、礼乐风流：传统节俗与中国文化

传统的节日和节俗历史悠久，源远流长，集中体现了中华传统文化的核心价值，生动展示了中国人丰富多彩的精神世界，是民族特色和民族个性的具体表现。同时，它们与民众生活密切相连，深具活力和影响力，是活态的传统文化表现形式，并在世代传承中起到加强血缘和社会纽带、促进团结与文化认同的作用。它们记录着中华民族数千年的历史，凝聚民众的生活和情感，以全民参与的方式传承文化血脉、提振民族精神、强化历史记忆，具有深刻的意义和深远的影响。

传统文化是我们的生存之本和立世之基。历代人民创造和传承的传统节日，是传统文化的重要组成部分，同时也对文化的发展具有重要意义。

（一）传统节日是古代文明和情感、思维方式的集中体现

著名宗教历史学家耶律亚德在其著作《宇宙与历史：永恒回归的神话》中认为，古代社会及传统社会中的人从根本上是抗拒具体的历史时间和历史事件的，并周期性地想回归到事物起源的神话时代和宇宙创生的原型，以此来不断获得存在的价值和意义。与置身于历史中的现代人相比，古代社会和传统社会中的人认为自己始终置身于和自己命运息息相关的宇宙之中，而不是具体的历史或个别的事物呈现之中。伊利亚德认为，初民“赋予时间一种循环的方向，从而泯除了它的不可逆转性。一切事物时时刻刻都在起点从头开始。过去只是未来的先兆，没有任何事物不可回转，没有任何变化是终极的。在某一意义下，我们甚至可以说世上没有任何新鲜事发生，因为任何事物都只是重复同样的太初原型；这重复即具现了原型事迹显露时的神话时刻，它等于不断地把世界留在一切初始时的晨曦时刻里”①。也就是说，神话思维中的时间可以不断地循环和再生，并在其中经历和展现生命的过程。

我国传统节日即体现了这样的时间观念。在日月更替、寒来暑往中，中国人朴素的天人关系、阴阳意识、生命观念和哲学思想逐步形成。传统节日历史悠久，许多来

① 耶律亚德．宇宙与历史：永恒回归的神话［M］．杨儒宾，译．台北：联经出版事业公司，2000：前言7－9，77.

自上古。节日不仅沟通日月星辰，而且联系四季和生命的轮回，蕴含着先民们对天地自然的认知和敬仰。依托于农业社会所产生、经过长期科学观测和劳动生活实践确定、与大自然的节奏相一致的自然历法，是民众计时系统的重要标志。年复一年、代又一代的节日和仪式的演习和传承，构成了中国人的生命节律和生活节奏。这一方面具有实用意义，另一方面不断唤醒久远的文化记忆。同时，在以国家政令形式的推行和民间自发的口传身授、约定俗成的传承中，随着其所处环境、与自然界的相互关系和历史条件的变化，这种代代相传的文化不断得以创新、发展，也不断强化民众自身的认同感和历史感，从而促进了文化多样性和人类创造力的发展。

我国传统节日融合了古代文明在各方面的优秀成果，也是中国人集体情感和思维方式的集中体现。古人认为，天地为万物之本，祖先是人类的本源，所以要虔诚祭拜，报谢其本。渊源于原始宗教观念的自然崇拜、祖先崇拜，既是朴素的感恩报德思想，反映了人对天地的敬畏，同时也是对自己来自何处的本源性追溯。《礼记·郊特牲》曰："地载万物，天垂象。取财于地，取法于天，是以尊天而亲地也，故教民美报焉。"冬至来源于郊天之礼，是周代最为隆重的祭典。"郊之祭也，迎长日之至也，大报天而主日也。兆于南郊，就阳位也。……万物本乎天，人本乎祖，此所以配上帝也。郊之祭也，大报本反始也。"许多传统节日都有祈报丰收的仪式。据学者研究，古代的社祭，每年举行四次，孟冬之月的社祭最为隆重。《礼记·月令》记载："是月也，大饮烝。天子乃祈来年于天宗，大割祠于公社及门闾，腊先祖五祀，劳农以休息之。"一方面感谢天地所赐，另一方面慰劳人民一年劳作的辛苦。孟冬之月甲日的社祭，与岁终十二月蜡祭乡饮酒，是春秋战国时两大重要的时令节日。随着社祭的进一步演化，社神遂成为国家与政权的象征，拥有领土和人民，主宰着人世间的一切。这为秦汉王朝的统一和后世中央集权制的封建帝王专政，奠定了宗教思想和宗法观念基础。①

（二）传统节日是中华民族文化的重要载体和文化空间

传统节日是民族文化的重要表征，是人类文明进程中最绚丽、最有民族特性和地方色彩的文化符号。我国的节日是随天地运行、季候更替、时令变换而产生的民俗文化事象，体现着传统中国的文化个性。节日作为传统文化存在、发展、传承与表现的空间，成为中华民族文化的重要载体。

节日规律性的循环和顽强的生命力，为传统文化的延续提供了生存和发展的基础，王朝的兴衰、政权的更迭、居住地的迁移都不能使之消亡。在千百年的传承中，节日和节俗活动在中国人的心里积淀了较为稳定的民族情感，并通过信仰、民俗、仪式、活动来世代传承。尽管在现代社会中，人们的许多观念已经转化，比如端午节，人们已经没有五月五日是恶日的观念，对于驱邪避瘟的迷信也淡化了，但是屈原的传说、

① 王慎行. 殷周社祭考［J］. 中国史研究，1988（3）：137－149.

赛龙舟的欢庆仪式、举家包粽子和吃粽子的馨香，已经成为历久不衰的文化符号，长留于民众心中。这些活动中凝结着的民族文化精神，已经成为民众节日情感的寄托和文化的原点。再如春节，年终岁尾，朔风吹起，人心思归。无论多远、多难，人们都渴望着放下一切，回家团圆。甚至有人说，中国人最普遍的信仰，就是“回家过年”。漂泊的游子，赶回家中，吃个团圆年饭，拜一拜祖宗神灵，和家人朋友互相贺一贺新春，带着美好的憧憬和新生的力量，投入下一年的拼搏。

节日多样的形式、丰富的内容，为传统文化的发展提供了一个稳定可靠的文化空间，并成为传统文化的重要载体，内蕴非常丰富，许多民族民间文艺类型正是依附于节日形态而衍生传承。作为一种活态文化，仅以外在的各种习俗、仪式、民间艺术、娱乐方式来说，其波及民众的范围之广，渗透社会生活程度之深，筹备和延续时间之长，都是其他文化平台无法匹敌的。这样一个稳定、广阔而持久的文化空间，为传统文化的发展提供了极为优越的条件。比如作为我国语言文化的谜语历史悠久，夏代已经出现了隐意的语言，盛行于先秦。从先秦后期开始向谜转化，其中密言性和测智性隐语以“赋体隐”和“离合”两大文体形式发展为事物谜和文义谜，至南北朝时期形成了谜语。谜事活动在唐代进入成熟，宋代高度繁荣，不仅在形式上有创新，内容上也有很大的突破，会意与离合相结合，同时离合也摆脱了谶语的束缚，谜面成文，精练简明，文采丰润，艺文并重，谜社兴起，许多文学家兼事谜作，还出现了专集专著。宋代谜语的发展，元夕放灯、悬谜竞猜是非常重要的一个原因。观灯时，出现灯与谜的结合：“又有以绢灯剪写诗词，时寓讥笑，及画人物，藏头隐语，及旧京诨语，戏弄行人。”（周密《武林旧事》）灌圃耐得翁《都城纪胜》也记述：“商谜：旧用鼓板吹贺圣朝，聚人猜诗谜、字谜、戾谜（娼优的谜语）、社谜（谜社所制的谜语），本是隐语。”明代，灯谜从谜语中派生出来，成为一种有体有格的独立的谜语。明田汝成《西湖游览志余》说：“正月十五日为上元节，前后张灯五夜，……好事者或为藏头诗句，任人商揣，谓之猜灯。”时至今日，元宵灯会上，各种灯谜依然活跃，延续着传承传播传统语言文化的重任。

（三）传统节日是维系中华民族情感与精神的纽带，是我们共同的精神家园

节日作为一种文化仪式和信仰化的习俗方式，沟通人与神、人与祖先、人与人、人与自然、人与社会、人与历史，成为千百年来人们的一种重要生活方式和心灵情感慰藉，同时也是增强民族文化认同、维系国家统一、民族团结和社会和谐的重要精神源泉。节日所构筑的共同精神家园，成为展示和传播优秀民族文化的重要阵地，弘扬和培育伟大民族精神的核心枢纽，满足人民群众精神文化生活需要的重要渠道。

中国的节日民俗丰富多彩，形式多样。节日的活动因地域不同、人文历史差异，而呈现出大同中广泛存在小异的现象。这种大同小异，正显示出民俗文化的丰富性。许多节日来源于求吉祈福，并趋向审美和情感的表达。几乎所有的传统节日，都成为

中华民族特有的表达美好情感的载体，蕴含着对中华传统美德的颂扬。比如端午节既有崇尚圣贤、缅怀先祖的成分，又有驱邪辟瘟、保护民众生命平安的因素，还有龙舟竞渡等文娱体育活动以增强体质、丰富生活。许多传统节庆活动和民间传说中都包含着中华民族崇本感恩、尊老爱幼的精神内涵，表达人们对美好生活、美好情感的向往和力行。

在中国看似平淡的节日里，蕴藏着中华民族和华夏文明生生不息的魂灵。关于端午的起源，闻一多认为，端阳节（端午）实是龙的节日，它的起源实际远在屈原之前，“和中国人民同样的古老”。他提出端阳节源出于人们对龙的崇拜，在五行中“五”也与龙分不开。端午五彩丝线系臂的风俗可能象征五色龙，龙舟竞渡则是史前图腾社会的遗俗。[①] 也有学者提出，端午起源于天上的苍龙星座的运动轨迹。《周易》的乾卦对其一年运动有较为系统的描述：自秋分以后至农历正月的黄昏时，苍龙潜伏在地平线以下看不到，称为“潜龙”。二月春分，龙头（角宿）升出东方地平线，故称龙抬头。三月整个龙身升出东方地平线，四月从地平升上了天，称为“或跃在渊”。五月夏至，苍龙位于正南方，称为“飞龙在天”。伏日期间向西方下沉，称为“亢龙有悔”。秋分时，龙头已降入西方地平线以下，故称“群龙无首”。苍龙在夏至时升至天上的最高处（也即正南方），这就是古代所谓的龙为阳物，春分升天、秋分潜渊的依据。夏至象征着正阳，这就是为什么古人总是把夏至、端阳与龙紧密地联系在一起的道理。正因如此，端阳才会有祭龙、赛龙舟的活动。[②] 无论如何起源，我们可以看到，传统节日与我国漫长的历史过程和相融相生、不断发展壮大的中华文明息息相关，也是中华文明的一部分。

我们的传统节日，最初往往具有宗教性、礼仪性，随着各种文化艺术成分的渗入、群众普遍的参与，越来越趋向艺术化、生活化、娱乐化，从而深深扎根在中国人的心中，具有强大的生命力和深远的影响力。以最大的节日春节来说，先民们在春种秋收的艰辛劳动之后，在新一年的春天到来之前，满怀喜悦祭祀先祖、庆贺丰收、祈福未来，这一具有浓厚乡土气息的喜庆节日，经过几千年的演变，所形成的一整套民俗文化和民众活动，蕴含着中华民族的价值观念、伦理道德、行为规范和审美情趣，成为展现、传承民族文化的重要窗口，表达民族精神和民族情感的重要载体，也是中国人刻骨铭心的、独特鲜明的文化符号和文化记忆。春节像一条源源不绝的文化纽带，把炎黄子孙的历史与现实、思念与期盼紧紧连在一起，人们强烈的认同感、归属感和自豪感油然而生。无论游子走得多远，春节都要回乡团聚；再穷的人家过年也要吃顿饺子，除夕夜阖府老少围炉守岁，其乐融融。海外华人、侨胞，无论离祖国多远，无论移民几代，对传统节日春节依然一往情深。春节期间，到处洋溢着浓郁的乡情、亲情、

① 闻一多．神话与诗［M］．武汉：武汉大学出版社，2009：191－206，222.

② 陈久金，卢莲蓉．中国节庆及其起源［M］．上海：上海科技教育出版社，1989：106.

风、潘雨薇、史怀刚撰写，其中第一部分“内外兼修：武术健体的特点及理念”由中南大学欧阳文风撰写，第二部分“藏气法时：中医养生”由广州市天河区中医医院潘雨薇撰写，第三部分“品茗有道：饮茶调心”由暨南大学史怀刚撰写。第十四章“景观文化”由程洁如、李洁、彭丽华撰写，其中第一部分“风生水起：堪舆学的过去与现在”由广东工业大学程洁如撰写，第二部分“宛自天开：古典园林中的文化意境”由暨南大学李洁撰写，第三部分“天人合一：传统建筑中的哲思与审美”由湖南师范大学彭丽华撰写。第十五章“民俗节日”由华南农业大学徐燕琳撰写。本书由蒋述卓、程京武、史怀刚统阅全稿。

本书自立项以来，在主编蒋述卓、龚红月、程京武组织下，数次召开研讨会，就大纲目录、稿件内容展开讨论。其中大纲目录就有十二次修正，虽几易其稿，但仍有不足，尚请方家批评指正。

本书编委会
2021 年 2 月